山西省档案馆编研丛书

孔繁芝 著

山西出版传媒集团 山西人民出版社

图书在版编目（CIP）数据

残留/孔繁芝著. —太原：山西人民出版社，2018.11
ISBN 978-7-203-10515-2

Ⅰ.①残… Ⅱ.①孔… Ⅲ.①山西–地方史–研究–民国 Ⅳ.① K292.5

中国版本图书馆 CIP 数据核字（2018）第 232983 号

残留

著　　者：	孔繁芝
责任编辑：	傅晓红
复　　审：	蔡咏卉
终　　审：	蒙莉莉
装帧设计：	运平设计
出 版 者：	山西出版传媒集团·山西人民出版社
地　　址：	太原市建设南路 21 号
邮　　编：	030012
发行营销：	0351 - 4922220　4955996　4956039　4922127（传真）
天猫官网：	https://sxrmcbs.tmall.com　电话：0351 - 4922159
E — mail：	sxskcb@163.com　发行部
	sxskcb@126.com　总编室
网　　址：	www.sxskcb.com
经 销 者：	山西出版传媒集团·山西人民出版社
承 印 者：	山西出版传媒集团·山西新华印业有限公司
开　　本：	720mm×1010mm　　1/16
印　　张：	29
字　　数：	500 千字
印　　数：	1—3000 册
版　　次：	2018 年 11 月　第 1 版
印　　次：	2018 年 11 月　第 1 次印刷
书　　号：	ISBN 978-7-203-10515-2
定　　价：	89.00 元

如有印装质量问题请与本社联系调换

序　言

1945年8月日本无条件投降。侵华日军被解除武装,背负战争的罪恶感、战败的自卑感,沮丧地接受遣返。山西省却出现了奇特的一幕:投降后的日军继续保留武装,唱着"将士的红领章,恰是万朵樱花开"的日本军歌,同共产党领导的人民军队作战;阎锡山军队编制下的"十总队",在《总队长训》中明文规定"总队以复兴皇国、恢弘天业为宗旨";应交"军事法庭依法审判"的日本战犯澄田睐四郎、三浦三郎等,仍然住着高级公馆,坐着小轿车,指导中国人打中国人;未遣返回国的日本侨民,依旧悠然自得地从业、生活,兴办学校,组建社团,俨然形成"一个日本人的特殊地区"。这一切,都缘于日本投降后日军"残留"事件,即日本军国主义势力,怀抱东山再起的梦幻,策划实施了"寄存武力"于山西的日军"残留"。他们利用阎锡山留用日军对抗人民军队的企图,在阎的"屋檐"下暂时荫庇,而以具有独立控制力的军队残留下来,与残留日侨建立统一体制,妄想等待国际局势变化,"山西残留日军将作为重建日本军的先遣队","山西就是日本重新向大陆发展的前进基地"。

日军残留山西后,采用编入山西军的"残留军事体制",保留武装,继续战争,直接参加对解放军作战,同时对阎锡山军队进行训练,在中国土地上制造新的战祸。三年多时间里,先后参加了东沁路作战、晋北战役、大同集宁战役、寿阳作战、汾孝战役、正太战役、晋中战役、太原战役等重要战事。然而,逆天道而行必殁,逆潮流而动必亡! 随着中国人民解放战争的胜利,日本军国主义势力策划组织,图谋死灰复燃的日军"残留",最终彻底失败。

发生在战后的侵华日军"残留"事件,于今已有70余年。但它留给世界的警示是长期的,深刻的。本书作者以档案工作者的职业担当,在研究日军"残留"事件,纂辑残留日军原始档案的基础上,结合审判日本战犯实录与残留日

军官兵回国后忆述,阎锡山《年谱》《日记》与民国山西军政人员亲历亲闻,山西解放战争史与解放军指战员回忆录等,露钞雪纂、爬梳摭实,并实地考察残留事件遗址遗迹,与残留老兵进行座谈,著成《残留》一书,希望它承载的战后记忆与提起的历史警示,在促进世界和平发展中产生作用。

全书主线记述日本军国主义势力对"残留"事件的策划实施,残留活动的过程、结局。笔锋直接指向日军"残留"、复活军国主义的罪恶图谋。与之并行的辅线,写阎锡山同日方之间相互利用,日军残留的基础、条件,且适度追溯"二战"时空下阎、日历史游戏。与此同时,展示中国人民打击、消灭残留日军,维护"二战"胜利成果的浩气与姿态,并延至中华人民共和国成立后对日本战犯的审判改造。将事件置于发展变化的历史背景与社会环境中,全景、纵深地呈现出来。书后,附录有《"二战"后"残留"山西日军日侨数字考》《"残留"事件人物、组织、机构、报刊等注释检索》。

《残留》选用亦史亦文叙事文体,在实录、征引原始档案,揭示历史真实的基础上,还原、再现当时的历史场景,让"残留"事件档案背后的人和事出现在台前。作者重处着墨,将日本军国主义势力在战后"组织新的侵略战争阴谋"的事实告诸世人;将山西解放战争历史画卷中,残留日军遭受打击、被彻底消灭的战场实态,描述得酣畅淋漓。书中,有对军国主义分子图谋策划、组织指挥的真相暴露,主要人物出场活动、下场结局均有叙写。有对"残留"事件理念动因、"残留"日军纲领宗旨的寻究析理,事件发生的历史根源、人物的内心世界也有深刻剖析。值得一提的是,作者将笔触伸向残留日军中的中下层军人,真实叙述他们的兵战遭逢、命运演绎。从另一深层次上,对这些战争执行者、加害者又是战争受害者、反省者的日本军人,在军国主义势力驱策的战车下,遭受碾压和践踏的"蝼蚁"命运,对他们经历日本侵华战争、战后日军"残留"的身受实感与悔悟反思,特别是由战争恶魔变为和平使者,为促进加害者民族反省产生的深远影响,给予了历史诠释。行文也旁及日军"残留"事件中裹挟的日本侨民,反映他们的颠沛摇荡、际遇浮沉。

"我们既然共同生活在地球这个美丽的星球上,为什么要搞起战争来互相残杀呢?"这句话出自中国政府宽大释放的日本战犯回国后成立的中国归还者连合会所出版《三光》第二辑前言。《残留》用作全书结尾,把这一"流响天宇"的问句提给世界。

通观全书，作者以唯物史观为指导记述重要历史事件，视野广阔、主旨鲜明深刻，内容丰富、征引翔实准确，结构严谨、语言朗畅生动。书中章节层层相连，环环相扣，前有伏笔，后有照应。以真实的记事，纵深的表达，呈现出作品历史研究的境界，也增加了对读者的吸引力。

习近平总书记指出，要"回顾中国人民抗日战争的伟大进程，肯定中国人民抗日战争为世界反法西斯战争胜利作出的伟大贡献，展现我们维护第二次世界大战胜利成果和国际公平正义的坚定决心，宣示中国人民牢记历史、不忘过去，珍爱和平、开创未来的积极姿态"。总书记强调，"抗战研究要深入，就要更多通过档案、资料、事实、当事人证词等各种人证、物证来说话。要加强资料收集和整理这一基础性工作，全面整理我国各地抗战档案、照片、资料、实物等，同时要面向全球征集影像资料、图书报刊、日记信件、实物等。要做好战争亲历者头脑中活资料的收集工作，抓紧组织开展实地考察和寻访，尽量掌握第一手材料"。

习总书记的重要指示，充分肯定了档案在抗日战争研究中的价值与作用。山西作为华北敌后抗战的主战场，积累、留存了大量弥足珍贵的档案。如何充分利用这些档案资源，更好地推进抗日战争研究的深入开展，是摆在我们档案工作者面前的重要课题。希望我省档案人员，继续做好档案资料收集、整理等基础性工作，为社会抗战研究提供服务。同时依托馆藏优势，利用"近水楼台"的优越条件，编纂出版更多有价值的研究成果。

山西省档案馆馆长　阎默彧

2017 年 7 月

代序：历史真实与档案记录

1945年秋第二次世界大战结束。按照《波茨坦公告》与其他国际法，日本军国主义必须永久铲除，军队完全解除武装，驱逐出被侵略国国土，战犯处以法律严厉裁判，交特设之军事法庭审判。但是在中国的山西，却有日军及其他身份的日人万数以上，有组织地大规模残留，成建制地组建武装，附植于阎锡山的军队及经济、政治、情报等组织机构，对抗中国人民解放战争，图谋军国主义东山再起；却有战犯驻晋日军第一军司令澄田睞四郎，第一一四师团师团长三浦三郎，山西产业株式会社社长、曾经策划实施皇姑屯事件的河本大作等，继续逍遥法外，破坏中国人民的幸福与安宁。

残留活动的主要策划组织者，是日军第一军司令澄田睞四郎、参谋长山冈道武、参谋岩田清一，山西产业株式会社社长河本大作，日伪山西省政府顾问辅佐官城野宏等军国主义势力。主要组织者还有第一军第一一四师团师团长三浦三郎、独立步兵第十四旅团旅团长元泉馨、独立混成第三旅团高级参谋今村方策等。当世界风云把全面失败、无条件投降的阴霾抛向日本时，面对本土被他国军队控制及殖民地丧失的现实，"在海外的几百万日军日侨，是顺从地卷起旗帜、沮丧地回国呢？还是想什么别的办法把日本人的势力残留海外，以图卷土重来，东山再起呢？"日本投降后，原中国派遣军总司令冈村宁次，向中国陆军总司令何应钦提出，"华中长江与黄河尚有30万日军，建议暂不缴械，由本人率领，在贵司令的统一指挥下，帮助国军围剿共军"。这一图谋，遭到中国政府拒绝。在东北、华中、华南、华北北平等地日本人中，"卷土重来和确保海外日本人势力"的谋虑，也成为泡影。但是在山西省，由于经济、政治方面特殊的原因与条件，日军残留的图谋却得以实施。

经济方面的原因,是日本侵略者对山西资源深深觊觎的战略图谋,即利用和谋取山西丰富的资源和潜在生产力,服务于他们幻想的皇国"复兴"。政治方面的条件,是军阀阎锡山的存在,日本侵华期间"对伯工作"(阎锡山,字"伯川")的基础,及抗战胜利后阎锡山利用日军对抗人民军队的企图。由此,日本军国主义的阴谋构想:战败后的日本为了"复兴",须有山西省丰富的经济资源牵引,作为战时日、阎协定的延长,在立意上将山西省作为亲日的政权独立出来,即经由中国派遣军、华北方面军,通过第一军的战后"残留"来实施——在阎锡山的"屋檐"下暂时荫庇,而以具有独立控制力的军队残留下来,辅之以经济、政治、情报和社会"残留",用"战胜国的资源服务于战败国的经济复兴","使山西重新成为战败国日本实际的殖民地",等待国际局势变幻,"山西残留日军将作为重建日本军的先遣队","山西就是日本重新向大陆发展的前进基地"。

一、残留活动的组织实施

日本战败后,向中国第二战区投降的驻晋侵华日军,为组建于1937年秋的华北方面军第一军。司令部驻太原,司令澄田睞四郎、中将,参谋长山冈道武、少将。下属第一一四师团,师团长三浦三郎、中将;独立步兵第十旅团,旅团长坂井直俊、少将;独立步兵第十四旅团,旅团长元泉馨、少将;独立混成第三旅团,旅团长山田三郎、少将;第五独立警备队,司令原田新一、少将。还有集结大同、朔县一带的第四独立警备队,原隶属于司令部设在张家口的驻蒙军,日本宣布无条件投降后,也划归第一军指挥,由第二战区受降。第四独立警备队司令坂本吉太郎、少将。据北平日本官兵善后联络部1946年12月《状况报告·山西的报告》:1946年1月集结山西的日军总数为58000人。

1945年7月26日,美、中、英发表《波茨坦公告》。8月上旬到9月上旬,山西军阀、第二战区司令长官阎锡山,与日本华北方面军参谋长高桥坦,第一军司令澄田睞四郎、参谋长山冈道武等,就日军投降与二战区受降进行接触交涉。其间,双方便谈及"日本寄存武力于中国"问题。随即派员秘密会谈,议定将"残留"下来的日本军人编成部队,置于山西军的编制下;阎锡山对残留日军提供优厚条件,军人全部给予军官待遇,在原级别基础上提高二级……10月间,阎、日成立"合谋社",取共谋其事之意。合谋社设在太原海子边原日华俱乐部。社长为阎锡山的堂妹夫梁綖武。下设军事组、经济组、总务组、文化组,组长全部由日本人担任。就在这里,山冈道武、岩田清一、城野宏,与阎锡山方面的赵承绶、张文炽、梁綖武等,"合谋"了日军残留、组编"特务团"等计划,台后则立着澄田睞四郎和阎锡山。

日军保留武装"残留"山西的实施,事关违反《波茨坦公告》,策划者们为规避责任,在名目和形式上费尽心思。第一军司令澄田睞四郎对阎锡山说:"山西日本派遣军全部留下不可能,可以留一部分,最好采取'个别发动'的办法,尤其对日本居留民,只要他们愿意,全部留下也无不可。"但就是在9月5日第一军却指示"属下、指挥下的所有单位:'我军……正在同中方就工作单位、人选、待遇以及将来的保障等问题进行协商。请设法做好工作,避免个人签订合同为要。'"

1946年1月和2月,残留日军主体部队特务团、铁路(公路)修复部队开始组编。在形式上也绕着圈子,由阎锡山方面向"山西地区日本官兵善后联络部"部长澄田睞四郎,即投降前的日军第一军司令官发出征用令,再由第一军将名额分配各兵团。1月12日二战区司令长官部发出命令,"征集参加我部直属特务团志愿人员,组建示范部队并教练军官"。1月25日、2月5日,又发出组建铁路(公路)修复部队征用令。而名为征集"志愿人员",实际则由第一军参谋长,使用着同日军投降前并无二致的电文格式及电报稿纸,于2月2日、2月8日,直接将残留日军名额分配到受统属和指挥的部队,相关情况并随时电报驻南京的日本中国派遣军参谋长和驻北平的华北方面军参谋长。

2月2日电文主要内容为:被征用人员,负责南同蒲线2500名;负责东潞线2500名;负责北同蒲线3000名,共计8000名。征用人员名额分配如下:第一一四师团2500名,独立步兵第十四旅团2500名,独立混成第三旅团1500名,第四独立警备队1500名。2月8日电文主要内容为:负责修复正太线1500名,由第五独立警备队负责组建;负责修复太汾线1500名,由独立步兵第十旅团负责组建。至此,第一军下文组建铁路(公路)修复部队名额,两次共11000名。第一军并分别以"乙集参甲电第108号""乙集参甲电第130号"报告中国派遣军参谋长和华北方面军参谋长。而在2月2日同时发出的"乙集参甲电第107号"《关于征用铁路(公路)修复部队的详细指示》中,第一军掌控残留日军的旨向更为明确。电文为:"所隶属及指挥的各部队:关于征用铁道修复部队一事,现规定如下:……(四)对铁道修复部队下达的命令,经由日本军司令官转

发。(五)第一一四师团长、独立步兵第十四旅团长、独立混成第三旅团长、第四独立警备队司令官,可在分配征用名额范围内,根据需要组成铁道修复部队。此部队的部队名,在铁道修复部队之上冠以兵团番号。(六)根据上项规定组建的部队,在组建完成的同时配属于担任组建的兵团。(七)担任组建任务的兵团长,根据上列各项规定组成铁道修复部队后,应将详细情况报告军司令官。"电报同样报送总军(中国派遣军)、方面军(华北方面军)。为适应残留武装部队长期作战的需要,第一军又以"军事绝密"电文,于1946年2月至3月先后通知下属单位,"援助指导"二战区组建"特务团战车队""特务团工作队""特务团培训部""特务团兽医队""特务团医院"。要求相关兵团和单位选出组建负责人,征集残留人员。

在第一军司令部下达电文,组建残留日军部队的同时,策划组织者与各兵团骨干分子,并以宣传倡导、威胁欺骗并用的手段,通过召集会议、巡回演讲、说服动员等形式,进行广泛的发动组织。这一时期,城野宏所撰《日本人的立场》成为传播残留理念,发动日军日侨残留的思想武器。该文被第一军印成小册子,与其他残留言论相整合,散布到各部队和日本侨民中。内容如:要卧薪尝胆,为了复兴祖国而残留;大和民族是永远不会战败的,复国希望为期并不太远;美苏矛盾在不久的将来即将爆发,日本陆军又必定陷入交战,"海外雄飞"的春天必然到来;日本在美军占领的状况下,立刻重新武装是很困难的,因此我们要留在山西保存武力;从维护日本的天皇制国体方面,中国赤化会产生重大的危险和影响,日本人防止中国赤化,毫无疑问是爱国行动;日本战后将发生社会混乱,即使立刻回去也不可能期望安定的生活,现在阎锡山给予特别优厚的待遇,住宿及给养、结婚等方面也给予保证;将来残留者不仅仅是参加武装部队,也可以根据个人能力发展,比如经营轩岗煤矿及石灰生产,经营龙泉庄农场……

各部队残留活动的组织者,对下级官兵的威胁、命令和欺骗也随处可见:如果一部分军人不留下来担负山西铁路、公路修复任务,担任后卫尖兵,第一军的复员归国非常困难;"我不回国,你们也都给我留下!""军队的1/3分配为残留,你要留下!""回国由军令决定,当前只有完成上级交给的组建特务团任务";"我们现在复员回国,但请相信不久的将来还会返回,与诸位见面"。第一一四师团、独立混成第三旅团等,还成立特务团编成室、"独三旅会"、"宫城县同乡会"等,开展残留活动。组织者并派出日本宣传员,在山西之外北平、石家庄等地的日军日侨中进行宣传、煽动,说服他们下定决心残留下来报效国家。仅石家庄就有日人200余来到山西,加入残留队伍。据合谋社军事组秘书平部朝淳后来的证词,第一军下达征集残留部队任务,"被编制的人员,1946年4月中旬合计有六千六百人到六千七百人"。在日军大规模残留中,原驻晋第一军将官澄田睐四郎、山冈道武、三浦三郎、元泉馨,都成为残留活动的组织者并残留下来,担任残留部队首领和阎锡山的高级军事顾问。

残留日军主体部队之外,在山西军炮兵集训团、第四十六师、第四十九师、原暂编独立第十总队等军事组织,二战区长官司令部、资源调查社及其他政治机构、涉日机构,太原之外大同、阳泉、榆次等地,也残留了人数不等的日本军人。

当时,残留山西日本军人合计约万数,后来人数增减有变化。

二、残留日军隐匿与整编

日本无条件投降后,驻山西日军又有组织残留、成建制武装,被中国共产党和中国人民揭露、打击,也引起军事调停"三人委员会"重视。1946年1月,八路军即向驻东沁线独立步兵第十四旅团元泉馨部发出通告:"日军在投降后仍然保持和战争结束前同样的武器装备状态,不将兵力集结一处,而是部署各个要点,这违反《波茨坦公告》。"2月,"军调部"太原执行小组代表、东沁执行小组代表,专门在东沁线视察。3月3日,"三人委员会"美方代表、美国总统杜鲁门特使马歇尔,国民党代表张治中,共产党代表周恩来,与北平军调部代表等,莅临太原视察调查。

为暂避风头,第一军于1946年3月4日通知日军各部队,对残留于铁路(公路)修复部队者,办理退伍手续。实际只是瞒天过海、欺骗视听,并未告知残留部队全部军人。而当时日本原中国派遣军、华北方面军,对第一军残留山西的行动,在特务团、铁路(公路)修复部队组建时,即给予认可,这以第一军发给"总军""方面军"的多次电文即可证明。因为蒋介石拒绝了冈村宁次残留日军的请求,山西却有条件让数以万计的日军残留下来。但在此时,也担心引发国际问题。为避免承担违反《波茨坦公告》的责任,中国派遣军以"总参电718号"通知第一军:希你军根据前已颁发的中国陆军总司令部训令,坚持除真心希望残留的部分技术人员外(根据"诚字21号"征用的人员应属于高级技术人才,符合智力征用条件),着令全部军民回国。"特别是编入特务团重新武装一事,

不仅有悖圣旨,违反中国训令,而且可能引发国际问题,希立即停止将残留人员编入特务团的活动"。第二战区司令长官部也在4月5日,以"日管教字第642号代电"通知第一军:我部于1月12日下发命令,征集参加我部直属特务团志愿人员,组建示范部队并教练军官,着立即予以撤销。4月6日,第一军电复南京中国派遣军:我军据此下令全部撤回加入特务团人员,并遵令遣送回国。但是就在同时,第一军又向中国派遣军声明:"按照钧电意图着令侨民回国一事,因为违反中方及希望残留人员的意愿,既然军方没有强制权力,就无能为力。有相当多数的侨民公开对我官兵开展挽留活动,对此亦无权加以阻止。"对所隶属和指挥的部队,则继续通知:"第二战区司令长官说,如成为中国人就可以残留,如果从法律上不可能办理取得国籍的手续,可在行政上(在警察署登记)采取变通办法。"更为显露的是,1946年5月5日第一军在司令部人员从太原遣返日本前,发给中国派遣军、华北方面军的电文中,仍以"其他需要特别说明的事项"报告:"从山西省留用的技术人员看,大部分残留侨民是本身希望留下,加之阎长官积极劝说,军方实无力扭转。我军虽着令山冈参谋长等部分人员暂时留下,努力促成残留日人的遣返,但从目前情况看,并无任何效果。相反,似以采取默认态度为好。"显然,立即停止日军残留、重新武装,"努力促成残留日人的遣返",只是假话而已;"似以采取默认态度为好"才是真实用意。况山冈道武作为坚持残留活动的主要倡导策划和组织实施者,实际做的恰是正相反的工作。而"留用的技术人员",主要即是伪造身份的残留日本军人,连元泉馨、岩田清一、今村方策等,也都列在留用技术人员的名册上。

自然,在此期间残留日军不得不分散隐匿与部分遣返归国。但就在5月,策划组织者即又聚集太原谋划残留部队的整编。残留日军主体特务团、铁路(公路)修复部队,除遣返回日者外,与残留日侨武装铁路护路总队等合并,编为山西保安总司令部继续残留。且之后又有新招募、吸纳的日本军人和侨民进入山西。组织者们并多次派人回日本,联络军国主义分子进行招募"义勇军"来华的阴谋活动。还派人到上海、北京等地活动,企图建立与日本的联络据点,开辟中、日间密航路线。这些图谋,只是由于中国人民解放事业迅速发展才未得实施。

三、残留日军部队与顾问机构

从残留活动的策划开始,军国主义分子们就认为"只有残留强有力的日本人的军队",残留势力才能"具有强有力的政治发言权",以实现"东山再起"之残留目标。因而,整个残留活动是由军事残留发端,并始终作为实施的重点,决定和影响着全部残留过程。其军事残留的主要组织形式,是组编残留日军武装部队,及设立残留日军高级将领军事顾问机构。

组编残留日军武装部队,开始于1946年1月。在当时形势下,采取了编入山西军的"残留军事体制"。主体部队的编成建设,大体经过大规模组编时期、统一整编时期和政治军事管理正规化时期三个阶段。

1. 大规模组编时期:1946年1月到1946年3月。武装部队名称为"特务团""铁路(公路)修复部队"。1月间,残留日军武装部队"特务团"开始组建,总人数预定为15000人。1月12日,先由二战区司令长官部以"午务特代电"发出征集令,日军第一军再按"合谋社"已有的策划与第一军司令部拟定的计划,将组编"特务团"之形式与残留军人名额,下达所属兵团。伴随从上到下大规模的组织动员,编为七个团和大同总队。首领机关设司令部、政治部、副官处、经理处、军医处、兽医处、军械处。组编事务就在第一军司令部进行,编成后特务团司令部等迁至相邻的工程师街(后残留日军首领机关又返回原第一军司令部)。原一一四师团师团长三浦三郎拟任总指挥。一一四师团参谋太田黑,第一军司令部参谋西山、岩田清一等,分负作战、教育、编成等责。三浦三郎、太田黑未到职,实际由岩田清一掌管司令部。1月25日和2月5日,二战区司令长官部又以修复南同蒲线、北同蒲线、东潞线和正太线、太汾路名义,征集残留日军"铁路(公路)修复部队"。复由第一军向所统属和指挥的部队下达征集名额,总数为11000人。1946年4月,铁路(公路)修复部队实际编成人数为六千六七百人,下属七个工程队和大同总队,司令部直属通讯队、土木抢修队。关于铁路(公路)修复部队的组建,第一军在2月5日电文中指出,"铁路(公路)修复部队的组建,希以特务团同意留用人员为主体(第一特务团除外)。"故人员编成与特务团存在交叉,组建后实际合而为一,名称有时混合使用。

2. 统一整编时期:1946年6月到1947年5月。武装部队名称为"山西保安总司令部""山西野战军"。由于中国共产党和山西人民对侵华日军"残留"高度警觉、公开揭露,1946年3月"三人委员会"及"军调部"代表等到太原视察调查,日本原中国派遣军司令部主任参谋宫崎舜市也到太原督促遣返,日军第一军不得不谎称"撤回加入特务团人员"。实际上却处心积虑地策划着继续残留,以"办理退伍手续"、伪造技术人员身份作掩护,并将武装部队暂时分散隐匿。1946年5月,除遣返者外仍有约半数残留下来。6月即又进行了残留武装的统一整编。与阎锡山方面合谋,将名义上撤销的残留日军特务团、铁路(公路)修复部队,与残留日侨武装"铁路护路总队"、五台工程队、保安警察队等,合并整编为山西保安总司令部。阎锡山方面赵承绶任总司令,日军独立步兵第十四旅团旅团长元泉馨任副总司令,岩田清一以高级参谋掌握实权。保安总司令部下属六个保安大队(团)和大同总队,司令部直属工程队、通讯队。按编制表,保安总司令部(包括大同总队)总人数4889名。各大队在编军人中,填充有人数不等的华籍队员。1947年3月,山西保安总司令部改称"山西野战军司令部"。司令部下属各大队及工程队、通讯队等,名称相应改变。赵承绶、元泉馨仍任正、副司令。

3. 正规化时期:1947年6月到1949年4月。武装部队名称为"暂编独立第十总队""太原绥靖公署教导总队"。1947年4月至5月的正太战役中,山西军陆军暂编独立第十总队被解放军成建制消灭。残留日军即使用了十总队的名称和正规军编制,于6月改编为"暂编独立第十总队"。这一时期,残留日军有了更加明确的纲领和严密的政治、军事管理。将"复兴皇国、恢弘天业"的宗旨,明文写入其纲领性文件中。制定了《总队部服务规定》《政治部业务规定》等规章制度,残留活动更具号召力和凝聚性。十总队司令部具有独立掌握作战指挥、人事任免、福利待遇、武器给养等权利。办公处所称"复兴楼",为原侵华日军第一军司令部。总队长由原独立混成第三旅团高级参谋今村方策担任,独立混成第三旅团独立步兵第九大队大队长相乐圭二任参谋长。机构有总队长室、政治部(后改新闻处)、参谋处、副官处、后勤处、军械处、卫生处、配给所、自给对策委员会、营缮对策委员会等。下属一、二、三、四、六团(原第五大队在正太战役中被消灭)及司令部直属特务营、通讯营(初为第一通讯队、第二通讯队)、工兵营,还有大同总队。编制总人数9726人(不包括大同总队),其中日系军人2447人,华系军人7279人,但骨干人员基本为日系。

1948年3月"暂编独立第十总队"改称"太原绥靖公署教导总队"。十总队原属五个团中,二、六两团编为军士教育一、二团,一、三、四团编为教导一、二、三团。原特务营、工兵营、通讯营,编为特务大队、工兵队和通讯队。改编后实质并无变化,向上报送材料或习惯上有时仍称十总队,山西军向国防部的统计上报等材料中,还以"暂编独立第十总队"名称出现。今村方策仍任司令部司令,原独立混成第三旅团独立炮兵大队大队长菊地修一任参谋长。晋中战役后,参谋长由独立混成第三旅团通信队队长今野淳担任。1948年11月今野淳在太原战役中被打死,原独立混成第三旅团独立步兵第十大队中队长早坂襞藏任参谋长。教导总队设司令部、参谋处、副官处、政工处、军需处、卫生处、秘书室,及生产部、合作社、农场、野战医院等。

1948年10月,由于晋中战役后残留日军人数锐减,太原战役开始后教导总队作战部队曾进行编队调整。军一团、军二团合编为步兵一团;教导一团、教导二团合编为步兵二团;教导三团、特务大队合编为炮兵团;司令部直属特务连、工兵连、通讯连、输送连、野战医院等。1948年12月,作战部队整体编为炮兵队,下属三个炮兵营、直属步兵营及特务连、工兵连、通讯连、输送连、野战医院等。不过直到1949年4月太原解放、残留日军投降,教导总队原军士一团、军士二团、教导一团、教导二团、教导三团的建制、称谓仍然存在。

山西残留日军主体部队中,原属驻蒙军的第四独立警备队大同残留武装,与第一军残留武装既相配属又相对独立。日本投降后第四独立警备队划归第一军指挥。由此,第一军对第四独立警备队实施了残留活动的组织。司令部参谋、残留活动主要策划者岩田清一,多次与大同日军密谋,策划特务团的组建。1946年2月2日,第一军所发组建铁路(公路)修复部队的电文中,分配第四独立警备队残留名额1500人。2月5日,又就"征集人员组建特务团战车队"密电第四独立警备队。在1946年春大规模残留活动中,大同残留日军编为特务团大同总队、铁路(公路)修复部队第八工程队。原第四独立警备队司令部部附林丰任总队长,第四独立警备队独立步兵二十二大队大队长五味丑之助任副总队长。1946年5月驻晋日军大部队遣返后,大同仍残留日军约千人以上。同年6月后大同铁路(公路)修复部队第八工程队人员,整编为大同保安总队第七、八、九大队。原战车队改编为大同坦克车队。1947年3月,大同保安总队改编为山西野战军大同总队,下属七、八、九、十大队。6月后改编为暂编独立第十总队大同总队,下属七、八、九、十大队。8月实有日籍军人590人。林丰仍任总队长,五味丑之助任副总队长。1947年12月,十总队大同总队改编为大同教导总队。1949年5月1日大同和平解放,残留日军放下武器。

残留日军主体部队之外,还有以残留日本军人为骨干组建的"机甲队",于

1946年秋编成。司令、总教官为原日军少佐大队长赤星久行,副司令由华籍少将韩文彬担任,参谋长为原日军电信第九联队大尉宇野昭夫。按照1946年9月制定的《机甲队司令部服务规定》,机甲队"司令直属第二战区司令长官,统率机甲队。关于训练和指挥,按总顾问之指示处理"。司令部设参谋处、副官处、军需处、军械处等。下属战车连、炮兵连、补充连、步兵连、通讯连、输送连,及工兵排、整备排、特务排、装甲车排。武器装备也较精良,配置坦克、装甲车、轻炮、重机枪等。据1947年9月统计数字,机甲队编制人数1556名,实有官佐(以日籍为骨干)188名、日籍教官104名、士兵1120名、夫役88名,共1500名。在大同,还有原战车队改编的"大同坦克车队",下属3个小队,战车20余辆。

设立残留日军高级将领军事顾问机构,是残留日军"取得对阎锡山的发言权"、阎锡山笼络残留日军将领的重要途径。1945年9月,原日军第一军司令澄田睐四郎、参谋长山冈道武,就当起了阎锡山二战区司令长官部总顾问和副总顾问。一一四师团师团长三浦三郎也被聘为顾问。1947年6月,与残留日军主体部队改编为"十总队"同时,在太原绥靖公署设立了专门的残留日军高级将领军事顾问机构"武顾问室""蒲研究室(部)""元副总司令办公室"。山冈道武(残留后华名"武道三")任武顾问室中将顾问,三浦三郎(残留后华名"蒲晋业")任蒲研究室(部)中将主任,独立步兵第十四旅团旅团长元泉馨(残留后华名"元全福")任"元副总司令办公室"中将主官。1948年晋中战役后,设"郑总顾问室"。澄田睐四郎(残留后华名"郑天来""郑成天")战犯案不了了之,又公开出任总顾问。这些侵华战争中的高级将领,组织领导残留活动,参与阎锡山的军事决策。

四、从残留理念到残留纲领

日军残留山西,有着明确的目标宗旨。以《日本人的立场》和《暂编独立第十总队总队部服务规定》为标志,从最初的残留理念,发展为成熟的残留纲领。当残留活动组织实施之初,倡导、策划者也担心,"这种与所谓奉天皇之命情理不合的军队,会由于建军宗旨不明确而成为阎锡山的雇佣兵性质,这样的军队能否维持其战斗力,保持其团结?"他们意识到,残留活动需要"一面使之合法化的旗帜"。于是,城野宏所撰《日本人的立场》应运而生。主要内容为:日本被盟国军队占领,丧失主权。战后所走的道路,可能有三种。一是美国化的道路,在美军占领下,政治上丧失主权,经济命脉被控制,文化被殖民地化,有成为夏威夷第二的可能性。二是苏联化的道路,战后民众的左倾化不断发展,也有变为社会主义人民共和国的可能。这与天皇为中心的日本国体不合。三是日本独立的道路,恢复主权,再次作为繁荣昌盛的强国登上世界舞台。为了争取第三条道路,在谋求占领军尽快撤离的同时,必须把主要的经济复兴资源掌握在自己手中。而"在山西建立起一支日人武装部队,协助阎锡山反对共产党,就一定会取得对阎锡山的莫大发言权。在这个基础上,打入日本技术人员和管理人员,从而掌握工矿等经济命脉,就可以保持和日本占领时一样的状态。日本虽因战败而失掉了一切殖民地,但和阎锡山拉起手来,日本还可以将山西作为实际上的殖民地而保存着。日本依然可以从山西获得煤铁等各种重要工业原料,同时也保持日本商品的销售市场。第三次世界大战一起,残留日军将作为重建日本军的先遣队,山西立刻就是日本重新向大陆发展的前进基地"。正是以《日本人的立场》为代表的"观念性目标",为日军战后残留树起了旗帜。在这面旗帜下,以军人为主体组织聚集了数以万计的残留者。

之后,随着残留活动的组织实施,残留日军的整编和正规化建设,其"残留"思想理论进一步发展。残留日军在自己的队旗上,公然宣示"复兴皇国、恢弘天业"的宗旨,阐明残留部队是名副其实的"天皇的军队"而区别于"阎锡山的雇佣兵"。1946年12月,合并整编后的残留日军主体部队"山西保安总司令部",创办机关刊物《晋风》。在其创刊辞中鲜明提出"要贯彻恢弘大业之宗旨"。1947年6月,残留日军改编为"暂编独立第十总队",随即制定了《总队部服务规定》等成体系的规章条令。在《总队部服务规定》中,进一步明确残留日军部队纲领宗旨和行动准则。《规定》由十总队总队长今村方策署名发出,时间为民国36年(1947)7月1日。用日文打印,16K,25页。内容包括总队长训、总队部训,及总则、服从及礼仪、业务处理、会议、勤务、举止仪表、其他等七章,有附表三种。其《总队长训》规定:"总队以复兴皇国、恢弘天业为宗旨。一、经常坚持牢固之信念,为贯彻宗旨而迈进。二、挺身而出,担当中、日提携和亚洲建设之础石。三、和衷共济,以结成巩固之团结。四、千锤百炼,以培养精强之武力。五、自强不息,以振起质朴刚健之风气。"《总则》第三条规定:"总队部人员要领会《军人敕谕》《教育敕语》、"终战诏书"等的宗旨,以之作为培养精神要素的根本。同时,要认真学习殉皇志士、烈士的精神,从而在总队长领导下,互相切磋

勉励,朝着实践《总队长训》的目标奋勇前进。"

很明确,"复兴皇国、恢弘天业"是残留日军的纲领和宗旨。其必须树立的"牢固信念",就是贯彻、实现这一宗旨。而皇国,乃日本天皇制国体和国家;天业,即天皇开创、扩张的基业。联系"二战"期间裕仁天皇发布的诏书及内阁重要会议相关内容,则"复兴皇国、恢弘天业"之源出便十分清楚。1940年2月,日本举行"皇纪"庆祝活动,天皇向国民发布诏书。内称"尔臣民宜驰思神武天皇之创业,念皇图之宏远、皇谟之雄深,和衷勠力,愈益发挥国体之精华,以克服时艰,昂扬国威,回答祖宗之神灵"。7月,第二届近卫内阁召开会议,决定《基本国策纲要》。《纲要》中,采用"皇国"称呼,取代过去所称"帝国"。提出"以皇国为核心,以日、满、华的强有力结合为根本,建设大东亚新秩序"的"皇国之国是"。1941年12月,天皇发布太平洋战争宣战《诏书》:"……皇祖皇宗之神灵在上,朕深信依靠尔等众庶之忠勇,必将恢弘祖宗之遗业,迅速铲除祸根,确立东亚永久之和平,以期保全帝国之光荣。"1945年日本战败,8月14日"最后的御前会议"上,天皇在"圣断"中讲到,"只要还留下一点种子,今后还有复兴的希望……但愿此时此刻,忍所难忍,耐所难耐,团结一致,以求将来的复兴"。而《军人敕谕》,则是军国主义日本天皇制国家观的核心内容,天皇制军队的立军之本。明治天皇于1882年1月颁布的《军人敕谕》昭示,"朕是汝等军人的大元帅",日本军队"世世代代由天皇统帅"。《教育敕语》,是明治天皇于1890年10月发布的教育法令。它不仅是各级学生的必修课,而且力图把忠君报国思想灌输到每个国民头脑中。其"一旦缓急,义勇奉公。以扶翼天壤无穷之皇运",成为战争期间日本军队的精神道德规范。日军战后残留山西,组建残留武装部队,制定《总队部服务规定》等,正是贯彻、融汇了日本天皇和军国主义的皇国观念与战争理论,以训导和凝聚残留日本军人继续战争。

与《总队部服务规定》同一时期形成、相互配套出笼的,还有《司令部业务规定》《政治部业务规定》《政治部实施业务大纲》《任官、进级规定》等十余种规章条令。这些条令从践行《总队部服务规定》出发,严密而具体地规定了军队的政治管理、军事管理、军务管理、后勤管理等,指导和规范着武装部队的建设。如《政治部实施业务大纲》中规定:政治部业务实施的目的在于,使总队官兵贯彻部队存在的理念,掌握日、华协力的真正意义,促成巩固的团结。与此同时,建立同外部的合作体制,阐明世界形势,以期在整体方向的把握上万无遗憾。实施事项为:在整个亚洲,特别是在中国同日本的关联上,阐明目标理念的时期性和阶段性;确立恢弘天业的世界普遍性,使队员经常自觉地把部队同祖国直接联系起来;研究分析混乱的形势,阐明吾人所处的环境;阐明部队的现况,提供丰富正确的与其根本方向有关的情况判断的资料;努力培养下一阶段的干部;设法同留晋日侨融合一起,确立合作体制;推动建立同中方机构及民众的相互援助体制,以巩固部队存在的基础;同省外尚未回国的日本人及日本国内建立联系,在各地之间相互迅速通报成果,以使采取共同行动成为可能,并实行交换信息,为将来物资、人员相互进行援助成为可能做好准备。

五、残留活动一体行动

从"卷土重来,东山再起""复兴皇国,恢弘天业"的目标出发,为把山西建成日本军国主义掌控的复兴基地,残留活动的策划组织者,在首先实施强有力的、具有独立支配力的军队残留的同时,并联合日侨"残留",组织切入山西社会,特别是经济实业、特务情报机构的一体行动。与此同时,在残留日军日侨中建立社团、学校、医院、合作社,特别是开展多种形式的思想文化"残留"活动,使残留日人在山西"牢固地扎根、生存",在中国社会内营造一个"日本人的特殊地区"。据城野宏《山西独立战记》,1946年春大规模残留活动中,"始而有数万日本人残留山西"。河本大作的秘书儿玉华子后来也谈到,"最初约有3万名日本人留了下来"。此数字如基本可信,那么,约万数军人之外,余即为残留侨民,含从业侨民、侨民武装人员及残留军民眷属子女。又据1946年4月第一军向中国派遣军、华北方面军的两份报告与同年9月华北方面军司令部《河北、山西地区残留人员概数表》,1946年4、5月大遣返后,山西仍残留日本侨民三四千人。而实际数字当在大几千。到1947年,残留日侨(含军人眷属)又增至近万到万数上下。

日军日侨"山西残留",策划组织者在经济方面的目的非常明确,那就是继续利用、攫取山西丰富的矿产资源和潜在生产力,服务于他们图谋的皇国"复兴"。残留活动中,大批日本人进入太原铁路局、晋北矿务局、西北实业公司及下属单位等经济实体。据1946年1月山西省政府秘书处签复征用日人数,仅太原铁路局即1205名,西北实业公司420名。原太原铁路局工务部长上田秀

正、山西会社理事、炼钢厂厂长高桥铁造,山西会社西山采炭所所长安田勇造,还有从事地质业的植田、纺织业的横田、制造枪炮的小林等都残留下来。太原、大同、原平、阳泉等地,都还有日本侨民独资或合资重办企业、投资建厂。河本大作又当起了西北实业公司顾问、经理部长,妄想继续将山西骨干企业的运营置于掌控之中。在日侨俱乐部的一次常委会上,河本大作发问:"山西的煤炭埋藏量有多少?你们连山西煤炭埋藏量都不知道,究竟为什么留在山西呢?"1948年5月山冈道武回日本招募义勇军,河本大作曾与山冈策划,如果阎锡山不能负担义勇军的经费,就与阎协商由义勇军从中共手中夺回山西产业株式会社原所属工厂、矿山,如阳泉煤矿、灵石富家滩煤矿、宁武木厂等,或占领解放区的几个县,以达"以战养战"的目的。1949年2月,太原解放已成定局。为了在失去阎锡山的荫庇后军国主义势力仍能继续残留,河本大作等又策划成立"山西矿业公司"。还想着太原解放后,表面上由日本技术人员负责公司,而以武装团体成员和日侨充当采煤工,一方面利用山西资源,更为了再次等待时机东山再起。

日本军国主义势力出于东山再起的图谋,对特务情报活动非常重视。1946年1月,即由原日军第一军司令部情报参谋指田国福,与阎锡山的亲信梁化之,在二战区司令长官部成立"资源调查社"。之后,又增设第二资源调查社和雁北办事处。资源调查社专门从事特务情报活动,开展科学谍报、侦察谍报等业务,在基层设有情报站。人员以残留日人为主,1946年约150人以上。成立于1946年5月、以三浦三郎为负责人的"军技研究部",及其后的"蒲研究室(部)",对山西宪兵进行特务间谍训练,同时与军政警宪联络互通,收集解放军情报,破译中共通信密码。在残留日军主体部队政治部等机构,情报工作是重要职能。"暂编独立第十总队"《政治部业务规定》中,详细规定了资料室业务活动内容,即进行欧洲、美洲、苏联、中共情况的调查;中国文化、社会、经济、边境、政治、法制的调查;东南亚及中近东的调查;日本经济、社会、文化、政治的调查。河本大作所在的西北实业公司总顾问室,同样进行着特务情报活动,从那里不断发出标有"极密"字样的《情报记录》。残留日军日侨组织木曜会、水曜会、土曜会等,都把搜集情报、研究形势、组织专题报告,当作活动的主要议题。

在日军日侨残留一体行动中,思想文化残留活动,为战败"残留"提供思想理念指导和精神文化支撑,也为"在山西建立一个日本人的特殊地区"搭建文化设施。策划组织者通过开展经常的政治、思想、文化活动,成立多种形式的社团组织,兴办面向残留日人的学校,创办各类报纸刊物等,来指导、团结、凝聚残留队伍。使残留军人侨民坚定残留信念,坚持残留理念,并能够学习和掌握知识技能,为植入山西社会和日后东山再起,做能力与能量的准备储备。在残留日军部队,"纪元节""天长节"等纪念活动,被规定在必须的教育事项中。天皇《诏敕集》,印发到每个军人的手中。每逢规定的日子,要进行"敕谕奉读""诏书奉读"和面向宫城"遥拜天皇"。以河本大作、澄田睐四郎、山冈道武、城野宏、今村方策等人为核心,在残留军民中成立了日侨俱乐部、金曜会、木曜会、土曜会、水曜会、命风塾、武道会、迎晖学会等组织。开展残留活动的同时,也诵樱花、写俳句、吟长歌,凝聚残留人员思想情感。命风塾还以神道招摇,打出"修理固成,光华明彩,天业恢弘,天下光泽"的诵辞。迎晖学会隐喻"迎接日军",召唤"日本军时代"。为使残留下来的青少年接受军国主义教育熏陶、学习文化与各科专业知识,开办了晋阳学园、太原政经学院、晋阳高等工学院、大同日侨小学等成人院校与日侨子弟学校。残留期间,并创办《晋风》《东风》《半月刊》《时事》《迎晖》《太原汇报》等报刊。成立晋风剧团、大行剧团、松永演奏团等文化团体。就连事物名称、人名及籍贯,也融入"残留"文化理念。不仅残留日军司令部大楼名为"复兴楼",出售给日本军人侨民的烟卷名"复兴牌香烟",香皂叫"樱花皂",不少残留军人所起华名也有寓意,如"于复国""孙亚业""燕东兴""王耀武""武威"等。而残留日军名簿中,为官兵伪造的中国籍贯,则填写为东三省和台湾,仍然把这几个省区视为日本领土。军国主义分子还举行专门仪式,为受处决的战犯"通夜烧香超度"。罪恶的"慰安所",也重新张贴告示公然开张。

六、继续战争,制造战祸

日军"残留"山西,明火执仗继续战争,直接参加对人民军队作战,同时对阎锡山军队进行训练,指导中国人打中国人,在中国土地上制造新的战祸。三年多时间里,先后参加了东沁路作战、晋北战役、大同集宁战役、寿阳作战、汾孝战役、正太战役、晋中战役、太原战役等重要战事及大大小小的战斗。也曾在忻县、大同等战斗中取得"战功"。但是,随着解放战争的胜利发展,阎锡山反动政权每况愈下,附植于阎军的残留日军遭到毁灭性打击。正太战役中第五大队被消灭,晋中战役后整个队伍"向溃灭的道路踉跄而行",太原战役连战连败、彻底覆灭,幻想东山再起的"残留"图谋最后破产。

1946年6月至9月解放军发动晋北战役、大同集宁战役。残留日军第二大队、大同总队,投入对解放军作战。晋北战役展开后,解放军连续攻取宁武、繁峙、代县、崞县等地。残留日军二大队从驻地原平镇撤至忻县县城,与守城总指挥阎军于镇河部配合,投入忻县防守战。大队长今村方策、副大队长相乐圭二,分别兼任关南军指挥部参谋长、联络参谋,制定作战命令和战术指导,指挥、督励残留日军二大队和关南军下属部队,与解放军进行激战。7月20日至8月11日,解放军发动大规模进攻,夺取敌方阵地。北兵营、忻县车站、南关等战斗尤为激烈。今村、相乐组织炮阵与轻重火力轰击解放军阵地,率队力战、白刃格斗,对解放军大量杀伤。当时为解忻县之围,阎军救援部队开往太原、忻县间阳曲县高村一带,残留日军司令部也出动两个大队驰援,对攻打忻县的解放军形成夹击之势。"决胜忻县城防"侥幸得逞,今村方策因此声名大噪。解放军以"能取即取之,不能取即置之"的战术,把战局重点转向大同、集宁战役。大同、集宁战役于7月31日展开。解放军鏖战楚溪春任总指挥的大同守军及傅作义增援部队、残留日军大同总队,历时一个半月。大同总队大队长林丰、副大队长五味丑之助率队出战。在七里村、南庙附近、大同车站、北门外,及外围作战中二十里铺附近、白家窑附近等地死拼硬战。死亡原大尉矢岛哲夫等日籍军人58名。林丰(华名"陈丰三")则因战功被授予干城奖。

1947年4月下旬,正太战役进入第二期作战,解放军连克娘子关、盂县等敌军据点,围攻阳泉工矿区。赵承绶、元泉馨,急率阎军三十三军及第八总队,残留日军第一、三、四大队前往救援。30日至5月1日,解放军与敌军在阳泉周围、平定县城等地交战。2日晚,阎军决定放弃阳泉撤退,所有部队、包括残留日军第五大队,及行政人员转移寿阳。残留日军五大队之母体,是日本侵华时期阳泉煤矿工警队,一直都有不少眷属随住阳泉。五大队不愿撤离,要坚守城西南狮垴山与城内电灯厂、煤矿。当晚,大队长薮田信雄率队在狮垴山摆开阵势,以对抗解放军攻击,并向城内发射炮弹。3日,解放军以包围态势逼向狮垴山。五大队孤军拼战,向元泉馨发电急求救兵。元泉电复"迅速突围,向太原西进"。薮田遂带领队伍突围,沿通往太原的公路西进,却仍然处在解放军火力封锁中,只得返回退守原阵地。并再次"恳切请求给予增援""火速空运粮秣",然求援无果。妄言"与阳泉同在"的薮田信雄,在强大军事压力与政治攻势下,于5月4日清晨带守山官兵、随从眷属,向解放军投降。

1948年6月中旬,山西解放战争的炮火,燃起晋中战役。作战目标是"野战歼敌,为攻克太原铺平道路"。6月下旬"阎令赵承绶为野战军总司令,元全福(元泉馨)为副司令,统一指挥晋中地区部队"。赵、元披挂上阵指挥晋中会战。残留日军也由总司令今村方策、参谋长菊地修一率领,随赵、元野战军司令部开赴前线。整个战役,解放军攻势凌厉,阎军望风披靡。7月上、中旬,野战军司令部所率部队及残留日军,被圈在太谷、榆次、徐沟间方圆三四十华里的三角地带。虽有B29型飞机轰炸助战,地面部队接应救援,但遭解放军强势炮火轰击,逐村阵地攻坚战打击,终致全军溃败。7月16日,元泉馨在太谷县小常村被炮弹击中自决身亡,赵承绶被解放军俘虏。残留日军出师晋中后,先在祁县、平遥间与解放军激战,后辗转攻守节节败退,撤向东观、太谷,继续往北后撤。7月上旬至中旬,在徐沟温李青、戴李青,太谷南庄村、小常村、西范村等战斗中连战皆北。7月16日分路撤逃,今村方策、菊地修一率司令部、军士一团等,由西范村冲出包围,北向突返太原。但整个队伍溃不成军,日本军人死亡180余人,被俘200余人。下属五个团中,教导一团团长小田切正男、教导三团团长增田重之、军士二团团长布川直平被打死,教导二团团长住冈义一被俘。是役死亡的还有原日军炮兵大队长、太原绥靖公署炮兵训练团总教官松原太市。

　　晋中地区解放,太原成为一座孤城,阎锡山反动统治末日来临。残留日军图谋也行将破灭,但仍在进行最后挣扎。原日军第一军司令澄田睐四郎(华名"郑成天""郑天来"),掀去战犯帽子,任"郑总顾问室"总顾问,带着今村方策等,城外城里勘察太原地形。为阎锡山制定《太原城周防御计划》《中央军空运计划》《炮兵集中运用计划》,及拆毁民房、扫清视线等方案。1948年10月5日太原战役打响。在外围战斗与外围要点争夺战中,残留日军司令部部附岩田清一,指挥东山正面炮兵群,炮击解放军阵地。残留日军司令今村方策率队,在太原东山"四大要塞"之最大要点牛驼寨,与解放军展开激烈残酷、反复数十次的争夺战。甚至违反国际法,发射"联二苯"毒气弹,造成解放军战士大量伤亡。据残留日军司令部部附、政工处长城野宏1956年交代,"仅在牛驼寨前面,就杀伤了1600余名解放军战士……并且在东山一带,与三十军、十九军共同杀伤16000人。"残留日军也严重伤亡,死亡参谋长今野淳、参谋处长佐藤荣治等日籍官兵70余人。下属三个团,步兵一团团长早坂襞藏、步兵二团团长相乐圭二、炮兵团长菊地修一,都身负重伤退下阵来。11月中旬,解放军英勇克敌,胜

利占领牛驼寨。残留日军为减少伤亡保存实力,于 12 月整体改编为炮兵队,在太原东北炮兵群主阵地卧虎山继续作战。1949 年 4 月 20 日,解放军向太原城发起总攻。卧虎山受解放军包围制压,今村方策率炮队退撤,在城墙和城内向城外解放军炮击。21 日晚,担任太原东南炮兵群指挥组组长的岩田清一,更换便衣从阵地双塔寺出逃,被解放军生擒。24 日太原解放,龟缩于司令部复兴楼的残留日军偃旗纳降。

残留日军"继续战争"的另一军事活动形式,是对阎锡山军队进行训练。1946 年春组建"特务团",任务之一即"教练军官"。同年以日本军人为骨干组建的"机甲队",其司令也即总教官。还有以原一一四师团炮兵大队长松原太市为总教官,日伪大同省公署直属警察队队长大野泰治等为教官,对阎军炮训团的训练等。1947 年 3 月阎锡山"亲训团"成立,从山西各部队调集将、校、尉军官及军士 1000 余人,组成 1 个将校队、2 个尉官队、3 个军士队。由原日军第一军参谋长山冈道武担任总顾问,岩田清一及 80 余名日本军人担任教官。将校、尉官、军士各队的中队长,各排的分队长,也都由日本军人担任。7 月,阎锡山又成立"亲训师",全师 11300 余人。仍由山冈道武担任总顾问,训练计划均出其手。师、团、营部设有日本教导官 3 至 5 人,各连配备日本教官 3 至 5 人。据 1948 年 1 月残留日军"暂编独立第十总队"参谋处教育科统计,下属二团、三团、六团、特务一连、二连、第二通讯队,派往亲训师的日本教官为 236 名。从 1947 年 11 月开始,残留日军还担任阎军青年军官教导团的教练任务。青军团下设一、二、三大队,1948 年 4 月又增第四、第五大队。5 个大队下设 18 个中队、54 个分队。由今村方策任总教官,岩田清一任副总教官。各大队大队长分别由残留日军 5 个团的团长担任。连同中队长、分队长等日籍官佐,人数 115 名。据统计数字,1948 年前半年担任亲训团、亲训师、青军团及机甲队、炮训团等军事组织教官的日本军人有五六百名。日军残留期间,还先后对阎军干训团、第八总队、第九总队、第十总队等军事组织,及宪兵、炮兵、通讯、军械、辎重、工兵、战地医疗等,进行了多方面的训练。太原战役中,甚至对阎军进行毒气战斗使用法、指挥法教育。作为军事残留活动的重要内容,残留日军对阎军的训练,在一定程度上提高了反动军队的战斗力,加大了山西人民解放战争的代价。

七、遣返与覆灭

侵华日军战后"残留",军国主义势力经过了精心策划、严密组织,但很快就被世界历史潮流彻底冲垮。反法西斯的第二次世界大战的胜利,"给全世界工人阶级和被压迫民族的解放事业,开辟了更加广大的可能性和更加现实的道路"。抗战胜利后,中国人民选择了坚持民族正义,为他们谋求幸福和利益的共产党政权。逆历史潮流而动的日军"残留",在给中国人民造成新的战祸的同时,最终彻底失败。万数残留日本军人,经过4次遣返与战争中死伤、被俘,到1949年5月消弭无存。残留日侨除侨民武装整编入残留日军部队人员外,大都遣送归国。有十数人因罪被捕。

残留日军日侨第一次大遣返,在1946年4、5月间。《波茨坦公告》第九条称:"日本军队在完全解除武装以后,将被允许返其家乡,得有和平及生产生活之机会。"但军国主义势力策划实施日军"残留",却保留武装,继续战争,在中国领土破坏中国人民的和平生活。由于日军"残留"被中国共产党和中国人民揭露、打击,也引起了军事调停"三人委员会"的重视,残留活动在初期即遭遇遏制。尽管策划组织者以就地复员、伪造技术人员身份及隐匿残留武装等手段,欺骗视听继续残留,编入残留日军主体部队的军人,仍有约3000人以上走上被遣返的道路。连同其他残留军人约大几千。侨民(含军人眷属)遣返数量更大。据1946年5月3日第一军向中国派遣军、华北方面军的报告,"我军定于5月5日将军司令部(第48大队)运送出境后,除因事暂留人员(军人)及留用技术人员(侨民)外,即结束运送工作。"文中对"有无尚未解除留用的军民及对其被遣返估计"的报告为:"军,无。民:太原1788名,榆次321名,阳泉131名,大同505名,共计2745名。尚有未了事务处理小组及其他暂留人员:山冈参谋长等军官23名、军士9名、士兵13名、军内雇员13名,共计58名。大同还有尚未运送完毕的军民,其人数不详。"但这里所谓"民"2745人,实际主要是"就地复员"名义下的残留日本军人。当时第一军的另一份报告又称,"第四独立警备队(驻大同)以下人员无法与主力一起向原平集结:军官(含准军官)24,军士125、士兵522。以上人员均为原特务团人员"。以上述数字,第一军报告中遣返后继续残留人员为3474名。在此统计数字之外,还有其他残留人员。而1946年9月9日华北方面军司令部在《河北、山西地区残留人员概数表》中相关数字为:"太原:军(含眷属):世话部10名,战犯嫌疑14名,陪同证人14名,合计38名。民:留征用约630名,加家属合计约3000名,残留者约2千数百,合计5000名—6000名。总计:38名;另5000名—6000名。大同:民1181名,总计

1181名。"依上述综合，第一次大遣返后，山西仍残留日本军人约3500名—4000名，连同其他侨民，共约7000人左右。据现存档案记录，侨民及军人眷属数实际不止三四千。之后，又有新吸纳、迁入的日本军人与侨民进入山西。到1947年，残留日本军人侨民增至约一万三四左右。

1947年和1948年，残留日军日侨又有三次较大数量的集中遣返，其中军人遣返总数约在2200左右。第一次在1947年9月。遣返中，山西日侨俱乐部参与组成遣返委员会，河本大作以日侨俱乐部委员长身份介入，主张只将思想不良分子、掮客和无战斗力的老弱分子遣送回国，对有战斗力或有技术的人员则强制留晋。第二次在1948年5月。当时，阎锡山反动政权每况愈下。很多残留军人对残留理念产生怀疑，对残留前途失去希望，也对日后生活感到不安，纷纷要求回国。残留活动主要策划组织者，原第一军参谋长山冈道武、一一四师团师团长三浦三郎等，回日招募义勇军也一去不复返。第三次在1948年9月。此前6月至7月晋中战役中，残留日军溃不成军；而太原战役也将展开，太原城处于四面围困之中。残留日军日侨惶惶不安，人心思返。仅教导总队及所属各团队遣返人数即698名。其中司令部遣返161名，与继续残留数187名相差无几。机甲队遣返司令、参谋长等84名。这三次遣返中，残留日侨也基本随遣归国。1949年春太原、大同解放后，仅剩约千人以上。

日军残留山西继续战争，被葬于战争坟墓和成为战俘战犯的官兵，约2000人以上。1946年至1947年，残留日军武装在晋北战役、大同集宁战役等战事中即严重死伤。1948年的晋中战役和太原战役，伤亡更加惨重。据教导总队1949年1月《阵亡日籍官长请领抚恤金统计表》：1946年至1947年，死亡日籍军人152名（含大同总队）；1948年晋中战役，仅教导总队死亡人数即184名，同年10月至11月太原战役之东山牛驼寨作战，教导总队又死亡73名。总计数为409人。尚不包括教导总队1949年1月后死亡数，太原城解放时复兴楼地下室部分冲锋队与解放军遭遇慌乱交火死亡数，大同总队1947年至1949年死亡数，阳泉五大队死亡数，及主体部队之外机甲队等军事组织与其他机构中残留日本军人死亡数。据现有资料综合，死亡总数约在550人上下。

残留日军被俘被捕人数，总计约1500人左右。此数字中，有1947年5月阳泉解放，驻阳泉五大队投降解放军，战场内外日籍军人约300人左右。1948年《教导总队晋中战役阵亡、失踪官兵暨随带眷属统计表》中，失踪日籍军人

200余,多数为被俘。1949年4月24日太原解放,龟缩司令部复兴楼的残留日军,除少数伤亡外全部做了俘虏,其他散兵败将也在太原战役及太原解放后被俘被捕,总数700人上下。5月1日大同和平解放,大同总队残留日本军人除阵亡、遣返,及伤残回国等流失外也被俘被捕,连同此前被俘者,约一二百人。尚不包括残留日军主体部队1946年晋北战役、大同集宁战役被俘人数。主体部队之外,在机甲队和顾问机构、情报组织,及山西其他军事组织中的残留日本军人,也有被俘被捕人员。

残留日侨除集中遣返及零散归国者外,少数病死,有十数人被捕。

残留活动主要策划组织者中,河本大作、城野宏、岩田清一太原解放被捕,后河本、岩田狱中因病医治无效死亡。今村方策被俘后服氰化钾自杀。澄田睐四郎在太原解放前夕化名陈春英潜归日本。山冈道武、三浦三郎晋中战役前回日招募义勇军一去不复返。元泉馨晋中战役中死亡。日本军国主义势力在第二次世界大战结束、日本无条件投降后,图谋死灰复燃、东山再起的"残留"梦幻彻底破灭了!但它留给世界的警示是深刻的、长期的。

(原文由本书作者撰写。发表于中国社会科学院近代史研究所《抗日战争研究》2011年6月第2期。收入本书时,根据新发现资料略有增改)

前　言

"档案工作人员要学习司马迁,当司马迁。"这句话是周恩来总理1959年在全国档案工作先进经验交流会期间,对档案工作者提出的希望。史学家司马迁在西汉太史令与中书令职内,以机要文书、古籍典藏为基础,完成了亦史亦文的历史与文学巨著《史记》。被鲁迅先生誉为"史家之绝唱,无韵之《离骚》"。

"二战"后侵华日军"残留"事件,发生在中国山西。山西省档案馆保存着比较系统的档案。2002年,馆内就日军"残留"的研究,成立了由本书作者孔繁芝担任组长的课题组。课题并被山西省哲学社会科学规划办公室列为"十五"期间研究项目。研究过程中,课题组成员孔繁芝、赵永强、张永洁,以"玉山采石"的方便条件,对上千卷档案爬梳筛选、整理编纂,完成3卷本、220万字《二战后侵华日军"山西残留"——历史真实与档案征引》,于2007年正式出版。

此书的出版,以系统准确、最具权威的原始记录,将"二战"结束后侵华日军"残留"事件公之于世。被档案馆、图书馆收藏,为史界、学者珍爱。而整理出版原始档案的意义,在为研究、认识日军残留事件提供依据,促进人类和平事业发展进步。那就应让这一鲜为人知或人们知之不多的事件之真相,进入万众的视野中。人民是创造世界历史的动力,也是推动世界和平发展的动力!

出于这样的思考,继承中国史学"以史为镜"传统,学习司马迁《史记》文体,《残留》采用了亦史亦文叙事体。"史"以留存历史记忆,陈述日军"残留"事件,并引用、实录部分原始档案,将历史真实揭示出来,供政治家借鉴、史学界研究。"文"以承载历史记事,还原、再现当时场景,让平铺的史料活泛起来,便于广大读者披读阅览、思考索解。让这一发生在战后历史旮旯、已经过去却并未消散的"旧日本军残留"事件,被中、日人民和世界人民共同关注。进而了解"以复兴皇国、恢弘天业为宗旨"的日军"残留",在中国土地上制造新的战争祸

乱的同时,到底给日本、给残留军民带来了什么?为当下世界给出了怎样的"前鉴"。

史学家章开沅说,研究历史最重要的态度是尊重历史真实。第一,尽量把历史的真相还原,这像西西弗斯推大石头上山一样,永远不能最后完成,只能无限接近真相。再一个是给它一个合理的解释,努力把自己放在当时的那个历史情境里面做研究。

尊重历史真实,尽量还原历史真相,为笔者运心秉持。书中所记日军"残留"事件之经过与结果、时间与地点,均据文献记载。人物活动的场景及语言、行动及心理,也有史料支撑。自然,历史毕竟是已经过去的事,即使档案的原始记录与"第一历史"亲历者的口述笔书,也总有缺失或难免局限,因而对无法寻觅的情节和细节,也就放在当时的"历史情境"里,在符合"历史真实"的基础上,作审慎推测与联想。

战后侵华日军"残留"事件,是历史留存的身影与记忆。对这段历史研究记述,置于世界历史警示录,促进和平事业向前发展,有益于人类共同生活的地球和谐美丽。在中国人民抗日战争全面爆发80周年之际,谨将《残留》奉献于中外读者。

孔繁芝

2017年7月

目　录

"8·15"的驻晋日军司令部 …………………………………… 001
阎锡山会见日本原侵晋要员 ………………………………… 004
美受降小组参加二战区受降 ………………………………… 011
重阳节阎锡山"进山"登高 …………………………………… 018
抗战时期阎、日间历史游戏 ………………………………… 024
军国主义势力谋划"残留" …………………………………… 037
海子边万字楼"合谋社"成立 ………………………………… 043
第一军大规模组建残留武装 ………………………………… 047
残留军人悲剧命运刚刚开始 ………………………………… 054
残留旗幡下的日本侨民武装 ………………………………… 062
何本大作侵华生涯最后高峰 ………………………………… 065
中国社会内建立日本人地区 ………………………………… 072
"三人委员会"莅临太原视察 ………………………………… 078
宫崎舜市赴晋督促日军遣返 ………………………………… 083
残留日军武装隐匿伪装解散 ………………………………… 091
美照会"日人留居危险深巨" ………………………………… 095
战犯澄田、河本等逍遥法外 ………………………………… 099
残留日军举兵出战逞凶作狂 ………………………………… 111
《晋风》创刊辞"百忍有大和" ………………………………… 119
山冈道武训练阎亲训团、师 ………………………………… 124

薮田信雄五大队狮垴山投降 …… 127
"黑军"亮相宣示残留纲领 …… 130
日侨组织狂草芃芃伸枝长叶 …… 142
华子的日中情结与情爱故事 …… 147
十总队复兴楼前冬季大检阅 …… 159
新年团拜河本致辞梦呓妄想 …… 163
春节聚首山冈宴请纳粹分子 …… 166
残留军人思乡情切要求归国 …… 170
山冈道武回日招募泥牛入海 …… 174
晋中战役赵、元赴前线指挥 …… 184
日军退李青、南庄困兽犹斗 …… 187
元泉馨小常村中弹自决身亡 …… 194
残留日军损兵折将溃不成军 …… 198
澄田拟制"太原城防计划" …… 203
教导总队遣返整编备战太原 …… 209
招募日本义勇军一次次破产 …… 214
太原战役今村率队鏖斗牛驼 …… 218
金蝉脱壳澄田化名潜归日本 …… 232
阎锡山脱离生死场离晋赴宁 …… 240
外围战今村、岩田炮队惨败 …… 244
解放军风驰电掣解放太原城 …… 251
残留日军投降今村服毒自杀 …… 260
改造日本战犯创造人间奇迹 …… 268
河本大作罪恶昭彰狱中死亡 …… 275
城野宏认罪悔罪获刑十八年 …… 293
儿玉华子汾水清波濯污洗心 …… 307
"我们既然共同生活在地球这个美丽的
　星球上,为什么要搞起战争来互相残杀呢?" …… 321

附录

  暂编独立第十总队总队部服务规定 ………………………… 333

  暂编独立第十总队暨所属官兵级别人数表 …………………… 347

  "二战"后"残留"山西日军日侨数字考 …………………… 349

  "残留"事件人物、组织、机构、报刊等注释与检索 ……… 357

主要征引文档与参考书目 ………………………………………… 424

后记 ………………………………………………………………… 426

1956年6月12日，中华人民共和国最高人民法院特别军事法庭在太原开庭，公开审理城野宏等日本战犯战争犯罪案。这一案件与特别军事法庭审理的其他案件不同，那就是"被告人在中国犯下了双重的战争罪行，他们不仅在日本军国主义侵略中国期间，是侵略战争的坚决执行者，而且在日本投降以后，还是新的侵略武装的拼凑者和新的侵略战争阴谋组织者"。案件中拼凑新的侵略武装、组织新的侵略战争阴谋的重要历史事件，就是战后鲜为人知的侵华日军"残留"事件。

"8·15"的驻晋日军司令部

1945年秋天，第二次世界大战帷幕降落，人类祈盼的和平祥云飘荡在历史上空。在亚洲战场的中国山西，一起逆历史潮流、反人类和平的日军"残留"事件却由此开场。

8月15日正午，太原新民北正街。

日本华北方面军第一军司令部，在炎炎烈日下炙烤着。楼内的侵华日军已失去了往日的骄狂，在惶惶不安中屏息收听"玉音放送"——天皇裕仁向国民宣读《大东亚战争终结诏书》：

日本侵华期间驻晋日军第一军司令部，日本投降后"残留"日军司令部"复兴楼"

朕深鉴于世界之大势及帝国之现状,欲采取非常之措施,收拾时局。兹告尔等臣民,朕已饬令帝国政府通告美、英、中、苏四国,愿接受其联合公告。

盖谋求帝国臣民之康宁,同享万邦共荣之乐,斯乃皇祖皇宗之遗范,亦为朕所眷眷不忘者。前者,帝国所以向美、英两国宣战,实亦为希求帝国之自存与东亚之安定而出此。至如排斥他国之主权,侵犯他国之领土,固非朕之本志。然交战已阅四载,虽陆海将兵勇敢善战,百官有司励精图治,一亿众庶克己奉公,各尽所能,而战局并未好转,世界大势亦不利于我。加之,敌方最近使用残酷之炸弹,频杀无辜,惨害所及,实难逆料。如仍继续交战,则不仅导致我民族之灭亡,并将破坏人类之文明。如此,则朕将何以保全亿兆之赤子,陈谢于皇祖皇宗之神灵乎! 此朕所以饬帝国政府接受联合公告者也。

……

楼上楼下,官兵呜哇唏嘘。中将司令澄田睞四郎、少将参谋长山冈道武,与官兵一起经历着心灵颤栗。而此时此刻感应天皇"玉音",在他们胸中翻滚涌动的,是另一出潜虑帷幕的活剧。楼内楼外,回荡着《诏书》的音符和字节——"时运之所趋,朕欲忍所难忍,耐所难耐……朕于兹得以维护国体,信倚尔等忠良臣民之赤诚,并常与尔等臣民同在……宜举国一致,子孙相传,确信神州之不灭,念任重而道远……"

当天下午,日伪山西省政府顾问辅佐官城野宏,带领伪军从晋中归来。伪省长王骧一行在太原南门外迎候。城野宏命令身后的十个大队整齐排列,他要举行乘车阅兵。

"这可是最后一次了,得摆出点派头来!"

喇叭声鸣叫着,嘟嘟嗒嗒,却难以镇静他心中的躁虑。

回到政府大院顾问室,城野宏席不暇稳,直奔第一军司令部。

这日伪山西省政府顾问室,实际是驻晋日军在伪省府的派驻机关,身任顾问辅佐官的城野宏,也是日军第一军的政治要员。

看到急急走上楼来的城野宏,司令部参谋岩田清一迎上去,一把抓住他的手:"天皇玉音,接受《波茨坦公告》。……"二人执手相对,泪眼滂沱。他们发誓:"不管怎样,祖国复兴必须由我们来承担,并为此贡献全部力量。"

院内几声汽车笛鸣,梁綖武来了,直奔司令官澄田睞四郎办公室。

梁綖武是中国第二战区司令长官阎锡山的妹夫。1941年9月阎锡山签订对日妥协的《日本军、山西军基本协定》及《停战协定》后，梁被派任太原办事处负责人，代表阎锡山与日军联络。此番前来，他向驻晋日军最高统帅部转达阎锡山的"好意"："从前，我们受到贵方各种帮助。而以后我们将充分援助你们。阎长官对日本人持有非常的好意。所以，关于今后的事请放心。这一点，阎长官特别请诸位予以理解。"

澄田周围，还有山冈道武、岩田清一、城野宏及在场的第一军幕僚。

梁綖武走后，澄田睐四郎扶着城野宏的肩膀说："今后，必须更进一步加深以往你与中国方面的关系，创造对日军有利的状态。时机到来了，好好干吧！"

诸人目光相视，心跳砰砰。

几天后，澄田睐四郎身着军服，腰挎战刀，带着随从五六人，扬鞭策马于太原城内桥头街、红市街、新南门……他恣意狂奔，发泄着沮丧的战败情绪。而胯下这匹极为珍爱的坐骑，也就要拱手送人。面对日后可能出现的不测，他得动心忍性，舍小求大。

第二天，原日伪山西省保安司令部副司令，已被阎锡山委任为山西省防军第二军军长的赵瑞，在城野宏的陪同下面见澄田。为了与赵瑞结好，保存伪保安队的人脉资源，澄田睐四郎要将爱马赠予赵瑞。

赠马仪式选在第一军司令部门前，澄田跃身上马，在广场绕骑一周，返回原地把缰绳交到赵瑞手中。他用低沉的声音叮嘱赵瑞，"请一定永远爱惜这匹马"。司令部兽医部长向赵瑞介绍了马的种源、素质、习性。赵瑞接过缰绳，向澄田敬礼，然后跨上马鞍扬长离去。

望着马蹄腾起的尘土，岩田清一放声大哭，站立门口的司令部人员泪流满面。

阎锡山会见日本原侵晋要员

1945年春,世界反法西斯战争胜利已成定局。5月,中国第二战区司令长官阎锡山,从晋西南吉县北移隰县,7月移驻晋中孝义。8月15日日本宣布无条件投降,阎令第七集团军总司令赵承绶先赴太原。赵于17日抵并,代表阎锡山与驻晋日军第一军司令澄田睞四郎、参谋长山冈道武达成《妥定事项》。其主要内容为:(一)日军仍在原驻防地候令,勿将防区交与共产党军队。(二)若共产党派大军接收太原,由日、阎双方共同堵击,日军负主要责任。(三)日军如有调动,须事先知会赵司令,电请阎长官批准。(四)日方经营之一切交通、运输、邮电和工商企业照常营业;日伪使用之"联币"照常通行。

8月24日,阎锡山从孝义出发回太原。当日抵达同蒲路边的介休,两天后乘火车继续北上。车行仅一站,因通向平遥的铁路被民兵破坏,乃原路返回。经过一番安排,复于8月31日乘火车至义安,转乘日军大卡车到平遥。这时,日军第一军参谋长山冈道武已在等候。二人同乘特别列车,由日军司令部直属特务队担任警戒,当晚回到山西省会太原。点点灯火下,但见站台前恭候着第一军司令澄田睞四郎。日军刺刀铮亮,从车站一直排到二战区长官司令部。

在中国各战区司令长官中,阎锡山是抗战胜利后最先回到省会城市的。

9月1日,太原各界举行庆祝抗战胜利欢迎阎长官大会,阎锡山出席并讲话。他讲道"……我在山西任事多年,责任在为国家保卫山西。不幸强敌来侵,大部沦陷,竟使人民长期陷入水深火热痛苦中,实在愧对我全省同胞",阎失声痛哭,拭去泪水后继续发言:"唯有从今日起,大家团结,共图恢复,以作补救。将与人民共同努力,恢复全省的秩序,从事各项建设。"

这一天,他抓紧要做的还有两件事。

第一件即太原城防。阎召集师长以上军事长官,洋灰厂、钢铁厂厂长,及有关部门主管人员,布置加强军事工程和武器制造,构筑城周工事,防范"共匪"攻击。

第二件便是与驻晋日军首领澄田睐四郎、山冈道武会面。因眼下"防范共匪攻击",日后"剿灭共产党",须得借用日军兵力。而"日本寄存武力于中国"问题,阎与山冈道武和日本华北方面军参谋长高桥坦等,在8月初"瑶圃会谈"中双方已经提及。

阎锡山坐在贵宾室,静候日酋"拜见"。不见二人到来,便想到"行客先拜坐客"的惯例。于是穿戴军装,乘车驶出二战区长官司令部。只十多分钟,就来到新民北正街日军第一军司令部。

"二位近日安好?"阎锡山显出高姿态,声调平和。

"蒙受长官恩光,一切如常。"

"败兵之将,悉从长官处置。"

澄田、山冈躬身应答。

"我与澄田将军,本是日本士官学校同学。惜将军自1944年11月入晋,至今才得晤面。"

同投降后的日军司令官见面,阎锡山用了这样的开场白。

"长官阁下威仪,仰慕已久。不幸处于'日中事变',你我却在此时此境相晤。"澄田扶了扶眼镜框。

阎锡山:"我已正式受命为第二战区受降长官。日军先照《妥定事项》执行即可。具体受降事宜,也就是个形式了。"

澄田、山冈连连点头。

这时,阎锡山抬起松弛的眼皮,看着"敌友"双重身份的第一军首领,直入话题:"唯'日本寄存武力'乃当下大事,希望能将驻山西日军归我改编,协助第二战区共同'剿共'。"

澄田睐四郎、山冈道武交换目光。因日本参谋本部次长河边虎四郎,让派遣军总司令冈村宁次、驻山西的第一军司令部,同中国陆军总司令何应钦、山西将领阎锡山,缔结"共同打击共军"的秘密军事协定。而"日本寄存武力于中国"问题,也由冈村宁次向何应钦提出。但这等大事如何实施?似不可简单行事。

澄田睐四郎:"事关重大,我们须仔细研究一下。"

山冈紧接澄田的话说:"共产党要赤化中国天下,中国赤化是日本天皇制

国体的重大危险。'剿共'乃我们与长官之共识,过去是,现在更是。"

阎锡山点头。

短暂的交谈,敌友微妙关系在双方期许中升级。

同日,澄田、山冈又乘坐小汽车,到第二战区长官司令部"晋谒"阎锡山。车上依旧插着标志日军将官座车的黄旗。

进入阎锡山的会客室,二人略显低眉顺眼。

澄田道:"长官阁下,有关日军缴械投降,及日俘日侨遣返事宜,悉当遵命办理。"

阎锡山身子稍稍前倾:"侵华乃日本军阀及其政府之政策,一切责任应由彼等负之,一般军人不过奉行上级命令。除少数残害民众者依法办理外,其余可安心听候命令。中日两国有共同文化,相互合作,两国人民共享安和;反之,同受其害。今日战争结束,希望日后加强合作。以日本之科学技术,中国之人力物力,积极建设,增进两国人民共同之福祉。"

阎锡山讲出此话,澄田睐四郎自有同声之应。他就双方关切的话题说道:"关于日军留晋,于我方则'寄存武力',于阁下则'共同剿共'。不过……"

澄田、山冈的目光投向阎锡山。

阎锡山微微点头。中国二战区这位司令长官,当然知道对方所指。

澄田睐四郎看着阎锡山:"驻山西日本派遣军全部留下不可能,可以留一部分。顶好采取'个别发动'的办法,尤其对日本居留民,只要他们愿意,全部留下也无不可。"

澄田睐四郎最大的担心,是违反《波茨坦公告》。因《公告》第九条规定,"日本军队在完全解除武装以后,将被允许返其家乡,得有和平及生产生活之机会"。而日军保留武装继续战争,显然有悖《公告》条文。若给阎锡山说成"个别发动"残留部分武装,就规避了他的责任。但就在9月5日,第一军却指示属下、指挥下的所有单位:"我军……正在同中方就工作单位、人选、待遇以及将来的保障等问题进行协商。请设法做好工作,避免个人签订合同为要。"

阎锡山虽是战胜国的地方实力派,也知事关国际问题,须得施出一些法子绕绕圈子。于是转过话题,要澄田睐四郎指派一部兵力,帮助维持太原治安。

澄田睐四郎道:"在第一军遣返之前,协助阁下维护地方治安,共同防共,自然不容推辞。但有一点,日本现在宣布投降,如果拿起武器直接进行战斗,恐怕有所不便。"

阎锡山呵呵一笑："我是战区受降长官,一切由我负责！"

他瞟了一眼以前的对手："我已决定,聘请二位担任第二战区总顾问、副总顾问,务请接受。另,还请指定一位部队长,负责太原市的警备。"

澄田、山冈心照不宣,点头应允。

没过几天,太原各城门和主要街道上,出现了日军张贴的布告：

布　告

日本军自昭和 20 年 8 月 17 日起,停止战斗行动。然有向我方挑衅或企图破坏铁路、公路以及通讯线路者,将以妨碍维护治安断然膺惩。特此布告,俾众周知。此布。

山西日本军司令官

在此同时,驻山西日军司令部也将一份通告,送交太原日侨自治会长河本大作。谓山西派遣军根据晋绥军要求,将留部分兵力于山西,协助晋绥军对共军"清剿"。居留民中计划前往北京方面者,望暂留太原。

此件经河本大作油印,挨家挨户发至太原日侨家中。

这一天,阎锡山还在紧挨长官部的宅邸"东花园",与原日伪山西省政府顾问辅佐官城野宏见面。

此前,城野宏已经原日伪山西省保安司令部副司令赵瑞引见,同赵承绶拉上关系,又通过赵承绶、梁綎武,一步步打通了接近阎锡山的关节。

城野宏走进东花园,环视院中熟悉的红漆长廊,玲珑的假山秀石,清逸的休憩凉亭,别致的石潭鱼池……心中不禁感慨,日军占领前,此宅院就是这个"山西土皇帝"的府邸；日军占领后,身任"山西省政府顾问辅佐官"的自己,曾以此处为居所；如今日本战败,虽院中景物依旧,但主矣、客矣？敌矣、友矣？阶下囚、座上宾？可谓世事变幻,世相无常。他暗自摇头,整了整衣襟：无论怎样,天皇子民的我们,将在环境、时事的应对中求得希冀的未来。

阎锡山把城野宏延入书斋,放慢声调说："从前为了山西,承蒙各种帮助,十分感谢。今后也希望更好地合作。"

"阎公声望,城野仰止。愿竭鄙怀,恭进方策。"城野宏显出谦卑的样子,望着阎锡山起皱的圆脸。

在阎锡山眼中,城野宏是伪政权中一个辅佐官,但却是个"耍笔杆子""摇羽毛扇"的角色。于是,向他讲起自己的"兵农合一与物产证券":"……过去我们用它治理山西,将来也要按照这种主张去做。请你多提意见。"其他没再多谈什么。

"长官治省有方,声名在外。您高深的理论之树,葳蕤生光。城野有幸聆听,受益匪浅。"城野宏知道阎锡山刚刚入城,有很多事情亟待处理,便起身告辞。

回到太原的第三天,阎锡山同另一个日本要人会面,地址还在"东花园"。这人就是1928年6月策划制造皇姑屯事件,炸死奉系军阀张作霖的原关东军高级参谋河本大作。

皇姑屯事件后,张狂着军国主义气焰的何本大作从军队解职。但仍继续为"满蒙特殊化"、为日本侵略中国进行着罪恶活动。1929年10月他去天津面见溥仪,交涉建立伪满洲国傀儡政权。1931年"九·一八"事变前与事变中,与板垣征四郎、石原莞尔策划相关事项并参与活动。之后,任南满洲铁路公司理事兼经济调查会会长、满洲炭矿公司理事长等职。1941年10月满炭任职期满。1942年受驻晋日军第一军司令岩松义雄、参谋长花谷正"恳请",从东北平原来到黄土高原,9月出任山西产业株式会社社长,成为日本在山西"经济军团"的领军人物。

河本大作来山西,不只为经营会社,同时担负着开展"对伯工作",诱降阎锡山的任务。来到太原,他立即委托阎的表侄、1941年9月阎日签订《汾阳协定》后驻太原办事处的曲宪南,给阎锡山送去信件,还有大连带来的两篓苹果。一月后,阎的复信由曲宪南带回太原,信中表示"希望将来能互相合作",并回赠丝绸一匹。河本在开展这项特务工作中,与阎锡山继续书信往来。他曾致信阎锡山"我们共同的敌人是蒋介石与共产党。日、阎需要军事合作,经济提携",提议"互派代表,进行协商"。征得阎的同意后,双方即共同设立政治委员会、军事委员会和经济委员会。日方花谷正等担任政治委员会委员、军事委员会委员,河本大作等担任经济委员会委员。阎方也以梁綖武、王乾元、彭士弘等分任"三委会"委员。彭士弘还作为山西产业株式会社的编外董事,担负阎、日之间经济联络任务。出于相互拉拢和利用的目的,阎与河本二人很注重礼"上"往来,逢年过节常互赠礼品。

见到河本大作,阎锡山并没有战胜国官员的傲慢。

"河本君,我们总算坐在一起,用不着'鸿雁传书'了。"

河本大作也未现战败国国民的低下。

"长官阁下,中、日两国邻邦'一衣带水'。今虽日本战败,然复兴亚洲、共存共荣之要义不变。"

阎锡山笑笑,把话头扯到中国同盟会在日本成立时期,使谈话气氛更加自然。"40年前,中国同盟会还是在东京成立的呢。那时,山西同盟会员与日本友人多有交往,得到过许多有益的帮助。"

河本接过话来:"14年前先生中原大战后暂避大连。我与花谷正将军用飞机送先生回到山西,那是民国20年8月5日吧。就在两国全面交战这几年,你我之间也互致问候,常相联络。时下,山西日本侨民还赖长官'高桐荫庇'。"

阎锡山哂笑:"如今星移斗转、世事变迁,但相助为友之深义不变。在晋日侨诸事,自不待言。"

河本大作面露悦色,谈话转入"西北实业公司"交还问题。他先搬出《从大东亚产业经济谈起》中的现成话,对阎锡山大加赞美。该文河本大作撰写于1943年。

"'山西门罗主义',乃长官统治山西之要诀。昭和12年'日中事变'爆发,用常人的眼光看来,日本军队进入山西前,西北实业之工厂矿山,一定会被破坏。然阎君您拒绝了周围、特别是当时担任中国军指导的德国参谋团所提破坏工厂之建议,强调为了大东亚的未来,必须把这些工厂保存下来。反而采取各种措施,使之免遭战火毁坏。阎君倡导的大亚洲主义,实为我等钦佩。"

讲过这番话,河本接着说道:"今日,我再把这些工厂矿山归还长官。山西产业之实体及各项管理事务,全部交还于您。"

阎锡山当然知道,日本侵华期间西北实业公司遭受了严重破坏。据后来对日索赔中统计,仅机器设备,"七·七"事变前公司原有4421部,战时转移后方只510部。抗战胜利后从日伪手中接收的机器,却仅有384部。其余3527部机器及电动机等140部,都被日军运走,损失价值达276亿零4百万元。

可是面对劫掠者中主犯之一,这时的阎锡山非但没有谴责日本的掠夺破

坏,却对河本大作说:"过去,你们为山西操劳了。以前关山阻隔,我们会面不易。不过,有士弘往返于吕梁山与太原,无论战时或战后你我之意向,彼此均已明悉。我意请您担任西北实业的总顾问,公司业务还赖河本君擘画经营。那些日籍管理人员和技术人员,也为本省恢复经济所不可缺少,他们能够继续留晋,于双方都有益处。"

阎锡山讲出的这番话,正是河本大作想听的。他恭维道:"长官遥襟远怀,为常人所不及。如此美意河本甚是感佩,也代表在晋日侨感谢长官厚德。这几日,原山西产业会社日籍同仁,正酝酿成立'桐荫会',愿借阎长官高桐阔冠,托庇福荫。我本人也将自任该会会长。"

"那好,那好!"阎锡山欣然允答。还与河本大作谈到战后涉日处理问题。

9月3日,阎锡山召集日军日侨中部分人士,到省府大礼堂开会。这些人中,有原日军部队中级以上官佐,有太原沦陷时期工矿企业和医院、商店日籍负责人等。会上阎发表讲话,谈到"中、日之不幸事件,幸而今天结束了。愿你们各本志愿,尽所长所能,协助我们的恢复和建设工作。假如能留在山西同我们合作,不仅保证你们的生命财产,而且在经济上给予报偿,在生活上也将给以照顾。"

就在9月上旬,澄田睐四郎被聘为第二战区司令长官部总顾问,山冈道武被聘为副总顾问。受聘为顾问的日军将级军官,还有原第一一四师团师团长三浦三郎。独立步兵第十旅团旅团长坂井直俊,则负责太原市区的警备。不过旬日之后,澄田睐四郎却要以"阶下囚"身份出席投降仪式。

美受降小组参加二战区受降

日本战败后,向中国第二战区投降的侵华日军,主要为组建于 1937 年 8 月的华北方面军第一军。司令官澄田睐四郎,参谋长山冈道武,司令部驻太原。下属第一一四师团,师团长三浦三郎、中将;独立步兵第十旅团,旅团长坂井直俊、少将;独立步兵第十四旅团,旅团长元泉馨、少将;独立混成第三旅团,旅团长山田三郎、少将;第五独立警备队,司令原田新一、少将。还有集结大同、朔县一带的第四独立警备队,司令坂本吉太郎、少将。第四独立警备队原隶属于司令部设在张家口的驻蒙军,日本投降后也划归第一军指挥,由第二战区受降。据北平日本官兵善后联络部 1946 年 12 月《状况报告·山西的报告》记载:1946 年 1 月集结山西的日军总数为 5.8 万人。

1945 年 9 月中旬,一架美国军用飞机在太原机场徐徐降落。中国战区美军司令魏德迈派出受降小组,参加第二战区受降仪式。机舱里,走出美军少校伊尔拜、上尉麦坎恩、中尉撒辛和通信上士方宁。四人站立飞机前五六米处,列为一字横队。阎锡山派去迎接的人员,作战课课长贾文波、交际处处长宋子徵、秘书赵栖梧和翻译王怀义(女),迅速迎上前去,也排为横队,与尊贵的来客交替着一一握手。双方热烈鼓掌,共同祝贺反法西斯战争胜利。

随后,贵宾被送往太原当时唯一的"洋楼"——火车站对面的复兴饭店。

第二天,第二战区司令长官阎锡山、参谋长郭宗汾及贾文波,在长官部会客室接见美军受降小组成员。礼节性谈话后,伊尔拜提出了工作计划:第一,搜集日军在第二战区的战争罪行与销毁罪证的罪行,由长官部制作完整材料,交美军受降小组并送呈国民政府军事委员会及充档留存。第二,视察侵华日军华北方面军第一军司令部,非正式询问司令官澄田睐四郎。第三,举行受降仪式。

关于第一项,美军受降小组并要亲自进行日军销毁罪证材料的搜集,要求

阎长官派出人员配合，提供太原附近日军机构及仓库、地下室、隧洞等确切资料。

按照美军受降小组要求，第二战区长官部作战课拟出具体步骤、日程。送阎锡山审定后，贾文波等即陪同美方人员，前往牛驼寨日军据点和秘密隧洞、太原小东门外日军军需仓库、桥头街食品配给所，进行日军销毁战争罪证材料的搜集。

牛驼寨位于太原东山，居高临下，地势险要，自古以来就是兵家必争之地。占领牛驼寨，即可高屋建瓴长驱直入城区。日军侵占太原后，这里自然成为其重要据点，在山顶上建造了雷达站和坚壁顽碉，沟壑间也修筑了地面与地下工事。

受降小组登临牛驼寨，但见炮兵阵地连环布设，军事掩体随处可见，交通壕沟纵横贯穿，秘密隧洞深邃幽暗。

一行人打着手电探入隧洞，阴森污浊的气息扑面而来。隧洞高约9米、宽10米，洞内电线残断，灰烬遍地。日军为了毁灭罪证，将各处档案文件集中于此，泼洒汽油点火焚毁。可以看得出，好些都是整箱整箱烧掉的。发黑的残缺木箱，黑黄色纸片纸角，依然散乱抛扔地上。大概投降前他们要干的事情很多，所以没有来得及毁掉隧洞。

麦坎恩举起镁光相机，对隧洞外貌及洞内焚烧痕迹，一一拍照留存。

小东门外的日军仓库，是一栋有着地下室的三层楼房，楼房外壁全部涂以黑白相间的防空保护色。一楼内存放有各式手枪、弹药。伊尔拜等人各取宪兵配用的手枪1支及子弹百发，带回去作纪念品。二楼内是军用食品，有各种肉类罐头、水果罐头、海味、饼干等。"太阳牌啤酒！"伊尔拜高声叫着，其他几个美国人也高兴地欢蹦乱跳。他们说，太平洋战争爆发后，美国国内便禁止酿酒，啤酒已经好几年没有喝到了。撒辛和方宁各搬一箱放入汽车中。三楼是日用品，照相机、手表、香皂、雪花膏、刮脸刀、卫生纸、避孕套等，五花八门。当他们走进地下室时，里面却空空荡荡。没有看到受降小组要重点查看的化学武器、化学毒剂等。很明显，这类罪证已被销毁、隐藏或转移了。

位于桥头街的食品配给所，名义上是为太原市民配给食品之机构，实际上则为保障高等日侨食物供给。仓库内有江鳐柱、凤尾鱼、沙丁鱼、鲍鱼、牡蛎等高级罐头，有咖啡、可可、炼乳、葡萄汁、菠萝汁、清酒、啤酒等饮料用品。从配给所走出,麦坎恩等顺便搬了3箱葡萄汁、1箱江鳐柱、1箱牡蛎、3箱啤酒。

搜集日军罪证材料大致完成后,美军受降小组即提出进行计划第二项,视察日军第一军司令部,非正式询问司令官澄田睐四郎。阎锡山却有难言之隐,因为他与日军之间正在进行"日本寄存武力于山西"的协谋,唯恐这些美国人对澄田有什么侮辱性举动,影响到他认为至关紧要的大事。可又实在不好说什么,几番拖延后也不得不予以安排,但仍叮咛陪同前往的贾文波,千万不可闹出什么纰漏,绝对避免发生任何不愉快的事情。

日军第一军司令部,这座钢筋水泥修建的魔窟里,野蛮残暴的日本侵略者,曾无数次地指挥了对山西人民的疯狂杀戮。日本全面侵华期间,只晋绥、晋察冀、晋冀鲁豫抗日根据地之山西农村,被侵略军杀害及战争中失踪的群众即达六七十万之多。

受降小组驱车驶入院门。走进楼房大厅,见一楼楼口赫然竖着一块白漆木牌,上写"士兵、平民脱靴"。上到二楼,楼口同样有块牌子,写着"尉官脱靴"。三楼楼口的木牌,是"校官脱靴"。看来,过去只有日军将军才能穿靴登楼。

伊尔拜等昂首迈上三楼。

澄田睐四郎已在楼口立正等候,佩戴齐整,军衔锃亮。行鞠躬礼后,澄田将上宾领入客厅。

受降小组人员坐于中央大沙发,姿态威严。澄田睐四郎旁坐敬烟,隐忍矜持。

询问开始。

伊尔拜用居高临下的眼神,盯着澄田睐四郎:"你准备何时进战犯管理所?"

澄田睐四郎:"我的命运,现在我自己也不清楚。"

伊尔拜:"你的家属呢?"

澄田睐四郎:"有的在此地,有的在日本国内。"

伊尔拜:"你准备何时在投降书上签字?"

澄田睐四郎:"这……我还不晓得怎样考虑这个问题。"

伊尔拜像是审问而不是随口而出的问话,使澄田非常尴尬。

看着澄田睐四郎刮得净光的四方紫膛脸,伊尔拜继续说:"今天,我们要视察你的首脑部,希望你很好地同我们合作。"

澄田睐四郎连答:"是,是!"

伊尔拜又说:"在你统辖范围内,日军对中国、美国等反法西斯同盟国家所犯罪行,都要按照真实所为,将档案图表一一准备齐全。"

澄田点头,表示照办。过去耀武扬威的日军司令官,现出窘态。

接着,由贾文波询问日军投降事项等。澄田回答正抓紧制作图表,一边伸手按铃。铃声刚落,便有司令部中佐伊藤捧着一摞图表册簿呈上。贾文波略略翻看几页,还给伊藤。伊藤鞠躬退出。

询问就此结束。

澄田起立,走在前面引路,受降小组又视察了三楼、二楼各个办公室。其中二楼为情报机构所占,有大小房间三四十个。过去,这里除正规军队情报工作外,凡居住太原的日侨,各行各业都有专人定时来汇报情报,即如学校教师、商店老板、酒吧女招待等也无例外。

走下二楼,麦坎恩忽然拔出腰间手枪。澄田顿时惊愕。

这位美军上尉把枪口伸向窗户,朝天连鸣十余响。清脆的枪声带着欢快的火光,飞向蔚蓝色的天空。

看着麦坎恩的手枪重新插回枪套,澄田睐四郎方恢复平静。

走出楼外,美军受降小组人员踱着方步,冷眼扫视曾经凶焰炽腾、如今寂然失色的日军司令部。中尉撒辛也端起胸前冲锋枪,朝空中发出一梭子子弹。然后,一行人登车而去。

受降活动之第三项,举行受降仪式。

伊尔拜前往长官部,就受降仪式程序、澄田睐四郎战犯处置问题,与阎锡山会商。

阎锡山说道:"好,好!咱们坐的是同样席位。我尊重你们的意见,最好伊尔拜少校先拟出一个方案来。"

对二战区司令长官的"谦逊"态度,伊尔拜很满意。

之前,澄田睐四郎并未准备出席投降仪式,而且觉得这原本不成问题,对自己战犯嫌疑的开脱同样存有想法。阎锡山呢?也准备如此这般行事。因为在他眼里,蒋介石对冈村宁次相当优待,采取了妥善的安全保护措施。那么,太原之于澄田睐四郎,也犹南京之于冈村宁次。而何应钦也有密电致阎,说可以不对日军举行受降仪式,暗示阎可将驻晋日军改编两个师的"志愿军"。况且,阎锡山从抗战进入相持阶段后到抗战结束,都间接、直接地同日方及扶植的山西伪政权进行着秘密与半公开的谈判、合作。本月上旬,澄田已被聘为长官部总顾问。更为重要的是,阎、日之间正在进行日军"山西残留"的合谋,澄田的地位与作用非他人可以替代。

可面对美军受降小组,对受降仪式这样的重大问题,阎锡山自然不能说什么。现在正好推到美国人身上。

几天后,伊尔拜拟好受降仪式方案,与阎锡山交换意见。阎推说身体欠佳,让参谋长郭宗汾代表。他指示郭宗汾见机行事,从美国人的方案中寻找空隙,妥为安排。

伊尔拜提出的方案是:(一)在二战区司令长官部一号楼(原大堂)召开受降大会。受降团由二战区高级官员同美军受降小组组成,阎锡山为主席。(二)以阎的警卫部队200人,列阵于会场。(三)由4名士兵从长官部大门外押澄田睬四郎至受降台前,澄田向受降团行大鞠躬礼。(四)受降团主席宣读受降书。(五)澄田睬四郎呈上投降书。(六)澄田睬四郎缴呈日本国旗,及本人所佩军帽、军衔、军刀。(七)澄田睬四郎低头,承认自己是战犯。(八)澄田睬四郎在投降书上签字。(九)阎锡山作受降讲演。(十)鸣枪。(十一)将澄田睬四郎押送战犯拘留所。

遵从阎的意图,郭宗汾先提出受降仪式在日军司令部。他说:"我们是战胜者,日军是战败者。澄田睬四郎在未签字投降前,仍占着日军第一军司令部。我们首先应占领其司令部,俘虏其官兵,接受其投降。因此,受降会场在该军军部较为合适。"

伊尔拜想想觉得有道理,表示同意。

郭宗汾继续对相关内容提出意见:(一)以日军第一军司令部三楼作为受降大会场所。(二)受降仪式在会议室举行。(三)澄田睬四郎缴呈军旗、军衔、军刀,受降大会后送战俘集中营。(四)阎军200人列阵院内,待仪式完毕后接管日军司令部并负责守卫。(五)在澄田睬四郎原司令室举办庆祝胜利宴会。

关于澄田睬四郎战犯一项,俟澄田全部罪证调查后再作决定。

磋商的结果,伊尔拜同意了郭宗汾的意见。

随后的受降仪式,即在日军第一军司令部举行。受降团成员为:中国第二战区阎锡山、郭宗汾、贾文波;美军方面伊尔拜、麦坎恩、方宁,撒辛以摄像师身

份到场。

仪式开始,受降团全体成员入受降席。阎锡山全副武装,胸前挂满勋章;美军人员正装端坐,威仪凛然。

澄田睐四郎由门外垂首进入,站于受降席前,依次把军帽、中将军衔、指挥刀一一摘下,呈放于席前条案,然后退三步侧立右面。此时,两名日军官佐伊藤、广宏进门,一左一右展开"大日本帝国华北派遣军第一军"军旗,走到受降席前。澄田睐四郎接过军旗,平伸两臂,面向外立正,伊藤、广宏左右站立。美军摄像师撒辛举起相机,为这一历史场面拍照留存。拍照毕,澄田睐四郎向后转、立正,双手过顶,托举沾满中国人民血迹的日本军旗,向受降人员鞠躬,俯身缴呈军旗。再向后转,与伊藤、广宏三人并排站立。

接下来是阎锡山发表受降讲演。不长的文字,谴责日本野蛮侵略中华民族,残暴杀戮中国人民;颂扬山西人民同仇敌忾,二战区官兵浴血抗战;称赞美国协同作战,魏德迈、陈纳德等功勋卓著。

阎讲演完毕,澄田及伊藤、广宏被带出会场。

受降团全体人员拍照留念。阎锡山和伊尔拜热烈握手,成员们一一握手,鼓掌庆贺。

伊尔拜提出,要一面日本国旗、一把日本军刀,作为纪念品带回美国老家。郭宗汾让部下从军用仓库中取出日本国旗、军刀各4件,赠送美军受降小组成员每人一份。

会后欢宴,双方频频举杯,祝愿中美两国亲密合作,友谊与日俱增。

美军受降小组在太原半月余,结束活动后返回。

受降时期,对日军武器的接收,第二战区的做法匪夷所思,违背大义、人心。

阎锡山听取原日军第一军司令部参谋岩田清一的建议,指令兵工厂铸造"晋"字钢印及钢锉,让日军把枪炮上原有的"菊花"标志锉掉,打上"晋"字钢印,武器却仍由日军掌握。因为阎军暂无部队去接管,而日军中也将有大批军人"残留"下来,帮助阎锡山对抗八路军。

为了做样子,阎锡山授命"日本徒手官兵管理处"负责人荆谊,到原平、忻县、汾阳、阳泉等日军部队集结地,叫日本兵把武器排列于广场,摆放整齐进行拍照。或利用日军出操,把枪支架在操场上拍照。阎还派出军械处处长周海,偕同兵工室主任周维翰等,坐着汽车到日军仓库转圈,也拍摄了若干照片。然后,将照片等呈送国民党中央政府,称"第二战区已受降完毕"。于是乎,山西还成为全国"受降最快"的省份。

重阳节阎锡山"进山"登高

二战区长官司令部位于太原市府东街,明、清为山西巡抚衙门。辛亥革命后,这里成为阎锡山入主的山西都督府、山西省政府和太原绥靖公署、第二战区长官司令部。

大院原主体建筑,呈现着旧官署的秩序与等级。大门、大堂、穿堂、二堂、内署、衙书楼,由南到北坐落在一条中轴线上。阎锡山曾进行过两次较大动作的改扩建。民国七八年间,在穿堂、二堂后面,建起面阔10间、进深两间的二层木楼,作中枢办公区。院北衙署园林"煤山",也将山体增宽加高,在顶部新修西式钟楼,筑成中式为基、中西结合,东西有小山铺衬的官署后园,并以"进山"命名(今名"梅山")。进山下建有礼堂,称"自省堂"(今名"梅山会议厅")。对紧靠大院的东花园,也作了部分改建。东花园东北处,保留有原明代布政司衙门。传统剧目《玉堂春》中,"玉堂春"之人物原型,从洪洞县起解到太原,就在这里接受三堂会审。民国21年(1932)阎出任太原绥靖公署主任后,又将原巡抚衙门单层门楼改建为二层。大门至大堂东西两侧的廊房,建为东西对称的两组廊楼。原来的大堂则改为二层办公大楼,后称一号楼(今"渊谊堂")。穿堂、二堂也改为二层办公楼,称二号楼、三号楼。时未及竣工,七七事变爆发。日伪山西省公署入占大院,后二、三号楼陆续竣工。

整个大院建筑群,从重檐歇山式彩漆南大门,到凌空高耸的院北进山钟楼,两侧配以谐美之附属建筑,丽彩触目,排场规整。虽民国时期的改建融入了西方建筑文化,但主体风格仍是中国式的。

送走美军受降小组,阎锡山忙里偷闲,安排了未见诸记载的登高赏秋。重阳节这天,他携夫人徐竹青、如夫人徐兰森,徐竹青的堂弟徐士珙,漫步长官部大院,前往后园进山。

徐竹青与阎锡山同庚,16岁时二人成婚。徐没有读过什么书,也终身未育,日常生活恪守礼教,希望丈夫好好做人。阎锡山对她心存敬意。徐兰森略通文墨,抗战时期任"战时儿童保育会山西分会"理事长。早年徐竹青因家事与阎生气,虽然长期分房别居,但夫妇、妻妾间保持着正常关系。抗战胜利回到太原,阎与继母、如夫人住东花园。徐竹青住纯阳宫寓所,后搬至南华门街新居。

徐徐凉风中,阎锡山在前,两位夫人和徐士珙随后,步入进山东门。

四人拾阶数级,走向右边碑亭。

阎锡山指着亭中碑刻道:"你们可能大略知道,这两通石碑镌刻着清乾隆皇帝的诗作。右碑是乾隆帝得山西巡抚农起奏报,知晋地降瑞雪五寸,遂欣然命笔作诗誌慰。皇上秉国恤民哪!左碑比右碑早些,是乾隆嘉勉山西巡抚鄂弼的,诗句很切合山西的政风民俗。士珙,你念来听听。"

徐士珙走近碑体:"靠右的石碑刻有'御制山西巡抚农起奏报得雪诗以誌慰……'诗句字迹脱落。左边这通落款为'臣鄂弼恭摹勒石',字迹尚可辨认。

他朗声念道:"旬宣此初任,嘉尔副予望。出政宜除细,移风在弊良。公为众官表,俭是晋民长。保障休轻视,家教最继芳。"

离开碑亭,阎锡山径直迈向自己撰写的《山西巡抚兼提督题名记》碑。

《题名记》碑与东门正对。碑阳为碑文;碑阴镌有清初至民国历任"督署者姓名",及各人籍贯、任职时间、科考出身或最高学历。

"镌刻此碑已经25年了。官署有题名由来已久,山西巡抚原题名碑,始刻于清乾隆末。所列姓名自顺治元年马公,至乾隆五十六年冯公。续立之碑,至光绪十五年豫公止。后来担任此职者,还未及完全镌载。那时,我任山西都督、督军9年,兼任省长又3年。偶读题名碑,发现所载并不完全,叙次也有譌误,便以会典、通志考据订正,重新勒石于此。自清初至民国9年,列任者姓名全都刻录碑上了。让后人'辨贤否而垂劝诫'吧!"

阎锡山摩挲石碑,大略复说着碑文内容。

徐兰森轻轻念读落款:"民国九年十一月五台阎锡山识"。

徐士珙道:"'人过留名,雁过留声'。从古至今为官者,或著贤声或留恶名,自有后人评说。而有识见的官宦贤达,多注重树碑立传,使某地某人史迹事迹流传青史。"

阎锡山笑笑,对徐士珙说:"替造化表功能,历史不可不留。太原绥靖公署成立后两年,我即设立要电编辑处,将辛亥革命到'中原大战'的电文,辑为《阎百川先生要电录存》百余本。二战区长官司令部成立的第二年,也在司令长官第一办公室附设现代化编译社,对抗战前侍从秘书记录的讲话材料整理编订,印制《阎百川先生言论辑要》五集。现在抗战胜利了,前些天侍从秘书室已把我在抗战期间的讲话,汇编为《阎司令长官抗战复兴言论集》10辑出版了。"

徐士珙连连点头:"这些厚重史籍,将伴随姐夫盛名留诸后世啊。"

徐竹青转身望着进山底部三层飞檐,随口说道:"这飞檐倒十分好看,四个角儿翘起来,像鸟儿的翅膀在飞。"

阎锡山接着夫人的话道:"也是立碑那年,就在飞檐下进山最底层的'邃密深沉之馆'和山前'自省堂'中,召开了'进山会议'。知道吧,'邃密深沉之馆'的馆名,为张之洞亲笔题写。""进山"原是明清巡抚衙门堆放燃煤的地方。光绪年间张之洞出任山西巡抚,在此积土造山,移花栽木,始建成衙署园林。

他面向徐士珙:"民国8年巴黎和会中,中国政府外交失败,引发了学生运动、工人运动,共产学说像洪水猛兽般传播开来。可共产主义的'大同'制度,是人人为圣人才可办到的制度。我们需要探求的,是'人群之真富真强真文明,土地公有私种,资由公给'等切实的社会问题。所以进山会议从民国9年6月开始,每星期用三、六两日研究学说,前后一年多呢。"

"是的是的,进山会议影响很大。"徐士珙附和着,又问道:"人们说'进山'之意,取自《论语》子罕篇。'譬如为山,未成一篑;止,吾止也!譬如平地,虽覆一篑;进,吾往也!'融通前后两句,以'进山'命名此景观,蕴含积土成山、前进不止之深意吧?"

阎锡山颔首微笑:"不过,但凡物之命名,所取意不一定都是单一的,意会吧!"

题名记碑后边,是一条从东面登山的青石小路。徐竹青说:"现在该是'九月菊'开得好看的时候,咱们到那面看看菊花,从西小路上吧,那边的台阶不像这边陡。"

阎锡山说:"重阳节是'登高节',也是'菊花节'。不过啊,要看菊花还是上咱五台山。南台烟光山色,百草千花,'锦绣'名不虚传!特别是漫山遍野、团团簇簇的日菊,实非一般园林菊之可比。"

"是啊,五台山享佛教之尊,五台人尽三晋之美,就连山上开的菊花也若云霞弥漫。凡上过南台的人,都赞不绝口。"徐士珙拣着好听的话,为姐夫助兴。

边走边说,四人来到花圃,只见各色菊花在风中摇曳。

徐兰森说:"这两日正看《红楼梦》,宝玉在咏菊诗中写了《种菊》:'携锄秋圃自移来,篱畔庭前故故栽。昨夜不期经雨活,今朝犹喜带霜开……'我一想,这进山的菊花倒也与此相似。日本人占了8年,菊花也算'经雨活','带霜开'了。"

阎锡山点点头,踏着登山的西小路,迈向"当仁洞"。

当仁洞洞门高约1.6米、宽1.2米。洞内高2米、宽1.8米、深9余米。

站立洞前,默念"当仁洞"三字,阎锡山道:"'当仁,不让于师。'孔老夫子教导我们以仁为己任,当勇往而必为。就是去承担应该做的事,勇往直前地去做,无须半点推让之心。当年张之洞修筑假山,设此'当仁洞',其意即在自励励人。洞壁嵌刻乾隆二十二年(1757)御临《兰亭诗五首》。我不是文人,不擅品鉴诗词歌赋,但对王羲之的兰亭诗倒很是喜爱。

说着,随口吟出一首:"三春启群品,寄畅在所因。仰望碧天际,俯磐绿水滨。寥朗无厓观,寓目理自陈。大矣造化功,万殊莫不均。群籁虽参差,适我无非新。"又感叹道:"这兰亭诗,在观览季候山水中,玄思联翩而生。'寓目理自陈''大矣造化功',多精辟的句子。'寓目'者皆景物,陈示的却是玄理。"

徐士珙道:"我倒觉得,姐夫您不少讲话、诗作中,亦'玄理'颇深,耐人咀嚼,给人启迪。"

阎锡山接着说道:"无头尾的造化,造化无头尾的事物。时下之事,亦如诗中理趣所示:自然造化生成群品万物,对我们来讲,恰就该面对新的物事、新的担当。"

徐士珙称是。他知道,阎锡山脑子里总在琢磨事,很少有空着的时候。

两位夫人插不上嘴,站在洞外观看山石树木。

从"当仁洞"上下,台阶狭窄陡立。阎锡山在前,妻妾随后,徐士珙扶着姐姐的臂膀,上到钟楼。

钟楼耸立于进山顶部,为三层矩形。一层有拱门,二层四面开窗,三层分向嵌置圆形大钟,其上为高入云天的尖顶。

金秋时节,天色湛蓝湛蓝。

阎锡山驰目远望：东北牛驼寨，山色苍葱；东南永祚寺，双塔凌霄；西北崛崛山，气象清丽；西南悬瓮山，晋祠悠远。更有城东汾水长流，浇灌沃野；城西同蒲伸腾，交通物流；城内阎间扑地，店片张业；城外青烟缭绕，实业重修。

看着历史上这块龙兴之地，他苦心经营30余载的太原，七七事变后沦陷8年的山西省会，阎锡山不无感叹："我们总算回来了，江山依旧！可尘埃还未落定，共产党、八路军占据着广大农村，仍是心腹之患。上党战事……"

"咱们今天主要就散心吧，撂开那些日本人呀、八路军呀。"徐兰森说。她知道，这些天阎锡山心头最大的痛，就是上党战役败局。

钟楼的自鸣钟滴答滴答，南飞的大雁人字儿排开。

望着天上雁阵，阎锡山转过话头，对徐士琪说："士琪！你认为'二战'结束后，世界格局会有怎样的变化？"

"影响世界风云的，将是盟国这几个主要国家。咱中国的国际地位肯定提高，特别是在亚洲。"徐士琪答道。

阎锡山点头："我向来提倡'大亚洲主义'。时不我待，事在人为！咱们的'亚洲民族革命同志会'，建旌提鼓正当时！要扩大规模开展活动，推动"亚洲民族大同盟"建立，彰显亚洲国家的个性，复兴、建设真正的亚洲。眼下，还要通过'亚民会'团结留晋日本人，增强我们的军事战斗力。如你所说，现在与抗战时期不同了，日本战败投降，中、日关系中咱处于主动地位。"

徐士琪奉迎道："世界形势，为姐夫实现理想提供了舞台，您和您倡导的'亚洲民族大同盟'，会在国人、世人眼前耀出一道光彩。"

阎锡山仰望天空，又一次吟咏"寥朗无厓观哪"！

引领"亚盟"政治风头，自己的构想

民国时期太原绥靖公署进山钟楼

有实现的可能吗?阎常言"知难行难,才能胜难""眼光要远,做事要近"。

"士琪,'亚民会'在孝义成立5个月了吧,其宗旨很明确,'为了复兴并建设真正的亚洲,亚洲民族必须奋起,团结一致,以复兴亚洲国家群。亚洲各民族应本共存共荣之精神,在民族平等、经济互助、文化交流、外交一致和共同防卫的基础上实现亚洲大同'。现在,健全发展'亚民会'的事,还得你具体来办。战事甫定,百废待理。你管着山西贸易公司、晋兴机械工业公司等经济事务,本就够劳心了。还把'日侨管理处(所)'也放在你肩上。日本投降后日侨人心浮动,侨务管理头绪繁杂,你受累了。不过'日侨处'与'亚民会'的事,可以混搭着去做。让'亚民会'工作人员,包括日本人,也兼做日侨管理处事情。"

徐士琪道:"姐夫付以重任,弟感荣幸。日本侨民中,有等遣返者,有保产业者,有求生计者,有逃惩治者,惶惶然若……"他打住嘴边的话,"不过,日侨自治会成立后,河本大作出头,混乱局面稳定多了。"

徐竹青看着堂弟说:"好多情形,外人办事不靠实。放到自家人身上,你姐夫放心。"

"士琪是亲戚,更是人才。曾文正公说,'制度以外无学问,用人以外无经济',是很对的话。"阎锡山很会用人,即使对亲戚说话,也叫你听得非常舒坦。

徐士琪谦恭地笑笑:"那'亚民会'的活动,就秉承您的理念开展……"

阎锡山把想好的话说给徐士琪:"日本的失败是政治上的失败,不是军事上的失败,失败者的地位是暂时的。今后问题是中日如何团结,抵挡北方。现日军日侨留晋事已在运作,你筹划一下,在'亚民会'中成立一个专门以残留日人为对象的工作机构。名称隐蔽一些,叫'山西产业技术研究社'吧。社长就你来当!"

徐士琪应答:"好的。咱把'亚洲民族革命同志会'的文章做好。以您的远见卓识和理论指导,实现'亚洲民族大同盟'的国际愿景。"

抗战时期阎、日间历史游戏

通观世界历史,任何外来侵略势力如果要存在下去,除野蛮的驱逐、杀戮外,便是扶植、利用本土政权组织及部分社会人群。1927年日本召开东方会议"确定新的对华政策",就决定在中国扶植亲日而统一的反共政权。七七事变后,傀儡政权华北临时政府(中华民国临时政府),在1937年12月成立。1940年3月汪伪国民政府成立。对阎锡山有计划的诱降,也在1937年11月日军占领太原后开始。1940年又进一步实施"对伯工作"计划,拉拢阎锡山妥协投降。

阎锡山,字"伯川"。1883年出生于山西省五台县河边村,1904年由山西巡抚衙门选派留学日本。1905年在日本振武学校期间,由黄兴介绍加入同盟会。后入日本陆军士官学校,1909年毕业回国。这一经历在其人生轨迹中留下重要印痕。

1911年10月辛亥革命爆发,"晋省闻风响应"。阎锡山与温寿泉、黄国梁等,领导组织辛亥太原起义成功。阎当选为山西省都督,后任督军、省长、督办等职。1932年至1949年,阎锡山任太原绥靖公署主任,抗日战争时期任第二战区司令长官,是民国时期执政时间最长的地方实力派,一个很有特点的历史人物。他参加辛亥革命、推翻清政府在山西的封建统治,致力于山西省政建设、发展经济实业,抗战初期抵御日军进攻、与

太原绥靖公署主任、第二战区司令长官阎锡山

共产党建立抗日民族统一战线等，在历史进程中有其进步性。但阎锡山镇压人民革命，剿共、防共、反共，抗战进入相持阶段后对日妥协，解放战争时期死硬对抗中国人民解放战争，甚至冒天下之大不韪，与日本军国主义势力"合谋"实施日军"残留"，表现出历史反动性。

阎锡山被称为"山西土皇帝"，致力于经营"特殊性的山西"。在割据半割据的民国时期，阎锡山把山西当做一个国家来治理。他有自己统领的军队，有独特的政治主张和施政纲领，有经济实业和教育文化设施，还有一整套思想理论。可以说，以山西为根据地，阎锡山创造了领导一个国家所需的经验和条件。阎的政治视野绝非山西一省。1930年"中原大战"即兴师问鼎，显出"上台做领袖之心"。他自己曾说："我与重庆的关系不能以国家平常的秩序来看待。正如民国19年扩大会议所表明的那样，我已脱离国家秩序之外，他们对我奈何不得。蒋介石虽号称中国民众的领袖，但他自己也深知不能领导我。我以我的主张领导民众。"阎锡山这些政治特点，被日本军国主义势力剖解于"残留"理念中，并描绘出他们的构想："将山西省以亲日的政权独立出来"，"建立一个将来有利于日本人东山再起的根据地。"

阎锡山对国际关系与亚洲事务，也有其思想与抱负。在积贫积弱的近代中国，他感知列强对中华民族的疯狂侵略，昌言"中国当负起中道文化之责，守成己成人之道，立己利世。联合同道之国家，消除侵略主义者，以进世界于大同"。在世界格局中，阎氏"抱着亚洲人的亚洲主义"，希图"复兴东亚……联合亚洲民族，用革命的手段，驱逐白种人的势力"。七七事变前，即已"决心组织亚洲解放革命党"。阎潜心研究亚洲各国国力与国际地位，更费尽心思琢磨着与中国发生最重要外交关系的近邻日本。从中、日关系之历史渊源，近现代以来的战争与外交，以及他自己数年留学日本，特别是民国以来与重要侵华人物发生关系和纠葛，抗战时期与日军近距离接触较量中，形成了对日本国质素与特质的独特思维。

阎锡山认为"日本锐意维新，六七十年国力有相当之积蓄"，但它恃强凌弱，"一手拿着经书，一手拿着刀"，向各国索要。而日本侵略军又是不好战胜的，既然敌不过它，又难以正常相处，外交上"非有突破策略不可"。最好的途径，毋宁通过区域联合体组织，与日本及亚洲各国建立洲同盟，"推日本为盟主，使亚洲各盟国各得其所"，甚至幻想着这一形式会"平易顺适"。

基于如此考量,建立"亚洲民族大同盟",便成为阎锡山的目标愿景和对日交往之重要策略。这一设想,从抗战爆发后阎锡山由抗日走向动摇,日方展开"对伯工作"与阎锡山对日妥协,到"二战"结束阎与日合谋日军"山西残留",在国内外环境和中日矛盾演变中,经历了不同的阶段、过程,内容也随之变化。

抗战爆发前后,阎锡山曾有"守土抗战,精诚团结"之心。晋绥军、八路军协同作战,在天镇、平型关、娘子关、忻口等战役中顽强抗敌,阻敌前进两月之久。1937年11月8日,山西省会太原沦陷。1938年春,二战区大部地区沦于敌手。阎锡山从太原退往临汾后,又辗转移驻黄河边的晋西南吉县。晋绥军严重损失,阎的抗日信心发生动摇。之后,面对日本人、蒋介石和共产党三种势力,用阎锡山自己的话说,是"在三颗鸡蛋上跳舞"。本其"存在即是真理、需要即是合法"的理念,在营造"狡兔三窟"中抗日和日、拥蒋拒蒋、联共反共。而日本方面对阎锡山的诱降,也伴随着军事进攻,在其侵华谋略中有计划地展开。

1937年12月,占领太原的日军通过飞机传递,向阎锡山发出诱降信号,之后又有劝降信函转送、空投。1940年,日本侵略者进一步实施"对伯工作"计划,"试图将与中央军以及八路军相比,缺乏战斗积极性的山西军归顺过来。"2月间,日本中国派遣军总参谋长、阎锡山在日留学时的后期同学板垣征四郎,将亲笔书信寄给阎锡山,开始相互之间的联络。驻晋第一军也热心推进这一工作,设立司令部直属、参谋长兼任公馆长的"晋中公馆"(初名"山西公馆"),进行对阎锡山的策反诱降。日本内阁和陆军省,都认为对阎的诱降有成功可能,1941年夏派兵务局长田中隆吉专程到太原指导。日本华北方面军司令、阎锡山在日士官学校时的区队长冈村宁次,同样不甘落后,设立"茂川公馆"插手对阎诱降。配合田中隆吉和"晋中公馆",共同制定策略开展工作。1941年6月岩松义雄出任第一军司令官,随即致信阎锡山,"如能与阁下在太原城头举杯赏月,爱花安民,救国拓产,何其乐也。倘能如此,我在就任之初,也要马上采取和战决策。"

面对日本的军事进攻与政治诱降,阎锡山"观察着国际形势的推移和日本的实力,担忧着被赤化下去的山西,非常慎重地忍耐着,待时而动。"与此同时,构想着他的"亚洲民族大同盟",并与日方进行接触、交涉。1940年11月,阎派第七集团军总司令赵承绶,以亚洲同盟、共同防共、外交一致、内政自理"务虚",与第一军参谋长楠山秀吉在孝义县白壁关会谈,达成双方合作、日方为阎锡山装备30个团的口头协议。1941年夏,阎在其举办的"烘炉训练"中,向文武官员宣讲"亚盟"理论,谓目前以致将来世界的趋势,一定要实行'洲同盟',如亚洲同盟、欧洲同盟、美洲同盟。而各洲又必须共同拥戴一个盟主来做领导。说到亚洲的盟主,舍日本而外,任何国家都担任不起。中国和亚洲其他国家,要推日本为盟主,才能不受英、美等强国的欺侮,才能防止苏俄'赤化'的危险。也是在"烘炉训练"期间,阎锡山"存在即是真理、需要即是合法"的理念"出炉"。他认为"只要能存在住,以后怎么转变都可以"。同年9月,阎锡山即派赵承绶为代表,与日本华北方面军、山西派遣军(驻晋第一军)在汾阳县城签订了对日妥协的《日本军、山西军基本协定》及《停战协定》(统称"汾阳协定")。

协定内容为:

日本军、山西军基本协定

方　　针

一、本共存共荣建设新东亚之目的,山西军与日本军成立停战协定,与南京政府合作。

二、依据南京缔结之《日、华国交调整基本条约》,国内之政治及军事,将来一任中国方面自理。

山西军之管辖区域,先为山西省,渐次及于全华北。在充实实力的同时,致力于国家统一,实现东亚和平。

三、阎之地位,先为南京政府副主席和军事委员会委员长(已征得汪精卫氏认可),将来掌管华北,担任华北政务委员会委员长和华北国防军总司令。

要　　领

第一阶段:

一、日本军与山西军之间签订停战协定。

二、停战协定成立后,孝义县城交与山西军,山西军向以孝义县为中心之区域推进。阎长官移驻孝义县或隰县,与日本军密切合作。

三、合作建立后,日本军将向作战上必要的地区集结,由山西军担任山西省内各地区之治安维持。

关于细节问题,随时与日本军协定之。

四、兵力30万,由山东、河北补充壮丁约10万名,余由山西省内补充。武器由南京政府给以下列数目之补充:

步枪10万枝,轻机枪8000挺,重机枪900挺,掷弹筒4000个,各种炮300门,及所需之各种弹药。

关于粮秣、被服等,就地征发,日本军予以援助。

五、为整理晋钞,予以设立5000万元之"信用账户"。

六、在此期间,与反共各将领秘密联络;一面在太原或孝义与汪主席协商合作事宜。

七、军费,每月由南京政府支给1200万元。

八、以上各条件须秘密办理,并在可能范围内迅速施行。

第二阶段:

一、第一阶段工作完成后,阎长官劝告重庆政府实行反共和平,如得不到回应,即向中外宣言采取单独行动。

二、第一阶段之军队配置及军队补充完成后,先与日本军合作,肃清山西省内共产军。

开始阶段,临时支给军马、武器补助费2000万元。此外,作为一般军费,每月2000万元。

三、山西省肃正后,渐及华北全境肃正。此时南京政府更供给下列武器及其他所需之弹药、汽车等。

步枪10万枝,轻机枪8000挺,重机枪1800挺,掷弹筒2000个,各种炮200门。

四、兵力50万,由山东、河北、安徽等地补充壮丁约10万人,余由山西省内补充。

五、恢复太原兵工厂。

六、在此期间,联合各反共将领,向统一和平迈进。

第三阶段：

一、负责维持华北全境治安。

二、由南京政府支给华北善后费1亿元抚恤军民。

附 带 事 项

一、察哈尔、绥远问题与蒙古民族问题并行解决,由汪、阎商议决定之。

二、西北实业公司、同蒲铁路及山西省人民公营事业董事会所辖各工厂,日方同意妥善归还。俟阎长官返回后施行。

协定自双方代表签字日生效。

日、中文各制两份,双方互换保存日、中文各一份。

民国30年9月11日

昭和16年9月11日 于汾阳

山 西 军 代 表 赵承绶 印

大日本华北方面军代表 田边盛武 印

停 战 协 定

日本军与山西军互为友军,彼此合作,为具体实现协同防卫之目标迈进,特订立协定如下:

第一条 日本军与山西军自即日起停止一切战斗及敌对行为,本共存共荣之旨,为解放亚洲民族,建设新亚洲而努力。当前首先为铲除共产主义之破坏而密切合作。

为此,要进行必要的情报交换及宣传等,在军事上合作。

第二条 山西军于本协定缔结后,迅速向协定区域推进,日本军将予以密切协助。

实行上述条款之具体事项,另行协议决定。

第三条 日本军协助山西军进行整训及补充军械等。关于粮秣的征发等,要相互协力。

附则:

本协定自双方代表签字之日起生效。

日、中文各制两份，双方互换保存日、中文各一份。

民国 30 年 9 月 11 日
昭和 16 年 9 月 11 日　于汾阳
　　山西派遣军代表　楠山秀吉印
　　山　西　军　代　表　赵承绶　印

在上述协定中，日方以浮夸、并不完全兑现的承诺为条件，向阎锡山施以钓饵，要阎公开投向汪伪政权，以分裂中国抗战阵营。

阎锡山当时的日记，对签订《协定》事并无记载。只有简单的两句话，"目的要明了，理由要简单"，"远大要与目前兼顾"。

1941 年 12 月太平洋战争爆发，侵华日军大量调往南洋，更急于把阎锡山控制手中，替他们统治华北；同时，"通过阎发表反共和平的独立宣言，给中国民众及反蒋将领们以极大影响，促进全面和平的实现"。他们急切地要求阎锡山"从隔帘看花再前进几步"，"一旦做出决定，就以一泻千里之势，向合作前途迈进"。在此前后，冈村宁次于 11 月专程飞往太原，"希望阎长官在 15 日以前作出某种表示"。还托赵承绶转送阎锡山高级将校呢衣料一件、西服衣料数件。岩松义雄 12 月 19 日在第一军兵团长会议训示中讲：本工作的着眼点是通过阎锡山与南京政府的合流，使其保持对日友好的态度，促使反蒋将领的觉醒、崛起，作为摧毁重庆政权的端绪，同时将此向中外宣传，以促进支那事变的处理。当月，岩松又致函阎进行催促，要他下决心"同蒋介石断绝关系，毅然宣告独立……"。1942 年 2 月 9 日，日本天皇向日军参谋总长杉山元垂询："重庆政权已逐渐弱化，阎锡山不是也要到我们这边来吗？" 2 月 26 日杉山元在奏复天皇垂询时说，"'……对伯工作'今后到四五月份为止，将持续强硬的态度，根据以后的形势，如果必要也许会行使武力。" 1942 年秋河本大作到山西，也领受了开展"对伯工作"诱降阎锡山的任务。

阎锡山呢，为了让对敌妥协披上合法外衣，曾于 1941 年 9 月初派员向蒋介石报告。9 月 11 日与日军签订《协定》后，又电令其向蒋转陈，以"只要于国家有益，我不惜牺牲一切"，"上事牺牲在我，成就是国"云云，作掩盖粉饰。该员未见到蒋介石,经陈布雷接见听取报告后向蒋汇报。10月26日蒋介石召见军令部部长、原山西省主席徐永昌,就阎锡山所为交换意见,要阎"立即中止"此事。而阎锡山在11月2日、11月4日的复电中,仍然为自己辩解,谓"兵不厌诈,此办法于我作战无损,于党国有利,并可以救华北五省人民",坚持说"骤然反口甚难"。11月14日,蒋介石派国民政府铨叙部部长、曾任二战区长官部秘书长的贾景德,到克难坡向阎转达"面谕",诫告阎锡山:"阎先生果附敌,中央即讨之,虽亲兄弟不能为讳也"。共产党方面,八路军驻第二战区办事处处长王世英,11月30日面见阎锡山,谈话时间长达3个多小时。当阎锡山以"假如蒋介石投降,你们怎么办"作试探时,王世英借此对阎警告:"我们的态度很明确,领导全国人民抗战到底,争取最后胜利。谁投降我们就打谁。"当时山西政权中有民族意识的干部,也对阎锡山通敌妥协感到失望、愤慨。风声刚一传出,人们就分头去见山西省主席赵戴文,请他不客气地向阎提出坚决反对。赵戴文对阎说:"他们大家搬我来问你一件事,外面传得很厉害。都说司令长官已经和日本人订立密约,不再抗战,准备回太原。这事到底有没有?如果有,我们大家是反对的。你回太原去,大家都不跟你回去。"并明确表态,如果妥协投降,"我一定跳黄河而死,决不跟你回太原。"

权衡利害,深于谋虑的阎锡山清楚地知道,如果公开降日,将招来蒋介石讨伐、八路军进攻及身边干部反对,他没有再向前走,去按日方要求公开发表独立宣言。1942年1月7日,阎锡山致电蒋介石,表示"与钧座患难与共,追随到底"。但在阎锡山的内心中,仍把当时特定的国内外环境,看做实现其"亚盟"抱负的重要时机。在"若担当亚洲民族革命的重任,即与日合作;若想就官职,即服从重庆"的选项中,不肯放弃前者。他的考量是,"只要我一旦到重庆,我的最大抱负亚洲的复兴和消灭赤祸,就决不能再提出,这将成为永世的恨事。"

1942年1、2月间,阎锡山进一步启动"亚洲民族大同盟"的运作,通过其代表赵承绶向日方献言:"欲复兴亚洲,必须解放亚洲,而依赖先进的日本为领导,以中国的人力和物力为后盾,阎长官希望负责中国人力的团结,为亚洲复兴工作而努力。"对第一军司令官岩松义雄提出:"结成以日本为

首领的亚洲解放同盟";确信外交一致和内政自理,是实现东亚被压迫民族解放目的的最好措施;即使重庆政府死心塌地依靠英美,但本人主张以革命手段解放东亚民族,驱逐白种人势力。3月19日至25日,阎锡山与其拐弯亲戚、日方使者,曾留学日本的伪山西省公署参议梁上椿,在克难坡促膝长谈。27日梁上椿将阎谈话要点三千字呈送日军第一军司令部,内中谈道:"我的主张永远不变,目的是为亚洲的解放而结合,即亚洲同盟。这种主张是我自动提出的。我们既拒绝以主义统一的苏联,又拒绝以经济统一的英、美。""我要向亚洲全体民族呼吁:亚洲人民要在日本的领导之下,实现解放战争的目的……我深切希望日本诸位朋友能理解我的认识、见解、主张及目标,对外主张亚洲同盟、亚洲解放和推日本为盟主,对内反共。方式是外交一致和内政自理。在这种谅解之下,尽力援助我,而且如果能够使我领导干部、号召国民,并能充分体现合作的效果,我将一定毅然而为之。"另一方面,阎锡山也向日方表明态度,"盟主可使各盟邦分担必要的任务,而如何实行则根据各盟邦的自由意志来决定。盟主不得干涉各盟邦的具体细节……虽然以同盟形式的合作为理想,并也有决心与日本合作",但若日本违背"承认各盟邦的内政自理并使之发展",出于威逼性的强求,"即使当俘虏也不甘接受这种合作"。

对阎锡山提出并反复论及的"亚盟"理论,日军第一军司令岩松义雄复电云:"深感先生之主义伟大,理论精邃,见解高远,人格超群,使弟很受教益……敝国的国策是真诚地决心委托先生来全权负责山西,进而及于华北,以至延及全中国。故对先生的外交一致、内政自理,实现亚洲民族革命,及彻底消弭赤祸的主张,完全赞同……双方根本观念毫无二致。"但在实际上,只是以褒饰之辞虚与委蛇,徒外交辞令而已。其所谓"毫无二致"的指向,是把阎锡山的"亚洲民族大同盟",纳入日本"大东亚战争"体系之中,要阎锡山"以大东亚战争爆发为转机,为了亚洲的解放建设,断然与英美的傀儡、走狗——重庆政府断绝关系;同时,抨击世界公敌——共产主义。现在毅然决然参加大东亚战争的一翼,加入和平阵营"。他们一直急迫要求阎锡山的是"迅速发表合作宣言,不要怀疑日本","与其吸吮病弱的母亲和健康的奶妈的两种乳汁,倒不如舍去病乳,依靠一方的乳汁成长。"对阎锡山"亚盟"目标愿景的"赞同",对阎"尽力援助我……使我领导干部、号召国民"之希求,及《协定》中为阎补充兵力武器、支给军费等所作许诺,只是投置诱饵,并不全部兑现。而对他们认为态度犹疑、"老奸巨猾""难以揣度的人物"阎锡山,进行武力威逼,派飞机轰炸二战区长官部驻地克难坡等处,"以强硬的态度继续交涉,使他顺从我,以成就合作"。

1942年5月6日,在日方强横要求下,阎锡山与日军举行吉县"安平会议"。此前,面对日方的催逼,阎锡山总是反复陈述其"亚盟"理念,对发表宣言事则以托辞遁语拖延,声言"在《协定》第一阶段尚未完成时,遽然发表宣言,是我本身及环境均不许可的。即在内部会引起愤懑,在环境上会马上引起夹击战事。这样一来,恐会招致事业的失败,这对合作的前途实为不利"。这次赴安平会谈,仍然抱着他的老主意。会议开始,阎锡山又先阐述其"亚洲民族大同盟"……每讲一段,翻译用日语转述一段。日本人听得很不耐烦,岩松义雄不等阎锡山说完,就张口宣扬大东亚共荣圈建设和日本在太平洋的胜利,言大东亚圣战已有必胜把握,阎阁下应通电脱离重庆政府,勿再犹疑! 阎锡山则借口凡事都须有个准备,要日方兑现《协定》承诺的军费、武器、物资等,表示在"第一阶段工作完成后,劝告重庆政府反共,如不听时,即时向中外宣言,单独行动"。日军第一军参谋长花谷正对阎的"亚盟"不屑一听,说"我们是来会谈,不是来听讲演!"他听出阎锡山并无诚意迅速合作,还是在利用日方"不能实行的合作条件拖延交涉,以缓兵之计继续维护自己",蓦地站起身来冲着阎锡山:"珍珠港一战,美国被日本打垮了,何况蒋介石。阎阁下与日本合作,对你自己有利,再不要观望,走! 跟我们马上回太原去。"说着,蛮横地扯住阎的衣袖哈哈大笑。阎锡山很觉难堪,会场气氛十分紧张。列席会议的山西伪省长苏体仁见状,建议暂时休会。午饭后阎的保卫人员发现,成群驮骡马匹正向安平行进,以为日军开来炮兵。于是,惶惶然,怏怏然,阎锡山由侍从人员扶着,沿房后一条小道,悄悄逃出了安平村。

日方会谈前声称的"朋友式的""亲属式的会见",就这样结束了。

初夏的吕梁山,开放着红红绿绿的野花野草。黄河壶口涌动的漩流,咕隆隆漂向远方。羊肠小道上,阎锡山骑着马,带着秘书、侍从,离开二战区长官部所在地吉县克难坡,向附近的小村庄"古贤"走去。那天晚上,贾景德也被阎"电招"到此。就在古贤村窑洞的土炕上,侍从人员摆了一张木头小方

桌,阎锡山、贾景德坐炕上口拟,秘书徐崇寿、陈过在炕下记录,炮制出了《亚洲民族大同盟宣言》。《宣言》全文记录于阎锡山1942年5月25日的日记中,题目为《发表〈亚盟宣言〉》。

发表《亚盟宣言》

统一世界的人类企图业已发动。有以主义谋统一者,有以经济谋统一者,或偏激,或迂远,均不易实现。唯有以洲同盟达成世界统一,平易顺适。

世界名为五洲,实足论者只亚、欧、美三洲。美洲人口仅2万万6千余,欧洲亦不过4万万7千5百余,我亚洲则有10万万余。洲统一达成之日,世界统一亦可预定。

亚洲之国,日本为先进,中国、印度为大国。东亚问题之中心是中、日、印三国。若能使中国人无顾忌地合作,使印度人反对侵略的口号变为欢迎扶助独立的口号,东亚统一有过半矣。有谋以中、印为洲中心者,微日本固是造洲之内争,如只恃日本之强,而不能融洽中、印,亦必使中、印另求外援,亚洲统一亦势必破坏。

先进之日本应以亚洲各国所需者扶助各国,得各国之同情,统一之基可建。若以日本之所需向各国索要,仇敌之心伏,何能上统一之路?

东方文化重成己成人,弱小民族尤需王道之推行。力凭理壮,理凭力伸。无理之力必折,无力之理不伸。日本锐意维新,六七十年力有相当之积蓄。凭日本之力为亚洲民族伸理,亚洲民族岂徒乐从,极所深盼。

统一之法,应以善养人。古人云:"以善服人,未有能服人者也;以善养人,然后能服天下。"况以强服人乎!亚洲民族弱,半陷于沦亡,感奴隶压迫之痛苦久矣。以拯救之心唤起同情,岂亚洲为然,即以世界论,争城争地,数年一小战,数十年一大战,胜败兴衰轮替无定。胜种败之因,兴启衰之端,所谓胜败兴衰徒增人类之惨史耳!

今应结合各国民族之优秀者,组织"亚洲民族革命同志会",协谋亚洲民族之解放,并建立"亚洲民族大同盟",简称为"亚盟"。盟定公约,盟中设监察委员,由各国元首充之;并设执行委员,由各国民选之。盟本外交一致、内政自理之旨,执行同盟各国有无相通、长短互助之事。由自存而达到共存,以共存保障自存;由自荣而达到共荣,以共荣增进自荣。如此,非特中、印不感到侵略之危惧,其他同洲各国可欣然而来,和平统一可以完成,在人类可减少轮替惨杀。亚洲如此,他洲亦必起而仿效,使全球尽息干戈,以天下为公,成世界大同。岂徒亚洲之幸,亦世界之福也。日本人士其有意乎?

《亚盟宣言》定稿后,阎锡山告周围人不许外传。由日特林龟喜交日本陆军省和华北方面军。印度总理尼赫鲁处,也让人送去英文译稿。

在《亚盟宣言》中,尽管阎锡山奉承日本"先进",尊奉日本为盟主,谓亚洲民族"乐从""深盼""凭日本之力为亚洲民族伸理"。但在日本军国主义驾驶疯狂战车,征服中国、征服世界的狂妄野心面前,阎锡山欲谋求亚洲民族大同盟,提出"盟本外交一致、内政自理之旨,执行同盟各国有无相通、长短互助之事。由自存而达到共存,以共存保障自存;由自荣而达到共荣,以共荣增进自荣……"无异于与虎谋皮!

安平会议后,日军第一军司令官岩松义雄、参谋长花谷正即给阎锡山等发来电报,谓"这次会见,贵方虽有合作之心,但没有拿出自己的力量进行协力之实,而贪求物质的欲望却很大,我方不堪负担之。兹劝告晋绥军三省,我方将采取自由行动,今后的结果上天自能决定之"。5月16日岩松义雄又致电阎锡山:"5月17日以后,废除《基本协定》《停战协定》《停战协定细目》,特此通告。"不过日方从全盘考虑,也不能轻易抛弃阎锡山,还是将"对伯工作"方针确定为:"今后对阎伯川工作的指导思想是,根据坚持我方的严肃态度和适当机宜的方针策略,从物质与精神两方面加强对阎方的压迫,以致使阎伯川痛感、焦虑现实事态的紧迫,在适当的条件下向我屈服而不得不同我合作。"

之后,日、阎即在日方武力威压、拉拢诱降、经济封锁与阎锡山的应对、周旋、取巧中亦打亦谈,进行着军事对垒、政治谋策和情报联络、物资交易。阎锡山签订对日妥协的《日本军、山西军基本协定》后,终于没有发表宣言,公开去当汉奸。但在对日关系中仍不即不离,"犹抱琵琶半遮面"。而他构想的"亚洲民族大同盟"当时也无奈搁浅了。

斗转星移,风云变幻。1945年春,世界人民团结战斗,把法西斯势力推向失败的边缘。苏联红军的旗帜插上柏林国会大厦,德国法西斯彻底崩溃;

日本法西斯也陷于灭顶之灾,惶惶不可终日。阎锡山观察着世界和亚洲形势,做着中国抗战胜利返回太原的准备,同时仍然端着他"亚洲民族大同盟"的"最大抱负"。他要借"天时"之势,利用"地利",先成立"亚洲民族革命同志会",再图日后发展"亚洲民族大同盟"。

3月,第二战区长官部日韩工作先锋队,将"亚民会"材料译为日文,印制日语传单20种、约2600份,撒向同蒲铁路沿线的日军日侨,另有部分寄往北京。传单中召唤"关心亚洲建设的人们请到第二战区来"。这些宣传在日本人中产生了作用,原日军独立混成第三旅团第八大队宪兵翻译相泽养三等,响应召唤参加亚民会建设。5月,"亚民会"举行成立大会,地址在孝义城北门街18号。参加人员,阎锡山方面有徐士珙、王瑗、阎世杰、郑玉麟等十几人;日人方面有相泽养三、铃木重雄、驹泽春雄、佐藤某等数人;还有朝鲜人李仲渡。会议选举阎锡山为"亚民会"会长,徐士珙为监察委员,王瑗、郑玉麟、相泽养三为委员。当时"亚民会"组织虽只做了简单包装,而阎锡山1942年起草的《亚盟宣言》,在适用内容上也有了很大变化,但他怀抱多年的"亚盟"理想,总算响起"前奏"。

日本宣布投降后,"亚民会"从孝义迁回太原。按照阎锡山的意旨意想,强化了组织与活动,并与战后日军"残留"相辅相揉。工作机构设有总务科、组织科、宣传科。基层组织有西北实业公司组、医药组、交通组、宗教组、教育组、社会组。后于1946年春,成立专门以残留日人为对象的工作机构"山西产业技术研究社",社长徐士珙,副社长王瑗,地址设在新民北正街6号,曾出刊日文杂志《东风》。1947年9月,"亚民会"成立所属日本支会"亚洲文化会"。12月成立"亚民会中日联合委员会"。

军国主义势力谋划"残留"

1945年秋,隐藏于历史旮旯的一幕——"日本寄存武力于中国",很快在天之一隅扯开。

日本投降后,侵华日军总司令冈村宁次向中国陆军总司令何应钦提出,"华中长江与黄河尚有30万日军,建议暂不缴械,由本人率领,在贵司令的统一指挥下,帮助国军围剿共军"。这一图谋,遭到中国政府拒绝。东北、华中、华南等地日本侵略者中,"卷土重来和确保海外日本人势力"的战后构想,也成为泡影。但是在山西省,"日本寄存武力于中国"的日军战后"残留",却由于直接的经济原因和特殊的政治条件,一步步地从谋策进入实施。经济方面的原因,是日本军国主义势力对山西资源深深觊觎的战略图谋,即使战败仍谋想利用山西的富源和潜在生产力,服务于他们幻想的皇国"复兴"。政治方面的条件,是军阀阎锡山的存在,日本侵华期间"对伯工作"的基础,残留活动采用了日、阎"合谋"的独特运作机制。

民国时期上海一家报纸曾刊登过一幅漫画,画面上蒋介石一手握手枪,一手托现洋;冯玉祥一手举大刀,一手握窝头;阎锡山一手提秤杆,一手拿算盘。当抗日战争结束时,阎锡山又打起他的如意算盘,盘算着利用投降后的日军,向坚持敌后抗战的八路军抢夺胜利果实,继而在内战硝烟中"剿灭共产党"。同时,期望实现他"亚洲民族大同盟"的大抱负。而日本军国主义势力,在山西直接实施"日本寄存武力"的主要人物,驻晋日军第一军司令澄田睐四郎、参谋长山冈道武、参谋岩田清一,山西产业株式会社社长河本大作,日伪山西省政府顾问辅佐官城野宏等,对战后"残留"以图东山再起的谋虑亦非一日。

太原新民北正街日军第一军司令部,那座日本人眼中"外观像大阪天守阁"的楼房里,司令官澄田睐四郎与参谋长山冈道武,又在进行没旁人在场的

对话。

澄田睐四郎,残留后华名"郑天来""郑成天"。1889年出生,日本群马县人,毕业于巴黎陆军大学。就任第一军司令之前,曾任法属印度支那国境监察委员会委员长、第十一军三十九师团师团长等职。1944年11月出任山西派遣军第七任司令官。

山冈道武,残留后华名"武道三",比澄田睐四郎小一岁,日本三重县人,毕业于日本陆军大学。曾任过关东军第二课长。做过日本驻苏联大使馆武官,有参加松冈洋右所签日、苏互不侵犯条约的经历。1944年12月任山西派遣军参谋长。

二人到任山西派遣军司令部后,眼见世界大战中的日本,走向日暮途穷的境地。亚太战场上,从马里亚纳群岛起飞的美国远程轰炸机,对日本各大城市的空袭越来越频繁,麦克阿瑟的部队占领了吕宋岛西南毗邻的民都洛岛,岸基轰炸机开始重点轰炸吕宋岛上马尼拉地区和克拉克机场,美、英军队和中国远征军,在缅甸发起了反攻。中国大陆正面战场上,日军1944年进行的"大陆打通作战"并未达到预期目的;敌后战场,共产党领导的抗日军队展开了扩大解放区、缩小沦陷区的攻势作战。东南亚各国人民抗日武装斗争也处高潮,日本占领军处处被动挨打。1945年5月德国无条件投降后,日本处于更加孤立的境地,灭顶之灾很快降临。7月26日,美、中、英发表《波茨坦公告》,促令日本无条件投降。8月上旬,人类历史上首次用于实战的原子弹投向广岛、长崎。与此同时,苏联军队进入中国东北,向日本关东军大举进攻。天摇地坼的8月15日就这样到来了,这是明治维新以来,日本帝国第一次输掉的战争啊。

山冈道武坐在澄田睐四郎对面,怆痛不已:"大日本帝国不会,不会这样哗啦啦倾覆!"

面对日本无条件投降的残酷现实,他不愿认输。

澄田睐四郎看着自己的搭档:"天皇陛下玉音放送后,冈村总司令官曾向大本营梅津参谋总长发去电报,称'派遣军拥有百万大军,且连战连胜。以如此优势之军队而由软弱的重庆军解除武装,实为不应有之事'。你、我,身处大陆的天皇子民,心理抗拒是同样的。第一军何尝愿让毫无战斗力的山西军解除武装?"

山冈道武望望窗外:"不过阎锡山怕共产军抢占地盘,希图与我们合作。这与我方意图契合,且阎的态度急切。8月初,在孝义县瑶圃村阎与方军(华北方面军司令部)高桥坦参谋长会晤时,对'日本寄存武力于中国'问题已经谈及。

你知道的,我和省长苏体仁等随同高桥参谋长一起去了。早些7月中旬那次,阎的代表梁上椿进太原,两方谈的也是日军战败后在山西积蓄力量,而在中国内战中协助阎锡山。当天晚上,高桥、司令官您,还有我,咱们三人一直议到深夜呢。"

"我们且在阎的屋檐下暂时'荫庇',以图来日。"山冈语音低沉。

澄田睐四郎走到墙上挂着的地图前,看着形似树叶的山西省境:"事变期间'对伯工作',现在竟然能结有果实。不枉内阁、陆军省、总军(中国派遣军总司令部)、方军之良苦用心。我第一军前后任司令官、参谋长,对此投入的热心也没有白费。"

山冈接着澄田的话说:"阎锡山的存在,非常之重要。在割据半割据的中国,阎氏是把山西当做一个国家来治理的。早就想着'脱离于蒋介石国家秩序之外'。"

二人对视,心照不宣:"战败后的我国为了恢复独立,须有山西富源这一经济牵引。作为战时日、阎协定的延长,在立意上将山西省以亲日的政权独立出来——大本营描绘的构想,经由总军、方面军,该第一军来实现了!"

山冈道武兴奋起来:"陛下昭示,'确信神州不灭,任重道远'。我们在山西发展根据地,有军事力量,有经济资源,皇国日本不会灭亡!到任第一军后,我更多了解了阎锡山的历史,还翻过好些情报资料。山西拥有得天独厚的矿产资源,总量超过满洲、朝鲜的总和。单煤炭储量一项,粗略估计就达4000亿吨,与我国所有煤矿储量150亿吨比较,超出了25倍。光一流大矿大同、阳泉,煤矿储量就有1200亿吨,相当于日本全国蕴藏量的七八倍。其他,还有……"

澄田睐四郎用手指点着桌子,回应山冈道武。

在澄田睐四郎与河本大作之间,关于战后残留的谋想、通气,日本投降前也已有了。

河本1942年到山西,在日军中并无职务。但第一军司令岩松义雄、参谋长花谷正,都是他日本陆军大学时的"师弟"。若在陆军中论资排辈,岩松、花谷二人及澄田睐四郎、山冈道武等也都瞠乎其后。河本大作的秘书说,河本地位相当于第一军顾问。

1945年8月11日,天气异常闷热。晚饭后,河本大作身着和服到后院散

步,却并无半点闲适之意。没多一会儿,便又拖着木屐返回客厅,抬头去看墙上的挂钟。

8点刚过,等候中的澄田睐四郎走进房门。

没有往日的寒暄,二人相视对坐。

澄田睐四郎:"河本君,两日前美国又一颗原子弹'胖子',扔到长崎。苏联军队也进入中国东北,向关东军大举进攻。当天深夜,天皇陛下身穿大元帅陆军服,召开御前最高战争指导会议。会上讨论外相答复《波茨坦公告》的议案,'在三国公告列举的条件中,不包括要求变更天皇在国法上地位的谅解下,日本政府予以接受'。主要因为'在今天的局势下,这种不体面的公告,不得不予以接受'。"

河本大作:"陛下如何裁断?"

澄田睐四郎:"对此,天皇'谕示同意'。"

河本大作闭上眼睛,痛切心骨。

澄田睐四郎:"从那天开始,在国民政府陪都重庆,支那人每日都在欢呼他们的胜利,一片聒噪。"

河本鄙夷道:"支那,这只上供用的大牺牛!明治年间国人就把它看作果腹的食饵,上世纪我们已开始割取其肉,昭和6年后即大口噬食。昭和12年'日中事变'爆发,皇军所向披靡。谁料……"

澄田睐四郎接转河本话头:"大势逆转,也只能就势而为。按照《波茨坦公告》,'军队完全解除武装',日本军是不存在了。唯'寄存武力于中国',还有望保留部分武装。"

河本大作:"中国有句俗语,'留得青山在,不怕没柴烧'。我们就是成灰,也要借风复燃!我已通过山西会社编外董事、日后将出任西北实业公司经理的彭士弘,向阎氏传递留晋之意。即使日本战败,为我们经营多年的山西产业,更为日本复兴,要继续留在山西。阎锡山早就揣着他的'小九九',他要利用我等,特别是日军的战斗力,对付共产党、八路军。"

说到阎锡山,河本大作拿起桌上的丝绸料子,向澄田睐四郎递去:"这是前些天阎氏让彭士弘送来的,你拿去给夫人做和服吧。他还送来了中药,让我调理脾胃。"

澄田睐四郎推辞说:"丝绸您留给久子嫂夫人吧。她不是来信想让你回去吗？"

河本大作只说了五个字："我不会回去。"

之前，他已就"残留"山西征询过澄田的意见。

澄田睐四郎点头，起身告辞。

山冈道武、岩田清一和城野宏，对战后日军残留的策议，日本投降前后也有过多次。在第一军军部参谋长室，他们倾心研究、激烈议论，有时会通宵达旦。

岩田清一，残留后华名"于福国""于复国"。1915年出生，籍贯日本京都，毕业于日本陆军大学。日本投降前，任第一军司令部少佐参谋，是"少壮派"军人中的"初生犊儿"。日本投降后，曾负责向阎锡山"交代"相关事务。他提出将日军武器上的"菊花"标志抹掉，打上"晋"字钢印，由残留日军继续使用等，颇得阎锡山的赞许。阎称其"干练英锐"。

城野宏，残留后华名"山田岩""李诚"。1914年出生，籍贯日本熊本，毕业于东京帝国大学法学部。原是近卫文麿派手下的小卒子，在山西日军特务机关，也就一个不起眼的尉官。1943年11月，城野以汪伪政府应聘者身份，就任日伪山西省政府顾问辅佐官，实际是第一军在伪政权中的代理人。当时日伪山西省政府章则法令，很多出自其手，伪警察厅、保安队、宣传处及"剿共"委员会等，都在他掌管之下。

三人研究的中心问题是：日本全面失败了，不管国人是不是愿意看到，国土被他国占领军控制是唯一结果。这还意味着日本从前的殖民地朝鲜恢复独立；满洲、台湾归还中国，在华势力丧失净尽。那么，"在海外的几百万日本人和日军，是顺从地卷起旗帜，沮丧地回国呢，还是想什么别的办法，把日本人的势力残留海外，以图卷土重来、东山再起呢？"

议论中到底谁在那次说了那句话，他们也很难记清。但山冈道武的话中，始终有条草蛇灰线起主导作用，而且能以国际历史已有的事实增强属下信心。是出自山冈自己的政治远谋，还是对高层谋虑的传递，山冈没有说透。城野宏则以博览群书的学者自居，头头是道地称述理论，描绘战后构想。岩田清一更冲动着勃勃野心，跃跃欲试。

"日本本土被美军占领后，日本的军队还能保存吗？"

"北海道一带也许被苏军占领,使日本分成两部分。不论美军占领还是美苏占领,由于日军可能被彻底解散,在国内保存军队是困难的。"

"这次大战结束,中国作为战胜国,将取代以前的日本成为亚洲的领导力量。中国领袖人物如有包容日本的气度,不使亚洲力量遭受极度削弱。那么,我们在中国的援助下,保存日军势力,以待东山再起,并不是不可能的。"

"这样的事例世界历史有过。拿破仑占领普鲁士后,首相斯坦因和夏如豪斯特等德国人曾去俄国,促成1813年普俄同盟,同反拿破仑的亚历山大配合并得到援助。在拿破仑败退时,这股力量就变成普鲁士祖国解放军的核心。"

"从战后世界局势分析,失败的德国、日本、意大利暂时不能复起,英、法也因这场战争受到严重削弱,美、苏两国的对立将成为国际中心问题。一旦第三次世界大战爆发,美国为了对抗苏联,就须借助日本的力量。如此格局下,中国若图集结亚洲势力,会反对日本被置于美国或苏联的属国地位。日本利用这些矛盾、冲突,就能抓住时机恢复独立、东山再起,不过得有一个过渡时期。"

"想要顺利穿越过渡时期,必须重建遭受破坏的日本经济,重组强制解散的日本军队。"

"山西面积不小,我们如果以相当严密的、有组织的军队和社会势力'残留'下来,培植由我们控制的军事、政治和经济力量,让他战胜国的资源服务我战败国的经济复兴,更具体、直截了当地说,就是掌握工矿等经济命脉,把山西的煤、铁等资源继续操握在日本人手中,这就可以保持和日本占领时一样的状态,让山西成为日本战后经济复兴的燃料、原料供应地。"

"我们进一步说,是在中国的山西,建立有利于日本人东山再起的根据地。将山西省从中国的体制中割裂出来,使它重新成为日本实际上的殖民地。等待国际局势变幻,山西残留日军将作为重建日本军的先遣队,山西就是日本重新向大陆发展的前进基地。"

"现在,正好阎锡山要利用日军,希望得到我们的帮助。我们就在阎的庇护下'残留'山西,先援助他对抗八路军,后受他援助进行日本独立运动。"

"我们不能偃旗息鼓!当谨遵圣谕'忍所难忍,耐所难耐,以求将来的复兴'。"

"是,要卧薪尝胆。在山西发展皇国复兴基地,我们向这一方向迈进!"

海子边万字楼"合谋社"成立

日本军国主义势力蓄念图谋,山西军阀阎锡山机关算尽,"日本寄存武力于中国"的"山西残留",是以隐蔽的"合谋"形式开始实施的。

"8·15"前和阎锡山回太原后,阎与日本华北方面军参谋长高桥坦、第一军司令官澄田睐四郎、参谋长山冈道武等,就日军投降与二战区受降进行接触交涉中,双方已谈及"日本寄存武力于中国"问题。9月上旬,即各派代表秘密会谈,地址选在太原市缉虎营街(现东缉虎营街)保安司令部宿舍。这里距二战区长官司令部和日军第一军司令部都不远。

日军方面的代表,是第一军司令部参谋岩田清一,阎锡山方面的代表,是二战区新编第一军军长、原日伪山西省保安司令部副司令赵瑞。日伪山西省政府顾问辅佐官城野宏参与会谈兼做翻译。会谈时间从晚上12点到凌晨4点。每次会谈结束,岩田清一回第一军司令部报告山冈道武,赵瑞回二战区长官司令部报告阎锡山。

数日之后双方议定:将"残留"日本军人编成部队,置于山西军的编制下;阎锡山对残留日军提供优厚条件,军人全部享受军官待遇,在原级别基础上提高二级,给予从日本接家属来山西或寄钱给家属方便等。

美丽的海子边,波光粼粼,垂柳婆娑。

明、清时期山西贡院曾设于海子南面,清光绪年间海子边成为景色怡人的游憩处,民国年间曾名以"文瀛公园""中山公园"。园内景致,颇有一些文化气韵,像巽水烟波文瀛湖,风姿秀逸状元桥,清灵俊雅万字楼等。因太原城过去仅此一处公园,便也成了人们聚会活动的场所。1912年9月孙中山到太原,即在此发表演讲。1919年五四运动爆发,山西大学等10余所学校的学生,又在湖

畔举行反帝爱国大会。1936年九·一八事变纪念日,山西牺牲救国同盟会也在公园召开成立大会。1937年11月日本侵略者占领太原后,公园被唤作涂以奴化中国人民色调的"新民公园";园中"万字楼"则设为日本侵晋首脑人物与山西伪政权要人"联谊"之"日华俱乐部"。

万字楼占地1300平方米,曲廊蜿蜒,飞檐翔丹。从空中俯瞰呈"卍"字形,象征吉祥福瑞。此楼乃阎锡山为父亲阎书堂祝寿而建,原拟辟为图书馆。然楼未建成使用,其父于1934年寿终。七七事变前万字楼竣工,太原沦陷后很快亦沦为"日华俱乐部"。日本投降后的1945年10月,万字楼又演绎为实施日军"残留"的"合谋社"。

"合谋社"其名,取阎、日共谋其事之意。社长为阎锡山的堂妹夫梁綖武。下设军事组、经济组、总务组、文化组。组长全部由日本人担任:军事组组长城野宏,经济组组长田中忠三郎,总务组组长加藤嘉之助,文化组组长长野贤。就是在这里,山冈道武、岩田清一、城野宏,与阎锡山方面的赵承绶、张文昶、梁綖武,"合谋"了日军残留、组建武装部队"特务团",及开展社会"残留"等计划与活动,台后则立着澄田睐四郎和阎锡山。

特务团组建计划是日军第一军拟定的,主持者山冈道武,起草人岩田清一。该计划拟编制7个步兵团及特科队、医院、生产机构等,兵力15000人,相当于一个师团。统帅机关设司令部、政治部、副官处、经理处、军医处、兽医处、军械处。组建方案经澄田睐四郎阅过后,由梁綖武送交阎锡山。

关于政治部的设置,山冈道武专门把城野宏叫到第一军司令部,对城野宏说:组编日本人武装部队,要仿效苏联红军的做法,设立政治部。如果没有这样的机构,不能让官兵明确建立这支军队的真正意义,就不可能一如既往地将部队牢固地凝聚起来,无法控制部队。所以必须加强政治思想教育,使全体队员具有坚定的政治信念。这项工作由你负责准备。他指示城野,"制定足以代替'天皇统率'的控制部队之'统率理念',组织人员宣传'统率理念'。"

很快,"合谋社"召开了"山西残留"宣传大会,由梁綖武、城野宏、岩田清一等组织,有八百余日本人参加。赵承绶代表阎锡山出席大会讲话,同时宣布《第二战区留用日籍军人优待办法》。城野宏结合一些人的思想动态,在讲话中鼓动:"……日本人不应当永远做亡国奴。阎阁下今天愿意留用我们。我们武装起来,帮助阎阁下复兴山西,将来复兴日本。我们为什么要急于回国呢?"

会后,以合谋社军事组人员为主,派出 10 个宣导队,携带城野宏所撰《日本人的立场》,分赴日军集结的太原、大同、崞县、阳泉、榆次、阳曲、徐沟、太谷、平遥等地,进行残留活动宣传煽动。《日本人的立场》在山冈道武授意下炮制,由第一军司令部印刷厂印刷。

文化组组长野贤,组织残留日本人成立剧团和乐团。在海子边礼堂,与山西艺术团体联合公演。经济组组长田中忠三郎,指导日人商业餐饮、消费品生产等开业。还接收原第一军司令部宴会厅——太原亭,经营起称作"春草炉"的日本高级饭店。总务组组长加藤嘉之助,则接收第一军各工厂,成立特务团生产团,为残留军人生产所需物资。

为了尽可能多地残留日人武装力量,合谋社在组建残留日军特务团的同时,并组编残留日侨武装"铁路护路总队"。人员来自原阳泉矿务局日人工警队,华北交通会社日人警务队等。也有原先从事通信、建筑业的日侨,及一般侨民中趋赴利益者。

1945 年 11 月,合谋社设立了主要面向日人的医疗机构"共济医院"。院长由合谋社社长梁綖武担任,曾任日伪山西劳工局副局长的濑户山魁、曾任伪蒙古包头医院代院长的近田良造任副院长。医务人员以日军潞安医院及太原、大同、包头原日本军医和日侨医师为主。医疗器械、药品,从原日军医院和补给厂接收而来。

这一时期,日本军人和侨民中"各种各样的人才响应残留呼吁,汇集到合谋社,成为残留活动的推进者"。也被派往各类职业岗位、各个阶层的日本人中,展开残留山西巡回宣传。演讲会、座谈会、个别动员等形式多样。合谋社还派员到北平、石家庄等地日本人中宣传煽动,说服他们残留下来报效国家。仅石家庄就有 200 余人来到山西加入残留队伍。合谋社并设立"日侨职业介绍所",帮助日本人就业。

接下来的日子,太原城内日本军官、浪人,又在街头大摇大摆。日军汽车、摩托车,依然横穿街巷。日本兵牵着狼狗,在人群中乱叫乱咬。慌乱之后的日侨民,重新悠然自在地生活,开业经营、逛街买菜。

海子边水波潋滟,树木掩映,美丽朦胧处,包藏了罪恶的"合谋"。山西人民难以想象,投降后的日本侵略者,又将拿起武器对准中国人,在他们身边制造新的战祸。日本侨民不知想过没有,"山西残留"真如河本大作所称"天意"和

"福音"？眼前"这块乐土"本不是自家的，少数人别有用心的谋划、煽惑，只会教他们继续颠沛在流离动乱之中。而对于日本军人来说，合谋社启动的"日本寄存武力于中国"，随之而来的军部命令和自上而下组织、动员，将驱策他们中的一大批人，踏入"残留"后的血雨腥风与生死幻灭。

第一军大规模组建残留武装

一元复始,中国人民在声震云霄的锣鼓鞭炮和铺满大地的热闹红火中,最隆重、最动情地欢度1946年元旦、春节。多少个日日夜夜,多少家父母兄妹,都曾祈盼这抗战胜利后的阖家团圆。但是,好多人没能等到这一天。日本侵华战争中,中国军民死伤数千万。如今,制造深重罪孽的日本军国主义,妄想灭亡中国的日本"鬼子",已经被彻底打败了!在中国各战区,侵华日军正背负战争的罪恶感、战败的自卑感,沮丧地接受遣返和等待遣返。

这个时候,驻晋日军第一军大规模的"残留"与重新武装,却在从上到下有组织、按计划地实施。

为了规避《波茨坦公告》条款,策划者们在残留武装的名目与组建形式上费尽心思。残留日军采用了编入山西军的"残留军事体制","穿阎锡山的军装,保持日本人的心"。

1946年1月12日,先由阎锡山二战区司令长官部以"午务特代电",向"山西地区日本官兵善后联络部"部长澄田睐四郎发出命令,"征集参加我部直属特务团志愿人员,组建示范部队并教练军官"。

当时,按照中国陆军总司令部"军字第一号"命令,日本投降后,其中国派遣军总司令部及属下日本陆海空军,自1945年9月9日起完全受中国陆军总司令节制指挥,不受日本政府任何牵制。"支那派遣军总司令部"取消,自9月10日起改为"中国战区日本官兵善后总联络部"。任务是传达及执行中国陆军总司令命令,办理日军投降后一切善后事项,而不得主动发布任何命令。同时,各地区日本代表投降部队长原有司令部,均改为地区日本官兵善后联络部,其投降代表长官原有名义一律取消,改称地区联络部长。据此,原驻山西日军华北方面军第一军司令部取消,改为"山西地区日本官兵善后联络部",投降代表长官澄田睐四郎之

原第一军司令名义取消,改称"山西地区日本官兵善后联络部部长"。

日军第一军随即依"午务特代电",按照合谋社已有的策划与第一军司令部拟定的计划,将组建残留日军"特务团"之形式与残留军人名额,下达所属兵团。人数预定15000人,拟编制7个团及大同总队。首领机关设司令部、政治部、副官处、经理处、军医处、兽医处、军械处。组编业务就在第一军司令部进行,合谋社军事组人员及工作全盘编入政治部。"颇负众望"的原日军第一一四师团师团长三浦三郎拟任总指挥。一一四师团高级参谋太田黑,第一军司令部高级参谋西山、参谋岩田清一等,分负作战、教育、编成等责。三浦三郎、太田黑未到职,实际由岩田清一掌管司令部。特务团大同总队总队长,由原第四独立警备队司令部高级参谋、大佐林丰担任,副总队长由第四独立警备队独立步兵二十二大队大队长、少佐五味丑之助担任。特务团编成后,司令部搬至相邻的工程师街。(后残留日军首领机关又返回原第一军司令部)

1月25日、2月5日,二战区司令长官部又向日军发出组编"铁路(公路)修复部队"征用令。

2月2日春节这天,日军第一军参谋长山冈道武,使用着与投降前毫无二致的电报稿纸、电文格式,以"乙集参甲电106号""乙集参甲电107号",将残留日军名额分配到受统属和指挥的部队。

"乙集参甲电106号"电文

总军、方面军,下属各兵团部队:

关于征用铁路(公路)修复部队一事,现接第二战区1月25日下发的命令,内称:根据维护铁路办法,征用铁路(公路)修复部队。允许携带武器,并在施工现场进行自卫。特此通知。

命令要点:

一、被征用人员,负责南同蒲线2500名,负责东潞线2500名,负责北同蒲线3000名,共计8000名。

二、征用日期,大致到昭和21年3月底止。

三、对征用人员,按规定增发3/10的口粮。

第一军参谋长

昭和21年2月2日

"乙集参甲电 107 号"电文

总军、方面军,所隶属及指挥的各部队:

关于征用铁路(公路)修复部队一事,现规定如下:

一、征用人员分配如下:

第一一四师团 2500 名;

独立步兵第十四旅团 2500 名;

独立混成第三旅团 1500 名;

第四独立警备队 1500 名。

二、上项人员首先以同意留用人员充当,不足时可由其他人员补充。

三、铁路(公路)修复部队的任务是,打通和修复铁道和公路,许可携带武器。但铁路(公路)修复部队的战斗,只限于在工作场所进行的自卫战斗。为抢修铁道、公路需要攻击时,由第二战区部队担任。

四、对铁路(公路)修复部队下达的命令,经由日本军司令官转发。

五、第一一四师团长、独立步兵第十四旅团长、独立混成第三旅团长、第四独立警备队司令官,可在分配征用名额范围内,根据需要组成铁路(公路)修复部队,此部队的部队名,在铁路(公路)修复部队之上冠以兵团番号。

六、根据上项规定组建的部队,在组建完成的同时配属于担任组建的兵团。

七、担任组建任务的兵团长,根据上列各项规定组成铁路(公路)修复部队后,应将详细情况报告军司令官。

第一军参谋长
昭和 21 年 2 月 2 日

2月5日第一军在乙集参甲电第 122 号中指出,"铁路(公路)修复部队的组建,希以特务团同意留用人员为主体(第一特务团除外)……对修复部队的组成人员,不采取解除召集的形式"。

因此,铁路(公路)修复部队日本军人,并未从日军系统"解除召集"。部队编成后实际与特务团合而为一,名称有时混合使用。

2月8日,山冈道武又以征用正太线、太汾路"铁路(公路)修复部队",向第五独立警备队、独立步兵第十旅团发出"乙集参甲电 131 号":

第五独立警备队,总军、方面军:

关于为修复正太线及太汾路征用"铁路(公路)修复部队"的决定,已自2月5日起生效。其具体内容如下:

一、被征用人员:

修复正太线1500名(由第五独立警备队负责组建)。

修复太汾路1500名(由独立步兵第十旅团负责组建)。

二、征用日期:

大致至昭和21年3月底为止。

三、其他:

按照规定,征用人员增发3/10的口粮,准许携带自卫武器,在作业现场可采取自卫措施。

抄送:独立步兵第十旅团

第一军参谋长

昭和21年2月8日

至此,第一军以征集铁路(公路)修复部队名义,分配下属兵团"残留"名额,两次共11000名。这些,第一军在发给下属电文的同时,报送至原中国派遣军参谋长和华北方面军参谋长,并专门以"乙集参甲电第108号""乙集参甲电第130号"进行报告。此前山冈道武并亲赴北平,请示华北方面军司令部。

为适应残留部队长期作战的需要,第一军还以"军事绝密"电文,于1946年2月至3月先后通知属下与指挥下部队,"援助指导"二战区组建"特务团战车队""特务团工作队""特务团培训部""特务团兽医队""特务团医院",要求相关兵团和单位选出组建负责人,征集残留人员。

第一军在下达电文,组建"特务团""铁路(公路)修复部队"的同时,并采用宣传倡导、威胁欺骗并用的手段,通过召集会议、巡回演讲等形式,进行广泛深入的发动组织。第一一四师团、独立混成第三旅团等,还成立了特务团编成室、"独三旅会"、"残留今村队"、"宫城县同乡会"。

山冈道武亲自主持,在司令部召开了特务团组编会议。各部队选派军官、下士官和战士代表参加,目的是通过组织发动,让个人志愿与军队命令结合起来。

会议开始,山冈言简意赅说明会议宗旨。

接着,由城野宏讲演《日本人的立场》,阐扬"使日军残留合法化的旗帜"。《日本人的立场》中,融入军国主义势力的"残留"理念,涵括了策划者们的政治谋想及数月来的倾谈筹议。因为策划、组织者也担心,"这种与所谓奉天皇之命情理不合的军队,会由于建军宗旨不明确而成阎锡山雇佣兵性质,这样的军队能否维持其战斗力,保持其团结?"

城野提高嗓门,重点讲述《日本人的立场》中"复兴祖国"的口号:"刚才山冈参谋长讲到,时运所趋日本战败了,我们美丽的家园被盟国军队占领。那么,未来的道路就可能有三种:一是美国化的道路。在美军占领下,政治上丧失主权,经济命脉被控制,文化被殖民地化,有成为夏威夷第二的可能。二是苏联化的道路。战后民众的左倾化不断发展,也有变为社会主义人民共和国的可能,这与天皇为中心的日本国体不合。三是日本独立的道路。恢复主权,再次作为繁荣昌盛的强国登上世界舞台。为了争取这第三条道路,在谋求占领军尽快撤离的同时,日本必须把重要的经济复兴资源掌握在手中。我们在山西建立一支日本人武装部队,协助阎锡山对抗共产党,定会取得对阎锡山的莫大发言权。在这个基础上,打入日本技术人员和管理人员,掌握工矿等经济命脉,山西就可以保持和日军占领时一样的状态。日本虽因战败失掉了一切殖民地,但和阎锡山拉起手来,还可将山西作为实际上的殖民地保存着。可以从这里获得煤、铁等各种重要工业原料,同时保持日本商品的销售市场。第三次世界大战一起,山西残留日军,将作为重建日本军的先遣队,山西立刻就是日本重新向大陆发展的前进基地。所以,凡希望实现理想抱负,有志于祖国独立、大和复兴的爱国志士,应该下决心留在山西,与阎长官携手合作。"

《日本人的立场》在不少参会军人中产生着心理激荡与情感共鸣。日本疆域逼仄、资源缺乏,向外侵略扩张、占地移民,已成为明治以来、特别是大陆政策推行后,当权者追逐的目标和军事活动的传统,也影响着日本军人。何况日本无条件投降后,仅被允许"维持其经济所必需及可以偿付实物赔偿之工业"。所以残留山西,争取第三条道路的实现,该就是最好的了。

当然,日军官兵别妇弃子,投身于旷日持久的惨烈战争,多数人巴望返回国土家园,早已迫不及待。如果只是"残留"理念的宣传煽动,还不足以动员他们死心塌地留在山西。

岩田清一在会上的补充发言,即选准切入点,提出"后卫尖兵"问题,为军队残留找了更充分的理由:"终战后,中国国共冲突更加激烈,有走向全面化的趋势。共产军为阻止国军占领地盘,在各地炸毁铁路、公路,给日本军民回国列车运行造成很大障碍。如果依靠战斗力薄弱的山西军对抗共军,无法加快我们的复员工作。为了迅速运送军队主力和侨民返国,日军部队必须守卫交通运输线路。终于,军部下达了组建铁路(公路)修复部队的命令,让部分兵力留下来担任'后卫尖兵'。就是说,要有一部分人做出牺牲,在一定期间继续留在中国。这种牺牲是光荣的、高尚的,是爱国爱军的!"

会场上,兴奋拥护残留者声浪旋暄,而持有不同想法者只得三缄其口。

会议还就残留人数、集结地点、官兵待遇等组编实务进行说明、讨论。

阎锡山会见了参加会议人员,脸上挂着特有的笑容。会后设盛宴招待,觥筹交错。

随后,第一一四师团师团长三浦三郎、独立步兵第十四旅团旅团长元泉馨、独立混成第三旅团旅团长山田三郎等兵团领导,及各部队残留活动骨干分子,对军部命令和组建会议精神进行了自上而下的贯彻落实。《日本人的立场》与其他残留言论相整合,传布到日军各部队和日本侨民中:

"军队的1/3分配为残留,你们要留下!"

"回国由军令决定,当前只有完成上级交给的组建特务团的任务。"

"如果一部分军人不留下来的话,第一军的复员非常困难。"

"我本人要留下,所以请你们也留下吧!"

"我们现在复员回国,但请相信不久的将来还会返回,与诸位见面。"

要卧薪尝胆,为了复兴祖国而残留;大和民族是永远不会战败的,复国希望为期并不太远。

日本在美军占领下,短期内重新武装是很困难的,因此我们要留在山西保存武力。

美苏矛盾在不久的将来就要爆发,日本陆军又必定陷入交战,"海外雄飞"的春天必然到来。

穿阎锡山的军装,保持日本人的心,等待必然要爆发的第三次世界大战时机的到来。

没有武力就不能复兴日本,必须以武装留在山西,担负起由外地支援复兴日本帝国的重大责任,并且为日本再次向大陆发展起踏脚石的作用。

从维护日本的天皇制国体方面,中国赤化会产生重大危险和影响,日本人防止中国赤化,毫无疑问是爱国行动。

"残留"是为了祖国复兴与加速同胞回国一举两得的事。

战后日本将发生社会混乱,即使立刻回去也无望安定的生活。现在阎长官给予特别优厚的待遇,给养、住宿、婚姻等方面都有保障。

将来残留者不只是参加武装部队,可以根据个人的能力发展。还能在山西设立日本人村庄,组织开垦土地自助组。如果从日本招募移民,现在留晋者就有了优先的地位与权利。

……

在1946年春,残留日军武装"铁路(公路)修复部队"正式编成。下属七个工程队和大同总队,司令部直属通讯队、土木抢修队。据合谋社军事组秘书平部朝淳证词:"被编制的人员,1946年4月中旬合计有六千六百人到六千七百人。""残留"人员中,有将级军官澄田睐四郎、山冈道武、三浦三郎、元泉馨。他们担任着残留部队首领或阎锡山的高级军事顾问,享受着各种优厚待遇。而残留日本军人,在经历日本投降的命运震荡后,又被投入生死幻灭的"残留"悲剧。

此外,在山西军炮兵集训团、第四十六师、第四十九师、原暂编独立第十总队、工兵司令部碉堡建设局等军事组织,二战区司令长官部资源调查社、日侨管理处等组织机构,及太原之外大同、阳泉、榆次等地,也残留了人数不等的日本军人。

当时,残留山西日本军人合计约万数,后来人数增减有变化。

残留日军主体部队之外,1946年秋还编成以日本军人为骨干的"机甲队"。机甲队司令、总教官为原日军少佐大队长赤星久行,参谋长为原日军电信第九联队大尉宇野昭夫,山西军少将韩文彬任副司令。按照1946年9月制定的《机甲队司令部服务规定》,机甲队"司令直属第二战区司令长官,统率机甲队。关于训练和指挥,按总顾问之指示处理"。司令部内设机构有参谋处、副官处、军需处、军械处等。下属战车连、炮兵连、补充连、步兵连、通讯连、输送连,及工兵排、整备排、特务排、装甲车排。武器装备也较精良,配置坦克、装甲车、轻炮、重机枪等。1947年9月统计数字,机甲队编制人数1556名,实有官佐(以日籍为骨干)188名、日籍教官104名、士兵1120名、夫役88名,共1500名。在大同,有原战车队改编的"大同坦克车队",下属3个小队,战车20余辆。

残留军人悲剧命运刚刚开始

在"残留"活动鼓动噪嚷之时,第一军各部队中,有关残留和归国的议论、争论,成了最热的话题。战友故旧聚在一起,或慷慨陈词,或窃窃私语,残留派以"为祖国复兴而献身"的志士情怀、"为伟大事业挺身奋斗"的激昂情绪,傲然于官兵之中;归国派则以"这是痴心妄想"的冷眼漠视,"脱离战争,早日返乡"的急切心情,在所谓"大义名分"前顾盼语默。也有不少人虽怀疑残留目标会不会是"南柯一梦",但考虑到回国后生活面临的种种困难,想留下来看看情况再说。

总之,是做一个"爱国"的残留英雄继续滞处战火之中,还是回到魂牵梦绕的故土与家人团聚,抑或脑子里盘旋着"怎样活下去才好"的犹疑想趋利避害,在关系人生命运的重大关口,他们试图努力地做着选择,但是却身不由己。

仓内实道,日军独立混成第三旅团独立步兵第七大队第四中队队附,奉命挑选中队残留人员,担任动员军人残留下来的角色。

对仓内来说,"残留"来自上级命令,没有产生一丝一毫的怀疑。他俨然以明治维新时期的志士自居,兴奋地在残留人员名册上写了自己的名字,在表格下方"中国姓名"一栏中填上"汪子岩"三个字,并精神抖擞地投身于残留活动,完成四中队组织军人残留的任务。

经仓内做工作,数十名队员决心留晋,接近中队总人数四成。这个比例与其他各队相比是较高的,他甚至为此感到一丝骄傲。至于为什么要以中国人的姓名残留下来等等,仓内没有去想去问。有的战友让给起个中国名字,他便兴致盎然地帮着挑选能够表达残留意义的汉字:"你叫汪义烈怎么样?""你叫汪忠孝吧!"

忽然有一天,上级指示仓内:"这次残留属于自愿性质,不是强迫命令。"又特别补充说："有人问,就这么回答。"

"自愿?"仓内皱起眉头。在以服从命令为天职的皇军队伍,违抗命令是不允许的啊!为什么上级却强调让说成"自愿",他有些困惑了。那么,是不是因为留下来的不是全军,不是部队全体而是部分官兵,能让个人志愿与军队命令结合起来,这才有"自愿残留"的说法呢?前些天,大队长冈田重光少佐,刚刚传达了旅团长山田三郎召开的团队长"编成残留特务团见面会议"啊。

会议是1月下旬在独三旅司令部召开的,那里原来是崞县城的古庙。参谋部设在庙中一处正房,雕甍飞檐下有"节孝仁爱信义和平"八个大字。

会议开始,山田三郎旅团长首先传达贯彻军部命令:"按照军命,旅团征集特务团人员,担负组建一个联队(相当于"团")的任务,包括步兵、炮兵、通信等各兵种。各大队要集中一个中队单位的人员,3月底前派往原平镇,由今村高级参谋指挥。关于特务团成员的装备、待遇以及其他相关问题,按照高级参谋的指示执行。"

下达命令后,山田旅团长接着讲道:"军司令部山冈道武参谋长、岩田清一参谋等,都已决定残留。独三旅团司令部今村方策大佐,也主动要求残留。我自己本想留下来继续战斗,可肩负着带领旅团主力复员回国的任务。但请相信,我们现在复员回国,不久的将来还会返回,与诸位见面。希望各团队为充足编队人员积极努力。比如,团长残留,从而积极地说服自己的部下残留。如果自己不能留下,至少也要积极动员部下官兵残留,满足特务团的人员编成。"

第二个讲话的是旅团高级参谋今村方策:"现在,第一军要以万数以上兵力,组建特务团'残留'山西。二战区阎长官已向我军发出征集令,想依靠日军强大的战斗力阻止共产军进攻。同时宣导侨民残留,发展山西战时由日方占有的工厂矿山及其他产业。我们在军事、经济、技术等各方面同阎合作,就能在最近的将来向他提出要求,得到我们期望的相

日军侵占期间崞县城南门

应报偿,以实现我们的目标。那么,我们的目标是什么呢?就是坚决维护因无条件投降而岌岌可危的'天皇制',早日复兴焦土满目、遍体鳞伤的日本!

"以往日军由于南京事件、三光政策等,在中国民众的心中播下反日的种子。然而,这不是日本皇军的本来面目。明治天皇在《军人敕谕》中规定了忠节、礼仪、武勇、信义、素质五条德目。勇敢勤劳、情义深厚,才应是日本人的本来面目。现在正是我们向中国民众展示日本人真实形象,为将来日中友好奠定基础的时候了。"

今村大佐还讲道:"我第一军的驻地,位于中国腹部地区。战争结束后,官兵复员回国的运送进度最为迟缓,已经大大滞后于其他地区。在战俘集中营内,我们的官兵还在忍受熬煎。如果各个兵团不留下强有力的部队,担任铁路公路修复和警备任务,第一军复员返国就不能顺利完成。因此,我们留下来让更多前辈、战友回国,让我们的同胞尽快返回国土,也是皇军牺牲精神之体现。希望大家勇敢地站出来,担当这一光荣任务。还有就是,我们的'残留'能够解救澄田军司令官,及其他因战犯嫌疑被扣押的上级和战友。

"总之,特务团残留山西,是一项壮举伟业,是光荣的担当!我本人已决意残留!并热切希望各位团队长主动参加到残留者的行列中来,希望各位把今天传达的军部命令贯彻到官兵中去,努力争取更多的人参加残留部队。"

……

日军第一军独立混成第三旅团司令部

今村方策大佐是日本陆军大将今村均的胞弟。大佐本人已决定残留,并将指挥独三旅残留武装。他的讲话紧密结合部队官兵思想,也更为深入人心,无疑有着更大感染力和影响力。

仓内实道又想,那次会议后今村大佐和司令部人员,来到第七大队驻地作讲演。还讲到"家中的长子先回去。次子、三子和新兵留下来!""二战区长官阎锡山,对日军残留有特别优厚的待遇,只要留下来,军阶可以连升。如果你是少尉可以晋升上尉,如果你是军士可以晋升少尉,士兵则一律晋升准尉。""将来残留者不仅仅参加武装部队,也可以根据个人本事发挥自己的能力。阎长官允许我们经营轩岗煤矿及石灰生产,从事龙泉庄农场的经营管理。""残留期限是两年,已为大家回国准备了资金。"

……

这些都是首长们讲的呀!一段一段,仓内早烂熟于心。为了动员战友们残留下来,他已不断地复说过这些内容。

仓内还知道,旅团成立了残留者"宫城县同乡会""独三旅会"。经山田旅团长、今村大佐商定,司令部主管会计古山邦藏承办,给残留部队留下银元20万元。原来存放崞县司令部、原平镇野战仓库、原平镇陆军医院等地的军用物资、医疗用品,也集中到原平残留部队集结地藏匿起来。有粮食20万斤,被服1000包,武器弹药、通信器材500吨,药品和医疗器械300箱,燃料2500加仑,军事图书200册等。连军人慰安问题也考虑到了,今村大佐、菊地修一大队长,派人与军司令部岩田参谋联系,已把10名朝鲜妓女、日本妓女和暗娼,从太原带到了原平。

像"过电影"一样,仓内把这些前前后后回想了一遍。特别是当他知道军司令官澄田睐四郎、参谋长山冈道武等首脑人物,旅团高级参谋今村方策、第九大队大队长相乐圭二、炮兵大队大队长菊地修一、通信队队长今野淳等首长和前辈都留下来时,心中的狐疑云消雾散了。

不久,仓内实道随独三旅残留官兵集结于原平镇。残留队伍每日在例行训话之后,都会高声朗诵宣扬残留意义的誓词。大家热情高涨,充满着使命感,决心以昂扬的斗志、严正的军纪,为祖国复兴、为第一军官兵顺利返国,做天皇子民应有的贡献。

但是,一位预备士官学校时期的同学从太原来访后,又教仓内懊悔不已。

"仓内,你怎么盲目相信他们,热衷残留工作呢?首先,日军残留违反《波茨坦公告》。其次,军部首脑为逃脱战犯罪名……"

"啊,是这样?"一席闻所未闻的开导,使仓内实道立即改变了态度。每晚他都秘密寻访听信自己动员残留下来的战友,说服他们改变主意。

原先劝留、现又劝走,实在难以启齿。但仓内把不好意思置之脑后,因为他的良心受到了谴责。

发现残留队伍中出现动摇分子,为了稳定人心、巩固部队,在一次会议上,某军官厉声呵斥:"希望回国的胆小鬼举手!"

仓内不假思索地举起手来,想向原来被自己动员的人表明态度。可在当时会场气氛下,竟没有一个人跟着他举手。这更使仓内感到自己有责任,每天晚上继续走访战友,劝说他们改变初衷。不料,三天后的一个晚上,竟有人持刀闯入他的宿舍。

"为什么改变主意,还动摇军心?"来者对着他的脸叱问。

仓内很害怕,没有吭气。

第二天,仓内实道便接到立即离队的命令。他鼓足勇气提出:让全部希望回国的人和自己一道回国,但未被批准。只他一个人上了原华北交通株式会社的民用列车,离开残留部队。

同在独立混成第三旅团服役,司令部密码班的堀口贤一,就没能像仓内那样回国。

战争结束后,堀口一心盼望着早日返国,回到父母兄弟倚门倚闾的故土。还到通信队参加了通信技术学习班,为的是回到日本后好找工作。可学习结束,归心似箭的堀口却听到了"部队中要有人残留山西"的传闻。开始只是小道消息,后来即证实,是来自第一军司令部的命令。副官部已在召集会议,贯彻军部命令,动员官兵残留。高级副官、次级副官及一些上士、中士等,也都投入说服动员工作。对这些,堀口没有特别的兴趣,他出身佃农,家里五个子女中排行老大。全家人、特别是体弱的父亲,早就盼着他回去。所以不管别人怎么说,堀口都不想留下来。

过了几天,又有种种言谈在司令部风传:

"军司令官阁下要被当作战犯扣留了。把将军一个人留下,我们自己回国,这不是军人的风格。"

"虽说战争已经结束,可我们还是军人,要服从军部命令。我们所在的部队,是日俄战争以来有着优良传统的第一军啊,反正我们是抱着赴死的决心出来打仗的。"

……

耳边听着这样的话,堀口心中打起小鼓:打仗离不开通信联络,密码班无论如何也得有人残留。班里没有新兵,入伍二年的兵士做密码员缺乏经验,有五年军龄的已是老油条,残留人选该不会落在自己这样当兵三四年的人身上吧?果然,在一个下午,他被旅团大尉军需古山邦藏叫去了。以前古山对堀口多有照顾,他每次送电报去,总要一起下下五子棋、聊聊天。而这时古山和很多官兵,都已被宣布残留下来。

古山对堀口说:"过去日本军队对中国民众一贯蛮横粗暴、虐待压迫,招致中国人极大反感,但那不是日本人的本来面目。日军残留下来,消除中国人对日本人的错误印象,展示我们的勇敢勤劳、诚实亲善,真不知对将来的日中友好发挥多大作用啊!你和我一块留下来好吗?当然这不是命令,是我恳切地要求你。让我们一道留在山西为祖国出力,以后再一道返回日本吧。"这些话,是旅团残留宣传中的内容,古山觉得堀口能听进去。

感受着身边残留氛围,想到军人的责任义务,古山大尉又这样动员自己,堀口决定残留下来,不再考虑亲人的盼念和个人安危。在密码班里,除渡部学一人外,其他五人也都报名残留了。

1946年二、三月间,独三旅各大队残留官兵,从原属部队中分离出来,一律全副武装,带着部队发给的步枪、手枪、子弹、军服等,到原平镇营房集结。堀口他们也从崞县独三旅司令部密码班,来到原平残留部队电报班。

但是,在莺飞草长的暮春时节,当一辆辆卡车载着回国人员驶出驻地时,堀口又改变了心思。他回到崞县司令部,向古山大尉说出自己的想法:

"古山大尉,我还是回国吧!"

"啊?"古山邦藏看着他的眼睛,没有再说什么。

那天晚上,堀口和密码班另一个没有报名残留的渡部学,被今村方策和古山邦藏叫去。

今村方策谈话的语气不算生硬,但是没有回旋的余地:"要是部队太多的人留下,我们也负不起责任。当然得让大部队回去,可现在还要留下一定数量

的武装。你们应该知道,同各方面联络都需要电报,残留部队没有密码员不行。这样吧,就算把你们两人的生命交给我,好吗?"

身为大佐的高级参谋对他们说出这番话来,小小兵长的堀口实在没有拒绝的勇气,回国的希望被粉碎了。

今村大佐又叮嘱说:"这件事只古山军需和你们二人知道就行了,传出去就麻烦了。"

堀口瞟了一眼桌上放着的残留名册,电报班人员中已经写着张学照(渡部学)、高贤义(堀口贤一)。他恍然大悟,不管自己愿意不愿意,得残留下来早已铁板钉钉了,而且已经有了中国名字。

渡部学性格爽朗,颇具会津武士风度。还是击剑高手,获剑道三段段位。他也答应了今村参谋的要求,但决不向别人谈起残留的事。

看到堀口留下时,渡部高兴地说:"你能留下来,我太高兴了。咱们就像亲兄弟一样地干吧!"二人一起发了誓。

"你是母亲的独生子,为什么不回国?"堀口问他。

"你不也是家中长子,父母弟妹都等你回去吗?与那些回不回国都无所谓的人相比,你和我这样本来应该回去的人残留下来,会更有意义。"渡部对堀口说。

从那天以后,他们再没有提起过家乡和父母。

集中原平的独立混成第三旅团残留武装,编为特务团第七团,很快又改为铁路(公路)修复部队第七工程大队。堀口他们原密码班编为通信连电报班。

在原平残留部队,渡部学还遇到特别要好的猪狩信太郎。猪狩经常到电报班找他们玩。

一天,猪狩把渡部和堀口叫到自己房间:"今天,我给你们刮刮胡须吧!"猪狩给他俩特别仔细地刮了胡须,端详着战友的面孔,又一下一下,轻轻为他们刮了脸。

"这是我买的最好的点心,你们吃吧,多吃点!"猪狩把点心放在二人面前。

堀口他们没想到,他俩离开不久猪狩就自杀了。

与猪狩的遗体告别,看着这个年轻生命顷刻间消失,渡部意味深长地说:"过去,日本人赞扬镰仓末期武将楠木正成兵败后毅然剖腹自杀,像樱花那样消逝得干脆利落。但我觉得,今后日本人要像战国末期丰臣秀吉手下的石田三成战败被杀那样,到临死前的一瞬间,也有火焰燃烧般求生的执着啊!"

愿像火焰燃烧般求生的渡部学,不久却遭到了副伤寒的侵蚀,总是显出疲惫的样子。早晚练习剑术或刺杀,也坚持不下来。没多久,身体状况变得更加严重,稍微练习一会儿,就感觉支持不住。

渡部不得不住进医院,而病情仍不见好转。但是,堀口几次前去看望,都没听渡部道过一声苦,也从未谈及家事,只是谈谈堀口和队里的事。

渡部一天天消瘦下去,他的健康很难恢复了。每隔五六天,堀口去给他刮一次脸。每次,渡部都非常高兴。可军医高桥国治说,渡部的日子已经无多。

堀口又给他刮了脸,换了衬衣。渡部居然坐起身来:"我做了一生对不起你的事。要是我不留下来,恐怕你也不一定留下来吧,真对不起啊。"

"阿学哥,你说错了。正因为你留下来,我才有了信心和决心,心里安然了。怎么说呢,好歹我也是个军人嘛!"堀口说。

"好啊,是个军人。我和你都是!军人对上级的话就是要绝对服从嘛。你这么说,我坦然了。谢谢你!"渡部心头宽解了许多,他作振精神继续说道:"堀口,能认识你,我觉得就没有白留下来。"

"阿学哥,我能和你在一起,也感到幸运。阿学哥,别再说了,说多了伤神,对身体不好。你先休息,我再来看你。"堀口扶渡部躺下,把毛毯轻轻盖在他的身上,自己心上却像压了一块沉沉的石头。

第二天天还没亮,军医高桥就把堀口叫起来:"渡部病危了!"堀口急忙赶去,见渡部已处于昏迷状态,但似乎还认出了他,头微微动了一下,眼眶里充满了泪水。是想起孤身一人留在家乡的寡母?还是难舍难割亲密的战友?他渐渐松开了握着堀口的手,断气了。

堀口身边,本该回国与家人团聚的两个战友,残留初期就悲惨地离开人世。在残留日本军人的生命经历中,这只是悲剧的开始。

与独立混成第三旅团一样,第一军其他兵团,也闹哄哄地进行了残留武装组编。日军残留官兵,踏入从迷乱、兴奋到悲惨、绝望的命运苦旅。

残留旗幡下的日本侨民武装

当日、阎双方议及"日本寄存武力"时，出于对《波茨坦公告》的慑惮，澄田睐四郎提出，驻山西日本军全部留下不可能，可以考虑"残留"部分。但对日本居留民，只要他们愿意，全部留下也无不可。于是在"残留"旗幡下，一大批日侨随日军残留下来，其中有很多受过军事训练的青壮年。

冬岁天寒，西北风裹着雪花，飘落在房屋上、街道上。原青岛日伪特别市政府顾问辅佐官古谷敦雄，与阎锡山夫人徐竹青的堂弟、山西省日侨管理处(所)处(所)长徐士珙，进行着一次特别会面。日侨管理处成立于1945年秋，名义上负责日本投降后日籍侨民管理，实际进行着日侨"残留"的实施。

古谷敦雄端起酒杯："今天，约请旧友共进晚餐，虽屋外冷森森，可心里热烘烘。"

徐士珙操着流利的日语："这飘舞的雪花，让我想起当年在日本留学时，咱们共赏樱花的美好情景。古谷君不是在青岛供职吗，何时入晋？"

古谷现出无可奈何的表情："终战前夕，我接受招募到——四师团松原炮兵队任教育主任。现在继续留晋。"

"那非常欢迎！留在山西，您大有用武之地。"

古谷紧紧握住徐士珙的手，压低嗓门说："松平君(徐士珙，日名"松平正晃")，阎长官不是很希望获得日本的军事力量吗？但是留用战败国的军队，可能会有障碍；如果由日本侨民组成自卫团，担负铁道警备守护任务，应该就没有问题了。侨民中许多是受过军事教育的预备役军人和退伍军人，把这些人集中起来，就是一支颇有战斗力的部队啊。"

怀揣野心的古谷敦雄，看准了这个乘乱纠集人马的好时机。只有中尉军衔的他,不愿随第一军系统残留而受人支配,想另树旗帜自己做个头目。

徐士珙望着长他两岁的日本朋友,频频点头:"真乃高见,甚好!甚好!我一定向阎长官转达。"

不几日,古谷敦雄的献策即由徐士珙报告阎锡山。阎锡山十分赞许,让合谋社抓紧办理。

很快,从1945年冬到1946年初,经古谷敦雄、城野宏等撺掇组织,一些难忘来华初衷的侨民跟风追随,麇集在残留日侨武装——"铁路护路总队"的招兵旗下。原日伪太原铁路局防卫部科长梶田充,召集原华北交通太原警务队人员等,组织了铁路护路总队第一大队;原山西五台县日伪合作社顾问井上义雄领头,组成护路总队第二大队;石原某立起旗杆成立护路总队第三大队;古谷敦雄拉了应征时同在一个大队的增田重之、长谷川竹雄,组建护路总队第四大队;当过日军大队长的阳泉煤矿工警队队长薮田信雄,以矿务局工警队为中心,组编护路总队第五大队;曾任日伪新绛县警察所警务教导官、山东省东阿泰安保安队指导官的加藤幸次郎与仁保善夫联手,编成护路总队第六大队;原伪满电器土木公司太原出张所主任日里哲二郎,有着土木建筑技术的铃木有枝,网罗故旧等建起护路总队通信队和土木工程队。

这支队伍,总人数约1300人至1500人。名义上由阎锡山麾下参与"残留"合谋的赵承绶任司令,原日军第一军司令部绥靖军山西指导部部长藤本秀雄任参谋长,而实际上藤本秀雄是护路总队的指挥。

与古谷敦雄一样,曾在北京经营公寓的隅谷敏夫,听说日本人残留山西受到优待,也想借机独树一帜,扩张个人势力,以牟取权力资本和发财机会。隅谷与徐士珙联系后,收罗北京、天津日人数百带来山西,自立门户成立"特别警察队"。1946年6月,各路残留日侨武装合并入残留日军系统,整编为保安总司令部时,隅谷觉得自己没有了称王称霸的条件,强烈反对统一整编,被保安总司令部司令赵承绶宣布解散,其队员编入别的团队。

佛教圣地五台山,素有"华北屋脊"之称。五峰峻拔壮美,宛若五朵莲花净植云雾,托举着五方文殊菩萨。这方净土此时也难以清静。1946年春,山冈道武从北京引入"宏光普济会",会长是日本浪人后藤武,武装部长为原伪蒙古联合自治政府蔚县公署参事官小羽根健治。该会打着佛教招牌,阴谋策划纠结残

留日人进入五台山,煽动教徒反共,并成立武装"五台工程队"。同年6月,五台工程队并入"保安总司令部"。

1946年6月,残留日侨武装铁路护路总队及五台工程队等,合并入残留日军主体部队"铁路(公路)修复部队",整编为"山西保安总司令部"。

何本大作侵华生涯最后高峰

在中国地图上，山西省像一片美丽的树叶，古人今人都在诠释其美的内涵。它表里山河，物产丰腴。清初历史地理学家顾祖禹在《读史方舆纪要》中，以"天下形势，必有取于山西"概括其重要的地理位置。清中叶文化思想家龚自珍在《西域置行省议》中，又有"山西号称海内最富"的精辟论句。纵观地理环境与军事、政治之关系，古来"天下视山西而定"；抗战洪流中，山西抗日根据地又唱响华夏民族高强音。考察地理条件与经济、社会之发展，不仅龚氏所处年代乃至以前相当长的时间，山西当属中国最富有的省份；就在百年后抗战爆发之前，这里以西北实业公司为代表的现代工业，仍乃华北地区首屈一指，全国之内引人瞩目。

1937年七七事变爆发，这片美丽富饶的土地遭受日军野蛮践踏。西北实业公司等经营的现代产业、煤铁各矿，被日本财阀企业接收，由驻晋华北方面军第一军监管，变成侵华日军的"军管工厂"。1940年日本近卫内阁提出建设"大东亚新秩序"，1942年日本实施太平洋战争兵站基地政策，对山西物产资源的掠夺，特别是国防资源的开发强取，更成为其重要"国策"。1942年4月即组建为其侵略政策服务的"国策公司"——山西产业株式会社，将各"军管工厂"纳入会社管理。同年秋，河本大作接替太田文雄出任山西产业株式会社社长，领班这一"经济军团司令部"，"贡献于大东亚战争。"

河本大作是只身一人赴任山西产业株式

原日本关东军高级参谋、残留后
"山西日侨俱乐部委员长"河本大作

会社社长的。其长子供职三菱商事会社天津支店,长女嫁夫满洲中央银行厚生科科长,二女嫁给满洲煤炭液化会社工程师。留在大连南山山麓的,有妻子和三女儿、四女儿。到太原后,河本入住于原山西省主席、抗战时期国民政府军令部部长徐永昌的宅邸。那是一座典型的中国北方四合院,据说仿北京某王府建造,位于太原高级住宅区工程师街(现精营东边街)。宅院为砖砌地面,上下左右瓦房相连。正厅、耳房、东西厢房,均为卷棚顶。房檐外伸,自然形成长廊28米。院内种着丁香和杏树、苹果树,有方亭两座。院子右边开一旁门,通向宽敞的花园。河本大作常在园中锻炼身体,用高尔夫球拍练球。

四合院的正房、耳房为河本大作居用,卧室、客厅及餐厅、浴室一字排列。南房住着他的男秘书,女秘书儿玉华子和母亲儿玉鹤枝住右厢房,河本的生活起居由儿玉鹤枝照顾。左厢房空着,今村方策曾一度入住。平时的日常生活,河本也营造着亲情氛围。只要不外出,就与内弟、山西产业株式会社嘱托平野岭夫(平野零儿),外甥兼秘书永井宗男夫妇,共进晚餐谈话聊天。

出河本大作邸院,马路对面就是澄田睞四郎公馆,二人常在一起打麻将谈天。由于河本不一般的经历,在日本军界颇有"声望"。每周星期一,河本会与澄田睞四郎、山冈道武等,在位于东华门的军官俱乐部聚餐。逢星期四,则河本在海子边"太原亭"举办宴会,招待澄田、山冈等侵晋首脑人物。

那时河本大作每月去北京一次,参加华北开发株式会社、华北交通株式会社等召集的会议,也同当时任华北方面军司令的冈村宁次沟通信息。凭借山西产业株式会社这个"国策公司",河本倾力实施日本"太平洋战争兵站基地"政策。他向东京参谋本部进言"弱者藁犹可攫",在各厂长参加的会议上强调:"本会社不是营业性企业,而是经济军团司令部,要进一步加强生产,以贡献于大东亚战争。"对掠夺山西资源的谋划,他曾报告华北开发公司,报告中提出:"应采取将山西的煤、铁运往日本,而不是在山西建设重工业的方针。为此,必须以山西省丰富的石灰石、无烟煤与黄河的水力发电为必要材料,建设一个瓦斯工厂(供给采矿用之电力)。其次,是大量开采太原到介休间的石膏矿,以此原料制造洋灰、硫氨、急性硫酸与建筑材料。"

据档案记载,山西产业株式会社从1942年10月在其领导下运作,到1945年8月日本投降,经营资金由3000万日币增加到8000万。产值产量也大大增加。会社供给驻山西日军的物资与军火,由1942年的部分供应,到1944年后变为全部供应。而正太路上黑色列车咔嚓咔嚓的声响中，山西出产的煤、铁、棉布等，被大量运到了日本。

山西省档案馆保存着河本大作1943年10月撰写的《从大东亚产业经济建设谈起》，原文近4000字，对山西产业资源的开发掠夺层层缕析、急不可待。此处仅选录前后两节一斑窥豹：

山西的丰富资源，最初是自19世纪末至20世纪初，在欧美人之间传扬开来。后经李希霍芬、威里斯等著名地质学家勘查证实，今日对此已毋庸赘言。特别是煤炭资源丰富，煤炭种类繁多，有优质无烟煤，有强烧结炼焦煤，有挥发成分含量高的侏罗纪有烟煤，甚至存在比德国褐煤生成年代更近的煤炭，其储量都达几十亿吨乃至几百亿吨，开采条件也极为优越。因此，日本，不，大东亚未来所需要的煤炭资源，可以高枕无忧地依赖于山西。就钢铁而言，眼下除使用鼓风炉及至平炉炼制生铁和钢，年产××万吨外，还使用土法炼铁方式生产×万吨。对华北，并且部分对日本做出了贡献。……另一方面，炼铁不可或缺的耐火材料硅砂、白云石，其中尤以红白硅砂储量丰富，供应华北自不待言，将来和焦煤一起出口日、满方面，也绝非遥远之事。此外，炼铁所需要的锰石、萤石，山西到处都有出产，不虞匮乏。

……

以上草草成文，头绪零乱，繁简失宜。但根据上文大体上可以理解，山西省以及以此为根据的横跨蒙疆、陕西、甘肃等省的中国西北地区，是大东亚经济建设上的重要地区。那么，如何进行开发才能使这一宝库为大东亚造福呢？想到这里，就不免有茫然失措、任重道远之感。因作者现在山西，接手前述阎锡山氏创办的钢铁、煤炭（一部分）、纺织、皮革、面粉、造纸等36座工厂，负责统一经营，对于尚未完工的工厂则将其建成，对于不够完善的企业则加以充实，最近逐渐走上正轨，面目为之一新。目前我们正在夜以继日地为企业的发展倾注全力，决心不仅要为军方和山西自给自足经济出力，而且要打破门罗主义的框框，更多地为增强战争力量做出贡献，担负起大东亚建设的部分任务。

不过，河本大作的美妙臆想破灭了！1945年8月15日，太原典膳所10号山西产业株式会社庭院内，安装了扩音喇叭，河本与总部300余名日籍员工一

起,收听天皇的《终战诏书》。他没有掉泪,只一字一句向员工作简短训示:"直到今天,我们一直是竭尽全力为日本而战的,这一点大家都听到了。希望大家绝不要轻举妄动,要依然坚守岗位,为祖国效力。"

那天晚上,河本大作还像平常一样,与内弟平野岭夫、外甥兼秘书永井宗男夫妇一起用餐。关于日本战败、国内情况及太原未来等,都没有成为谈论的话题。饭后,他只是低着头下了整个通宵日本将棋。第二天照常穿着和服,坐着高级轿车,按时去上班。

1945年9月,"山西产业株式会社"的牌子换成"西北实业建设股份有限公司"(中华人民共和国成立后,这里先后为山西省工业厅、轻工厅、轻工总会办公处)。抗战前西北实业公司在北肖墙一号院,太原沦陷后被充作日军仓库。

当月,河本大作即被阎锡山聘为西北实业公司总顾问兼经理部长,继续掌管企业的重要经营权。其办公处原"社长室",成了"总顾问室"。儿玉华子也跟随河本"残留"于西北实业公司任办事员,实际为河本大作秘书。西北实业公司经理、原山西产业株式会社编外董事彭士弘,仍对河本执师长之礼,与两名协理搬进隔壁原会社董事室。当时形势下公司业务尚未正常,河本就练习水彩画、南画,抄录中国古典诗词。

河本大作还住原来的公馆,由西北实业公司向徐永昌支付房租。还由善解人意的儿玉鹤枝照顾其生活起居,儿玉鹤枝的口粮及一切日用品也都由西北实业公司供给。晚上,河本与内弟、外甥一起用餐时,会把白天在公司作的画钉在墙上,让他们观赏并自我欣赏;或把选录的中国古诗词悬挂起来,让跟前的人品读。

这天,他把一首唐诗挂起来,先自己读了一遍:胜败兵家事不期,包羞忍耻是男儿,江东子弟多才俊,卷土重来未可知。

又颇有用心地让身边的人轮流朗读:"会读吗?请放声地读!"

诗句是汉文,外甥永井宗男读得结结巴巴。

"哈哈哈——"河本笑着,故作可乐状。又问:"这是谁的诗,知道吗,不知道吧?是杜牧的《题乌江亭》。记住!中学时代应该学过的。"

在这非常时期,河本大作收到了妻子从大连樱町写来的家信,希望能全家回国。"但是他仍然不肯回去,他从一开始就没有回国的念头。"信中还提到,之前已经回国的三女儿清子,进特拉比斯特修道院当了修女,她祈祷父亲平安无事。河本感慨道:"嘿!那也好。为了消弭我的罪恶,从河本家族里出这样一个人也好。"不久,其妻久子与四女儿都回到日本。

不过河本的思乡之情还是有的。一天,他录了王维《杂诗》中的第二首带回公馆,挂到餐厅:君自故乡来,应知故乡事。来日绮窗前,寒梅着花未?

他一边看着诗句,一边对周围的人说:"我一定要照顾留在太原的日本人,直到最后一个。"

从这个时候起,河本大作以残留日人精神领袖的形象,进入侵华生涯中最后一个高峰期。近四年时间里,这个大牌军国主义分子的影响与作用,伴随日军日侨残留一体行动,演绎着军国主义势力东山再起的痴心妄想和螳臂当车的疯狂挣扎。

他稳坐西北实业公司顾问的交椅,继续享受着优厚的生活待遇,领取相当于大将薪水的一级工资和彭士弘发给的特别津贴,仍像日本投降前一样,乘坐高级小轿车上班。

9月下旬,原山西产业株式会社经理课长办公室内,华北开发株式会社的结算资金,被取出6000万元装入三个背囊,每个背囊里都有100元、500元面额的联银券约2000万元(时联银券与法币兑换率为5比1)。这些钱款被河本大作留为残留活动准备金,分三次转移出去,先存放原经理部长木曾正道宿舍,后运至太原南门外厚生会馆宿舍。12月下旬,又由原日军大尉、残留后在西北实业公司任会计的大西健等,从原第一军经理部领取山西产业株式会社善后清理资金未结算款额725万元,也存放厚生会馆宿舍。

河本大作行色匆匆、上下奔忙。在国师街赵承绶家中,和山冈道武一起,与赵承绶商谈组编残留日军武装;在祁县南团柏等日军驻地,与元泉馨等将领交谈组织官兵残留;在西北实业公司,他要求原山西产业株式会社日本技术人员、管理人员继续留晋;还亲赴会社城南、城北宿舍,动员家属也残留下来。同时他发表讲话、写文章,进行宣传煽动:"残留山西反共,就是爱国主义的具体表现""日本复兴之烽火,应从山西一角燃烧起来"。

10月的一个晚上,河本大作在公馆会见城野宏。

他们的第一次见面也在这里。1944年12月,日伪山西省政府顾问、新民会山西总会顾问甲斐政治回日本前,把城野宏领来介绍给河本。甲斐临走又对

城野宏等人说:"发生重大问题时,可向河本大作请示。"

日本投降后,在原山西产业株式会社社长室,城野宏"曾就'残留'山西征求河本大作的意见。河本说:'留在山西是复兴日本的具体举措,如果能同阎锡山之类的中国反共人物结合,获得各种方便条件,我们就可以利用丰富的中国资源,帮助日本帝国复兴。'"

在河本大作这位前辈面前,城野宏谦卑地躬着前身,轻轻坐在油漆茶几旁。

茶几后面,是一幅狂草黑字条幅"百忍有大和"。

望着条幅,城野称颂不迭。

河本神情冷峻:"恪遵圣谕,忍眼前百种苦难;残留山西,为复兴日本独辟蹊径。我们须在挺身奋斗中务实求变。"

"前辈所言极是。"城野宏接过儿玉华子送来的清茶放在茶几上,抬头望着河本大作:"'日本寄存武力于中国',第一军武装人员残留山西。'合谋社'正合谋成立特务团,人数初步计划为一万五千。"

日军武装留晋事,河本大作已经知道并积极参与活动。他就着城野的话说:"非常之好。如果有一个日军中队就能在全中国任何地方横冲直撞。何况万人以上的特务团,那简直能控制整个华北。有这个后盾,我们就能充分开发山西资源。此地有极其丰富的地下矿产,决不逊于德国的鲁尔地区,在世界上也是屈指可数的。开发这些矿产,对于资源贫乏的日本、特别是现在的日本,求之难得!"

河本大作侃侃而谈:"非武力无以征服世界,非移民无以扩张国土。当年,张作霖不听日本摆布,也不肯解决我们要求的土地和居住权问题,我们在皇姑屯'解决'了他!后来由于国内混蛋政党起哄,指责军部,所以我才被免职。时下虽世界大势不利日本,然'恢弘天业'是我等人生第一要义。第一军'寄存武力'不能裸体奔跑。山西还有两三万侨民,很多人也欲留晋。他们与残留日军形成统一体制,山西就是当年的'小满洲'!要知道,这个时候世界各地都不允许日本人留在当地,只有山西迫切地希望留用日本人,此乃天意,是意外的福音。如果放弃这一时机返回日本,必将被人讥笑为自私自利。现在正是放弃私利,报效国家的好时机。"

城野宏连连称是:"是的,是的。日本居留民也要与军队一起残留下来。这非常之重要,我与山冈参谋长等也讨论过。圣战期间,先辈您就是山西派遣军实际上的顾问,时下,侨民更唯您马首是瞻。您与阎锡山的关系也非一般。很多事情,都要仰仗前辈您哪。"

河本大作意气狂扬:"利用阎锡山留用日本人的机会,在他的屋檐下暂时荫庇,建立我们东山再起的策源地。在山西燃起日本复兴之烽火!桐荫会、太原日侨自治会已经成立,大家让我做会长。日后再成立起山西日侨俱乐部,把留晋日人组织起来,在山西形成一个'日本人的特殊地区'。"

中国社会内建立日本人地区

1945年秋到1946年春,日本军国主义势力在策划实施具有独立支配力的军队残留的同时,展开日军日侨残留一体行动。

由河本大作领班组织,经合谋社宣传推动,大批日侨也残留山西,进入经济实体、情报组织、政权机构、文教单位及其他社会生活领域。连组成家庭的配偶、子女也纳入一体行动之中。残留日军日侨并建立社团、学校、医院、合作社等,以图在中国社会内营造一个"日本人的特殊地区",使残留下来的日人"牢固地扎根、生存"。

日本侨民在侵华战争与国家拓疆殖民政策下来到中国,曾享受着占领者的种种利权。而日本自明治以来,特别是大陆政策推行后,一些国民中也培养了火炭上抓一把、乘乱发横财的冒险精神。他们经历日本战败投降的惊恐慌乱后,面对"残留"宣传的煽动鼓惑,及阎锡山给出的优越条件、优厚待遇等,不想丢掉原先的地位、职业、财产和常有的发财机会。又看到一些有头有脸的人物都继续留晋,像原山西会社理事、炼钢厂厂长高桥铁造,山西会社西山采炭所所长安田勇造,太原铁路局工务部长上田秀正,还有从事地质业的植田、纺织业的横田、制造枪炮的小林等等,特别是有河本大作做靠山和主心骨。于是,受思想意念驱使、物质利益诱惑及周围环境带动,很多人便选择了"残留"。

档案中记载,日本投降后至1946年春,日侨残留山西进入太原铁路局、晋北矿务局、阳泉矿务局、西北实业公司、晋兴企业公司、山西化学工业公司、山西省凿井事务所、实物准备库、农业试验厂等单位。策划组织者的目的很明确,就是通过残留日本管理人员和技术人员,继续掌握、巧取、利用山西丰富的经济资源和潜在生产力,服务于他们图谋的战败"复兴"。 经济实业之外,在山西省政府、资源调查社、山西自然科学研究院、民众进步总社、民众日报社、川至制药厂、妇婴保健院、慈惠医院等单位,也有不少日人残留。内科医学博士片桐仁礼、牙医高木应悦,更经常出入于阎锡山宅邸为其疗治。曾在日本警视厅任课长的原日伪山西省警务厅顾问辅佐官藤井要三,又当起了省会警察局顾问。太原、大同、原平、阳泉等地,都还有日本侨民或独资、合资重办企业、投资建厂,或经营饭店、咖啡店等。更有厂矿、铁路原日人工警队、警务队人员,及日侨中的预备役军人和退伍军人等,组建起残留日侨武装。

当时日侨残留山西人数,未见直接记录,现很难有确切数字。据1967年1月出版的城野宏《山西独立战记》,"始而有数万日本人残留山西"。河本大作的秘书儿玉华子后来也谈到,"最初约有3万名日本人留了下来"。3万之数如基本可信,那么,约万数军人之外,余即为残留侨民,含从业侨民、侨民武装人员及残留军民眷属子女。山西省政府秘书处存有1946年1月签复征用日人数,仅太原铁路局即1205名,西北实业公司420名,亦可见一斑。

日军日侨残留一体行动中,思想文化残留活动,为在山西建立日本人地区搭建文化设施,也为实现残留目标提供理念指导和精神支撑。残留活动领导核心,通过成立多种形式的社团组织,创办各类报纸刊物,兴办面向残留日人的学校,及开展经常的政治、思想、文化活动等,来指导、凝聚残留队伍。

山西残留日侨中最先成立的组织,是"太原日侨自治会"和"桐荫会",大致成立于1945年9月。太原日侨自治会会长由河本大作担任,副会长为森山茂贵,委员有高木应悦、藤冈文六、松下直一。在山西日侨俱乐部成立前,日侨自治会主要稳定当时侨民混乱局面,组织实施日侨残留,处理残留日侨和归国日侨有关事务等。桐荫会"桐荫"之意,是以阎锡山为荫庇残留山西。会长亦河本大作,永井宗男、大西健先后任本部干事,成员为西北实业公司残留日侨。有城南、城北两个支部,土桥贞敏、横田俊分任支部长。桐荫会开展形势教育和思想宣传,对会员施以生活关怀等,以增强侨民残留之精神意念和会员间团结凝聚。各支部并开设子弟学校,使用战前日本教科书,对学生进行军国主义教育。

1946年2月,在河本大作主持下设山西日侨俱乐部筹备委员会,8月15日——日本投降后整整一年的这天,山西日侨俱乐部正式成立。河本大作任委员长,林龟喜、高木应悦、上田秀正、石原三郎、藤冈文六等人任常委。残留日军主体部队改编为暂编独立第十总队后,补充十总队参谋长相乐圭二入常委会。

"俱乐部由全体留晋日侨组成",下设太原铁路局支部、西北实业公司城北支部、西北实业公司城南支部、山西产业技术研究社支部、第一资源调查社支部、第二资源调查社支部、阳泉矿务局支部、共济医院支部、太原绥靖公署支部、山西省政府支部和残留日军武装中支部等20余个。日侨俱乐部每月召开两次常委会、一次支部长会。日常活动中,向侨民传达贯彻残留活动事项,举办各种集会、展览、运动会等。还进行日侨社会生活管理,协调残留武装与残留侨民关系,慰问残留日军,参与日军日侨遣返等。山西日侨俱乐部是实施军民残留一体行动的重要团体,组织、领导残留日侨之中心。

像雨后冒出地面的一朵朵蘑菇,之后残留日军日侨中又成立了金曜会、木曜会、土曜会、水曜会、命风塾、武道会、迎晖学会等,中心人物为河本大作、澄田睐四郎、山冈道武、城野宏、今村方策等。这些团体虽组织形式有异,但目标宗旨相同。活动内容,主要是经常性地搜集、交流情报资料,分析世界、中国、日本形势,划策、开展"残留"活动。也诵樱花、写俳句、吟长歌,抒发残留情怀,凝聚残留人员思想感情。命风塾还以神道招摇,高呼"修理固成,光华明彩,天业恢弘,天下光泽"的诵辞;迎晖学会更公然打出"迎接日军"的旗幡,召唤"日本军时代"。

为了使残留下来的青少年接受军国主义教育,及学习文化与各科专业知识,由河本大作担任园长、顾问、负责人,在太原开办了晋阳学园、太原政经学院、晋阳高等工学院等日侨子弟学校与成人院校。大同地区也成立了日侨小学。残留日军日侨中,还办有《晋风》《东风》《半月刊》《时事》《迎晖》《太原汇报》等报刊,成立了晋风剧团、大行剧团、松永演奏团等文化团体。就连事物名称,人物姓名、籍贯,也融入"残留"文化理念。不仅残留日军司令部大楼称为"复兴楼",出售给日本军人、侨民的烟卷名"复兴牌香烟",香皂叫"樱花皂",不少残留军人所起华名也有寓意,如"于复国""孙亚业""燕东兴""王耀武""武威"等。而残留日军名簿中,为官兵伪造的中国籍贯,则填写为东三省和台湾,军国主义势力仍然把这几个省区视为日本领土。残留日军还举行专门仪式,为被处决的战犯通夜烧香超度。

日本军国主义创立、并在中国首推的"慰安妇"制度,也重新复活。罪恶的日军"慰安所",1946年又公然挂牌开张。

太原旧城街四道巷14号院落,各房屋原先的两扇木头门,被换成日本式木格格推拉门。中国北方最常见的土炕,变成了通间"榻榻米"。灯红酒绿中丢弃精神和肉体的,是为日军提供性服务的"接待妇"。日本军人挎着洋刀,来这里寻欢作乐,提哩哐啷,络绎不绝。他们经常喝得酒醉醺醺,在争风斗殴中放纵兽欲。

慰安所开张的原始文字,仍保存在山西省档案馆。原文为:

通　知

接六大队下述通报,特予转达。

现由保安第六大队经营之特殊慰安所,从 25 日起面向日人开放,望周知。

1. 场所:旧城街四道巷老门牌 14 号。
2. 游乐时间:

　　平时——17:00 时始;

　　周六——12:00 时始;

　　休息日——10:00 时始。

3. 游乐费:

　　明花——30000 元(甲);

　　开盘子——10000 元;一小时——10000 元(乙);

　　闭间——7000 元(时币,下同)(丙);

　　茶水费为 10%。

4. 方法:

(1)凭票游乐,票分甲、乙、丙三种。

(2)从日籍管理人员处买票,游乐时交于接待妇。

(3)接待妇每周进行两次检查,但仅为肉眼检查,即便合格也并非绝对安全,请予以严防。

(4)奉劝自我约束,勿因醉酒而受中方警宪盘查训斥。

(5)所内配备物品如有破坏损失,应照时价足额付资。

(6)不可对接待妇直接委以金钱。

出于东山再起的图谋,日军日侨残留一体行动,对特务情报活动非常重视。成立于1946年5月、以三浦三郎为负责人的"军技研究部",及其后的"蒲

研究室(部)",在对山西宪兵进行特务间谍训练的同时,与军政警宪联络互通,收集解放军情报,破译中共通信密码。残留日军政治部等机构中,情报工作是重要职能。改编为"暂编独立第十总队"后,其政治部资料室、参谋处情报科,都专门从事特务情报活动。在《政治部业务规则》中,即详细规定了资料室业务活动的内容,如进行欧洲、美洲、苏联、中共情况调查;中国文化、社会、经济、边境、政治、法制调查;东南亚及中近东调查;日本经济、社会、文化、政治调查等。河本大作所在的西北实业公司总顾问室,同样进行着特务情报活动,从那里不断发出标有"极密"字样的"情报记录"。木曜会、水曜会、土曜会等,也都把搜集情报、研究形势、组织专题报告,作为活动的主要议题。

而更为专门的特务情报机构,是以残留日籍人员为主要成员的"资源调查社",于 1945 年冬筹备,1946 年 1 月正式成立,地址在太原新城北街 24 号。由二战区司令长官部(后"太原绥靖公署")政治部主任、特种警宪指挥处处长梁化之任主任,原日军第一军司令部情报参谋指国福任上校委员、主持业务。社内日籍人员百余,业务骨干主要为原第一军司令部情报人员、第一军所属"一号公馆"日特和日本华北方面军直属工程队(福野公馆)无线电技术人员。1946 年 3 月后,又在太原新民二条 12 号增设第二资源调查社,在大同增设雁北办事处。第二资源调查社由原日伪太原铁路局警务处保安主任池田勇任中校委员,领导社内业务。日籍人员约 40 人,业务骨干为原日伪平遥、忻县警务段日本特务。雁北办事处由日特中原钟颜任中校委员,主持业务活动。1947 年,资源调查社进一步建立忻县、榆次、阳泉、寿阳、清源、太谷、东观、平遥、介休、晋祠等情报站。

资源调查社在"业务指针"中,侈谈以人类爱为目的之和平建设,亚洲民族大同盟,亚洲民族复兴。而以严密的组织开展科学谍报、侦察谍报等业务。配备着美造电台、日造电台等设备,测译、侦听、侦察中共中央、新华社和解放军、解放区的电讯、密电、情报,收听、收集、翻译苏联、美国、日本、印度等国政治、军事、经济信息资料,调查残留日人思想动向、进步分子活动,并以行医、经商和假投诚为掩护,派遣人员到各地收集情报,进行特务活动。还在日人中发展青帮组织"晴义会"做情报工作。

另有辻宗盛等日人,参加国民政府军统组织,向戴笠提供情报。岩田清一、城野宏也曾秘密会见军统代表张某。应张的要求,岩田将阎锡山收缴日军武器的文件副本等提供给他,并约定今后继续合作。岩田在向山冈道武汇报中说:"从国民党的动向来看,其攻击目标是中共和苏联。如果加以利用,日本人就将成为与国民党有着共同敌人的盟友。我们可以趁机巩固在中国的基础,制造重返大陆的机会。阎锡山统治的山西,固然是我们坚实的立足点,但没有必要把自己局限在这一个地方,应该向中国各地发展。"

"三人委员会"莅临太原视察

人民企盼的抗战胜利,打败了日本侵略者,战火硝烟却没有就此消散,国内战争重又燃起烟云。1945年11月,蒋介石撕毁《双十协定》,进攻共产党领导的解放区。12月美国总统特使马歇尔来华,"调解国共军事冲突",于1946年1月成立国、共、美代表组成的"三人委员会",会商解决国共军事冲突及有关事项。1月10日,国民政府代表与共产党代表达成停战协定,发布将在13日午夜生效的停战令,并在北平设立"军事调处执行部"。军调部下设各个执行小组分赴各地,这一时期派向山西的执行小组有太原、大同、侯马、东沁四个,太原小组执行山西全省军调。

停战令发布前,阎锡山接蒋介石手令:马歇尔、张群、周恩来三人会议,商定在政治协商会议举行前全面停战,停战命令灰日(10日)晚即可下达。……在停战令未生效之前,应尽速抢占战略要点。

阎锡山旋即命令临汾、大同等地部队向解放区进攻。令第七集团军总司令赵承绶,率队攻占东沁线两侧解放区,且图伺机开进沁县以南收获上党。

东沁线驻扎着原日军第一军独立步兵第十四旅团,下属四个大队及通信队。1945年8月22日,该旅团同阎锡山部队进行防线"交接"后,从原驻地潞城撤离,移驻沁县至祁县东观铁路线,司令部驻于祁县南团柏。沿途仍布设据点,配合阎军对人民军队作战。

独立步兵第十四旅团旅团长元泉馨,号茜庵,残留后华名"元全福"。1893年出生,日本爱媛县人,是个读过大学文科的陆大毕业生。日本侵华战争中,曾转战中原、华北等地,还任过伪满高级军事顾问。日本战败无条件投降,元写下"萧瑟秋风到,含忿日本刀,昔日常胜军,今朝降旗飘"的诗句,表达心中的愤愤不甘。当得知第一军将有武装残留山西后,元泉馨拍案叫好。他到太原会晤阎锡山,对阎说:"我愿脱掉日本军服,改着晋绥军军装,充当一名前线指挥官,帮助阎阁下进行'剿共'战争,死而不悔。"

1月12日,赵承绶从太原出发到祁县南团柏,与元泉馨就协同作战进行军事部署。

当日傍晚,元泉馨即偕同阎军三十三军副军长温怀光,抵达祁县来远车站,指挥部队作战。

集中待命的阎军各部队指挥官,看到温副军长领着一个陌生人走来,来者身穿国军军官服,佩戴青天白日帽徽和中将肩章,腰间挂着短剑,操一口半通不通的汉语,夹杂呜里哇啦的日本话,趾高气扬地对他们讲话:

"我的,日本皇军独立步兵第十四旅团旅团长元泉馨,中国名字的'元全福',是赵承绶总司令第七集团军顾问。"

他神气十足:"我的,双层军籍的指挥官。这里的日本军、山西军统统都能指挥。我日本军独立步兵第十四旅团,奉阎长官命令固守东沁铁路。我们的,一定能帮助你们战胜共产军的!"

元泉馨晃着脑袋看看阎军官佐,继续讲道:"赵承绶总司令阁下,现在后方管粮草,当运粮官。我在前方管部队,当指挥官。"

说罢,轻蔑地瞅瞅身边的温怀光:"这位温阁下,带着阎长官和赵总司令两位阁下的印章,当个掌印夫人吧。"话出口感觉不太合适,又轻狂地笑道:"哈哈! 对不起,温阁下是个掌印官吧。"

温怀光眨了眨眼睛,啼笑皆非。

夜空墨黑,冷风飕飕。按照赵、元部署,阎军中央纵队、左翼纵队、右翼纵队,由来远向南出发。

过了约半个小时,南山传来激烈的枪声。阎军指挥官们情况不明、地形不熟,打算翌日天亮再行动,乃层层转报请示。

元泉馨闻报大怒,厉声呼斥:"限你们的,配合我旅团丸山大队,明日拂晓一定打到武乡南关! 南面的山西军与我旅团毛利大队,由沁县向北进攻,在武乡分水岭与你们会师。违令的,死啦死啦!"

于是,阎、日部队配合,双向攻占,在13日停战令生效前,抢占了武乡南关、分水岭一带。

停战令生效后到3月中旬,元泉馨仍与山冈道武互通电报,继续指挥所

部,配合、增援阎军,向东沁线两侧解放区进攻。

组建中的残留日军"铁路(公路)修复部队"一大队、六大队和残留日侨武装"铁路护路总队"四个大队,也参加了东沁作战。

端枪开火的残留日本武装,为如此迅速地实现日本军的重建而兴奋,唱着"战士的红领章,恰似万朵樱花开"的日本军歌,与共产党领导的人民军队作战。

日军无条件投降后保留武装、继续战争的罪行,阎锡山坚持内战、破坏停战协定的行径,被中国共产党和中国人民揭露、打击,也引起"三人委员会"和军事调处执行部的重视。

1月下旬,武乡分水岭附近共产党晋冀鲁豫军区部队,即向元泉馨部提出正告:"日军在投降后仍然保持和战争结束前同样的武器装备状态,不将兵力集结一处,而是部署各个要点,这违反《波茨坦公告》。"2月,军调部太原执行小组、东沁执行小组代表,专门在东沁线进行视察、调查。元泉馨及日本武装,不得不隐藏于来远镇以南铁路两侧,躲在偏僻的山沟里。

后接阎锡山密令暂撤东沁线战地进行隐蔽。可途中必须经过来远车站,太原军调小组所乘铁甲车就停在那里,想绕开又没有别的路可走。

黄昏降临,残阳退下了云头。元泉馨和他的日本兵鬼鬼祟祟跳出山沟,沿着铁路狂奔。

"温副军长,怎样的通过车站,不被军调小组发现?"元泉馨的威风没有了,向温怀光求教。

看着往日盛气凌人的日军旅团长,温怀光觉得好笑,但还是说出一条妙计来。

天色渐渐暗下来,黑夜扯起了帘幕。"呜——呜——",突然间,停在来远车站的火车头都吼叫起来。一群群日本官兵趁着震耳的呜呜声,偷偷越过车站,连夜北奔遁隐。

1946年3月3日,轰鸣的飞机在太原上空划出一道弧线。"三人委员会"美国代表马歇尔、国民党代表张治中、共产党代表周恩来,到太原视察调处。陪同调处的还有北平调处执行部三方代表饶伯森、郑介民、叶剑英,及国民政府军令部廉壮秋、郭汝瑰,共产党晋冀鲁豫军区司令员刘伯承等。中央社、新华社、《大公报》和美联社、美国《生活》杂志社等记者随团采访。

北郊机场上,第二战区司令长官阎锡山率高官隆重迎接,将贵宾送到半年前美军受降小组住过的"洋楼"——火车站对面的复兴饭店。

为应对"三人委员会"的到来,专门从事特务情报活动的资源调查社,派出特务潜伏于复兴饭店周围。还安排日本女子中原登美、通畑花子等,伪装舞女出入饭店房间,以了解三人委员会、特别是美国代表和中共代表的动向。

当日下午,三方代表各召集太原军调小组自己一方人员听取汇报、讨论研究。6时许,一行人前往二战区司令长官部拜会阎锡山。晚饭后举行了记者招待会。

3月4日上午,阎锡山驱车复兴饭店回拜三方代表。在这座法式建筑第二层的豪华房间里,阎"访晤"马歇尔元帅。

谈话中,阎锡山自然要对共产党和人民军队攻击中伤,他建议马歇尔停止调处。

马歇尔说:"我主张的你们与共产党妥协,比苏俄对他们还好,所以我一定能调处了国共的冲突。"

阎锡山望着马歇尔:"这要看他们是什么目标。假如共产党是一个交易的目标,你的货要贱卖,这个交易一定成功。如果他是一个要整个工厂的目标,你的货怎样贱卖,他也是不要。他是要拿到整个工厂,自己制造货品。那么,你的

"三人委员会"美国代表马歇尔(右五)、国民党代表张治中(右六)、共产党代表周恩来(右四)等到太原视察调处

贱卖货品办法,恐难得到交易的成功。"

对于日军残留问题,阎锡山对马歇尔说:"在华日俘不要全部遣返,编成'剿共'部队,这对美国和全世界都是有利的。"

马歇尔如何作答,未见原话记录。不过,按照《波茨坦公告》,"将缴械之日本官兵及侨民遣送回国",美国当时的态度应是明确的。这从"三人委员会"等视察后,日、阎、美的反应与行动可以看出。就在3月上旬,日本中国派遣军司令部即派员赴山西督促遣返,在发给第一军的电报中并谈到担心"引发国际问题"。而日军第一军与阎锡山,也以"办理退伍手续",伪造技术人员身份,编造谎言"撤回加入特务团人员"、撤销组建特务团命令,及伪装解散残留日军武装等手段,隐瞒、掩盖事实真相。7月,美国大使馆代办史麦斯,专门"为遣返日侨俘及留用日技术人员事",给中国外交部长王世杰发来照会,内有:"中国政府当能同意,设若允许大多数日籍侨民留居中国,纵非全体,彼等可能秘密企图在当地规复日本之权势。尤其日人占有优势之台湾、东北及华北若干地区,此项危险益为深巨。……美国政府始终认为,为遵守《波茨坦宣言》及免除中国境内日本恶势力可能复起之危险,所有在中国之日籍国民,均宜于最近遣送回国。"

谈话进行了一个多小时。阎锡山拿出一把精制的日本古战刀赠送马歇尔,二人在复兴饭店门前合影。

10时半,"三人委员会"等一行离开饭店,阎锡山机场送行,与马歇尔同乘一车。

送走"三人委员会",阎锡山不无感叹:"蒋先生去年签订《停战协定》是个大失着。明明知道不能和平解决国共间的政争问题,又偏偏定下协定束缚自己的手脚。既然已经撕毁了这个协定,内战打起来了,为什么又来调处。美国人这样肤浅,他们怎么能理解中国问题呢?"他对部属讲:"和平是不会久长的,调处尽管调处,要准备一旦大打起来,自己不要束手无策。""时间是双方都可以利用的,山西军人应该明白自己做些什么,不要让地球白转。"

宫崎舜市赴晋督促日军遣返

3月9日,一架日本九九式攻击机降落太原机场。飞机已被中国军队接收,是经过批准后由原日本中国派遣军总司令部借用的。

走出机舱的,有总司令部主任参谋、中佐宫崎舜市,副手兼驾驶员、少佐参谋前川国雄,还有一名空勤机械士。

来到黄土高原上这座中国城市,他们惊奇地看到:虽然已是日本投降后的第二年,第一军司令部还像原来一样,安然无恙地占着日军建造的宏伟大楼,日本军人仍旧悠然自得漫步街头,日本侨民还在不紧不慢各干其事。战时的山西产业株式会社,兴旺景象也依然如前。下属炼铁厂冒着滚滚浓烟,纺纱厂与其他工厂照常生产。更为特殊的是,与其他地区日本人被投入"集中营"的窘况相比,这里倒有熏风习习、别有洞天之感。

但是,他们此行的任务,是要这里的日本军民"迅速离开这块乐土,回到自己的故国。"

当1946年一、二月间日军第一军发出组建特务团、铁路(公路)修复部队命令时,相关电文已报送"总军""方面军"。第一军参谋长山冈道武并亲赴北平,请示华北方面军司令部。

现在日军残留引起"三人委员会"重视,派遣军总司令部担心此事违反《波茨坦公告》,引发国际问题。而且,由于战争结束日本军队不复存在,派驻海外的原日军在遣返日本之前,必须按照原来的军队系统,采取有条不紊的行动,否则难以完整地撤回国内。如果组织崩溃、自行其是,还可能发生同胞相残的悲剧。况驻晋日军总数5.8万,连同侨民达8.5万,虽然已有遣返尚羁留4万多人。大同方面本来经张家口到天津较近,但因张家口车站被解放军占据,也只好转道太原。如此,只靠运力有限的石太铁路,把遣返人员送达乘船港口天津

塘沽,即使一天能拨给一列火车,全部运毕也需相当时日。而山西境内国共内战已经燃起,在宫崎他们眼中,对日本人来说没有比留在这里更危险的了。

10日下午,第一军司令部召开紧急会议。司令官澄田睐四郎、参谋长山冈道武,司令部各处处长、参谋和高级军官,正襟危坐会议室内。在太原的下属兵团长,也从驻地赶来参加。

宫崎舜市、前川国雄走进会场,面色冷峻,神态严肃。

说明受总军特派衔命来晋之意图后,宫崎简要介绍了在华日军复员状况,他讲道"……现在,派遣军的复员遣返变得困难起来。中共军的活动加速发展,交通受到阻碍,各地日本军陷入非常悲惨的境地。在这种情况下,山西要把日本人当作技术人员留下来,日军部队的集结也一拖再拖,偏远地区甚至现在仍有部队零星分布,这不能不说是思想过于麻痹。派遣军总司令部的安排是,港口附近部队掩护、收容内陆部队,让内陆地区的部队优先回国。"

他特别提出:"必须把士兵平安无事地送到他们的父母妻子兄弟身边。关于军队'残留'中国,必须慎重考虑。如果纸上谈兵,作为一种理论也许能够成立。但在事实上,从中国的现状来看,赤手空拳的日本人能否生存下去,是大有疑问的。在这种情况下,有必要先让全体人员一律回到国内,不留一兵一卒,然后想残留的人重新再来。"

澄田睐四郎一言不发。

山冈道武愀然道:"你固然可以这么说。但依照战争结束后中方的命令,第一军必须按受降主管阎锡山将军的命令处理战争善后,阎将军让留多少技术人员就得留下多少。不留一兵一卒全体回国,事实上办不到,稍为不慎就有全体人员回不去的危险。以局部的牺牲,换取主力的回国,我认为是值得考虑的。在日本投降后的今天,这也是无奈之举。"由于近日来昼夜苦思,山冈显得面容憔悴。他把事由推到阎锡山身上。

会议进行中,北平华北方面军派出的大佐参谋笹井重夫赶到。宫崎等从南京出发后,已先到北平向方面军司令部提出要求。方面军看到为了属下山西部队的遣返,远在南京的上级司令部特派主任参谋去太原,乃在宫崎赴晋的前一天,派笹井重夫先行飞并,却因天气原因晚一天到达。

宫崎舜市向笹井微微点头。又转过脸去,面对山冈道武:"让日本人以技术人员的名义残留下来做战斗员,除了'这个'山西以外,其他地方是没有的。说

'山西门罗主义'，好像山西可以独立似的，但在今天形势下，这是绝对行不通的。阎将军不过是为了自保，想尽量利用日本军队而已。据我所知，中国陆军总司令官何应钦将军已经下令，让第一军在5月底以前集结平津地区。"

山冈道武坚持说："还没从阎将军那里得到这样的命令，我们必须按照阎将军的命令行动。否则，事情可不好办。"

"骨头那么软可不行。就是按照《波茨坦公告》的规定，任何战胜国也没有强迫不希望残留的人残留下来的权利。一切都要阎将军怎么说就怎么办，那可不行。必须停止'非法残留'！"

"不过你听我说，受降主官下了命令，也就只好服从吧。"

"参谋长阁下，阎要你杀天皇陛下，你也打算去杀吗？"

用这种谈话方式，一句不让地对职级高于自己的将军强烈诘责，宫崎也觉得很失礼，但语气仍没有丝毫缓和。他愤愤而言，满座为之肃然。

会场有人小声议论着什么，是那些对残留持有异议而平时只能缄口不言的"回国派"。从这些人的表情中看得出，宫崎讲出了他们的心里话。因为在第一军司令部，"残留派"一直占据上风，回国派被说成是只考虑自己的胆小鬼。

宫崎舜市坚持立场，疾言厉色。山冈道武只好调整话语以作缓冲："现在，中方对无线通信的检查越来越严，所有电稿都须经过严格审查。总军司令部来电询问一些事情，也不能直接报告真相。"

宫崎："怪不得太原上来的报告最让人看不懂呢。但即使中国方面有过往来函件要受检查的命令，也没有必要每件事情都那么死心眼吧，常说表面是表面、私下是私下嘛。各地的情况都差不多，可没有一个地方像山西这样。你们要按照冈村大将的意图，执行中国陆军总司令部'不允许留一兵一卒'的命令，派遣军全军扫地般回国。"

山冈道武"哦"了一声。

……

第二天上午，会议仍在继续。

司令官澄田睐四郎始终三缄其口。1946年2月中华民国国民政府军令部发到二战区长官部的战犯名册中，他已名列其中。在这种场合下，正好借此对事关重大的"残留"问题进行回避。

残留主倡者之一的司令部参谋岩田清一,更没敢站出来"舌战"总军参谋。

会上,下属部队就相关情况作了汇报。

宫崎舜市强调:"直到在国内港口登陆复员为止,我们的刑法和惩罚令都是生效的。对自行参加特务团的,必须按逃兵加以处理。心慈手软可不行,否则会影响全军,使有条不紊复员成为不可能。"

最后,宫崎提高嗓门讲道:"当前,司令官以下第一军领导的最大任务,就是迅速使所属各兵团完整无缺地复员。这是我们率领天皇交给我们的子弟兵,怀着必胜决心来中国打仗的派遣军的最后一项任务。换句话说,就是必须把士兵平安无事地送到他们的父母、妻子、兄弟身边。如果由于自己领导错误,在战争结束后又把他们投入于中国内战的漩涡,致使宝贵的士兵不能平安复员,出现阵亡或因战致病致死的情况,我们该怎么向他们的亲人交待?!再者,倘若部队长残留下来,他下边的大队长、中队长拘于情面,也势必要残留下来,这些人的下级也要拘于情面而留下来,结果是连希望回国的士兵也得留下来。这是犯罪!作为部队长,如果你们希望残留下来,应该先把部下带到天津,把他们平安地送到复员回国的船只上。办完这一切以后,你们再重新返回山西,来实现你们自己的志向。在回国这一问题上,从军司令官到普通一兵,都要统一思想。倘若做不到这一点,无论如何都不可能实现顺利返国。"

会后,宫崎舜市提出直接会见阎锡山。山冈道武虽面露难色,还是答应代为转达,并得到了阎的应允。

11日晚,宫崎舜市前往二战区司令长官部东花园晤见阎锡山。同行前往的有副手前川国雄、华北方面军参谋笹井重夫、第一军司令部参谋伊藤一郎及翻译人员。前川对这次会见的记叙中,阎锡山是一个"在乱世中巧妙周旋而生存下来的人物","留着中国式胡须,当然有一副中国大人物的气派。据说他晚上批阅文件要到12点过后,但早上很早就起床了。他睡觉的地方就在办公室内,睡床做得很高,就像日本三月三女儿节摆放偶人的龛架"。

礼节性寒暄后,谈话进入主题。

宫崎舜市先讲《波茨坦公告》的规定,又转述中国陆军总司令部关于遣返日军的命令,要求阎锡山将山西境内的日本军民早日遣返回国。他单刀直入:"依照《波茨坦公告》,日本军队解除武装以后,军人要返其家乡。但全中国只有山西,遣返工作迟迟没有进展。按照何应钦总司令的命令,'太原地区的日本官兵,必须在5月底以前向平津地区集结,逐次遣返回国',拜托阎将军了!"

阎锡山做出一副毫无所知的样子:"宫崎君,没有接到让在山西的日本军5月底前集结平津的命令啊。"

宫崎即拿出随身携带的中国陆军总司令部命令的正本,文件盖有朱红大印。

"那可能是参谋没有及时向我报告。既然中国陆军总司令部发出了这样的命令,让日本军民回国是我的责任。这件事交给我好了。"阎锡山的脸上露出不自在。

他不能再搪塞了,把话题转向正太铁路的运力上,谈到车次吨位及朽坏枕木的更新保养等等。

让宫崎他们非常惊讶的是,这位老人对这些专业问题,总能举出非常准确的数字。

阎锡山与宫崎等扯话,言日本军队没有败给中国云云。

大概是出于对阎锡山政治权术的警惕吧,宫崎舜市只就主题简要说道:"日本军民迅速撤离山西问题,我们完全相信阎长官,望妥善处理。"

阎锡山点头应诺,提出要设宴款待客人。宫崎以事忙婉辞。

送造访者走出屋门,阎请宫崎代为转达对冈村宁次的问候,说:"我在日本陆军士官学校留学时,冈村大将已任区队长了。"

宫崎舜市马不停蹄,12日上午又到榆次,过访残留日军"特务团"拟定总司令、第一军一一四师团师团长三浦三郎。

当他说明此行的目的后,三浦三郎说:"第一军要有一万多人留在山西,所以要有师团长级的官长留下。也征求过我的意见,希望我暂留一阵。我觉得就算当了收容队长吧,打算先留下来。"

山西派遣军中,三浦三郎是澄田司令官之外的另一名中将。而宫崎的谈话依然率直:"您的话有欠考虑。派遣军总部是要执行中国陆军总司令部的命令,让全体官兵一律回国,不留一兵一卒。而且,情况也并不那么简单。"

"既然如此,事情就简单了,让大家都回国!"

三浦三郎口头上答得痛快。以后,这位师团长又何去何从,真的让他的部下都回国了吗?

12日晚,宫崎等来到太原工程师街河本大作府邸,拜访山西日侨中的头

号人物。

河本身穿和服,形体清瘦。他已经知道这些人的来头,在礼貌平和的接待中,透出一股冷厉之气。

"河本君,来到山西感觉与其他地方不同,好像产业兴旺啊。在战争结束后仍能继续生产,实在太好了。"望着前山西产业株式会社社长,宫崎舜市说着自己的观感。

河本大作:"这完全归功于阎将军超常的政治力量。作为我们,也不忍心让费力建设的山西产业,因战争结束毁于一旦。时下,能把产品运销到其他地区的,恐怕只有山西吧。"

宫崎问说:"接收山西产业,中方采取了什么特别办法吗?"

河本大作:"阎长官委派了曾在日本留学的人担任接收委员,所以进展非常顺利。对日本技术人员也很照顾,现在大家都很高兴地从事生产。"

"在山西,出现了其他地区没有的'残留'热潮。对于这种残留,您是怎么看的?"宫崎舜市把谈话引向正题。

"山西丰富的资源,绝非一般地区可比。圣战期间,我经手山西产业,以此地煤、铁、石膏、石灰石等富藏,发展产业经济,贡献于大东亚战争。当时山西之于日本,乃'弱者藁犹可攫'。今日虽然战败,但山西仍可成为日本复兴之基地。为了利用山西资源为日本复兴做出贡献,我决心留在这里继续努力,这一想法不会改变!"

宫崎舜市看到河本大作似乎垂死不变的残留决心,听到了毫无掩饰的"残留山西理念的东西"。

这时,秘书儿玉华子端来茶盏,河本接到手中递给宫崎。又慢声说道:"当然,我赞同让大家早日回国的方针。残留人员,是从真正希望留下来的人中,挑选出来的技术优秀者。我是这样想,也是这样要求的。"

面对这个特殊的"民间人士",宫崎舜市只能说:"让大家早日回国,您的想法太对了。请做好领导工作,不要有一个人是被强迫留下的。从前景看,最好趁现在让大家安全回国为好。"

河本大作轻轻呡了口茶水。

宫崎舜市又问:"那么,到了最后时刻,那些残留人员的回国问题,您是怎么考虑的?"

河本大作:"到了那个时候,我们打算依靠自己的力量打开出路回国,不会给军方添麻烦。"

"您有这样的决心,那好吧,祝前辈健祥。"宫崎等起身告辞。

河本大作把"钦差大臣"送出院门,托宫崎"回南京后,请务必向总司令阁下转达我的问候"。

宫崎舜市要见的,还有独立步兵第十四旅团旅团长元泉馨、第一军司令部参谋岩田清一。元泉馨在日本入侵东北制造傀儡政权满洲国时有"功绩",岩田清一则在天津度过少年时代长大成人。比起七七事变后从日本国内征召、派遣的一般军人,这类人更为加倍地"关心"中国,不甘心丢下日本在大陆苦心经营的基础。

13日晨,宫崎把岩田清一叫到自己的住处,对这个看起来温文尔雅、内心却充满狂妄梦想的少佐参谋狠狠批评:"听说你要'坚决留在山西,做祖国重建的础石'?"

"你认为'阎锡山搞门罗主义,山西能够自存自立','现在回国太可惜了,倒不如保住几代人苦心经营的大陆基础,以待来日。'是这样吗?"

"你说的这些,固然有一定道理;但你想过没有,这些道理去天下大势何止十万八千里?!"

……

此时的岩田,面对宫崎舜市的严厉训斥,只是低着头一声不吭。

同日上午,宫崎舜市与元泉馨在第一军司令部谈话,"进行了激烈的争论"。元泉馨桀骜不驯,狂言恣肆;宫崎理直气壮,严词驳斥。最终,元泉馨仍无视宫崎身份,态度决绝地说:"就是就地退伍也要残留!""因为我是一个即使被推入地狱也不后悔的人。"

看着眼前这个仍然佩戴日本军刀的旅团长,宫崎舜市徒呼奈何。他也许不完全知道,元泉馨的独立步兵第十四旅团,日本投降后就没停止过对八路军作战。就是自己来晋期间和离晋之后,也在下达作战命令,并上报第一军参谋长山冈道武。该旅团参加残留武装的人数,2月底"已经超过1200名,仍有继续增长之趋势"。

在山西四五天,宫崎他们也听到了"回国派"的声音。

原独立步兵第十旅团旅团长、少将坂井直俊,日本投降后负责太原市警备

半年之久,后回国的意愿越来越坚定。3月10日第一军司令部召集紧急会议那天的晚上,宫崎舜市与坂井不期而遇,两人一起执酒对饮:"我绝对不让一个人残留下来。日本的复兴比山西的复兴更为重要。此前就一直坚持这一指导方针,所以我这个旅团恐怕不会有人留下来。"坂井喝着汾酒,脸色通红。宫崎连连点头,与坂井碰杯。

中、下层军人中回国派反映:此前对整个情况一无所知。上级派人宣传,说日本由于战败陷入极度混乱之中;粮食匮乏,已经饿死几百万人;生活无着,全国到处都是失业者大军;即使现在回国也不易谋生,不如暂留山西等待国内稳定下来。还有人诉说,想回国的人遭到围攻甚至殴打,被耻笑为胆小鬼。他们说,今天南京宫崎参谋到来,简直就像来了救星。

听着袍泽兄弟的心声,看到官兵衷心欢迎自己,宫崎舜市十分高兴。这些人肯定代表着绝大多数军人,宫崎对自己的山西之行感到欣慰。

14日,宫崎舜市等离并。在北平逗留数日,向华北方面军司令官根本博汇报了山西情况。又到军事调处执行部请求给予协助,以借助美军力量推动遣返工作,当时美军有一个师的海军陆战队派驻北平。21日宫崎一行返回南京。

残留日军武装隐匿伪装解散

阎锡山搭台，日本人唱戏。帷幕刚刚拉开，演员却不得不临时退场。

"三人委员会"和军调部的视察，无论日军方面还是阎锡山，都坐不住了。为暂避风头，"三人委员会"到太原的第二天，日军第一军赶忙向"属下、指挥下各兵团部队"发出《关于残留于铁路（公路）修复部队人员办理退伍手续的通知》：一、同意留用于铁路（公路）修复部队并已提出申请者，现已获准退伍（解除召集）。希各兵团部队根据实际情况，予以妥善办理。二、同意留用于第二战区地方机关者，现正请求第二战区长官颁发留用命令，估计近日即可获准退伍（解除召集）。三、对第一项人员办理退伍（解除召集）手续时，希随时将所属单位、阶级、姓名上报。

但这只是瞒天过海、欺骗视听而已，《通知》内容并未告知全体残留军人，"残留者本人不用说，就连中队长、大队长也没有被告知。"曾任残留日军参谋长的相乐圭二，后来在《终战后日军残留山西事件》中谈及，其所在的独立混成第三旅团，各大队"开除出队解除召集者名单"，是复员部队回到登陆地佐世保时调整完成的，残留山西者被用红线抹掉，上面用红笔写着"1946年3月20日就地开除出队"。

而南京的中国派遣军司令部，在宫崎舜市督促山西遣返回去汇报后，3月下旬又以"总参电718号"通知第一军：希你军根据前已颁发的中国陆军总司令部训令，坚持除真心希望残留的部分技术人员外，着令全部军民回国。"特别是编入特务团重新武装一事，不仅有悖圣旨，违反中国训令，而且可能引发国际问题，希立即停止将残留人员编入特务团的活动"。

3月30日，澄田睐四郎以"山西地区日本官兵善后联络部部长"身份，将上述电文通报阎锡山。

4月5日，第二战区司令长官部也以"日管教字第642号代电"通知日军第一军："我部于1月12日以'午务特代电'下发命令，征集参加我部直属特务团志愿人员，组建示范部队，并教练军官，着立即予以撤销。"

4月6日，日军第一军电复中国派遣军："我军据此下令全部撤回加入特务团人员，并遵令遣送回国。"

但就在同时，第一军又向中国派遣军禀明："按照钧电意图着令侨民回国一事，因违反中方及希望残留人员意愿，既然军方没有强制权力，就无能为力。有相当多数的侨民公开对我官兵开展挽留活动，对此亦无权加以阻止。"

对所隶属和指挥的部队，则继续通知："第二战区司令长官说，成为中国人就可以残留。如果从法律上不可能办理取得国籍的手续，可在行政上（在警察署登记）采取变通办法。"

阎锡山还设立所谓"日籍技术人员管理组"，由二战区司令长官部高级参谋张文炤任组长。张一直参与阎、日"合谋"活动，而"日管组"名为管理留用于山西的日籍技术人员，实际进行日军残留的组织实施，及其后残留日军武装、机构与"残留活动一体行动"中日本侨民的管理、联络、遣返等。

自然，军调部执行小组视察调处期间，特别是"三人委员会"视察太原、日本中国派遣军司令部宫崎舜市督促遣返前后，太原及附近残留日军团队只得隐藏起来，按照山冈道武、岩田清一和赵承绶的安排，转移到太原东山下陈家峪、汾河畔彭村和南门外大营盘等处。在接着的四、五月间驻山西日军大遣返中，原已"达到约六千六七百人"的残留日军主体部队，也有约半数3000多人走上被遣返的道路。继续残留的日军武装，则在伪装解散、分散隐匿中，等待着风头过去重新整编。可残留军人们不会知道，他们登录在名册上的"职务"，填写的都是"技士"。

当时继续残留山西的军人，并非全都取决于个人意愿，除上级的意旨、决定外，也有来自"残留派"的威胁。

榆次，原日军第一一四师团司令部参谋室，传出了激烈的争辩声。少佐参谋太田黑，被残留部队经理处长小林正孝、一团团长小田切正男、三团中校永富浩喜等大声指斥。

小田切正男："不是已经决定随三浦师团长留下来，担任特务团高级参谋嘛,为什么变卦?"

太田黑:"总军派来的主任参谋宫崎舜市对我说,'留在这种地方,没劲。算了,算了!'宫崎与我曾是同期同学。"

小林正孝:"怎么能说算就算?你是师团特务团编成室主任。自己提出不参加特务团,还说不做组织特务团的工作,给师团组编特务团带来极大影响。身为天皇子民,觉悟到哪了?"

太天黑:"听总军的话难道会有错?"

永富浩喜:"一一四师团本来有800人残留,现在纷纷要求归国,难道和你没关系?天皇的军队中,出现了你这样丧失爱国心的败类!"

太天黑:"家里需要我回去。"

小林正孝:"就只顾个人利益?还是少佐参谋呢!"

永富浩喜:"你要发誓!继续参加残留活动。"

太田黑哑口。

门外,随小田前来的残留部队第一团人员,已把手榴弹拿在手中;一一四师团太田黑身边的人,也打开了武器库的封条。

双方剑拔弩张,一触即发。

墙上的挂钟"嘀嗒嘀嗒"响着。

太田黑知道,类似的事情已经发生过。某参谋对组编残留部队的事不予协助,而在自己宿舍与两名朝鲜女人同居。永富浩喜一伙冲进屋子,揪下他军装上的肩章,把这个军官绑起来吊在房梁上斥骂:"戴着这玩意,真是岂有此理""没有光复祖国的理想,一个废物"!

紧张、慑畏,最后太田黑说道:"因诸多原因,个人还是要回国。但对师团组编残留武装,我尽全力。"

隐匿中的残留日军武装,也常常发生斗殴甚至血腥事件。军人们思想混乱,情绪躁动,带着军刀、手枪、步枪生活在一起,又失去原部队严格纪律约束,一有冲突就拔刀相见或枪弹射击。

陈家峪,太原东山下一个普通村庄。村民们世世代代在田地耕种,在自家院子生活。日军侵晋期间,野蛮强制他们移居别处,在村中修建了许多窑洞式仓库。残留日军一大队(团)驻扎这里后,又增加了新的军用设施。

一天,分队长田中的房间,忽然飞出"啪啪"两声枪响。听到枪声赶来的佐藤等人看到,田中已经倒在血泊中。向他开枪的下级,手举两把毛瑟手枪,酒醉醺醺大声嚷嚷:"田中,你这个混蛋!你这个混蛋!你不让我回日本与父母团聚,却教我留下来听你吆五喝六,受你训斥……"

他一边喊叫,一边冲出房门飞快地向山里逃跑。

"站住!"佐藤提着步枪追去。

快到山谷北口时,一群慢腾腾嚼着小草的白羊黑羊挡在路上。逃跑者被追上了。

他转过身来。但没有举起双手,却举起了右手,用毛瑟手枪对准佐藤。

佐藤随即举枪射击,而此时对方的子弹已从他的眉间穿过。佐藤倒下了,没吭一声。

20岁出头的奈波田,怀着兴奋心情参加了残留"壮举"。但来到陈家峪的第二个月,他就逃离部队,跑到太原城里。临走,还给大队长小田切正男留下一信:"……我去北方的蒙古,搞蒙古独立运动。大草原风云变幻,正待我辈活动。"

不料,一个士兵进太原时看到了他,将其住处报告给中队长。

奈波田被中队长领回来了,受到严厉教训:"别做梦了,老老实实参加军事训练!"

之后一个月,他安静地待在部队里。但随后又邀约三个伙伴,携带轻机枪1挺、步枪3支,沿着村子东边的山路向中共地盘跑去,却被山西军四十九师巡逻队抓获。

自己的部队出现如此"败类",大队长小田切正男断然不会容忍。这个有名的柔道五段高手,90多公斤的彪形大汉,抓住奈波田腰间的皮带,用一只手就轻轻提起来。不过,小田没像对待中国人那样把他狠命摔死到地上,而是倒戳进院里的圆桶中。

第二年一次战事前,奈波田这个"不能有谅解余地的首谋者"还是被枪毙了。

美照会"日人留居危险深巨"

1946年5月5日,一列火车载着历史罪恶的重负,拖着黑色的烟雾,沉重地开动了——编号第48大队的日军第一军司令部遣返人员,乘坐山西最后一趟遣返列车驶出太原。

之前第一军曾就遣返事项等,以"乙集参甲电第466号"报告中国派遣军和华北方面军:

我军定于5月5日将军司令部运送出境后,除因事暂留人员(军)及留用技术人员(侨民)外,即结束运送工作。

一、战犯(嫌疑人)的人数及姓名见前乙集参甲电第460号。

二、有无尚未解除留用的军民及对其被遣返的估计:军:无。民:太原1788名,榆次321名,阳泉131名,大同505名,共计2745名。

三、有无尚未运送完毕的重病病人、传染病人:无。

四、未了事务处理小组及其他暂留人员:山冈参谋长等军官23名,军士9名,士兵13名,军内雇员13名,共计58名。

五、有无其他尚未运送完毕的军民以及其运送的时间:大同残留军民中,除被扣留及留用技术人员外,已被批准回国,近期将集中太原运送离境。其人数不详。

六、其他需要特别说明事项:从山西省留用的技术人员看,大部分残留侨民是本身希望留下,加之阎长官积极劝说,军方实无力扭转。……

我军虽着令山冈参谋长等部分人员(世话部)暂时留下,努力促成残留日人的遣返,但从目前情况看,并无任何效果。相反,目前似以采取默认态度为好。(详情将由尾司参谋报告)

以上《报告》"其他需要特别说明事项"中,所谓"努力促成残留日人的遣返",只是假话而已。山冈道武作为坚持残留活动的主要倡导策划、组织实施者,实际做的恰是相反的工作。"似以采取默认态度为好"才是他们的真实意图。

第一军遣返运送工作虽然结束,但继续残留的日军武装还在山西。据上述电文和当时第一军的另一份报告、同年9月华北方面军司令部《河北·山西地区残留人员概数表》综合,第一军司令部最后遣返后,山西仍残留日本军人约3500名—4000名。其中大同残留日军约千人以上。残留日军中的将级军官,有第一军参谋长山冈道武,独立步兵第十四旅团旅团长元泉馨。还有被列为战犯嫌疑人的第一军司令官澄田睐四郎,第一一四师团师团长三浦三郎。只不过山冈道武披了"太原日本联络班"(战犯世话部)班长的合法外衣。残留军人及其他日本武装人员,则被伪造了技术人员身份,连元泉馨、岩田清一、今村方策、城野宏等,留在名册上的职务都是"技士"。

那个为督促第一军遣返感到欣慰的原中国派遣军主任参谋宫崎舜市,在20多年后"读到城野宏所写《山西独立战记》一书,不禁怀疑起自己的眼睛来了。因为从《战记》得知,我一直认为在特务团停止组建后已全部回到日本的第一军3000多名官兵,后来竟然又留在山西继续进行了战争"。

1946年7月6日,"为遵守《波茨坦宣言》及免除中国境内日本恶势力可能复起之危险","自亚洲大陆消灭危险的日本势力之残迹",针对"若干地区之中国主管当局"继续留用日人问题,美国大使馆代办史麦斯,就"遣送日侨俘及留用日技术人员事",向中华民国外交部长王世杰发来照会:

中华民国外交部长王世杰阁下:
径启者,兹奉本国政府训令,饬将下列照会转达阁下。
查中国政府应负责自中国战区将日本缴械之日本官兵及其侨民遣送回国一事,业经于1945年10月25日至27日在东京举行之遣送日人之联席会议通过在案。中国代表当时亦参与该项会议。为达成遣送之目的,以清除中国境内日人之势力,美国政府始终协助并将继续协助中国政府。盖此举乃符合《波茨坦宣言》之规定,且与贵我两国间始终无间之合作相贯彻。美国政府深以此项遣送大体上能完满进行之欣慰。

中国政府当能同意,设若允许大多数日籍侨民留居中国,纵非全体,彼等可能秘密企图在当地规复日本之权势。尤其在日人占有优势之台湾、东北及华北若干地区,此项危险益为深巨。欲免是项危险,最安莫如将中国境内之日人遣送回国。然而,在另一方面,若干地区之中国主管当局,曾表示有继续征用若干日籍技术人员之必要。此等中国主管当局指称,由于日籍技术人员保有职务上及技术上之才能,而熟练之中国人员为数不敷以接替彼等之位置,彼辈日籍技术人员遂成为中国若干地区之经济生活及大众生计所必不可少。

美国政府始终认为,为遵守《波茨坦宣言》及免除中国境内日本恶势力可能复起之危险,所有在中国之日籍国民,均宜于最近遣送回国。姑不论中国政府可能有充分理由,主张暂时留用若干性质特殊之日侨。美国政府仍然认为有将大多数日侨包括所有自愿遣送者在内,尽速遣送回国之必要。美国政府并认为,准许留用者应仅限于若干赋有职务上或技术上之专长而中国一时无适当人才接充之日侨,且过去记录能证明彼等并不危害中国之和平与安全者。尤其是此等允许居留之专家,应能确切证明彼等并无所有主或重要之管理人地位,彼等在中国并无实际财产利益,亦未代表是项利益。同时,彼等并非极端军国主义会社之社员。

美国政府为使遣送日侨事从速完成,已经动用为数可观之美国船只及人员,此项供应势将自该项任务中撤离,因其已逾预计之需要也。当兹机构与设施当可利用之际,允宜尽力遣送最大多数之日人。美国政府深信中国政府对上述意见亦具同感。并趁此机会重申,保证愿以适当方法,协助中国政府执行遣送居住于中国之日侨回国之政策,并自亚洲大陆消灭危险的日本势力之残迹。

本代办顺向贵部长重表敬意。

此致

史麦斯

  可叹的是,对于战后日军日侨残留山西,阎锡山非但不顾中国共产党和中国人民反对,一意孤行,史麦斯发出《照会》后也置若罔闻。以至"残留事件"未能终止,在军国主义势力策划组织下,图谋"规复日本之权势"继续制造新的战祸,破坏中国人民的幸福安宁。且残留山西日人总数1947年又增至约一万三四左右。

战犯澄田、河本等逍遥法外

1946年5月3日,远东国际军事法庭正式开庭,28名日本甲级战犯被带上被告席,长达两年多的东京大审判拉开帷幕。

此前,同盟国战争罪行调查委员会远东及太平洋分会,1945年9月已在重庆列出342名日本战犯嫌疑人名单。10月至12月间,经蒋介石核准,中华民国外交部分两批向盟军最高统帅提出土肥原贤二、东条英机等33名日本侵华主要战犯。余将远东及太平洋分会所列日本战犯嫌疑人名单,与相关机构会商处理。1945年11月国民政府在南京设立"战争罪犯处理委员会"。对战犯嫌疑人以法律程序进行审判惩处,也于1946年2月开始。

2月1日国民政府司法行政部,发出京训参字第114号训令。文称,"查14年来,敌人纵横于吾国境内,奸淫掳掠,杀戮无辜。强寇所致,概成焦土,老弱妇孺,咸遭浩劫。牺牲之惨,史无前例,今犹尸骨遍地,血迹未干。凡我同胞,莫不切齿痛恨,而含□待伸者,不知有若干万人。兹幸抗战胜利,大乱已平。同盟国家,为伸张世界公理与人类正义,对于战争罪犯,不得不加以惩处,以求世界和平,而绝人类残杀之祸源。关于战犯之处理,除国际战犯应由同盟国特设之机构审判者外,概由我国军事机关组织军事法庭依法审判。"文件附发《战争罪犯处理办法》《战争罪犯审判办法》《战争罪犯审判办法施行细则》《审判战犯军事法庭及所在省区高等法院一览表》。

遵照司法行政部《训令》及所发附件,1946年4月第二战区司令长官部在太原设立审判战犯军事法庭。庭长由当时山西省高等法院庭长、地方法院院长郭华兼任。审判官有毛源、柴月溶、马道弘、杨积雍。检察官先后为胡俨、刘之翰。同年春,设立战犯拘留所,宪兵司令部开始逮捕战犯。

据1946年6月1日原驻晋日军第一军参谋长向中国派遣军参谋长的报

告,太原地区被定为战犯嫌疑人的日军官兵等共14人。他们是:

澄田睐次郎　　原第一军司令官　中将（当时尚未拘捕）

三浦三郎　　　原第一一四师团师团长　中将

恩田忠录　　　原第一军司令部部附　大佐

白岩定夫　　　原第四独立警备队第二三大队大尉(转第一军司令部)

佐藤彦七　　　原第一一四师团独立步兵第一九九大队上士

大竹善夫　　　原独立混成第三旅团独立步兵第十大队下士

佐藤义雄　　　原第一一四师团炮兵队卫生上等兵

东本谦一　　　原霍县宪兵队队附

结城初　　　　原霍县宪兵(正在接受调查)

后藤好雄　　　原霍县宪兵队队附

冢越大三郎　　原宪兵

中村秀夫　　　原平鲁县警务指导官

鬼头茂　　　　原平遥宪兵队

山崎茂市　　　原榆次宪兵

在民国山西省高等法院档案中,1946年至1947年太原逮捕的日本战犯还有:

柿副善治　　　曾任灵邱县伪警察队指导官等职

濑户山魁　　　曾任新民会山西平定县总会干事、伪山西劳工局副局长等职。

另,驻大同的日军第四独立警备队,被定为战犯嫌疑人的有:

林丰　　　　　司令部部附　大佐

五味丑之助　　独立步兵第二二大队大队长　少佐

矢岛哲夫　　　司令部大尉

冈田源吾　　　独立步兵第二二大队主计　中尉

七七事变后日军在山西逞凶立威,屠戮、奴役山西人民,所犯罪行罄竹难书。第二战区审判战犯军事法庭立案审理的日本战犯,仅寥寥十数人(不含日军第四独立警备队战犯嫌疑人),显然不能惩戒战罪、平息民愤。而整个审判过程,也应付拖延、扑朔迷离。

暮春时节,柳絮团团缕缕。审判战犯军事法庭庭长郭华,翻阅着各地送来的检举战犯罪行材料。

轻轻叩门声响过,走进第二战区司令长官部军法处处长关元昌。

"郭庭长重任在肩哪!"关元昌坐在郭华对面:"对日本战犯打算如何处理?"

郭华猜想,关元昌是奉阎长官之命来打招呼的。因为阎锡山利用投降后的日军对抗八路军,已是一个公开的秘密。于是也就不兜圈子了:

"你我都知道,要说山西的日本战犯,有三个重要人物不能不提。身负战罪的澄田睐四郎、三浦三郎,是山西派遣军级别最高的两个中将,都已列入国民政府军令部发来的战犯名册。另一个恶名昭著者,就是炸死张作霖的河本大作。澄田睐四郎是第一军司令官,又被阎长官聘为二战区司令长官部总顾问。三浦三郎也是长官聘用的顾问,原拟任特务团总指挥。如果将澄田他们判以重刑,势必影响残留日军军心。河本大作,同样不是等闲人物,在残留日军日侨中是个'主脑'哪。从阎长官的角度考虑,对这些人自然是暂缓审判,拖延一段时间好些。"

郭华把自己的想法和盘托出。这些问题在他心中萦绕,已经不是一时半会了。况且由他兼任审判战犯军事法庭庭长,也是阎锡山定的。

关元昌会意。

郭华看着关元昌,又摇摇头说:"可成立审判战犯军事法庭而不审判战犯,不但对不起人民,而且对不起国家。再说审理案件有一定期限,无故积压要受惩戒处分。我的意见,战犯还是要审判。你说呢?"

关元昌:"与长官商议后再说吧。"

过后没几天,关元昌来了。对郭华讲:"长官的意思是,要进行审判未尝不可,但澄田、三浦等几人,总以暂缓审判为宜。"

郭华觉得只要审判战犯开始,已可应付环境,便点头道:"可以。"

山西境内日本战犯嫌疑人中,澄田睐四郎的军阶和官职都最高。自打四国《波茨坦公告》发表,他的心里就一直敲着小鼓。——"欺骗及错误领导日本人民使其妄欲征服世界之威权及势力,必须永久铲除","对于战罪人犯,包括虐待吾人俘虏者在内,将处以法律之严厉裁判"。他反反复复咀嚼着这些话,自感

避之恐已不及。日本投降后没过多久,阎锡山方面真的透露出,由于"澄田机关"战罪,他已被重庆列入了战犯名单。

"澄田机关"战罪,澄田睐四郎脑子里浮现出当年的场景:1940年9月,他出任法属印度支那国境监察委员会委员长。是啊,毕业于巴黎陆军大学,被视为陆军中唯一的"法国通",哪一个人有这样的过硬条件!那时"澄田机关"编制虽只有59人,却要对海防港和法属印度支那北部与中国接壤的边境进行监察,切断援蒋(介石)物资运入中国,任务确实艰难,但也着实风光哪!坐着河内市绝无仅有的栗色福特迪拉克斯崭新轿车,穿行于绿葱葱的椰子、菠萝等热带林木之中。可就是在那里……他强制着自己不往下想。

对于第一军战后"残留",澄田睐四郎也有过担心。他清楚地知道"日本军队继续保持武装和军人残留问题,这显然违反投降条件",如果因此引发国际问题,对"战犯嫌疑人"的自己将更为不利。但想到冈村总司令向何应钦提议日军残留之深远谋策,又想"阎将军是受降主官"会在战犯问题上为自己提供庇护,为了日本"威权及势力"东山再起,也为自己及军中其他战犯逃避"法律之严厉裁判",那么,第一军实现上头意向,既是"忠义"之举,又能成人成己!再说如果真要发生责任追究情事,还有"自己被定为战争嫌犯处于软禁之中"做挡箭牌呢。

外人眼中,澄田睐四郎是个有着多重性格、捉摸不透的人物。甚至山西派遣军中一些高层与残留骨干,也难能看清其面目。而真实的澄田心计颇深、思维缜密。在风云变幻、历史转圜的非常时期,他与山冈道武默契配合,投入日军"山西残留"的策划组织。同时,抓紧时间先让战罪明显的部属使用假名调离原来部队,混杂于普通侨民中遣返回国。对此,澄田睐四郎在回忆录《我的足迹》中,有过洋洋自得的表白:"这是一次很大的成功。因此,在我下属官兵中被处决的战犯微乎其微,可能只有三名。"

1946年夏第一军主体遣返后,澄田睐四郎被山西宪兵司令部"拘捕"了,可"一天也没有尝过俘囚的痛苦"。他在同一本回忆录中写道:"我和三浦中将二人得到阎的特别照顾,各给了一套房子。房子原来是为德国工程师修建的,相当漂亮。出门给派车,生活毫无不便之处。……白天天气晴朗就坐车外出钓鱼,夜晚则下围棋、打麻将,有时还打打台球借以消遣,真是幸运得很。"

当时,按照中国陆军总司令部命令,侵华日军总体遣返后,"中国战区日本官兵善后总联络部""山西地区日本官兵善后联络部"等各地区善后联络部,于1946年5月30日前撤销,在南京、北平、太原等八处留设"联络班"。"太原日本联络班"由山冈道武当班长,担负战犯嫌疑人联络关照、证据材料准备及未遣返留征用人员收容等善后联络事项。在此合法幌子下,不仅战犯案件的诉讼可以有力应对,更重要的是军队残留仍能继续组织实施。澄田想好了自己的角色定位:不便公开露面,在幕后吧。

这天,山冈道武来到澄田睐四郎的"囚室"。这种场合,当然只有他们二人。

"澄田君,贵体安好!"

澄田睐四郎微笑道:"有阎将军在山西,有您留太原联络班,我的'囚房'生活过得不错。"

山冈道武:"我照顾您名正言顺,有关辩护材料的收集、准备也请放心。'太原日本联络班'已正式成立,地址在城内南华门。人员基本照咱们商定的,我任班长外,成员有后闲章次、加藤盛世、上村智次、市川敢一、高田博、松原太市等,还有您的副官冈野克己、我的副官名和贞弘。有这些人跑前跑后,我们就更方便了。另,岩田清一、今村方策、杉野俊三郎、藤本秀雄、赤星久行、布川直平、三浦龙之助等残留骨干,也都进联络班了。按中国陆军总司令部'诚字350号'原命令,人数是在10名以内。不过我们的人数增加到58名了,有阎长官凡事都好协商。"

澄田睐四郎握握山冈道武的手:"咱们一前一后任职山西派遣军,被外界称为'有名组合'。有山冈君,一切我都放心。"

看着澄田睐四郎深邃的目光,山冈道武继续说:"大部队遣返回国后,该进行残留武装的统一、整编了。"

"部队首领……"澄田很关心这个。

"名义上,总司令由山西军赵承绶兼任。让我们的元泉馨旅团长任副总司令吧,还有岩田清一以高级参谋把握实权呢。"山冈道武知道,在第一军司令部,岩田清一被澄田司令官倚为心腹,最能理解司令官的意图。

澄田睐四郎点头。

澄田就这样过着日本战争嫌犯的"囚房"生活,做着残留日军的幕后主脑。而民国山西高等法院战犯档案中,也看不到澄田睐四郎的案卷。在1948年夏,太原绥靖公署又专设"郑总顾问室",华名"郑成天"的澄田睐四郎,再次当起阎锡山的总顾问。

山西战犯嫌疑人中另一名将官三浦三郎,1893年出生在日本东京,毕业于陆军大学。早年曾任职关东军宪兵队、广岛宪兵队、大阪宪兵队。日本全面侵华战争中,先后任中国派遣军宪兵司令部部员、华北方面军宪兵队司令、关东军宪兵队司令等职,是地地道道的宪兵出身。1944年10月,三浦出任第一军一一四师团师团长。日本投降后,该师团从晋南驻地集结于晋中,师团司令部驻榆次。

榆次位于太原城东南,相距30来公里。驻榆次后,三浦三郎面对的两件大事,就是部队遣返与武装残留。遣返乃战败大势所趋,做好组织工作即可;残留则关涉国家利益、军人命运。为筹策组建残留部队,军参谋长山冈道武,屡次向自己的师团通告相关事项,并亲赴部队组织动员。司令部正式发来的电报,更直接把2500名残留名额分配给一一四师团。山西方面,旧省长(伪)苏体仁,阎长官身边的梁綖武、徐士珙、张文炤等,也常来联络。更有影响力的是,第一军司令部两位首脑,还有陆军中老资格的河本大作,都抱定了残留山西的决心。三浦三郎也认为,"从思想精神及军事技术上对山西有所寄与,努力创造将来山西省与日本特别提携的基础,确是为国之举。""在中国大陆尽可能多的留下一些人,结成日本将来海外发展的基础,比起返回国内更有意义。从战后现实状况看,更是这样。""就是在维护日本国体方面,中国赤化也会产生重大危险与影响,日本人防止中国赤化,这毫无疑问是爱国行动。"

三浦三郎投入日军残留组织活动,也成为残留势力中有影响的人物,并被定为残留部队"特务团"总指挥。他贯彻落实第一军残留命令,讲演军队残留理念、意义,并对一些官佐说:"我不回国,你们也都给我留下!"1946年3月总军司令部宫崎舜市督促遣返来榆次同他谈话,三浦曾表示"让大家都回国",但只是现场应答之词。第一军主体遣返时,一一四师团官兵并没有"都回国",而在榆次、平遥各组建一个团的残留武装。当然,三浦三郎"不回国"还有一个重要原因:1946年2月国民政府军令部发到二战区长官部的战犯名册中,三浦三郎也榜上有名。

4月,榆次城里城外渐次柳绿花红,潇河水哗啦啦清亮悦耳。可三浦三郎戴着愁帽,清丽景色不能进入他的观感。1945年9月,三浦被阎锡山聘为顾问。其"战犯嫌疑人"身份,尽管阎锡山极力庇护却仍难开脱。1946年2月12日山西即致函中国陆军总司令何应钦,称"战犯表内之三浦三郎罪行,与一一四师团师团长三浦三郎无关。"3月4日二战区长官部又以战犯名册中"所列事实非伊之责任"为由,提出对三浦三郎"拟不予扣捕"。但何应钦给予的答复是,"三浦三郎是否有罪,须军事法庭审理。该联络任务完成后仍应逮捕"。阎锡山不得已于3月18日复电何应钦:"三浦三郎遵即加以监视。"4月27日,二战区长官部终于发出感午代电:"三浦三郎应将该师团复员事宜处理完毕后,即日来宪兵司令部报到。"

4月28日三浦三郎被山西宪兵司令部"奉令逮捕",住到太原工程师街原第一军司令部官长宿舍,那处"原来为德国工程师修建的相当漂亮的"洋房,门口有宪兵队的值班哨所。随后,以三浦为首的"军技研究部"在这里设立起来(1947年2月迁至榆次晋华纺织厂)。山西宪兵将官、校官等,被召集到三浦"牢房"接受培训。三浦三郎出入"牢门",门口把守的宪兵对他举手敬礼。

军技研究部除对山西宪兵进行训导培养、特务间谍活动等业务训练外,并进行情报收集,迁榆次后还指导驻地军队对解放军作战。

这天,三浦三郎把研究部人员新井、村濑、武部、峰村等叫到房间。就要对宪兵二十五团训练了,培训计划和内容需要提起准备。

"这次参训人数80多,训练内容主要是国际间谍技术、军中民主运动监察方法。当然,还要介绍日本宪兵镇压共产党的经验。"三浦一边翻看桌上的教材一边说。

村濑:"训练对象呢?"

三浦指了指新井亨,又低头挑选教材。

新井:"以该部少将团长樊明渊为首,还有校级军官和尉级军官。"新井亨是三浦三郎的贴身翻译,在与阎锡山方面交换意见时,好些情况已经知道了。

三浦三郎:"以后还要对山西各级宪兵的军官进行特务训练。"他拿起《情报教程》《特高警察教程》说道:"间谍工作的好坏,会决定一个国家、一个政治集团的命运。我们不仅要利用这些教材训练中方宪兵,而且要研究对付共产党的办法,积累将来同共产党决战的资料。"

经过准备,这次训练从1946年5月一直搞到9月。

三浦就这样开始了他的"监禁"生活。太原审判战犯军事法庭档案卷宗中,

对三浦三郎的审讯记录只有一条:"1947年2月13日提审三浦三郎,因病未到庭。"5月5日太原绥靖公署代电称,"据查一一四师团长三浦三郎无犯罪事实。"5月9日,军事法庭检察官作出"三浦三郎不予起诉"的处分书。8月13日,由阎锡山签署,太原绥靖公署致函审判战犯军事法庭郭华庭长:三浦三郎一案,经转呈国防部核示,"嫌疑不足,依法予以不起诉。"而此前两月,在残留日军改编为"暂编独立第十总队"的同时,三浦三郎已于1947年6月出任设立于太原绥靖公署的残留日军高级将领军事顾问机构"蒲(三浦三郎,华名"蒲晋业")研究部"主任。

山西审判日本战犯中,在恶名昭著的河本大作身上,又有怎样的怪事呢?

1946年东京大审判,在主题为九一八事变的庭审中,日本原陆军省兵务局长田中隆吉提供的证词,从皇姑屯事件讲起。说皇姑屯事件的详细经过,是听主犯河本大作大佐本人说的。长勇大尉也对他(田中)证实了,而且陆军省原来有一份详细的事件经过调查书,他亲眼看到过。

当时,国民政府曾查找河本下落,拟送交东京国际军事法庭。但河本大作却在阎锡山庇护下,使用着"川端大二郎"的日名和"黄兆丰"的华名逍遥法外。

不过明知河本大作不会讲真话,阎锡山还是通过西北实业公司经理彭士弘,让河本留下一份材料。河本大作写了《关于张作霖谋杀事件之辩诉书》,诡称皇姑屯事件的发生,固有少数青年将校参与其事,而主要全系基于民间志士浪人之主倡而行之者。担任关东军警备参谋的他,只是"迨事件发生后始得获悉",甚至还说,"设若张家父子在日俄之战当时及战后,能体谅日本之立场,一本共存共荣之真谛而解决日本与东北间之外交关涉,则绝不至惹起九一八事变。是可断言,张作霖将军之谋杀事件,与九一八事变,本质方面无任何联系。"

当然,后来河本大作对策划制造皇姑屯事件之事实,及参与九一八事变的活动,也不得不进行交代,那是在新中国成立之后的太原"日本战犯管理所"。但在1946年,"战犯"之于河本大作,只是水面上漂过的一圈涟漪,可谓无惊无险。这个当年跃身日本关东军疯马背上,沿着军国主义方向狂奔的骑手,虽身处悬崖仍不思勒马。正踌躇满志倡论擘画,同残留山西的军国主义势力,组织"残留"总体制的构建,图将伪满洲国建设的思想和经验搬到山西,实现"山西省——小满州建设"的狂想。他仍旧一副拓殖者的做派,出入于澄田睐四郎、山冈道武、元泉馨等日军将领和二战区司令长官阎锡山的处所,费尽心思参与残留划策;坐镇公馆接待指导城野宏、今村方策、上田秀正等骨干分子,处心积虑组织残留活动。

星期天,河本大作把内弟平野岭夫、外甥永井宗男叫来用餐。

"今天,我们还吃日本料理。"他盼咐儿玉鹤枝把饭菜端上来:浓醇的日本清酒,红亮泛白的生鱼片,淡黄色的土豆泥,冒着热气的烤肉、炸鸡,清爽宜口的各样寿司,还有几盘红红绿绿的配菜。味道鲜美,色泽悦目。

"吃,吃!"河本先拿起筷子,把调入沙拉酱的土豆泥送进嘴里。

平野夹起生鱼片,蘸了芥末酱放在舌头上:"很开胃。不错,不错!"

永井吃着酥脆的炸鸡块,对儿玉鹤枝的厨艺赞不绝口:"炸的火候刚刚好,肉的纤维一丝一丝的,有嚼劲。"

河本看看二人,边吃边说:"远东国际军事法庭审判,特别是田中隆吉提供了有关皇姑屯事件与满洲事变的证词,南京国民政府在四处找我。

平野停下筷子:"就是那个'日本的犹大'田中啊,靠出卖和反咬同僚'将功补过'!"说罢,又关切地问道:"那阎长官的态度?"

"他不会把我交出去,但要我写份材料。我知道,阎锡山这里好应付。不过还真是用心斟酌,写了《关于张作霖谋杀事件之辩诉书》,说事件的发生主要是民间志士浪人主倡,我是事后才知道的。"

河本嗤笑一声,就着话头说起张作霖来:"1925年郭松龄倒戈反奉,亏了我关东军为张助战,郭松龄乃一败涂地。可危机过后,张作霖不仅不来道谢,而且也不解决土地问题。当时总领事吉田茂到张作霖那里,如果谈到对他们不利的事情,这个滑头便推说牙痛溜掉。那好,你耍滑头,你不听日本帝国摆布,你是自取灭亡!"

说到兴头上,河本自诩起来:"'东方会议'后不到一年,关东军司令官村冈长太郎,准备暗杀张作霖,打乱其军队的指挥系统。我觉得如果军司令官有此意图,就应该由我们参谋人员去完成,除掉张作霖是我有计划安排的。后来由于国内(日本)混蛋政党起哄指责军部,我才被免职。但我始终是为了日本,为日本的领土拓殖而奋斗的。"这样的话河本大作不止一次说到,是因为这件事对他身心的巨大冲击吧。

"阎锡山也是个老奸巨猾的军阀,他的保护伞能一直为你撑着吧。"平野岭

夫更关心当下。

"尽管都是军阀,可情况不一样。十几年前蒋、冯、阎混战,在阎氏身处危难的时候,我与花谷正将军用飞机把他从旅顺送回山西。这个好阎锡山是记着的,终战后他返回太原还又说到此事。再者,我任山西会社社长期间,一直致力于'对伯工作',也有合作基础。更何况,他现在对付共产党军队,还得日本武装的帮助。"河本大作蛮有自信。

"是啊,阎长官要利用日本人,当然离不开您了。"永井宗男向河本送去讨好的笑,转过脸对平野说:"放宽心吧!保护伞管用的。在山西查找'河本大作',结果已是'查无此人'了。"在河本身边做秘书,这些事永井比平野知道得早。

河本大作似笑非笑,端起一杯清酒喝下肚去:"对我来说,头上'战犯'事不大,肩上'天业'事大!"

对其他日本战犯的审判,山西也在应付、搁置、拖延。这自有山西的特殊性,也是国民党政权垮台前的共性问题。如此状况,被中国人民强烈反对,也遭到国际舆论弹射。1946年12月11日,二战区司令长官部接到国防部代电,内称"审理战犯案件应力求迅速确实,以免招致国际非议,迭经本部以午鱼勤法战京电、酉文法战代电暨申寝防法战电请转饬遵照在案。兹查各地审判战犯军事法庭,审理案件稽延时日者仍属不少,殊属不合。嗣后应力求改进,加紧处理。"1947年1月29日,山西高等法院接到司法行政部通知,文中指出,各地审判战犯军事法庭成立以来,各高等法院对侦查审判战犯工作,"因循弛懈听任搁置者,间有所闻"。为配合、适应东京远东国际军事法庭审判进程,"我国内审判战犯工作,自不便过于落后,致贻讪笑"。通知要求各法庭对配受之案件速行侦查、审判。2月26日司法行政部又发出《关于加紧进行审判战犯工作的训令》,重申1月29日《通知》精神,并指出,"战犯审判工作亟待加紧进行,以期早日完成。唯各军事法庭对于审理业务进行,均甚迟缓……似此因循懈怠、听任搁置,殊属非是。而上海军事法庭办理仅有两案,山西太原军事法庭办理仅有三案,台湾军事法庭则迄未侦查审理,尤属玩忽。"

在国防部和司法行政部督催、批评下,第二战区军事法庭加快了审判日本战犯的进度。

1947年2月7日对战犯灵邱县东河南镇伪警察队指导官柿副善治,执行审判后的处决：

北风呼呼，枯枝落叶在地上打着旋儿。太原新南门外满洲坟，柿副善治被押上刑场。

这个狰狞魔鬼，身戴铜佛一尊。

被他残杀的中国人，有驮米的脚夫、卖柴的村民，有被他强奸的粉嫩少女。更为残忍的是，枪杀关沟村李新民后，割下头颅沸水熬煮，剜出心肝滚油煎炸，然后狂浪吞啖放声狞笑。为了作战便利，柿副还把数十村庄的民房烧毁殆尽……

行刑前一天，原日军第一军参谋长、太原日本联络班班长山冈道武，请求让柿副善治沐浴更衣，戴佛像受刑。

分明是魔鬼，却要佛陀护佑，这也是日本军国主义文化。

继柿副善治处决之后，太原审判战犯军事法庭又于1947年4月8日，对原日军第四独立警备队二十三大队中队长白岩定夫执行死刑。

白岩定夫人称"白阎王"，1941年至1944年驻代县期间，烧毁10余村的多处民房，屠杀村民数百，仅枪杆村一次被杀的就有26人。对抗日部队被俘人员，更手段残虐、百般殴辱。

4月9日，残留日军司令部发出通知：原陆军大尉白岩定夫，于昨日以战犯被执行死刑。本日20时起，在南华门11号山冈（道武）公馆举行守夜活动，希生前友好前来烧香。并停尸五日，举行遗体告别仪式。

同月，残留日军司令部还发出《举行祭拜亡灵法会的通知》，对在侵略战争中死亡，埋葬于原"忠灵塔"的3000余日人，举行春季彼岸供养法会。文中特别指出，"当前正值非常时期，似不宜隆重举行，已决定由山西日侨佛教会主办。"法会议程为：

一、行拜礼；

二、唱诵伽陀；

三、首席法师上香；

四、诵经；

五、各机关代表及一般人员上香；

六、行拜礼。

对屠杀他国人民的亡灵，如此虔诚尊奉、超度祭拜，也可见残留日军内在精神理念。

根据司法行政部训令,山西于1947年10月15日停止"检举战犯"。太原16名战犯嫌疑人,澄田睐四郎、三浦三郎和柿副善治、白岩定夫外,其余12人中,中村秀夫、濑户山魁被判处有期徒刑10年,冢越大三郎被判处有期徒刑7年,大竹善夫被判处有期徒刑6年。佐藤义雄、后藤好雄、佐藤彦七、东本谦一、结成初、鬼头茂、山崎茂市等7人,判为不起诉和无罪释放。原第一军司令部部附、大佐恩田忠录,于1947年6月出任"武(山冈道武)顾问室"顾问,并升级为少将。大同战犯嫌疑人,原第四独立警备队林丰、五味丑之助、矢岛哲夫、冈田源吾4人,则全都参加残留日军部队。林丰、五味并担任残留日军大同总队总队长和副总队长。

民国时期山西阎锡山政权审判日本战犯,就这样翻过了历史的一页。

残留日军举兵出战逞凶作狂

夏日,槐树开出一串串白色的花朵。

残留日军在山里隐蔽时,为了装扮成抗战胜利后返回的阎锡山部队,穿上了槐花染成的粗布军服。风头一过去,日本"鬼子"又大摇大摆出现在光天化日下,有人还重新穿起日军的呢子衣服。

日军第一军主体遣返后,为了整合部队、统一领导,投入对解放区的进攻,合谋社决定"把日人部队整编为在一个司令部统一指挥下的部队",对残留日军日侨武装进行合并整编,整编后名称定为"山西保安总司令部"。

原军队系统部队能照命令执行,但各股侨民武装原先自立山头,现在要进行撤并整合,势力大小与利益关系都会发生变化,引起了强烈争论、不满甚至憎恨。岩田清一以"会给以后作战指挥造成困难为理由",提出从正面回避。由城野宏、今村方策实行强制整编,与阎锡山方面共同办理。

6月4日"山西保安总司令部"正式成立。原残留日侨武装铁路护路总队、五台工程队、保安警察队等,除遣返归国人员外,并入残留日军主体部队。保安总司令部下属六个保安大队(团)和大同总队,司令部直属工程队、通讯队。保安总司令部司令,由第二战区第七集团军司令赵承绶出任,原日军第一军独立步兵第十四旅团旅团长元泉馨任副司令,第一军司令部参谋岩田清一以高级参谋掌握实权。

当月,保安总司令部制定《保安总司令部各保安大队合编表》及编制、驻地、经费、装备表等5种。

保安总司令部各保安大队合编表

原部队名	合并部队名	编成保安大队名	人员数	大队长名	备考
第一工程队	第二工程队(十总队)	保安第一大队	393	田小舟	
第七工程队	五台(井上十小羽)	保安第二大队	482	晋树德	
第三工程队		保安第三大队	346	周伯孝	
护路第四大队	护路第六大队	保安第四大队	377	谷敦雄	
护路第五大队		保安第五大队	334	苏雄信	
第六工程队	保安警察队	保安第六大队	445	傅直平	
第八工程队		保安第七大队	718	陈丰山	
第八工程队		保安第八大队	841 新增在内		未确定
第八工程队		保安第九大队			
通讯队		司令部直属通讯队	100	任理哲	
土木抢修队		司令部直辖工程队	186	杨友林	
合 计			3381		

各大队人数总合计4222名(上表"3381"中未包括新增"841")。

第一工程队"合并部队"项下"十总队",当指1946年3月1日由伪军改编的山西军暂编独立第十总队。据城野宏《山西独立战记》,1946年春残留日军第一工程队在陈家峪隐蔽时,原伪军中一些军人"要求我们收留他们……"

表中担任大队长的日本人,都隐去原名用了华名。田小舟(小田切正男)、晋树德(今村方策)、周伯孝(大庭孝一)、谷敦雄(古谷敦雄)、苏雄信(薮田信雄)、傅直平(布川直平)、陈丰三(林丰)、任理哲(日里哲二郎)、杨友林(铃木友枝)。

合编后,保安总司令部、第一大队、第三大队、第四大队、第六大队驻太原,第二大队驻原平,第五大队驻阳泉,第七、八、九大队驻大同。

按编制表,司令部(含通讯队、工程队等直属单位)编制人数为389名,各大队编制人数500名,总计4889名。10月,各大队编制扩大为700名,总人数又有增加,在编军人中填充有人数不等的华籍队员。

1946年6月,残留日军保安总司令部即发出第一号作战命令,由高级参谋岩田清一部署,少将部附藤本秀雄指挥,保安第一、二、三、四、六大队出动兵力,编成"讨伐"总队,配合阎军在晋中汾阳、太谷周边作战,"清剿""扫荡",抢夺粮食,直至7月下旬。

晋中平原东依太行,西屏吕梁,汾水哗啦哗啦由北向南流淌。土地腴润,物产丰富,盛产小麦、谷子、玉米、高粱。晋中腹地汾阳、太谷及相邻数县,更是重要的农产区。端午节前后,麦田大片大片由绿转黄。农民们整好场院,在笑歌声里抢晌收割。这是打走日本"鬼子"后第一个麦收啊。

太阳刚刚出山,太谷阳邑东南山区升起蔼蔼炊烟。吃过早饭,墩子全家劳力出动,带着麦绳、推车,唱着秧歌《割田》,赶到自家地头。

墩子开垄,父亲和弟弟紧跟。时近晌午,10亩地的麦子已经放倒大半。父子三人一边把割倒的麦子捯好捆起,一边等着媳妇往地头送饭。

饭时过了,还迟迟不见媳妇身影。

忽然,村里传来噼噼啪啪的枪声。附近郝家庄、石圪垯、冯家山一带,枪声也接连不断。

墩子惦记媳妇,放下麦绳朝家中急奔。看见村里开来大队人马,说话叽里哇啦,是身穿"二战区"军服的日本兵。邻家告诉他,"鬼子"又"扫荡"抢粮了,周围布有荷枪实弹的岗哨。

在一个麦垛后,他看到了媳妇:头发散乱,腿下流着血,送饭罐被甩出好远,饭菜撒了一地。

"'鬼子',日本'鬼子'。四个,……"泪蛋蛋从媳妇脸上滚下来。

"操你娘日本'鬼子'!投降了还发赖作恶?!"墩子踉踉跄跄,把媳妇抱回家中。

第二天中午,村头大树下堆积了"征粮小组"强抢的麦子。"讨伐"总队二大队二中队80多名日本兵,大口吞啖着刚刚宰杀的猪肉,嚼着新麦面煮的面条,

听中队长井上义雄训话：

"这次'讨伐作战'、麦收征粮，时间一个月。由藤本秀雄少将担任总队长，各保安大队大都出动了人马。这是我们保安司令部的第一次军事行动，要做给阎长官看看！你们各分队有什么情况报告？"

三分队队长岛崎金站起来："小麦之外，我们还'征集'了牲畜、衣物、家具……"

"好。通通要！"井上义雄向远处望去："这里，'共产军'的地盘，狠狠下手！现在我们是山西军的朋友。共产军，死对头。"

一分队队长宫泽贞继报告："队员藤本繁美、云田粉之助、嵯峨义昭、鸟居嘉吉，强暴一少妇。"

井上眨眨眼睛，看着四人说："不是有慰安所嘛，山野之花是不是更鲜？"说罢，摆摆手。

二分队队长冈田敬报告："执行任务中，一老太婆……"

"已经知道了！中国老婆子死活算不了什么。"

老妇人抱着家里的东西不让抢，被保安队日本兵踢倒枪杀时，井上就在不到100米的地方。

从6月22日出发，到7月20日结束，藤本秀雄指挥各保安大队"扫荡"抢粮，奸淫掳掠，"完成了重大任务"。仅井上义雄带领的二大队二中队，在太谷县阳邑、东里等地即抢粮五六十吨，还有牲畜、家具、餐具、衣物等，并一再发生轮奸妇女事。

紧接着，在6月至9月的晋北战役和大同集宁战役中，残留日军保安第二大队、大同总队，投入对解放军作战。

晋北战役打响后，解放军连续攻取宁武、繁峙、代县、崞县等地。保安二大队从驻地原平镇撤至忻县县城，与守城总指挥、山西军第十九军军长于镇河部配合，展开忻县防守战。

保安二大队之母体为原驻防晋北的日军独立混成第三旅团。大队长今村方策是旅团司令部高级参谋，炮兵出身；副大队长相乐圭二是独立步兵第九大队大队长。

激战即将开始，今村、相乐和于镇河等，对忻县城周进行勘查。

于镇河在前，今村、相乐随后，登上忻县城门。

"忻县素有'晋北锁钥'之称,历代为兵家必争。这次守城作战,对山西和华北的战局都非常重要。"于镇河边走边说。

"相邻数县相继失守,贵部关南军所属部队,有些是退下来的武装,士气颓丧,战意消沉,恐对战役不利。当然,于阁下的人格魅力,有如怡荡春风,自能化解军士萎靡情绪。"今村方策非常看重作战中"指挥官的人格"。

相乐圭二:"于军长乃军中宿将。'日中事变'爆发,阁下带兵开赴平型关、忻口,皇军是你的死敌。可今天我们已经是朋友了。哈!用中国人的话说,是"山不转水转"吧。只要我们合力,共产军不在话下!"

今村方策对于镇河说:"知道吧?终战前相乐大队长就在忻县驻扎,熟悉地形与环境,这里可有他的用武之地啊。"

面对帮助山西军打仗的残留日军指挥官,于镇河微微一笑:"有二位虎将亲率保安大队参战,忻县防卫不成问题。"

几人边走边说,又重点勘查了匡村、樊家野场和西面高地等军事要点。

"保证守城万无一失,需沿樊家野场—忻县车站—北兵营—匡村—西面高地—南关,构筑坚固的防御线。"相乐圭二对忻县城周果然了如指掌。

"把防御重点放在北兵营—匡村,从兵力部署和精神动员上做好迎战准备!"今村方策显得十分自信。

于镇河点点头:"那忻县城防计划,阵地构成和兵力配置等,就拜托二位了!"

今村方策补充道:"还有炮兵运用计划,大大的重要。对官佐、士兵的教育训练,也须在战前和战事间努力进行。百项妙计,不如一项努力,努力面前无不可能。"

于镇河:"当然,当然,炮兵威力必不可少。努力训练和作战,更乃制胜法宝。"

战斗很快打响了。今村方策兼任关南军指挥部参谋长,相乐圭二兼任关南军指挥部联络参谋,制定作战命令和战术指导,在弥漫的硝烟中,督励、指挥关南军下属部队和残留日军保安二大队兵力,与解放军展开恶战。

解放军攻势凌厉,从7月20日至8月11日,发起大规模进攻,多次夺取敌方阵地。北兵营、忻县车站、南关等战斗尤为激烈。

今村、相乐组织炮阵与轻重火力轰击解放军阵地,率队死战、白刃格斗,对

解放军大量杀伤,还拆毁民房,"扫荡"掠夺。"决胜忻县城防"侥幸得逞。

今村方策因此而声名大噪。"忻县之战"经验,及"努力面前无不可能""智力补勇气之不足""训练无终点""指挥官的人格"等,突显其军事素质与带兵理念。后残留日军改编为"暂编独立第十总队",今村出任总队长,成为统帅残留日军的第一号人物。

当时为解忻县之围,山西军救援部队开往太原、忻县间阳曲县高村一带,残留日军保安总司令部也出动两个大队驰援,对攻打忻县的解放军形成夹击之势。解放军以"能取即取之,不能取即置之"的战术,在8月中旬打通大同以南怀仁至太原以北大盂镇间广大地区,控制大同至忻县的北同蒲铁路后,把战局重点转向大同、集宁战役。

大同、集宁战役于7月31日展开。解放军与山西军第八集团军副总司令楚溪春任指挥的大同守军,及第十二战区司令长官傅作义的增援部队,驻大同残留日军保安总队第七、八、九大队展开鏖战,历时一个半月。原为战犯嫌疑人的林丰、五味丑之助,已摇身变为大同保安总队正、副队长,明火执仗率队出战。在七里村、南庙附近、大同车站、北门外,及日前外围作战中二十里铺附近、白家窑附近等地,与解放军死拼硬战。据《教导总队请领1946、1947两年度阵亡日籍官兵1949年抚恤金名簿》,死亡原大尉矢岛哲夫等日籍军人58名。林丰(华名"陈丰三")则因战功被授予干城奖。

8月下旬,保安总司令部又发出命令,由野战军第二纵队司令岩田清一率领,残留日军保安第一、三、四、六大队和山西军暂编独立第八总队参战,对共产党太行根据地进行突袭"扫荡"。

所谓"野战军第二纵队司令部",与保安总司令部参谋处为一套机构。残留日军日侨武装合编为保安总司令部后,岩田清一虽以高级参谋掌握司令部实权,但若指挥实战却名不正言不顺。况保安二大队大队长今村方策,原军职也在其上。于是因人设事,专为岩田清一设此指挥机关。岩田以"纵队司令"头衔,指挥今村、薮田部以外的残留日军保安大队和伪军改编的山西军暂编独立第八、九、十总队,对解放军作战。1947年6月残留日军改编为"暂编独立第十总队"后,"野战军第二纵队司令部"撤销。

太行山西翼,蜿蜒起伏的黄土路上,飘动着日本太阳旗和"神州疾风队"队旗。马背上,岩田清一腰挎手枪,保安队长们身佩长刀,带队穿过解放军火力网,在寿阳、榆次附近打进楔子,穿过陡峭的山崖突袭根据地部队,却被解放军包围在寿阳县景尚、贾豹一带。与保安第六大队和山西军第八总队也失去联系。

黄昏降临,天边橘黄色的云团转向灰暗。

岩田清一发出命令:"小田第一大队、古谷第四大队,组织火力突破包围圈,向芦家庄集结!大庭第三大队负责后卫警戒!

密集的火力网中,保安第一大队、第四大队强行突围。

射击、血刃、伤亡,双方战斗激烈。

"这种东西就是在这个时候起作用啊!"小田切正男拔出军刀大吼,与古谷敦雄各率大队冲出解放军的包围,往芦家庄败逃。

担任后卫的第三大队掩护主力突围。大队长大庭孝一,端枪向解放军重机枪发射。

子弹急雨般飞来。大庭腿部血流如注,落马倒地。他翻身坐起,向身边的副官木村嚎叫:"快把我的头颅割下来带走,不要留给敌人!"

冒着飞蝗般的枪弹,木村把大庭背到低洼地带。割下他的头用衣服包起来。

战场上先后死亡的,还有副大队长小川龟吉和不少日本兵。

当晚,保安第三大队最后撤出景尚村。在一处僻静的山崖下,日本兵捡来干枯树枝,火化了大队长大庭孝一、副大队长小川龟吉等战死者。

哭声呜呜哇哇,传向不远处避难的人群。没等妈妈掩住惊吓中小儿的啼哭,日本兵扔来的手榴弹已经炸开了。

"残留"日军保安总司令部三大队大队长大庭孝一　　胸前挂大庭孝一骨灰盒的永富浩喜

117

"扔几颗手榴弹,炸死!"二中队中队长中井勖命令部下。

火光中,十几个村民丧生,肚子被炸开的,腿被炸断的,身子炸的不见踪影的。

山道弯弯,马蹄嗒嗒,还是来时的黄土路,还是路边的山峦、树木。保安队旗偃音抑,马背上没有了威风凛凛、头裹"神州疾风队"的大庭孝一。他的骨灰被之后继任大队长的永富浩喜挂在胸前,与大队人马返回太原驻地。同时带回的还有其他阵亡者骨灰,有民宅中抢夺的金耳环、银手镯和银元。

"只要日本军出动,八路军就不在话下!"曾经口出狂言的残留日军,被打得落荒而逃。撤退芦家庄的岩田清一,听到大庭孝一死亡、部队蒙受重大损失的消息,带着人马发疯般地报复。在附近的村庄见人就杀,见东西就毁,见牛羊就抢。中国百姓对日军的刻骨仇恨,又划出一道道印痕。

《晋风》创刊辞"百忍有大和"

几次战役下来,残留日军人员伤亡接连不断。忻县、大同、太原都相继召开追悼会。日本军人士气消沉,精神迷惘。

为振奋队伍,振作士气,"贯彻恢弘大业之宗旨……坚持到底,向必至必成之大业迈进",保安总司令部加强了"残留"文化建设,创办残留期间最具影响力的核心刊物——《晋风》。《晋风》于1946年秋酝酿创办,初名《恢兴》,寓意恢弘天业、复兴日本。发刊时"因故"改名为《晋风》。其意既合残留日军以山西为复兴基地,又隐喻留晋大业风起云行。

1946年12月,残留日军综合文化杂志《晋风》正式出版。创刊辞《百忍有大和》:

岁月荏苒,战争结束迄今已一年有余。几千同志正在以战败余生羸弱之躯,胸怀丹心遥望混沌动荡之祖国,在相距万里的异国他乡,挺身奋战于战火旋涡之中,以图填补历史所留空白。精诚团结,凝聚一体,豪气凛然,斗志

"残留"日军综合文化杂志《晋风》

昂扬,忍眼前之苦难,期他日问鼎天下。在晋中晋北战场阵地,已有百名先烈英勇牺牲。雄图未果,遗恨朔风。恢弘大业至难至艰,非一朝一夕所能成就。每思至此,更增沉痛惋惜之感。为此,吾辈要继承先烈遗志,贯彻恢弘大业之宗旨,生所不能生,忍所不能忍,坚持到底,向必至必成之大业迈进。成败任由后世史家评说,吾人只最大努力于最善策。

本刊自知渺小,影响微不足道,但为记录留晋日东丈夫之足迹,成为英勇战斗、奋发直前道路上的指标,进而创造百忍大和、同心一致之契机,特此发刊。

本刊定名曰《晋风》。

《晋风》初由保安总司令部副官处《晋风》编辑部主办。1947年3月由改编后的山西野战军司令部接办。同年6月后由暂编独立第十总队副官处(后为文化部)《晋风》编辑部主办。刊载内容主要为反映残留活动的论文、研究资料和小说、诗歌等,也转载日本国内文章。1948年3月后《晋风》由教导总队政工处文化部接办。约1948年11月,《晋风》与"亚民会"山西产业技术研究社东风编辑部《东风》合刊,以《读物》接续出版,平野岭夫担任主编。

与《晋风》创刊同一时期,晋风剧团、大行剧团、松永演奏团及各部队演出小组先后成立起来。创作了《残留之歌》等歌曲与剧目。许多剧目中出现了这样的情节:残留山西的日本人,派使者回到日本,联络故旧、招募同志,然后手拉手返回山西。

闹腾腾的体育竞赛也接二连三举办。棒球比赛、枪刺比赛、角力比赛、相扑大会等,在大队与大队之间、各大队内部进行。

太原体育场,声浪喧豗。

残留日军上千人进行"盛况空前"的棒球联赛。骑在马上的拉拉队长,穿着黑色花纹裙裤,举着印有太阳图案的折扇,声嘶力竭挥臂指挥。队员们扯着嗓门,呜里哇啦呐喊助阵。光天化日之下,竟然打出了日本太阳旗。

一位由南京来并的国民党军官发现后,愤然进场没收太阳旗。厉声叱喝:"投降的日军,在中国打出这样的旗帜,简直岂有此理!"

"残留"日人大行剧团举行公演

日本军人却有恃无恐,怒气冲冲围拢过来,摆出架势要"狠狠揍他一顿"。

运动会组织者怕事情闹大,先让国民党军官安全退场。事后却通过"日管组"组长张文炤将其逮捕,从他的皮箱里搜走作为证据保存的太阳旗。而以"盗窃和破坏秩序"罪驱逐省外,铐着手铐押至石家庄方予释放。

国民党军官回到南京后,立即向中央政府报告,"在山西残留有大批日军,还打出太阳旗公开活动。"南京政府向山西了解此事时,阎锡山的答复是:"不知道那回事。大概是因为我们以盗窃罪把他抓起来,发泄私愤吧。"

在收住残留日军伤病员的共济医院等处,也不断组织慰问演出和体育赛事。

转眼之间,1947年元旦、春节降临。

元旦那天8时30分,残留日军保安总司令部、各保安大队在同一时间举行面向天皇的遥拜仪式。仪式结束后开始团拜,中午是丰盛的会餐。

海子边"合谋社"大礼堂,连续两天举办文艺大会演。晋风剧团和各保安

大队,都拿出精心准备的参赛节目。形式各色各样,戏剧、舞蹈、滑稽表演、浪花曲说唱等;节目古今杂陈,《仙太郎哀歌》《大杂院的武士道》《人生的风车》《残雪》……勤王志士的隐忍意志,武道精神的舍命献身,遥远故乡的往事记忆,现实生活的情境冲突等等尽在其中。

保安总司令部还专门租用市内剧场,公开演出副官处处长长野贤创作的《楠木正成》。楠木正成是日本镰仓幕府末期到南北朝时期保皇派武将。1336年在凑川率军迎战足利军,兵败后与其弟互刺身亡。后被视为"武士道精神的典范""武神"。而在长野的剧本中,楠木被塑造为使业已灭亡的国家重又复兴的英雄,将残留理念形象化。

东华门元泉馨公馆,1日、2日都制备酒饭,邀请残留骨干光临。3日下午安排了新年俳句会、纸牌会。

元旦后接踵而至的春节,接连三四天笼罩在漫天飞雪中。日本军人长年远离家乡,非常喜欢雪花翩翩飞舞的姿态,这常常让他们想起樱花,想起樱花树下的亲人。但是这个时候,机甲队官兵却身处风雪交加的炮火中,雪花带给他们的是饥寒交迫的艰难困境。

1月17日汾孝战役打响,18日解放军攻克孝义县城,汾阳也处于被围态势,同蒲路边的介休、平遥顿时受到威胁。阎锡山急急组织三十三军、三十四军、四十三军等兵力确保汾、介、平,并向孝义反扑。机甲队也出动坦克两辆、装甲车12辆,及汽车运输连、整备排、步兵等,在赵承绶、元泉馨率领下,与山西军七十一师、八总队、九总队分路从太原出发,由文水、介休张兰开赴汾阳、孝义。

激战在汾、孝平川全线展开。

1月22日是大年初一。汾阳县田屯村炮火横飞,机甲队司令赤星久行、参谋长宇野昭夫和华籍副司令韩文彬,率坦克、装甲车开路前行,山西军第八总队紧随其后,向桃园堡解放军展开攻击。由于地形复杂,坦克循凹道行进,不能发挥火力。行至解放军阵地外壕,眼见跨越无望,又遭威烈火网压制。赤星久行的右臂被打断,山炮连连长渡边阵亡。紧要关头,一辆坦克掉链了,陷入泥淖动弹不得,队伍一片混乱。而派往平遥运粮的10多辆汽车,返回文峪河附近时也遭解放军伏击。粮队联系中断,军粮丢失殆尽。月黑风啸中怕车毁人亡,又慌忙返回平遥。

汾孝作战连日继夜,阎军全线崩溃,出战部队撤退平遥。1月25日,阎锡山急赴平遥收拾残局,山冈道武以军事顾问随同前往。残留日军各保安大队,除驻忻县的第二大队、驻阳泉的第五大队外,第一、三、四、六大队,统由岩田清一指挥,担任阎的护卫部队和预备作战部队,岩田并任平遥城防司令。

面对残败战局,阎锡山倒也能自我解嘲。他对部下说:"我们虽然退到平遥,但是也有打胜仗的嘛!我在平遥城好比一个'王八',你们在城外各建阵地,好比'王八'爪子。解放军敢来,就拿爪子抓住它。我来了平遥,看解放军敢把我怎样!你们不要泄气,只要敢打敢拼,就能把解放军顶回去。"

解放军没去平遥"逮王八"。1月29日汾孝战役结束,歼敌11000余人。

汾孝战役期间及之后,残留日军还参加了阎锡山的文水、交城收复作战等战事。

山冈道武训练阎亲训团、师

1947年3月,残留日军主体部队"山西保安总司令部"改称"山西野战军司令部"。总司令、副总司令仍为赵承绶、元泉馨。司令部下属第一至第六大队,及直属工程队、通讯队等,名称相应变化。大同保安总队七、八、九大队,改编为山西野战军司令部大同总队七、八、九、十大队。林丰、五味丑之助仍为总队正、副队长。

同月,阎锡山成立"亲训团"。残留日军投入了对亲训团的大规模训练。

太原大营盘,军乐声呜呜哇哇。

阎锡山亲自主持亲训团建团典礼,笑容可掬地接受少女献花。面对参加典礼的学员和军队主官、政界人士、新闻记者等,阎的讲话抑扬顿挫:"今天,亲训团正式成立了!我们要建立一支铁军,就得有很好的训练。这次训练,从山西各部队调来将级、校级、尉级军官及军士1000余人,组成1个将校队、2个尉官队、3个军士队。请来了山冈道武中将、岩田清一少将和80多名日本军人担任顾问和教官。各队的中队长,各排的分队长,也都由有着良好军事素养的日本军人担任。在这样的环境和条件下接受训练,等于参训人员在日本留学一次。"

山冈道武台前致辞:"承阎长官信任,本人担任亲训团军事顾问。'武勇',乃军队和军人之特质。军队训练的宗旨,就在于提高战斗力、杀伤力,摧毁敌人的武装力量,实现自己的政治目标。我们的训练必须达到:军人绝对服从命令,执行各种战斗任务,即使在炮火纷飞、情况万分紧急的状态下,仍能恪守命令、号令,得心应手地完成操典制式规定动作。关于训练重点,军士队主要为野外战斗动作、枪刺动作和炮火下各种战斗运动动作;尉官队在军士队训练内容的基础上,加以连排长指挥作战训练;将校队则着重于战术作业。本人制定了教育大纲,各队训练计划由日本教官按大纲拟定。"

为树立日本教官威信,亲训团训练初期,日本军人即进行了示范演习。以"连"为实战单位,配以炮兵,由大营盘向双塔寺方向"共军"攻击前进。

前来观看示范演习的,除亲训团全体学员外,还有各军各师主官代表和各报记者。阎锡山笑眯眯地跟在后边,对日军军风与作战部署、战斗动作大加夸赞,要求自己的部下认真学习。

训练期间,日本教官虽作风粗暴,阎军官兵也不敢不服。稍有迟慢就遭到训斥,顶撞日本教官者会被大会点名。

1947年6月,残留日军主体部队改编为"暂编独立第十总队"后,又开始对阎锡山"亲训师"进行训练。

7月1日,亲训师建师典礼在太原万柏林营盘举行。全师11300人,师长陈震东,参谋长刘国相。阎锡山亲自主持亲训师的训练,几乎每周都去讲话。山冈道武继续担任军事总顾问,师、团、营设日本教导官3至5人,各连配日本教官3至5人。日本军人身穿阎军服装,胸章上写着中国名字,讲话叽里哇啦,态度骄横跋扈。阎军官兵对他们只能"有!有!有!""是!是!是!"无理要求也绝对服从。据残留日军参谋处统计数字,在1948年1月,下属二团、三团、六团,特务一连、二连,第二通讯队,派往亲训师的日本教官有236名。

训练阎锡山亲训团、亲训师之前,残留日军在参加对解放军作战的同时,即实施了对山西军的训练,指导中国人打中国人。1946年由山冈道武担任顾问、日本军人担任教官,对阎军"干训团"进行过训练。三浦三郎的"军技研究部"成立后,就对山西宪兵进行特务间谍训练。原平等地残留日军,也对驻地阎军展开军训。1946年秋编成的"机甲队",编制日本教官百名,其司令即总教官。还有原一一四师团炮兵大队长松原太市为总教官,大野泰治等为教官,对阎军炮训团的训练。在阎军四十六师、四十九师、冲锋枪大队和机关枪团等单位,均先后派进过日本教官。

1946年开始的较大规模军事训练还有,10月由保安总司令部高级参谋岩田清一组织,司令部教育科科长住冈义一承办,各保安大队派日本教官140名,对阎军暂编独立第八、九、十总队新兵进行训练,时间3个月、受训人数千名。12月至1947年1月,又以司令部部附藤本秀雄为战术教官,对这3个总队的营长实施图上战术和实地战术训练。12月至1947年3月,由赵承绶任队

长,岩田清一任副队长,保安总司令部参谋处菊地修一任教官长,各保安大队派日本教官80余名,对"干训队"进行军事条令与实战训练。参训人员为阎军三十三军三个师和第八、九、十总队连长以下军人。干训队设6个普通连、1个机枪连和1个通信连,总人数1900人。训练结束后,参训人员被授予训练本连士兵与新兵的资格。

1947年继对亲训团、亲训师的大规模训练,从11月开始,残留日军又对阎军"青年军官教导团"实施军训。担任总教官的是"十总队"总队长今村方策,总队部部附岩田清一任副总教官,高级将领顾问机构"元(元泉馨)副总司令办公室"藤本秀雄任战术教官。青军团设3个大队,1948年4月增至5个大队。5个大队下设18个中队、54个分队。各大队大队长,分别由残留日军5个团的团长小田切正男、住冈义一、增田重之、布川直平、石冢鹤雄担任。连同中队长、分队长,日籍教官共115名。

据相关数字,在1948年6月晋中战役前,担任阎军亲训团、亲训师、青军团、炮训团及机甲队等教官的日本军人有五六百名。

日军残留期间,还对阎军通讯、军械、辎重、工兵、战地医疗及参谋、侍卫等人员,进行多种专门训练。太原战役中,甚至对阎军营以上校官进行毒气使用与防护教育。

作为军事"残留"活动的重要内容,残留日军对阎锡山军队的训练,在一定程度上提高了反动军队的战斗力,加大了山西人民解放战争的代价。

薮田信雄五大队狮垴山投降

阳泉狮垴山，巨石盘耸。山下，正太路经娘子关蜿蜒奔腾。自古以来，这里就是冀晋通道要隘。

抗日战争时期，百团大战"正太战役"之"狮垴山守备战"，曾奏出民族精神高强音。正太战役中，八路军和地方武装集中优势兵力，对日军盘踞的正太铁路展开猛烈破袭。为保障山下破路部队的安全，一二九师部扼守狮垴山，瞰制正太路西段咽喉。日军出动兵力1500人从地面强攻，飞机100余架次在空中轰炸，并施放毒气弹，企图夺取这一关河要地。我方战士凭险激战，坚守7个昼夜。

7年之后，又是一次"正太战役"，又一场激战在狮脑山展开。还是当年的老对手，不过八路军已改称解放军，日军披上了阎军的外衣。而攻守双方也发生易位，守山者为残留日军山西野战军第五大队，攻山者为解放军晋察冀军区部队。

正太战役中解放军攻占娘子关

127

1947年4月下旬,解放军发动的正太战役进入第二期作战,连续攻克娘子关、盂县等阎军据点,围攻阳泉工矿区。赵承绶、元泉馨急率阎军三十三军及第八总队、残留日军山西野战军第一、三、四大队前往救援。赵承绶并统一指挥阳泉地区军事行动。

30日至5月1日,解放军与阎军在阳泉周围、平定县城等地交战,同时以一部直插寿阳。

2日晚,阎军十总队总队长荆谊收到赵承绶从寿阳发来的急电:"撤退……放弃阳泉。你带领所有部队及行政人员到测石与沈军会师后,转回寿阳。"

阅过电报,荆谊连夜将属下第二团、第三团(一团为补充团,不担任作战任务)集中阳泉,向测石转进。并告以驻阳泉残留日军第五大队大队长薮田信雄:"阳泉地区的军事行动,是由赵承绶总司令统一指挥。现在执行赵总司令命令,所有部队及行政人员,我部第十总队、薮田君第五大队等,连夜向测石转进!"

薮田信雄眉头紧锁,答道:"荆长官对五大队之爱惜,甚是感谢。唯我大队长期驻扎阳泉,又携有眷属,连夜撤退恐有难处。愿留在阳泉与共军一决高下。"

"那就请示赵总司令吧。"荆谊知道,这第五大队之母体,是日本侵华时阳泉煤矿工警队,薮田信雄即工警队队长。日本投降后,薮田以工警队人员为主,组织了残留日侨武装铁路护路总队第五大队,1946年6月合并入残留日军武装,编为第五大队,驻阳泉,一直都有不少眷属随住。他们担心眷属的安危,所以不愿意离开阳泉。

赵承绶很快回复电文:"日本大队不愿走就留下。你们迅速转进。"

薮田信雄非常高兴:"二位长官的体恤,五大队官佐、眷属感激之至。守卫阳泉有狮垴山之有利地形,我部定与阳泉同在!坚守狮垴山与城内电灯厂、煤矿。"说罢,从上衣中取出一份折叠起来的电报递给荆谊。

荆谊展开电报急急浏览:"情势已非常紧迫。我等虽竭尽死力勇敢战斗,但难以杀出血路,已决心从容捐体。对以往的深情厚谊深表感谢,并愿各位战友勇敢战斗。"

"荆长官,这是我队通信兵吉田中尉和石井准尉、西村准尉25日发来的电报。三人竭尽全力应战,困于娘子关车站南小哨所内。敌军虽以山炮攻击,但他们斗志弥坚,从容捐躯。"

薮田说罢,两腿并拢,低下头来做悼念状。

荆谊说:"三位精神可嘉!"

当晚,解放军解放平定后挥师阳泉,阎军十总队与驻阳泉第二专署人员及爱乡团等弃城撤逃。

狮垴山上,薮田五大队摆开第一、第二、第三阵地,以对抗解放军攻击,并向城内发射炮弹。

3日,解放军以包围态势步步逼向狮垴山。

枪林弹雨中,五大队孤军拼战,向元泉馨发电急求救兵。

元泉复电指示:"迅速突围,向太原西进。"

薮田遂率队突围,沿通往太原的公路西进。却仍然处在解放军火力封锁中,只得返回退守原来阵地,并再次"恳切请求给予增援""火速空运粮秣"。然求援无果。

月亮照在狮垴山上,影影绰绰。水源、电源均被切断,妄言"与阳泉同在"的薮田信雄,在强大军事压力与政治攻势下,向解放军提出保证部队人员生命财产与眷属安全后,于5月4日清晨率240余名守山官兵、150余名随从眷属投降了。

5月2日晚弃阳泉撤逃的十总队及第二专署行政人员,与援军三十三军沈瑞部会师于测石,被重重包围。3日晚十总队向寿阳突围,至盂县地区复遭围困。部队疲惫不堪军心涣散,无围可突全军覆没。总队长荆谊与参谋长杨俊、政治主任袁嘉谟,二团团长张国栋、三团团长白瑞珍,及属下官兵被解放军俘虏。随十总队撤逃的驻阳泉第二专署专员李崇才、平定县长焦光三等跟着投降。

阳泉作战中,赵承绶、元泉馨及担任增援的阎军三十三军、第八总队,残留日军第一、三、四大队,也仓皇败退。

5月8日正太战役结束。解放军歼敌35000余人,攻占阳泉工矿区和盂县、平定、寿阳等7座县城,控制正太铁路线150余公里。

正是阎军"暂编独立第十总队"在是役被成建制消灭,为残留日军升级版的面世提供了可乘之机。6月残留日军即以此番号改编为正规军。

"黑军"亮相宣示残留纲领

日本对外战争与国际交往中,政治人物通过投机冒险、设计圈套,为本国获取胜利和利益,一个小国变身妄欲征服世界的"大日本帝国"。甚至公司企业追随利用国家政策,也能享到一杯美羹而成巨富。这种存在方式也渐而潜化为一种观念意识。表现为某些时期国家组织与领导人的特点、品性,一些政治势力及实业财团的意志、理念。残留山西的军国主义势力,即使处在日本战败投降后的逆境中,仍过高地估计机会、机变和谋策、谋术的作用,导演着"残留"闹剧进入于高潮。

1947年5月15日,木曜会活动日。河本大作、山冈道武、澄田睐四郎、元泉馨,又聚在一起。这是一次只有他们几人参加、内容秘不外传的聚会。

木曜会成立于1946年,也被唤作麻将会。主要成员先后有河本大作、澄田睐四郎、山冈道武、元泉馨和杉野俊三郎、恩田忠录、角川久吉、片桐仁礼、上田秀正等。逢星期四活动,在看似闲逸的搓麻中,研究政治形势,交换情报资料,讨论"山西残留"。需要时组织报告会、研讨会、座谈会等。

这天,桌上依然摆着麻将牌。但四人的心思却不在牌局上,他们有重要的事情筹议。

山冈道武:"正太战役后,解放军控制正太铁路150多公里,直接威胁到榆次和太原。阎长官坐不住了,把我和元泉君叫去,问我们解放军是不是会立即攻打太原。"

元泉馨:"我对阎讲,'攻打太原尚不至于,但必须争取时间进行准备',随即向他提出招募20万日本义勇军。已让城野宏起草了《扭转局势意见书》,拟出具体招募计划。阎根据我们的计划,安排徐士珙赴日认领西北实业公司索还机器时,同美国占领军司令部进行交涉。哼!阎锡山算什么东西,等我们强大了,山西就是我们的。"

山冈道武:"是啊,正太战役中阳泉五大队没了,大队长薮田也被处死。可惜可悲!招募义勇军事,咱们几个已有计议。不过山西军暂编独立第十总队被成建制消灭,却带给留晋日军一个难得的良机。阎长官已定,把十总队的番号和编制给我们。本来嘛,这个暂编第十总队,就是去年春季阎锡山改编的保安队,又招募补充了一些新兵。终战前,保安队被中国人唤作'伪军''二鬼子'。嘿嘿,挺有意思。"

澄田睐四郎:"阎军'暂编独立第十总队'的番号,是蒋介石给二战区的,属名正言顺的正规军。有了十总队番号,我们这支日本人队伍就不会被再叫'黑军'了。"

"成为正规军,咱们的队伍将是另一番景象。可岩田这小子利用'第二纵队司令部'瞎指挥,招致寿阳等地战事失误。我们这次出战阳泉,留守的岩田又没快捷救援。回太原后,我与他大吵一场,'副司令'我辞去不做了……"说起岩田清一,元泉馨气不打一处来。

澄田睐四郎看着山冈道武:"第二纵队司令部可以解散吧,但队伍绝不可分裂。"

山冈道武点头。就着话题谈到正规军编制到手后,残留日军统帅人物的确定:"当初组建特务团,拟定三浦三郎师团长出任总指挥,未到职。现在部队改编正规军,还是三浦中将最合适。第一军中,就司令官和他军衔高。但三浦中将说自己还是战犯,不肯答应。独立混成第三旅团高级参谋今村方策,倒是合适人选。他在忻县战役中表现出良好的军事素质,取得了出色战功,我们都看到了。而且今村及其精锐的第二大队,也博得了阎锡山的信任。"

河本大作:"日前今村方策到我处,说阎锡山让他统领'暂编独立第十总队'。他征求我的意见,我说担当此大任义不容辞。你立即离开忻县到太原来!"

河本知道,终战前山冈道武与元泉馨同为少将,现在又都是中将军衔,有些话山冈不便说得太直接,所以自己说出这样的话来,而且把确定今村方策为十总队总队长,说成是阎锡山的意思。

元泉馨面露不悦,虽然赌气说撂挑子不干,但充当"世纪英雄"才是他内心的真正想法。可又不好再说什么,便问道:"今村方策年龄多大?"

河本大作:"昭和23年出生,48岁。如日中天哪!要说具有日本军人精神特质,像今村这样还是不多的。"确实,在河本大作眼中,"今村方策是唯一具有日本军人精神的人物"。

河本极力赞许今村做残留日军统帅,还有另外一层缘由。那就是今村方策的胞兄乃日本陆军大将今村均。今村均1931年任参谋本部作战课课长,与关东军密切配合策划侵华活动。1936年任关东军副参谋长,参与策划七七事变。在人际脉络中与河本大作也算同近支。一直以来,河本与今村方策的关系即非同一般。忻县战役后,今村随阎锡山"关南军"参加文水、交城收复作战。每回太原,就住在河本公馆那间左厢房。今村出任十总队总队长后,也曾一度入住那间房子,河本大作更被称为今村方策的顾问。

其实,残留主脑们确定武装部队新的统帅人物,不仅因为看好今村方策,也感觉元泉馨一贯骄横自负。还听到反映说,元泉与赵承绶一起行动,对残留日军的伤亡毫不在意,引起很多日本人不满。可是,之前他一直是残留部队首领,现在却要换作今村方策。

澄田睐四郎:"今村方策的军事素养、奉公精神都甚好,也具备指挥官人格力量。元泉君这里……"

澄田、山冈对视,这时澄田睐四郎还是"战犯嫌疑人"之身,而山冈道武是阎锡山的顾问,一些事自然由山冈道武出面。

山冈道武:"元泉君原是少将旅团长,今村只是大佐参谋。职位设计上,元泉君自然得高过今村。……那就,设立专门的将官顾问机构?"他看看元泉馨。

在山冈眼中,元泉馨一直是他的竞争对手,内心深处本存有排斥。但从大局考虑,今村方策取代元泉馨后,自然有元泉的位置如何摆放问题。

山冈道武继续说道:"还有三浦君,他的战犯嫌疑问题,山西军事法庭检察官已在5月9日作出'不予起诉'处分书,虽还需转呈国防部核实,但不会有什么问题。那就也把他那个'军技研究部'改设顾问机构吧。再就是澄田司令官和我,阎锡山1945年9月就聘我们做他的总顾问和副总顾问。也宜设立这样的机构,名正言顺地参与阎的军事决策。不过,司令官掀掉战犯帽子,还在继续运作中。至于岩田清一,与今村方策不睦,自不肯甘拜今村下风。十总队改编后,就挂'总队部部附'名,主要协助我训练山西军吧。"

作为原日军第一军参谋长,残留后又在阎锡山身边担任顾问,山冈道武讲出的这些,事先会与澄田睐四郎交换意见,也基于和阎锡山的商议沟通。

元泉馨浓黑的眉毛,从紧锁中慢慢松开。

讨论军中问题,又当着第一军几位将军的面,河本大作的话不多。但是,在他的视域与运思中,军事问题绝对是重中之重。整个残留活动的主体、支点,都在军事上。今村方策已经说了,统领"暂编独立第十总队"后,要自己为部队的政治建设与军事活动做指导。有关十总队的体制、编制,各种章则条令的制定出台,及同阎锡山方面协商交涉等,都会请教自己。得把心力放在这些事上,把握住这个重要契机,让改编后的残留日军展现全新阵容。

1947年6月1日,是日军残留过程中非常重要的日子。5月28日,野战军司令部即发出《关于纪念野战军创立一周年活动的通报》。而最隆重、最具意义的纪念内容,是1946年6月残留武装合并整编一年后,于1947年6月1日改编为正规军编制的"暂编独立第十总队"。

残留日军新的统帅人物今村方策登场了。这位原独立混成第三旅团高级参谋,因忻县战功名声煊赫的残留日军第二大队大队长,从忻县驻地来到太原,走马上任"暂编独立第十总队"总队长。独立混成第三旅团独立步兵第九大队大队长相乐圭二,与之搭档出任参谋长。十总队总队部设在"复兴楼",即原侵华日军第一军司令部,位于太原市新民北正街。机构设置有总队部(司令部)、政治部(后改新闻处)、参谋处、副官处、后勤处、军械处、卫生处、配给所、自给对策委员会、营缮对策委员会等。下属一、二、三、四、六团(原第五大队在正太战役中投降解放军)及司令部直属特务营、通讯营(初为第一通讯队、第二通讯队)、工兵营,还有大同总队。除第三团驻榆次、大同总队驻大同外,其余团队驻扎太原。第一团团长小田切正男,第二团团长菊地修一,第三团团长永富浩喜,第四团团长古谷敦雄,第六团团长布川直平,工兵营营长内川常藏,通信营营长日里哲二郎,特务营营长相乐圭二(兼)。大同总队总队长林丰。

十总队编制总人数9726人(不含大同总队),其中日系军人2447人、华系军人7279人,但骨干人员为日系,华系多为士兵。

编制结构以日本军人为骨架,中国军人作填充。日、华队员之比大致为1比3。日军残留山西,面对的是继续战争、流血牺牲。头领们认识到,"如果尽是日籍队员,作战中将大量损耗,于我们不利。要以中国人队员扩充各个大队,采取'以华制华'的方针。"1946年春,侵华战争中有着掌握伪军经验的城野宏,即让一大队吸收原伪军人员。同年6月残留日军整编为保安总司令部后,元泉馨征得赵承绶同意,在一、三、四大队按一定比例,试行吸收华籍士兵。那时华籍队员扩充对象,以原伪保安队、工警队和华北交通会社警务段人员为多,并确定日本军人进行政治监视。之后,残留日军各团队都吸收了人数不等的华籍队员。1947年6月这种人员编成的结构形式,便以正式编制确定下来。

残留日军名簿

残留日军大同总队,母体为原驻蒙军第四独立警备队。大同总队与驻太原的残留日军主体部队,既相配属又相对独立。日本投降后第四独立警备队划归第一军指挥。由此,第一军对第四独立警备队实施了残留活动的组织。司令部参谋、残留活动主要策划者之一的岩田清一,多次与大同日军密谋,策划特务团的组建。1946年2月2日,第一军所发组建铁路(公路)修复部队的电文中,分配第四独立警备队残留名额1500人。2月5日,又就"征集人员组建特务团战车队"密电第四独立警备队。在1946年春大规模残留活动中,大同残留日军编为特务团大同总队、铁路(公路)修复部队第八工程队。原第四独立警备队司令部部附林丰任总队长,第四独立警备队独立步兵二十二大队大队长五味丑之助任副总队长。1946年5月驻晋日军大部队遣返后,大同仍残留日军约千人以上。同年6月后大同残留日军主体部队整编为山西保安总司令部大同保安总队第七、八、九大队,7月《保安总司令部及各大队应有、实有人员对照表》中,大同保安总队实有队员1241人。原战车队改编为大同坦克车队。在7月至9月的大同集宁战役中,大同残留日本军人死伤惨重。之后部分流失、归国。1947年3月,大同保安总队改编为山西野战军大同总队,辖七、八、九、十大队。6月后即改编为暂编独立第十总队大同总队,辖七、八、九、十大队。8月实有日籍军人590人。林丰仍任总队长,五味丑之助任副总队长。

当月,残留日军在狂风浪浪的炽烈气焰中纪念建军一周年,庆祝部队改编为暂编独立第十总队。

6月4日上午8时30分,举行敕谕奉读式。

复兴楼广场,十总队日系军人整齐列队。手捧《诏敕集》,身心威服融化于天皇诏敕训导之中。把弘扬皇道视为仰望的生命境界,复兴皇国当成追求的人生理想,效忠天皇当做挺身向前的奋勇目标。

9时,开始纪念典礼、表彰仪式。

10时30分,举行联合追悼会。

之后接连好些天,是颇具规模与声势的文艺汇演、体育比赛。

文艺会演在东山下陈家峪举办。今村方策与司令部人员首先登场,合唱国歌《君之代》:"吾皇盛世兮,千秋万代。砂砾成岩兮,遍生青苔。长治久安兮,国富民泰。"第一团献演的大合唱,是军歌《露营之歌》:"我回来了!凯旋的勇士。发誓从故乡出来,功不立死不回。每当听到进军喇叭,眼前浮现战旗的波浪……"第二团推出了杉若久嘉创作的诗歌《给妈妈的信》:"妈妈,好久没给您写信了。您还硬朗吗?如今我在中国山西,这是一个富庶的地方。您给我生命报效国家,今后,要为祖国复兴出力,为此我要留在山西。……"三团的日本军人,主要是原来驻晋南的一一四师团残留官兵,他们演出了关公戏《单刀会》。关公是晋南解州人氏,日本人选取关公恃武傲物的一面,而剧情又恰是西蜀向东吴"借荆州"不还。四团、六团与特务营、通讯营、工兵营也都演出了节目。

东华门元泉公馆,仍是俳句吟诵会。唱主角的,自然是被称为儒将、对俳句研究有造诣的元泉馨。他以沉郁顿挫之腔调,吟咏了自己的新作《感怀》:"晋地思故国,昔日金瓯曾无缺,岂料山河破。大陆迎春归,曝尸荒野亦不悔,待看初日辉。"又结合俳圣芭蕉,给会员讲了创作感受:"芭蕉是一位喜爱旅游而又忘不了故乡的诗人。不论是已经牺牲的同志,还是依旧残留在此的人们,又何尝不在思念故乡又怀着成就功业的宿志呢?我们虽身在异国,但既不执着于生、也不执着于死的原因,就在于留在这里有着对人生的肯定,对祖国复兴的必胜信心。"会员们也都一一吟诵了自己的作品,主题多为"终战回想""献身皇国""乡情友情"等。俳句中表达的情愫,把他们带到圣战、终战、残留、蓄志、瞻望、思乡的情怀之中。

在上马街运动场、十总队广场、各团队驻地,被称为日本"国技"的相扑、锻炼杀人胆量的枪刺及拔河、棒球比赛等,也在逆风盘旋、摇旗呐喊中进行。元泉馨、今村方策并为相扑比赛获胜者授奖,三浦三郎与枪刺比赛优胜者合影。

6月至8月,改编后的残留日军紧锣密鼓地进行条令制度的建立健全,出台《暂编独立第十总队总队部服务规定》《暂编独立第十总队司令部业务规则》《暂编独立第十总队政治部业务规则》《暂编独立第十总队政治部实施业务大纲》《暂编独立第十总队总队部政治教育实施纲要》《暂编独立第十总队人事规则暂定要纲》《暂编独立第十总队审查会议实施要领细则》《暂编独立第十总队任官进级规定》《暂编独立第十总队惩罚条例》《暂编独立第十总队司令部副官处业务规则》《暂编独立第十总队司令部后勤处业务规程》《暂编独立第十总队军械处理办法》等成体系的章则条令。残留武装有了更加鲜明的纲领目标和严密的政治、军事管理,有掌握作战指挥、人事任免、福利待遇的权力,残留活动也更具号召力和凝聚力。

7月1日残留日军纲领性文件《暂编独立第十总队总队部服务规定》亮相。《规定》以皇国观念为统摄,明确提出其奋斗目标和行动准则,在队旗上公然宣示"复兴皇国、恢弘天业"的宗旨,明文昭示残留部队是天皇的军队。

《规定》由十总队总队长今村方策署名发出,用日文打印,16K,25页。内容

原日军第一军第一一四师团师团长、残留后"蒲研究部"主任三浦三郎(前排左三)与枪刺比赛优胜者合影

包括总队长训、总队部训及总则、服从及礼仪、业务处理、会议、勤务、举止仪表、其他等七章,有附表三种。

总队部服务规定

兹制定《总队部服务规定》,内容见本册。

总队长今村方策

民国36年7月1日

目　录

一、总队长训

二、总队部训

三、第一章　总则

四、第二章　服从及礼仪

五、第三章　业务处理

六、第四章　会议

七、第五章　勤务

八、第六章　举止仪表

九、第七章　其他

附表(一)之一至六

附表(二)每日工作时间表

附表(三)祝祭日、休息日一览表

总队长训

总队以复兴皇国、恢弘天业为宗旨。

一、经常坚持牢固之信念,为贯彻宗旨而迈进。

二、挺身而出,担当中、日提携和亚洲建设之础石。

三、和衷共济,以结成巩固之团结。

四、千锤百炼,以培养精强之武力。

五、自强不息,以振起质朴刚健之风气。

总队部训

一、以和为本,自省而勿责人。

二、以公平为旨,勿以私而不同等待人。

三、谦恭持己,待人勿失温情。

第一章 总则

第一条 本《规定》规定总队部人员服务事项。

第二条 本《规定》以外事项,按照各有关法规办理。

第三条 总队部人员要领会《军人敕谕》、《教育敕语》、"终战诏书"等的宗旨,以之作为培养精神要素的根本,同时要认真学习殉皇志士、烈士的精神,从而在总队长领导下,互相切磋勉励,为实践《总队长训》而奋勇前进。

第四条 总队部人员的工作准则是,各司其责,恪尽职守,以《总队部训》为指针,经常在充分体会总队长意图的同时,毫无保留地发挥各自的聪明才干,积极果敢地倾注全力完成任务。

第五条 科长以上干部的服务,特别要做到严格、勤奋,不愧为部下的表率;同时要经常留意指导部下贯彻总队长意图,对于部下不仅要恰当地进行监督,同时要严格尊重其人格和职责,使其全部才干得以发挥。

……

很明确,残留日军宗旨是"复兴皇国、恢弘天业"。坚持的"牢固信念",即"为贯彻宗旨而迈进"。这宗旨、信念,1946年12月《晋风》创刊辞中已经提出,"要贯彻恢弘大业之宗旨"。而皇国,乃天皇制国体和国家;天业,即天皇开创、扩张的基业。

日本天皇笼罩着神秘光环,统治国家政权,统摄国民精神。在对外侵略扩张中,天皇决定"国策",进行战争动员,御使军国主义战车疯狂杀戮。联系"二战"期间裕仁天皇一系列诏书及内阁重要会议相关内容,则"复兴皇国、恢弘天业"之辞旨便十分清楚。1940年2月,日本举行"皇纪"庆祝活动,天皇向国民发布诏书,称"尔臣民宜驰思神武天皇之创业,念皇图之宏远、皇谟之雄深,和衷勠力,愈益发挥国体之精华,以克服时艰,昂扬国威,回答祖宗之神灵。"7月,第二届近卫内阁召开会议,决定《基本国策纲要》。《纲要》中,采用"皇国"称呼,取代过去所称"帝国"。提出"以皇国为核心,以日、满、华的强有力结合为根本,建设大东亚新秩序"的"皇国之国是"。1941年12月,天皇发布太平洋战争宣战《诏书》:"……皇祖皇宗之神灵在上,朕深信依靠尔等众庶之忠勇,必将恢弘祖宗之遗业,迅速铲除祸根,确立东亚永久之和平,以期保全帝国之光荣。"1945年日本战败,8月14日"最后的御前会议"上,天皇在"圣断"中讲到,"只要还留下一点种子,今后还有复兴的希望……但愿此时此刻,忍所难忍,耐所难耐,团结一致,以求将来的复兴"。

而《军人敕谕》,则是军国主义日本天皇制国家观的核心内容,天皇制军队的立军之本。明治天皇于1882年1月颁布的《军人敕谕》昭示,日本军队"世世代代由天皇统帅",朕"是汝等军人的大元帅"。《教育敕语》是明治天皇1890

総隊長訓

一、常ニ軍固タル信念ヲ堅持シ本義ノ貫徹ニ邁進スベシ
一、挺身以テ中日提携ト亜洲建設ノ礎石タルベシ
一、和衷以テ鞏民ナル團結ヲ結成スベシ
一、千磨以テ精強ナル武力ヲ涵養スベシ
一、自彊以テ質實剛健ナル氣風ヲ振起スベシ

朕隊ハ皇國ヲ復興シ天業ヲ恢弘スルヲ本義トス

"残留"日军《总队部服务规定》之《总队长训》:"总队以复兴皇国、恢弘天业为宗旨"

年 10 月发布的教育法令。它不仅是各级学生的必修课,而且力图把忠君报国思想灌输到每个国民头脑中。其"一旦缓急,义勇奉公,以扶翼天壤无穷之皇运",成为战争期间日本军队和军人精神道德之规范。

在《总队部服务规定》中,还把纪元节、天长节、明治节明文规定为部队祝祭日。

同时形成、配套出笼的《司令部业务规则》《政治部业务规则》《政治部实施业务大纲》《任官进级规定》《惩罚条例》《副官处业务规则》《后勤处业务规程》等十余种规章制度,则从践行《总队部服务规定》之总纲领出发,严密而具体地规定了军队的政治管理、军事管理、军务管理、后勤管理等。如在《政治部实施业务大纲》中规定,政治部业务实施的"目的在于使总队官兵贯彻部队存在的理念,掌握日、华协力的真正意义……实施事项:在整个亚洲,特别是在中国同日本的关联上,阐明目标理念的时期性和阶段性;确立恢弘天业的世界普遍性;使队员经常自觉地把部队同祖国直接联系起来……"

配合部队改编和"终战"两周年纪念,残留日军喉舌《晋风》,在 8 月刊发的第 5 号发表卷头语——《时与机》,阐述"残留的本质意义不应有任何改变……我们必须审时度势,等待时机"。

1947 年 6 月,在残留日军武装改编为"暂编独立第十总队"的同时,残留日军高级将领军事顾问机构"武顾问室""蒲研究室(部)""元顾问室",在太原绥靖公署设立起来了。凭借这一高端平台,原第一军残留高级将领,参与阎锡山的军事决策或直接指挥军事行动。"取得对阎锡山的发言权",以图进一步影响、操控山西局势,同时更有力地指导残留活动。

"武顾问室"由原日军第一军参谋长山冈道武任中将顾问,以其华名"武道三"之"武"命名。主要人员还有第一军司令部大佐部附、战犯嫌疑人恩田忠录等 2 名少将顾问。山冈道武 1945 年 9 月即出任二战区司令长官部副总顾问,曾对阎军进行军事训练,并随同阎锡山出征战地。任武顾问室顾问后,继续参与阎的军事决策,直接为其出谋划策。他还担任阎亲训团、亲训师总顾问,指导炮训团、青军团、参谋教育队、通讯教育队、辎重教育队、侍卫队等教育培训。台下则与澄田睐四郎、河本大作、今村方策、城野宏等残留核心人物,运作"残留"活动,研究对阎锡山、蒋介石、中共的对策,残留日军日侨领导问题,争取释放日本战犯问题,回日招募义勇军问题等。

"蒲研究室(部)",由原日军第一军第一一四师团师团长三浦三郎任中将主任,以其华名"蒲晋业"之"蒲"命名,机构设在榆次晋华街。三浦三郎出任蒲研究室(部)主任之前与之后,无论是战犯嫌疑人身份还是顾问身份,都在进行对山西宪兵的训练。在榆次驻地,还指导、参与阎锡山军宪组织的作战指挥。正太战役及后来的军事活动中,部署榆次地区守卫,制作《守卫榆次略图》等。其"蒲研究室(部)"及前身"军技研究部",并开展特务情报活动,与残留日军部队、资源调查社等相互联络,进行情报收集、交流,向澄田睞四郎、山冈道武传送。

"元顾问室"(元副总司令办公室),以原日军第一军独立步兵第十四旅团旅团长元泉馨、残留后华名"元全福"之"元"命名。主要人员还有原日军绥靖军山西指导部中佐部长藤本秀雄等2名少将顾问。1945年秋至1946年春,元泉馨即率其独立步兵第十四旅团,在东沁铁路线配合阎军与八路军作战。1946年6月出任残留日军部队军事首领后,更加肆无忌惮地"帮助阎阁下进行'剿共'战争"。与赵承绶一起,指挥残留日军与部分山西军出兵转战。1948年"晋中战役"前,"元副总司令办公室"于5月30日改为"山西省保安司令部前方指挥办公室"。

据1947年10月太原绥靖公署日管组统计,9月遣返后武顾问室有军官35名、士兵9名,蒲研究室军官12名、士兵2名,元顾问室军官24名、士兵10名。

日侨组织狂草芃芃伸枝长叶

1947年残留山西日侨含军人眷属约近万到万数上下。

6月残留日军改编为"暂编独立第十总队",放恣妄念、势焰升涨。日侨组织也随风就势、伸枝长叶。

6月4日残留日军召开纪念大会那天,山西日侨俱乐部委员长河本大作,携俱乐部支部长以上人员前往参加。河本在会上发表贺词言近旨远:

"随着战争的结束,我父祖先人在长达约一个世纪中苦心经营的海外事业,已全部付之东流,留居海外的同胞亦悉被遣返回国。回顾至此,令人感慨良久。然而唯独此地山西,以阎长官为首,当局政要夙怀复兴亚洲之宏大志愿,希望吾等日侨留晋协助复兴山西。于是诸位同人奋力投身野战军,从此与山西军并肩作战。栉风沐雨维护治安,出生入死转战千里,有人甚至献出宝贵生命。但是士气更加昂扬……得到内外人士之景仰,可谓良有以也。今日,祖国举步维艰,前途不容乐观。但可以期望,在不久的将来即可称雄东亚,为中日提携做出贡献。愿军中各位将士以祖国的永久光荣为念,克服当前困难,发挥日东男儿之本领身手。不胜企盼之至。

值此举行盛典之际,谨代表日侨感谢诸位辛劳,并略陈芜词,以表贺沈。"

会后,十总队参谋长相乐圭二补充为日侨俱乐部常委。

山西日侨俱乐部自1946年8月15日正式成立,即成为与残留日军司令部相对生,领导残留日侨活动的核心组织,在实施军民残留一体行动中,起着非常重要的作用。按《山西日侨俱乐部章程》,"俱乐部由全体留晋日侨组成"。在1947年,山西日侨俱乐部组织形式下,有包括军人在内的万数以上侨民。

从在山西建立一个日本人地区,为实现残留目标准备人力资源出发,日侨俱乐部在成立多种社团组织的同时,兴办了各类面向残留日人的成人院校与子弟学校,1946年冬已正式开办晋阳学园。园长由河本大作出任,和田武士、法井友弘先后任教务主任。残留日军改编为暂编独立第十总队后,晋阳学园即隶属于十总队。教职员着军装、戴军衔,中等部毕业生全部编入部队。教学中贯彻军国主义教育方针,对"第二代国民"进行法西斯教育,灌输复兴"皇国"思想。

晋阳学园附设青年夜大"太原政经学院"。也由河本大作领导,城野宏任主任。学制三年,科目设置有政治、经济、时事、东洋史、西洋史等,并开设汉语课。

继晋阳学园、太原政经学院之后,由日侨俱乐部领导的晋阳高等工学院,也在1947年4月开学。河本大作担任顾问,谷口三郎、成濑乔任正、副院长,上田秀正、武安和成、和田武士为院务委员,教授有谷口三郎、成濑乔、上田秀正、高桥畅等。工学院学制二年,设置土木建筑工程、机械电气工程等专业。在公共课和专业课之外,每月还安排特别讲座两次。

而无论忻县战役今村方策取得战功,还是汾孝战役赤星久行被打断胳膊,日侨俱乐部都进行慰问。战犯白岩定夫执行死刑,俱乐部也前往祭奠。1947年6月十总队举行联合追悼会,8月十总队三团为团长大庭孝一、副团长小川龟吉等举行慰灵祭,河本大作又亲往发表悼词。日侨俱乐部还接管了太原大南门外火葬场,准备着残留日军经常发生死人的事情。

1947年"8·15"这天,河本大作早起沐浴,面向东方遥拜天皇。为"复兴皇国、恢弘天业"大业,为海浪中飘摇的日本,闭着眼睛虔诚祝祷。

吃过早饭,河本大作去参加"命风塾"成立筹备会议,与塾头权田胜等议定"命风塾"成立时间。

8月25日"命风塾"正式成立,成立仪式在太原并州路180号举行。河本大作任顾问,权田胜为塾头。主要人员先后有塾监佐佐木章藏,参与赤星久行、山之内春伍、高木应悦、藤冈文六、上田秀正、高桥畅、皆川准一郎等,曾有塾生等共50余人。塾头权田胜,华名"张国胜"。原是日军第五独立警备队二十八大队少校通信队长,残留后任机甲队参谋、十总队司令部通信课长。年龄虽然只有25岁,却野心膨胀、想入非非。他取得河本大作和机甲队司令赤星久行的支持,还拉了梁继武做顾问,张文炤做同人。

该组织誓词为:

"吾人是奉行'修理固成'信仰者的集体;

吾人是随时随地念念不忘、视奉行恢弘天业为生命而日日实践者的集体；

吾人是认识已往人生目的之谬误、挺身世界维新者的集体；

人类皆为天神之子，均肩负神命，吾人是善体神意、努力建立人生道义者的集体；

社会构成形态的建立应以立足于人生为其根本要义。

念诵——

修理固成，光华明彩，天业恢弘，天下光泽！

高呼——

弥荣！弥荣！弥荣！"

"命风塾"成立后，打着信奉神道的旗号蛊惑人心。从十总队、机甲队、炮兵集训团等招收塾生，开神坛、设道场，斋戒沐浴，宣扬"日本精神"和尊神敬祖的"天皇归一论"。举行集会，传阅文件，宣传天皇制，稳定残留人员思想，开展特务情报等活动。曾谋划暗杀周恩来为主要目标的中共领导人，与天主教反动道徒建立间谍关系，谋杀共产党地下工作者。太原解放后仍进行反动宣传，策划继续潜伏中国。

1947年10月，又成立"山西武道会"。河本大作任会长，今村方策任副会长，山冈道武、元泉馨为顾问，十总队各团团长和司令部处长以上干部均任"参与"。武道会以培养会员武士道精神为目的，并向会员灌输反共思想。设柔道、剑道、弓道三部，定时在十总队司令部论道习武。

1947年12月，军人培训中心"新生塾"亦开学了。今村方策任塾长，河本大作、元泉馨和曾任山西省伪省长的苏体仁等担任顾问。培训对象主要是残留青年军人。该塾以"新生"命名，目的在培育"种子"，教育、锻炼塾生坚持牢固的信念意志，勿忘残留初衷，实现残留目标。

也是1947年6月残留日军改编为十总队之际，太原南肖墙10号的电灯厂会议室，"亚洲民族革命同志会"监察委员徐士琪、委员相泽养三，与亚民会日本支会"亚洲文化会"筹委城野宏、古谷敦雄、藤冈文六、上田秀正等30余人，召开了建立亚洲文化会的筹备会议。同年9月，600余日本人在十总队司令部复兴楼集会，正式成立亚洲文化会。其誓词为：

"亚洲是一个整体，

传统与正义是亚洲的精神。

发扬高度的文化和神圣的理想，

沿着天地之中道向前迈进。

我们是其中的一粒种子。"

阎锡山笑呵呵地出席大会，祝贺亚文会成立，号召全体会员进一步促进亚洲的复兴建设，增进中日合作。

会议通过《亚洲文化会章程》，选举出执委会和监委会（参议会）。执委会主席为古谷敦雄，监委会主席为日里哲二郎。亚文会常设机关称亚文会事务局，古谷敦雄兼任局长。内设机构有总务部、组织部、宣传部、妇女部和资料室。基层组织有铁路局支部、西北实业公司支部、十总队司令部支部、机甲队支部等20多个。会员总数达千名以上。

亚文会以"研究亚洲解放和中日合作文化方策"为"主要事业"。通过组织集会和召开研究会、座谈会，举办文化展览、讲座讲习及设立俱乐部、图书馆等开展活动，"向残留在山西的日本人灌输反共思想，宣传复活日本军国主义"。曾发行会报《半月报》《时事新闻》《通讯》。还慰问残留军人，参加伤员护理等。

不过，阎锡山建立"亚洲民族大同盟"的倡导，在日本侵华时期无异与虎谋皮；就是日本战败日军日侨残留山西期间，澄田睐四郎、山冈道武、河本大作、今村方策等重要人物，对亚民会及亚文会的活动也没多大兴趣。而亚文会倒主动招待河本大作、今村方策等，以取得支持协助。

1947年12月"亚民会中日联合委员会"成立。委员有阎锡山手下的徐士琪、梁化之、李培德、续汝辑；残留日人元泉馨、成濑乔、上田秀正、古谷敦雄，秘书长由王瑗担任。

当时残留山西日人的活动，《晋风》第5号《太原文化短讯》还报道：

留晋同胞在各自所属的机关、团体，都在开展相应的文化活动。假设按相等面积，拿太原和日本国内相比，文化活动的数量，太原是国内的几十倍。

太原俳句会每周星期四举行例会，地点在南华门11号名和先生寓所，欢迎大家参加。

为了配合组建留晋日侨文工团，现正征集舞台剧本。

司令部新闻处主办的政治研究会,每周星期四在司令部礼堂举行,自由参加。

由留晋日侨美术爱好者组成的美术研究会,现已与中方"民众画会"达成协议,决定共同开展研究。研究会活动定于每周星期日下午在文庙民众教育馆举行。

短歌会每月第一周星期四在元泉公馆举行,会费2000元,欢迎参加。

西洋音乐唱片音乐会每月将举办两次。

侨居北平、天津、济南、青岛等地的同胞纷纷来信,对留晋日侨的活动寄予很大祈望。

华子的日中情结与情爱故事

1947年农历八月十五，今村方策精神抖擞地走进河本大作公馆。十总队成立后他一度住在这里，凡部队建设诸事，以及同阎锡山方面交涉等，经常请教河本。后在挨近复兴楼的工程师街8号安了自己的邸宅，但河本公馆仍常常光临。

踏着院中的砖砌地面，今村方策不由自主地向右厢房瞥了一眼，希望看到玻璃窗后面那个俊俏的脸盘。不过，他要先到正房去见河本大作，谈部队检阅等事。

客厅里，河本大作已在等候。今村落座后，儿玉华子送来茶水和月饼、果子、葡萄。她没有与今村方策正面对视，只微笑着说："先生说要与今村君谈事，特意让我准备了茶果。"说罢，轻轻退出门去。

看着英武干练的今村方策，河本大作说道："今村君，部队改编，头绪繁杂。您，辛苦了！"说罢，端起茶碗递了过去。

今村方策站起身来，躬身接过茶水，恭敬地说"先生运筹帷幄，劳苦功高。诸事有您把舵指点，改编后的十总队组织严整，军威振发。"

河本点头："志行整饬，冀图将来，任重道远啊。现机构编制到位，纲领条令出台，各项军务有章可循，如您所说'军威振发'。非常好！还有什么打算，具体谈谈。"

今村道："想在近期举行一次大检阅，抖抖十总队的威风。军首长那里也计划近日去汇报一下。"

"好，好！检阅仪式可以壮观瞻，振军威，鼓士气。"河本连声称赞。又问："准备工作做得怎样？"

"五个团和三个直属营都开始操练了。大同总队距离较远，就不回太原参

加了吧。让林大佐他们先自己准备,我们另抽时间去检阅。"

河本大作点头,接着讲到:"十总队军魂,乃'复兴皇国、恢弘天业'。魂之附体,靠精神气魄承载。我神武天皇开国,志在'兼六合''掩八纮'。明治天皇在《御笔信》中与百官诸侯相誓,欲'开拓万里波涛,布国威于四方'。他《军人敕谕》中'武勇'之德目,《教育敕语》中'义勇奉公'之教谕,扬厉我大日本无前伟绩。在此特殊年代,留晋男儿身负非常使命,更需大力弘扬武道精神。"

今村方策道:"先生所言极是。武士道精神是军人的最高品质。咱们说过成立'武道会',时间定在下月吧。活动地点就在复兴楼广场。"

河本大作同意。又问了官兵思想状况等。

与河本大作谈完事,今村方策走下台阶进了右厢房。

"夫人好!"他先向儿玉华子的母亲儿玉鹤枝弯腰行礼。

"今村君好!请坐。"儿玉鹤枝说罢,忙吩咐华子:"给今村君上茶。"

"谢谢!刚在先生那里用过。"今村方策并无落座的意思,转身对华子说:"华子小姐,月色这么好,出去走走吧。"

华子看看母亲,掀起门帘与今村方策走出房门,穿过天井来到东花园。

秋月如霜,天空有几缕淡淡的云彩游动。今村方策一米八的躯干,靠近华子窈窕的腰身。一阵凉风吹来,挂果的苹果树轻轻摇曳。

今村:"华子小姐,知道吗,从第一次照面,你的形象就印在我的脑海里。就像这苹果树春天里开的花朵,清新又美丽。把我从炮火浓烟里带到阳春芳华中来。"

华子亮闪闪的眸子,望着今村方策。

今村:"那时,我们在忻县驻防。听说先生从大连来到太原,出任山西产业株式会社社长。先生身边有位年轻的女秘书,长得很美,而且能歌善舞,还通晓汉文呢。"

华子不好意思地笑笑:"也就一个普通的日本女孩吧。我是广岛人,但在大陆的旅顺出生长大。祖父19世纪下半叶来中国谋生,父亲也来到这片土地上。我在旅顺做过海军要港部事务员,做些整理官报、通报、内令提要等机要文书工作,后来随母亲到太原。昭和17年秋,我刚开始在山西会社庶务股工作。一天,上司突然通知我们,说有大人物来当社长,让做好准备。后来出现的就是河本先生。'咦,这就是炸死张作霖的人啊',当时他留给我的印象,是个小老头,个子只有1米6上下,已经是60来岁的人了。不过,先生还是挺有威严的。"

今村:"河本先生是怎么选你做秘书的?"

华子:"那天,我给先生上茶。他主动与我说话,问长问短,显得平易近人。交谈中,知道我曾在旅顺读女子中学,与他的四女儿顺子有一面之识。也许就是这个缘由吧,先生叫我在他身边处理日常事务,还让母亲给他做管家。从那会儿起,我和母亲就住进这幢公馆。母亲原来在第一军司令部宴会厅服务,就是海子边'太原亭',现在的'春草炉'日本饭店。"

今村:"主要是华子小姐聪慧美丽,无论内在和外形都适合在先生身边工作。何况能兼做翻译,做先生的秘书没有比你更合适的人了。"

华子:"跟着先生工作,我感到很荣幸。他的身心不可思议地强韧而灵活。能屈能伸,不折不挠,十分严谨,又非常大胆。圣战期间,山西产业为大东亚战争做出很大贡献。终战后,先生毅然决然留在山西,从一开始就没有回国的念头。河本先生与方方面面的人交往,在他身边工作,会点汉文自然方便很多。我还有汉文老师呢,是阎长官的表侄曲宪治……"不经意间说到曲宪治,华子连忙把话停住。

今村:"先生早就是我崇拜的人,他是真正的帝国干城。现虽供职于西北实业公司,实际上也是我的师长和顾问。"

华子:"一月之前,我在公司订的《复兴日报》上看到,张行政院长对外商来华投资发表了声明。站在东方民族的立场上,我认为这是一个不大好的消息。因为美国和苏联的商品会在东洋市场占了主要地位,他们的势力也将公然侵入中国来。资本主义和共产主义在中国的角逐一定尖锐化,这会使中国陷入更为困难的境地。这样下去,永远不能完成东亚复兴。我希望资本主义和共产主义的斗争,最好在欧罗巴爆发,我更希望今后日本要真正放弃侵略主义,对中国要彼此抱着诚意,相互协力,成为东亚复兴的原动力。"

华子的话,今村方策心中也有共鸣。当初独三旅"编成残留特务团见面会"上,他就讲过,"以往日军由于南京事件、三光政策等,在中国民众的心中播下反日的种子。然而,这不是日本人的本来面目。现在正是我们向中国民众展示形象,为将来日中友好奠定基础的时候。"

不过今晚与华子相会,他的心不在那些问题上。

月光下,儿玉华子的圆脸玉容凝脂。今村握着华子的手:"在先生这里,我有幸与华子小姐牵结缘分。你也许不晓得,每次与华子你单独相会,我都倍感无以言表的快乐与慰藉。"

今村方策继续说道:"忻县战役后,华子小姐参加山西产业青年队到我们驻地慰问演出。舞台上粉色的樱花树下,你身穿美丽的和服,展示着妙曼动人的舞姿,对人物的刻画惟妙惟肖屏绝凡俗。"

华子:"其实人生的舞台更为鲜活,您才是现实舞台上真正的主人翁。我听到过今村君好多故事呢,您军事指挥员的气质和冷峻形貌,挂长剑策马奔驰的身姿和英武气概,谁不景慕。现在,今村君统率着留晋日本军,为祖国复兴、皇室繁荣担当着千斤重任。"

华子向今村投去钦敬的目光。

今村方策把华子拢在自己强有力的臂膀中。这一年今村48岁,华子芳龄24岁。

时隔不久,儿玉华子又收到今村方策的信笺:

华子小姐:

您好吗?昨晚夜阑更深,弦月独挂天际。衾冷枕寒,好梦难成,枕边思君,情真意切。此情此意,君尚可知?

星期四实在令人等得心焦意烦。漂白布一事不知已否问过海瑞。

检阅虽然凉风飕飕颇有寒意,今天却是上好天气,进展一切顺利。唯独我未能专心致志投入工作,此乃唯一的缺点。

老王动身了吗?请转告他:如果见到老杨,就说已经汇去了120万元,请他想办法搞几部电影拷贝回来。

……

方 策

领受着今村方策炽热浓烈的情感,华子的心情却又有些无以名状。因为这个时候,有另一个男人的音容笑貌浮现在她眼前,那人就是华子的中文老师曲宪治。

民国时期阎锡山当政晋省。以阎为靠山,五台、定襄"四家族"活跃在山西政治、经济和社会生活中。他们是：五台县河边村阎锡山家族,五台县大建安村阎锡山岳家徐氏家族,五台县河边村阎锡山外祖(生母之父)家曲氏家族,定襄县师家湾村阎锡山姨(继母之姐)家梁氏家族。

曲宪治是阎锡山生母曲月清侄儿曲清斋的次子。毕业于早稻田大学,妻子陈喜珍是阎锡山继母陈秀清的侄孙女。

阎5岁时生母去世,寄养于外祖父家中。表兄曲清斋与他一起读书、生活,对他关心爱护,和善亲切。阎锡山对表兄也十分尊敬,即使后来做了大官,每次回家都要登门探望。对曲清斋的几个儿子也多方照顾。其长子曲宪平留学日本归国后,阎留在身边主管私人印鉴。次子曲宪治与弟弟曲宪南、曲宪纯,都曾由阎锡山供给费用到日本留学。

抗战胜利后,曲宪治任西北实业公司协理,与顾问室河本大作的秘书儿玉华子多有接触。曲中等身材,长相排场,能讲一口流利的日语。正当盛年的他,懂经济、善经营,协理职务之外,还与担任公司营业处处长的弟弟曲宪南,代阎锡山经管部分私人商号及财产。

这天,华子取出自己近月来的日记。日记是用中文写的,她要请曲宪治作批改。送去之前,自己又浏览了一遍：

1947年8月9日：晚上,赵秘书请我吃饭。因为前几天我说过想吃家庭里做的高粱面条,因此他特意请我吃他家里做的家常饭。赵太太怕我吃不惯杂粮,所以另外预备了用白面做的馒头。但我尽吃了些高粱面条,因为她的做法很好,所以味道不错,和日本的荞麦面差不多。

几天了,不见(前空2字)曲老师到公司来。

1947年8月10日：今天是小礼拜。下班回家后,母亲对我说："河本先生在院子里正画着'向日葵'的写生画,你也到外头画写生画怎么样呢。别尽在屋子里呆着！"但是我不想画画,下午看了些小说,晚上练习中国话以后听了些唱片。

今天田作霖先生把西瓜送到公馆来。听他说那都是苏体仁先生的果树园栽种出来的,这种西瓜是日本种子。

1947年8月13日：今天又下起小雨来。听说中国有句俗语"先下牛毛没大雨,后下牛毛不晴天"……今天曲老师才来上班。听他说他是害了感冒,到现

在仍旧有点不舒服。看他的面孔,似乎是显出瘦一点的样子。我盼望他的贵恙能够早日痊愈才好!

1947年8月14日:今天《复兴日报》登载着张行政院长发表的对外商来华投资声明。这个问题不但中国国内受重大的影响,而且对于日本也有连带关系。我对于这个声明,站在东方民族的立场,认为是一个不大好的消息。因为如果实行的时候,美国和苏联的商品一定要在东洋市场里占了主要的地位,而且他们的势力将要公然侵入到中国来。这样一来,资本主义和共产主义在中国的角逐斗争一定要尖锐化,以至把中国陷于更困难的境地。如果这么样下去,永远不能完成东亚之复兴。我希望资本主义和共产主义的势力斗争最好在欧罗巴爆发,我更希望今后日本要真正的放弃侵略主义,对中国要彼此抱着诚意,相互协力,以为东亚复兴的原动力……

1947年8月15日:今天是我们日本人永远不会忘记的日子。就是在两年前的今日,日本全面投降,而十年来的辛苦都归于乌有,是历史上空前的失败。后来受麦克阿瑟的管制,已过了两年的功夫。这两年内,好像是在梦中一样。最近祖国复兴的前途才有头绪了,自从今天起开始和各国贸易。又听说和平会议不久也要召开,我们都期待着祖国的发展,而且希望实现真正民主的日本。

早晨清身以后,向东方恭恭敬敬地遥拜,告慰在大战中阵亡了的许多英灵,并且祈念皇室之繁荣。

1947年8月17日:下午,同今村先生和他的勤务兵一同到民众教育馆参观。今村先生执意去教育馆,是因为十年以前他在参谋本部的时候,曾从东京到太原来视察,那时他就到过教育馆,为了要晓得山西省的文化教育程度。以后星移月转已经过了十年的光景,现在和那时候的环境,已经起了很大变化,使他不胜今昔之感。

1947年8月21日:幽静清和的早晨,淡淡的晨光渐渐映射进来,偃卧东山的朝阳从云间慢慢地透露出来。过了一会儿,在檐下的鸽子和在院子里的小鸡也都醒了。清晨的光景,使我精神上感觉无限的快乐。

晚上,三浦将军到公馆来找河本先生和今村先生。听说他自停战以来就定为战犯嫌疑人,然而最近才判决无罪,因此他特意来寒暄。看他显出很高兴的样子,连带着也使我很喜欢。

1947年8月27日:今天是孔子圣诞纪念日,报纸上都登载着赞扬孔子的

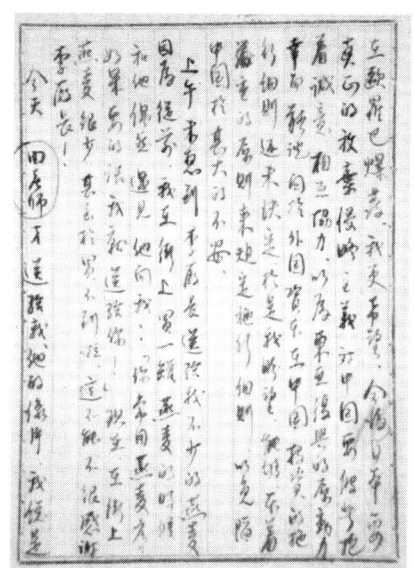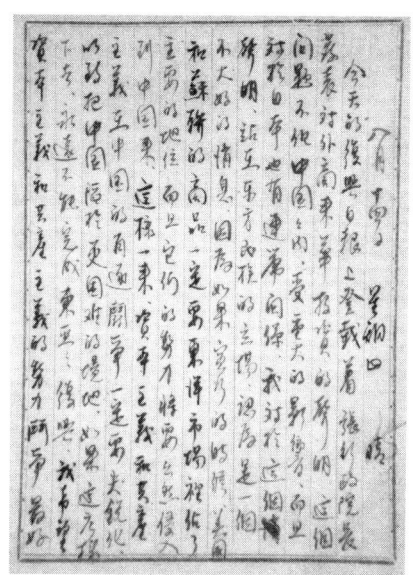

儿玉华子8月14日日记原件

特别纪事。孔子是生在中国的一位世界史上伟大的人物。他是一位政治家,也是一位教育家,也是中国学术界的导师,因此定今天为教师节。

孔子曰,"学而不厌,教而不倦",学问是没有止境的。人生到死为止,需要不断地努力学习研究,能够作到有意义的人生才行。

现在要纪念孔子,应当切实地提倡中国固有的道德和文化,以奠定中国国家真正的和平统一。这样纪念孔子、尊敬孔子才有价值呢!

1947年8月28日:今天想不到接到了妹妹的信。这是顶小的妹妹头一次给我来信。她的信上说,到现在仍没有房子,因此仍旧过着不自由的生活。她们从学校毕业以后,漂亮的衣衫一件也买不起,衣食住都很困难。以往的生活是不堪回首了,她们都希望能够早日实现一家团聚。但是,假如我们现在回到故乡去,恐怕生活将会要更加困难吧,于是很希望能够早日实现和平条约的缔结。

1947年8月30日:秋天,是令人最喜欢的季节,可惜此地秋天的时间很短。古人说"一叶知秋",令人感伤得很。听说北平的秋天——西山红叶,是世界上很出名的好地方。我很希望到那里去游玩一次,以欣赏古都的幽美。可是不知道多咱才能得到旅行的机会呢。

吃了晚饭后,陪着今村先生,到彭公馆去探望经理的病。

1947年8月31日:上午翁格尔和他的未婚妻到家里来找我,他以前来过

一次。谈了半个钟头的话,他们就走了。

下午到菜市场去买菜。回家的途中,走过西北实业银行的门前,看见了(空两字)曲老师的洋车。我就想也许他是在银行里办事吧。

晚上,在院子里散步好几十分钟。安静的晚上,十五的月亮高悬在天空中。

1947年9月1日:想不到,从前被共产军俘虏的阳泉矿务局职员和保安队第五大队的一部分官兵已被释放,从阜平回到太原来了。这简直是我们未想到的事情,今天惊讶得很。听说一行一共70多人。我想,第五大队的士兵一旦向八路军投降,现在安安然然地回来,这是日本军人不应该有的事情,恐怕他们都不能复归原队里吧。我也认为人生需要爱惜自己的名誉才对。

1947年9月3日:永井太太从日本来信说,漂亮而聪明的爱子去世了。爱子是前年回国的,动身的时候害了病,但她非回国不可。

晚上,我把她写的随笔和诗看了半天。那随笔是和我分手时特意送给我作纪念的。看着她的笔迹,就想起来她过去的事,也在眼前浮现出她忧愁的面孔。她生前常说:"我总希望如果我死的时候,能看着故乡的山,听着故乡小河的流水声,那么我就幸福了。"果然她回到故乡。我想,她的灵魂一定满意吧。

晚上,"水曜会"照例在公馆开座谈会。这次讨论如何实现日本的独立和复兴,怎么样才是真正的民主主义呢?并且最迫切需要的是甚么政治理念呢?还有亚洲民族革命同志会问题。与会者都热心讨论,一直到12点钟才散会。

1947年9月4日:天津办事处的石先生说,天津的生活比此地好,你如果有机会请到天津去吧。但是我认为,对日侨的待遇这么样好的地方,除山西以外恐怕没有吧。

1947年9月5日:晚上,公馆里照例打牌。听说澄田先生到晋祠镇去,为的是钓鱼,所以原来打算在他家里打牌就临时取消了,然而未想到旁人到公馆里来打牌了。这真是麻烦得很,家里的事一点也不能料理。正在换季的时候,要准备冬天的衣服,打毛衣等等。

1947年9月6日:今天下午两点钟,要在日侨俱乐部开日侨支部长会议,听说是关于日侨遣送问题和本地日侨的医疗问题等,又听说还要讨论关于下月日侨俱乐部主办的秋季运动大会的筹备问题。

1947年9月8日:被开除的王万勤太太求托帮忙。我告诉她说:"我们都认为王万勤是很好的人,所以一定想办法吧。"

1947年9月9日:今天是重阳节,就是菊花的节日。菊花是东洋人都愿意欣赏的一种花。晋朝诗人陶渊明的诗中有一句"采菊东篱下,悠悠见南山",他也是很爱菊的吧。

我记得唐诗中还有王勃的古诗《蜀中九日》:

　　九月九日望乡台,他席他乡送客杯。

　　人情已厌南中苦,鸿雁那从北地来。

虽然九月九日指的是阴历,但确实很有意思。

1947年9月16日:今天,马女士送我很多清源葡萄。因为陈先生的府上是清源,所以每年秋天送我们。我打算用葡萄做点糖,然后做点点心送给(空两字)曲老师。

1947年9月17日:今天的天气真是很奇怪,一会儿下雨,一会儿就晴;刚止住,忽然又下起来,实在是容易变化的。所以俗语说,男人心理好像是秋天一样。

汽车管理处开演山西梆子,王处长邀我去看戏。但是我自己一个人看戏,意思一点也不懂,只觉得嘈杂得了不得,并且下起小雨来,所以看了一会儿就回来了。

晚上觉得有点冷,所以穿上和服了。好久没穿日本的和服,觉得很舒服。

1947年9月18日:公馆院子里的丁香花,前两三天忽然又开了几朵,令人惊讶。恐怕是时令不正吧。

……

拿着日记,华子走进曲宪治的办公室。

"曲老师!"华子操着略带生硬的中国话说:"早想把日记送您批改,但是我觉得因为这几天彭经理没来上班,您一定很忙,所以不敢耽误您的时间。"

"没关系,玉华小姐客气了。"曲宪治微笑着,叫着她的华名(儿玉华子,华名"倪玉华"),请华子坐在桌子旁。

"前几天,我买了一本书,名叫《日本半月》。是《大公报》记者王芸生写的,内容是他旅行日本16天的报道,曾在《大公报》上发表,现在印成单行本发行。我要把它翻成日文,现在已经译出数行。但是觉得很困难,我的中文程度还是很不够。但我打算努力去钻研,全部翻译出来!近来我对中国话越学越有兴

趣。"

"很好。玉华小姐聪慧好学,钻研精神可嘉。中国学界在外文和古文翻译中,多以近代翻译家严复'信''达''雅'三字为范。简单点说,'信'就是意思要准确无误,忠实于原文;'达'是译文通顺畅达,无过无不及;'雅'是文辞自然得体,优美典雅。你在翻译中也可以此为标准,遇有什么障碍咱们共同切磋。"

"'信''达''雅',概括得太好了。我要在曲老师指导下学好汉语,无论日文译中文、中文译日文,都努力做到'信''达''雅'。"

平常,华子总想着能看见曲宪治,每次见到曲宪治,也总愿意与他多待点时间。

她继续说:"青年电影院正上演《啼笑因缘》,我和赵太太她们去看了。因为中国电影看惯了一点,所以大概的意思还明白。沈凤喜要是与樊家树成姻缘就好了,却落到一个军阀手中,可惜她了。"

曲宪治:"《啼笑因缘》原著的作者张恨水,被称为中国现代文学史上"章回小说大家"和"通俗文学大师"第一人,创作了一百多部通俗小说呢。《啼笑因缘》是他4部长篇代表作之一。你们看的电影中,用了原作的好些对话。你能够听得懂,汉语水平已经不错了。"

"可是,剧中一些微妙而复杂的会话仍旧听不太懂,总不免有隔靴搔痒之感。要是能与曲老师一起看就好了。"

华子看着曲宪治的眼睛,又问:"老师,您的相片带来了么?"

曲宪治笑笑:"我忘记了,没带来。"

"几次了,我常常问到您,您总是这样回答。也许是不想送给我吧?"华子有点失望。

"怎么会呢?"曲宪治仍旧笑笑,把话题转到日侨遣返上:"最近,山西又有不少日侨归国,10月初旬就到天津去。这些玉华小姐应该知道,你没有动心吧?"

华子望望窗外:"与父亲分手已经三年了。家父和妹妹他们回到了日本,我们不知道什么时候才能实现一家团聚呢。可假如现在回到故乡去,恐怕生活会更加困难呢。再说,我和母亲都在河本先生身边服务,好多事情要帮他联络、处理,走不开。"

"上月,魏德迈特使到中国来,很明显是要看看中国的现状如何,以转变对华政策。今后美国对中国的全面援助,大概是很有希望的。你们就留在山西吧,各方面会越来越好。"曲宪治给华子说着宽心话,把她手里的日记接过来。

华子弯腰行礼,起身告辞。

几天后,曲宪治将看完的日记交还华子。日记中,儿玉华子的丰富情感、聪慧才情,她的日、中情结,特别是"希望今后日本要真正地放弃侵略主义"的良好期寄,让曲宪治颇多感触。日记里面多处写到"曲老师",凡出现"曲老师"的地方,都前空两字以表尊敬。对老师的爱慕之情,也在含蓄掩映中遣词达意。这些,曲宪治自然读得出来。

"玉华小姐,华章已阅。书体秀逸、语言流畅,对人和事的记述有感而发,带有文学意境。"曲宪治说着,把日记向华子递去。

得到曲老师夸奖,华子非常高兴。她闪动着一汪秋波,向曲宪治望去:"曲老师,我是要得到您的指导呢!"

与华子动人的眼眸对视,曲宪治又从她手里把日记拿过来,翻到8月27日:"这篇日记写在孔子诞辰纪念日,短短几句话,表达了对孔子的崇仰之情。第二自然段,由孔子名言'学而不厌,诲人不倦',联想人的一生要不断努力和研究,实现有意义的人生。非常之好!孔子还有很多传世名言,体现着这位至圣先师的思想精华。如'礼之用,和为贵''己所不欲,勿施于人''德不孤,必有邻'等等。你在第三自然段写到'现在纪念孔子,应当切实地提倡中国固有的道德和文化,以奠定中国国家真正的和平统一。这样地纪念孔子、尊敬孔子才有价值'。有这样的认识,我这个中国人也深感佩服。是的,学习汉语不只是学习语言,了解中国文化才是更高层次。"

华子挨在曲宪治身旁,连连点头。

曲宪治继续讲,"不过孔子诞辰日应当是阴历八月二十七,不是阳历。日本明治改历后,施行了阳历历法,将一些节日直接从阴历搬至阳历。但孔子诞辰日不要直接搬,如果按阳历应该是9月28日。还有,原句在孔子《论语》中,是'学而不厌,诲人不倦'。你写'教而不倦',作为译文倒也可以,如果用中文写,还是照原文好。"

华子说:"好!好!我要'学而不厌',也请曲老师'诲人不倦',再给我讲讲别的错处。"

"8月30日这篇:'听说北平的秋天——西山红叶,是世界上很出名的好地方。我很希望到那里去游玩一次,以欣赏古都的幽美。可是不知道多咱才能得到

旅行的机会呢。……'从语法上讲,'西山红叶,是世界上很出名的好地方',词语搭配不当。应把'好地方'去掉,说'西山红叶,是世界上很出名的'。"

……

曲宪治对华子日记做着点评,不知不觉,半个时辰过去了。

"9月17日这篇,请玉华小姐自己看吧。"

华子展开日记,上面记着:"今天的天气真是很奇怪,一会儿下雨,一会儿就晴;刚止住,忽然又下起来,实在是容易变化的。所以俗语说,男人心理好像是秋天一样。"她看到,曲宪治在旁边加了小楷:"俗语'8月天是女人天'。"

华子白皙的脸上,泛出微微红晕。

这时,曲宪治又递给她一个信封。打开信封,是曲的照片。背面写着:"倪玉华小姐惠存。"

"太高兴了!"华子喜出望外,双手捧着,装进上衣口袋中。

下班后她没有回家,直接去照相馆买了一个精致的相框,把曲宪治的照片细心地装进去,放在自己枕头下。

儿玉华子的情爱故事是真实的。在今村方策与曲宪治两个男人中,她发乎于情的爱意说得清楚吗?

华子的日记,记录着她的生活场景和身边的人与事,反映了彼时彼地一个日本女子的思想情感和人生向往。受日本战时教育和军国主义分子熏染,她祈念天皇皇室繁荣,感叹"日本全面投降,十年来的辛苦都归于乌有"。而在同时,对日本发动对外战争,给本国、给被侵略的国家,特别是中国人民造成的灾难,也亲身经历、耳濡目染。所以她"希望今后日本要真正地放弃侵略主义。"

在其生命历程和生活道路上,华子盼望家人团聚,感念乡情友情,品味情思情爱。但是,被命运驱使的她,存身于日本疯狂的侵略战争中,参加军国主义势力策划的"残留"活动,其普通似地上花草、飘浮若空中云烟的愿望将会如何?与军国主义分子河本大作有着重要关联、与残留日军统帅人物今村方策有着亲密关系的她,又将怎样度过人生华年?

十总队复兴楼前冬季大检阅

太行山、吕梁山夹峙的太原盆地,残留日军在其司令部"复兴楼"的广场上,举行军事大检阅。日军战败"残留"后,采用了编入山西军的"残留军事体制"。这支表里不一的武装,先后使用过特务团、铁路(公路)修复部队、山西保安总司令部、山西野战军名称。到1947年6月,改编为"陆军暂编独立第十总队"。

时入冬令,寒气肃杀。上午8时,接受检阅的团队已从驻地赶来,全体官兵齐装满员,齐刷刷排成方队。日本军人胸前佩戴方块标识,写的是中国名字。

检阅仪式开始,"十总队"总队长今村方策扎皮带、打绑腿,从受阅部队前通过,迈大步跨上检阅台,作简短训示:

"今天,看到总队军容整肃,官兵精神振奋。军队装备、后勤保障合实战要求。我们是一支肩负特殊使命的队伍,要有高远的理想目标和良好的军事素质。须知,具有坚强信念之军人集体,方能成为必胜的军队;体现卓越兵法之战

"残留"日军总队长(总司令)今村方策检阅部队

"残留"日军第三团官兵合影

术武艺,方能充溢必胜的自信。从我们目前所处局势看,大规模作战就要开始。各团营务必进一步提高作战实力,在教育训练上投入巨大努力。'百项妙计,不如一项努力',我们的训练无终点,百日犹不足,千日不为终,应反反复复进行!"

今村方策训话结束,受阅团营列队从检阅台前通过:

一团各方队:团部、第一营、第二营、第三营、迫炮连、通讯连、输送连、卫生队、特务连,轻炮、迫击炮、山炮、汽车、辎重车。

二团、三团、四团、六团,总队直属特务营、工兵营、通讯营……

呼呼北风中,检阅仪式完毕。各团队依次退出广场,在复兴楼前合影留念。

这次大检阅后,连街巷的老百姓都知道,太原有支"日本人武装十总队"。

档案、资料记载,1947年残留日军武装部队及顾问机构、特务情报机构,太原绥署涉日机构与其他军事组织中,残留日本军人总数约4200人以上。其中残留日军主体部队(含大同总队)总人数约3500人。当年5月驻阳泉第五大队覆灭,9月各团营部分人员遣返,及历次参战死亡,到10月份十总队(含大同总队)实有日籍军人2521人。

10月后,复兴楼广场又添一景:"山西武道会"会员或搭弓、舞剑,或空手搏斗,每日在这里定时习武——筹备后的武道会正式成立了,会员160余人。河本大作任会长,今村方策任副会长,山冈道武、元泉馨为顾问。十总队司令部部附大场彻岩担任专职干事、主管教官。各团团长和司令部处长以上干部都出任"参与",为武道会提供支援。武道会设柔道、剑道、弓道三部。政治部部长城野宏、一团团长小田切正男、四团团长古谷敦雄,都是柔道、剑道有段者,自然也是武道会骨干。11月以后,"武道"也被规定为晋阳学园中等部必修课,毕业生全部编入十总队。

12月15日,十总队司令部复兴楼内,"新生塾"举行开学典礼。塾长今村方策,河本大作、元泉馨和曾任山西省伪省长的苏体仁等担任顾问。新生塾是残留日军军人培训中心,培训对象为青年军人,称毕业后可达日本陆军士官学校水平。塾以"新生"命名,目的在于培育"种子",教育塾生坚持牢固信念,锻炼坚强意志,勿忘残留初衷,实现残留目标。凡入新生塾的塾生,一律享受准尉待遇。

典礼仪式上,阎锡山到会讲话,题目是《亚洲青年大团结》,接着学员代表致谢辞,然后各位顾问致辞。河本大作的祝辞意味深长,苏体仁的贺辞勖勉有加。元泉馨的讲话尤为殷切:

"今日,新生塾终于迎来了开学的一天,我感到十分高兴,谨向塾长以及有关人员的辛勤工作表示感谢。

"明治维新及其后的年代里,日本在政治、军事、经济等各界活跃着的精英和骨干人才,都是明治维新以前或明治初期在乡党的学塾中经过身心一体的教育锻炼成材的。后来文化有了进步,教育制度得到完善,也培养出不少有头脑的人物。但是没有像过去的学塾那样培养出有心胸的人物;而在危急时刻能处变不惊的,正是这类有心胸的人物。这可以说是方才川端顾问在训示中所说私塾教育成效显著的最好证明。

"从国内最近的来信看到,青年的最大苦恼,是学校教育没有明确的目的和理念,精神上丧失了希望。今天,山西走在了时代的前头,率先开始学塾教育,让将来大有作为的各位青年在此接受教育和锻炼,可以说意义极为深远,从而对大家的希望也十分殷切。

"这里,我就大家在修养锻炼上需要牢记之点聊述数语。我们虽然身在异国,但既不执着于生、也不执着于死的原因,就在于对人生的肯定,对祖国复兴的必胜信心。我担心是否有人会忘掉今天的决心,中途掉队。希望大家永远坚持牢固的信念和意志,注视脚下每一步的情况,不断磨炼应对未来局势的睿智。勇往直前,锻炼成材,克服苦难,开拓前进。"

仪式最后一项,是塾长今村方策讲话。他纵步上台,引用"勿忘初衷"一词,对学员做了简单明了、声威并重的训话,并向来宾介绍办塾宗旨和机构设置等,请与会者热情帮助。

在半年后的晋中战役中,新生塾塾生曾作为亲卫队,护卫今村方策指挥作战、突围撤逃。

新年团拜河本致辞梦呓妄想

太原的冬天,干冷干冷。

就在残留首脑们野心勃勃、摇旗鼓风振作军威士气之时,他们大概想象不到,"世界史上的军事奇迹"正在身边发生。

1947年6月,中国人民解放军由战略防御转入战略进攻。10月10日,由毛泽东起草,朱德、彭德怀署名的《中国人民解放军宣言》在《人民日报》发表。《宣言》中响亮提出"打倒蒋介石,解放全中国"的口号。人民欢声雷动,解放战争迅猛发展。在山西战场上,12月已有83座县城和广大农村革命根据地掌握在人民手中。运城战役也于12月28日胜利结束,打破阎锡山固守城市和主要交通线的幻想。

1948年元旦,呼啸的北风把残留日军带进风雨飘摇中新的一年。

8时30分,同上年元旦一样,十总队举行面向天皇的遥拜仪式,9时进行团拜。

2日、3日仍为假日,组织各种文化娱乐活动。

但是,他们所处的环境和过年的氛围已经发生变化,感觉"时局难以捉摸,眼前的形势扑朔迷离""刺骨寒风叩打着窗牖,这呼隆呼隆之声,代替了除夕的钟声"。

《晋风》刊出《1948年新年致辞》:"战争结束已两年有半,多少兴亡治乱事,宛如梦境成过去,令人感慨万千。当兹送走民国36年,迎来新的一年时,在遥祝祖国繁荣昌盛的同时,回顾残留走过的历程,展望未来的前途,不禁有新的雄心壮志涌向心头。

"时局难以捉摸,眼前的形势扑朔迷离,但只要志向坚定,坚持信念,即使遭遇七难八苦,也不会迷失方向。坚定志向的源泉何在?唯有想起国歌《君之

代》便热泪盈眶的一片赤心。

"我们要抛弃私心杂念,为贯彻信念而忘我奋斗。

"另外还有一点,即不可忘记阎主任的恩义。我们不可堕落成忘恩之徒,牢记'怠慢即忘恩','初衷动摇即忘恩','排挤他人闹纠纷即忘恩'。其他不良言行更要戒之又戒,日常生活中的一举手、一投足,都以此为标准进行反省。果能如此,即不致有大过。"

元旦这天,日侨俱乐部也在晋阳学园举行新年团拜。委员长河本大作的致辞梦呓妄想。

"今天,我们在大陆一方之地过年。这不禁让我想起了祖国,想起了在悠扬的除夕钟声中,吃完年夜饭——荞麦面条,然后在对过去一年的追忆中进入梦乡。第二天一早,便迎来了新年元旦。天刚蒙蒙亮,起床到外边,从水井里打出一桶驱邪水净净身体,全家人便一起在祖先的牌位前做新年祷告。祷告后,长幼有序地在餐桌前就座,喝屠苏酒、吃煮年糕。吃过饭,有的结伴去神社参拜,有的则登上山巅或赶到海边遥拜元旦日出。在返回的路上,还不断地体味着庄严的新年气氛。

"这个时候,家里会有身上穿着印有黑色家徽外罩,下系裙裤,全副和服礼装的拜年客人陆续到来,大家互致新年贺词。有些酒量的人,每去一家还要喝上一两杯屠苏酒,没有酒量的人则匆匆告辞,到第二家拜年去了。孩子们在学校团拜完回到家里,男孩便跑出去放风筝、打陀螺;女孩则玩羽毛毽子、拍皮球。玩得十分开心,十分专注,也不管纷纷扬扬的雪花飘落在松枝搭成的门松上。

"入夜后,全家人和一些至亲好友,男女老幼都聚集在大厅里。分成'源家''平家'两组,一面大口大口地吃着年糕和橘子,一面你追我赶玩着百家诗纸牌。以玩纸牌的处罚规则,输家便依次表演平日不露的绝技,于是把新年气氛推向高潮。……

"这些都是明治到大正、昭和年代之和平时期,日本平民传统的过年习俗。"

河本表情凝重,继续讲道:"但现在,从昆仑山巅、戈壁沙漠吹来的刺骨寒风叩打着窗牖,这呼隆呼隆之声,代替了除夕的钟声。我们既没有竖立门松,悬挂注连绳,也没有家人一起在祖先牌位前祷告,不能结伴参拜神社,甚至不能悬挂太阳国旗。年长的人姑且不论,就是青少年和女人们也感觉不到祥和的过年气氛,令人深感遗憾。想到这些,就刻骨铭心地痛感战败之悲惨。

"然而,胜败乃兵家常事,胜固然最好,败亦可另谋宏猷。古往今来,世界历史上此类例子不胜枚举。当此新年伊始之际,全体旅晋日侨当互勉互励,坚持牢固之信念。在阎长官的荫庇和今村总队长为首的武装力量保护下,在我们各自的岗位上,以维护国体尊严和日本精神为重任,为复兴日本加强团结,艰苦奋斗。唯如此,才会有'日日是新年,夜夜月如洗'的感悟和境界。"

他略作停顿,扫视残留日侨及老少眷属,显得有点激动:"我坚信,迟迟未能缔结的和平条约会在今年签订。明年再在此地过年时,我们能够悬挂国旗!让我们在暂时的落寞中,遥望东山冉冉升起的彤彤旭日,为祖国以至东亚的前途祝福。祝全体侨胞新年快乐!"

河本在新年祝词的语境况味中,道出感觉不到祥和的过年气氛,刻骨铭心地痛感战败之悲惨;以败亦可另谋宏猷的妄念,勉励侨胞坚持牢固信念。可侨民们想到没有,1948年他们将会怎样度过?"明年再在此地过年"又会是怎样的情境呢?

春节聚首山冈宴请纳粹分子

元旦过后,春节翩然而至。山冈道武也入乡随俗办了酒饭招待客人。应邀来到南华门11号山冈公馆的,是德国人杨宁史、翁格尔,还有河本大作等。而此前此后,河本大作对翁格尔、杨宁史等人的招待,翁格尔、杨宁史对河本大作、山冈道武的宴请,也多次举办。有时彼此还准备自己的家乡菜品,连同杨、翁的家属一起进餐。相互之间的礼物馈赠,也你来我往、投桃报李。

60多岁的杨宁史,是德国禅臣洋行驻华总经理,纳粹德国二号人物戈林的好友。杨中等身材,红颜无须,能讲一口流利的汉语。自1911年来华,大肆吮吸中国人民血汗,大量收藏中国文物古董,还为希特勒从事过特务活动。"二战"结束后,国民政府查封德国在华产业,分批遣送德国侨民回国。杨"捐宝救德产",于1946年1月将241件古代铜器、兵器,"献纳"北平故宫博物院。国民政府曾给付其酬金2000万元国币。杨及禅臣洋行德籍人员与家属,也因之暂缓遣送。后杨宁史因资敌罪被天津市警察局调查,禅臣洋行也遭查封。他感到事态不妙,遂带着洋行主要人员及部分德侨逃往太原投奔阎锡山,于1947年出任"同记公司"经理。

翁格尔是希特勒青年团团员,德国纳粹分子。其父系德国富商,曾在日本从事贸易,母亲是美国人。翁身材高大,处事圆滑。战后跟随杨宁史到太原,也在"同记公司"就职。河本大作称翁是杨的"总参谋长"。

餐桌上,已经摆好酒水、主食及各色菜品、果品。色香俱全,味道诱人。

因主客是德国人,山冈道武先拿起白葡萄酒,给客人们斟满酒杯:"今天真是有趣啊。我们轴心国朋友,战败国之人,在战胜国中国的山西,他们最隆重的传统节日里聚会,真乃历史之遇合啊。来!诸君先饮尽这杯白葡萄酒。"

众人碰杯,一饮而尽。

"尝尝中国水饺!"做东的山冈道武招呼着,问杨宁史:"杨先生,您以前就与阎锡山相识?"

杨宁史挟了水饺送进嘴里:"战前阎锡山修建火药厂、炼钢厂和同蒲铁路,我在太原与他们有业务往来,曾派德国专家帮助施工,还为他们代购建筑材料、火车头、机器等。"

河本大作:"战后你不是捐了价值连城的中国宝贝吗?在天津还是待不住吧。"

杨宁史干笑道:"国民政府那个兼外交部长的行政院院长宋子文,得知我藏有为数可观的中国国宝,专程去天津与我谈'献纳事宜',谈了3个多小时呢。你想想我能不答应吗?就对他们说:'这些藏品原本就属于中国,理应还给中国政府。'还好,国民政府给了我酬金,允许我们留居下来。可后来又发现我的'资敌罪行',天津警察局并开始调查。我即利用同阎锡山的旧关系来到山西,先落个栖身之地吧。阎呢,也觉得我'奇货可居',在工程师街为我们提供了住宅。'二战'虽然结束了,但中国内战仍需各类情报和武器弹药,需要办理进出口业务。"

说到这里,杨宁史朝河本大作笑笑:"我们在太原定居,先生您还赠送了家具和食品呢!"

河本大作点点头:"让你们的生活安顿得好些吧。同是战败国之人,用中国的一句古诗,叫'同是天涯沦落人'。咱们之间完全超越金钱关系,是绅士式的友谊。"

他看着杨宁史:"好像杨先生也是'战犯'吧。"

杨宁史:"是啊,蒋介石电令阎长官扣捕我等押送南京。阎复,魏尔慈精于医术,救护山西人民甚多,如扣捕即失所望。其他人则只字不提。任凭蒋介石一再电催,阎还是我行我素、置之不理。1947年1月,反在我的寓所筹备成立'同记公司'。董事会10人,是用开名单的方式由阎锡山拟定的。总经理为阎方贾乙和,我出任经理。那贾乙和听了绥靖公署秘书长吴绍之的话,对阎说'杨宁史的战犯问题,中央让解送南京。成立'同记'该如何进行?'你们猜阎长官怎么说?"

几人放下筷子、刀叉,听杨宁史回答。

杨宁史轻蔑一笑:"阎长官说,'什么战犯问题……不要管他!'去年夏天,'同记'就在精营南横街正式办公了。不巧的是11月发生失火事件,现已买了南华门李子范的院子,准备春天迁入营业。"

山冈道武转头看一眼翁格尔:"'纳粹分子'都进'同记'了?"

翁格尔:"是的。跟着杨先生,我、魏尔慈等10余名纳粹,也一同来山西避难,都进了'同记'。魏尔慈做顾问,我负责机械部,卜路克负责皮毛部,罗文士任上海分公司经理。我们操控了业务,那十来个中国董事连董事会都没开过,只吃过一顿饭。其他中国职员就只能仰吾鼻息了。"

杨宁史得意地说:"贾乙和虽然是总经理,但我可以越过他,通过阎的侍从医官杨镇西和他的三弟阎锡圻办许多事情。"

河本大作虽称同杨等"结成绅士式的友谊",但对德国人获取巨额利润却有些不舒服。因说道:"'同记'规模庞大,资本雄厚。西北实业公司、山西省银行和阎的会计处,都给筹了款子。在国外,你们向美、英、法购买机件、药品。在太原,与西北实业公司、太原铁路局做着业务,利润空间很大啊。西北实业公司经理彭士弘、营业处处长曲宪南,经营业务没什么经验,也就任凭着你们摆布了。"

杨宁史哂笑:"他们山西赚不了钱。用中国职员的话说,'同记'是洋行气息,洋人赚钱。不过,魏尔慈曾在德国做药,他看阎长官这里存有大量鸦片,建议制造镇静药品销售,卖得还挺火。龙庆武在德国兵工厂干过多年,愿为阎制造火箭炮,与共产军作战。"

山冈道武:"共产主义是我们共同之敌。时下,我们暂借阎长官的房檐遮风避雨,也助他一臂之力抗拒共军。"

河本大作将每个人的酒杯斟满,他自己先高高举起酒杯:"好,我们为复兴德国干杯!为复兴日本干杯!"

"干杯!干杯!"众人举杯同干。

山冈道武喝下酒去,却不无担心地说:"但阎之军事、经济看来都太弱,留晋日本军一面参加实战,一面正抓紧为他训练军队。"

杨宁史:"这致命之处我也看到了,已建议阎长官向美国凯因公司借款500万元。凯因提出要有足够的抵押,阎答应以西北实业公司做抵,让贾乙和向彭士弘索取公司的决算书。"

"哼哼！"河本大作嗤笑两声，接着杨的话说："美国对德国人的态度也同对日本人一样，终战时十分紧张，随着世界形势的变化而渐趋缓和，反过来给予援助，还利用其中一些人做美国的特务。你的弟弟就住美国，你当然有门路同美国联系。翁格尔母亲是美国人，也住美国，舅父是美国实业界活跃人物吧，与美国联系就更方便了。"

杨宁史等与河本大作都住工程师街，河本又是西北实业公司顾问，翁格尔先后五六次去公司见他。对这些德国人的背景等，河本早已有所了解。

翁格尔："居间的活动、联系是自然的。不过，阎锡山到底能撑多久？日后的事……"他看看杨宁史，"中国不是有句话叫'见风使舵'嘛，那就看日后情势吧。咱们今朝有酒今朝醉！"

河本大作默然。

酒足饭饱之后，这一丘之貉又搂着日本女郎飘飘然转起圈来。

这年晋中战役后，太原处于解放军包围之中。杨宁史遂离开太原，到平、津做"同记"业务。翁格尔则乘飞机往来于平、并之间，1948年末曾多次陪美国实业借款团人员到太原，后也住天津。1954年6月杨宁史被天津市人民政府驱逐出境。

残留军人思乡情切要求归国

1948年的春天来得早。孩子们站立汾河岸边,眼望哗啦啦漂来的冰凌,大声喊着"七九——河开——,八九——雁来——"的时候,临汾战役于3月7日打响了。阎锡山在晋南的最后一个据点就要被拔除,太行、吕梁两大解放区将很快连成一片。战局的发展,显示着解放军进军晋中,消灭太原阎锡山老巢的态势。

阅冬以来,山冈道武、三浦三郎、今村方策、岩田清一,就担任着总顾问、顾问、总教官、副总教官,投入残留日军各团团长以下五六百名日本军人,对阎锡山亲训团、亲训师、青军团、炮训团、宪兵二十五团等进行训练。同时,继续参加对中共军队作战,更进行着保卫太原的实战准备。针对日本人不了解地形的情况,并大量印制、下功夫研究晋中地区和太原及周边的军用地图。

1948年3月16日,残留日军"暂编独立第十总队"改编为"太原绥靖公署教导总队"。改编后实质并无变化,向绥署报送材料或习惯上有时还称十总队。阎军对国防部的上报统计等材料中,仍以"陆军暂编独立第十总队"名称出现。今村方策继续担任司令部司令,参谋长由原日军独立混成第三旅团独立炮兵大队大队长菊地修一出任。前任参谋长相乐圭二改任司令部指导官、军一团团长。

教导总队设司令部、参谋处、副官处、政工处、军需处、卫生处、秘书室,及生产部、合作社、农场、野战医院等。原下属五个团,二、六两团改编为军士教育一、二团,一、三、四团改编为教导一、二、三团。特务营、工兵营、通讯营,编为特务大队、工兵队和通讯队。

十总队大同总队,1947年12月已改编为大同教导总队。山西军于镇河兼任总队长,安钦任副总队长。五味丑之助仍称副总队长,林丰1948年5月遣返回日。

改编就绪后,残留日军在1948年4、5月间进行了较大规模的遣返。

在此之前,1946年大遣返后1947年9月已进行过一次集中遣返,十总队遣返180人(不含大同总队)。那次遣返中,山西日侨俱乐部参与组成遣返委员会,确定了"尽量制止官佐、战斗员和教官等要员归国"的方针。河本大作主张只将思想不良分子、掮客和无战斗力的老弱分子遣送回国,对有战斗力和有技术的人员则强制留晋。在十总队,总队长今村方策主持召开会议,向各处、各团贯彻残留方针。参谋长相乐圭二亲自与各团团长密商,勾掉申请归国人员名单中的干部与战斗员。岩田清一、城野宏等对要求回国人员个别谈话,设饭局笼络。政治部也频频召集报告会、座谈会,在《晋风》《周报》上组织文章,加强欺骗宣传。当时,残留军人耳边飘荡着种种虚词、诳语,什么"蒋介石军队即将胜利,共产党就要被消灭","美苏冲突迫在眉睫,大日本帝国重建之日已为期不远","日本国内正闹粮荒,回去也只是为糊口疲于奔命"等等。而事实却是解放军越战越强,残留日军在大同、寿阳、阳泉等作战中损失惨重。残留兵们知道,如果继续留下来,只会成为首脑人物狂妄野心的牺牲品,所以要求归国者依然有增无减。"国贼""懦夫""胆小鬼"等谩骂便不断向他们抛来。第一团甚至对要求归国人员集体殴打,第三团则通过"神州疾风队"、第四团通过血盟组织,对提出申请者进行威胁。二团少尉伊藤末弥等,因申请回国未得许可,心理遭受巨大折磨,引爆手榴弹自杀身亡。

到1948年春夏之际,残留日军面临的形势已更为严重。很多日本军人对残留前途不再存有希望,对残留理念产生怀疑,也对日后生活感到不安,对身家性命心存担忧,想家思归之情更为迫切。像当初热议"残留"一样,"归国"成为军人们谈论的第一话题。

杨花飞飞,柳枝垂垂。星期日,24岁的军二团团附松本伊右卫门坐在树荫下,看着粉纸托着的照片,一会儿露出甜蜜的微笑,一会儿又靠着树干愣神。

冈本传吉中尉悄悄走到树后,慢慢蹲下身子,冷不防把照片抢了过去。

"哈哈!像天上的仙女啊。是恋人还是妻子?"

"新婚的妻子。"

"新婚?你没有回国,怎么会有新婚妻子。"

"是入伍前刚刚成亲的呀。昭和19年(1944年)11月,我接到参加大东亚圣战的通知书。母亲就我一个儿子,留她孤身一人在家能放心吗?于是入伍前

夕匆匆忙忙与恋人结了婚,那年我20岁。"松本向冈本讲起了当时的情景,这情景常常浮现在他的脑海中。

"结婚那天,她穿着白色丝绸和服,浓密的黑发挽起了发髻,用龟壳梳子紧束着。盖头和面纱也是乳白的,从黑发上垂下来,轻拂着美丽的小圆脸。婚礼上,她换了几身衣服。特别是那套绣着仙鹤、百合的礼服,穿起来非常漂亮。"

"你连蜜月都没过就奔战场了,离别一定难分难舍吧?战时,这种情况可不少呢。"冈本说着,坐到松本身旁。他比松本大三岁。

"离开家乡的前一天晚上,上弦月高高挂在天边。我牵着她的手走到小河边,在一块青石上挨身坐下来。河水无忧无虑咕咕流淌着,我的心却静不下来。

'我穿白色和服好看吗?'她慢声细语地问。

'好看。'我回答着,内心却感觉有丝丝凉意。因为白色和服意味着新娘少女生活的结束。她已经成为我们家的一员了,可我又不得不离开。

'明天我就得走,到海那边的中国大陆。'我把她抱在腿上,用脸颊贴着她柔嫩的脸蛋:'你看,就像我们头顶上的月相,不是圆月是缺月。'

我吻吻她的嘴唇,看着她的眼睛:'知道吗?我倒是很喜欢那套绣着百合的红色和服,衬得你的眉眼非常好看。那温暖的色调、和美的图案,也象征着我们未来的生活。但愿这一天早点到来。'

她抬头仰望月亮,温柔地依偎着我:'松本君,我们会等到那一天的,等一轮圆圆满满月。'

'那以后不论遇到什么困难,你都要把笑容挂在脸上,等着我回来。'

'可是我想你,会止不住流泪的。'

'眼泪如果止不住,就让它流走吧!我也肯定想你,在异国他乡会想得更厉害,但是没办法不走。'我紧紧地搂着她。

她的身子贴着我的胸口:'你把我的照片带在身上啊!'"

……

松本拍拍冈本的手,向远远的东方望去。

冈本:"是啊,她们在家乡茹苦含辛。哪里会有笑容挂在脸上?眼泪是少不了的,早就盼着咱们回去呢。"

松本:"眼下这形势,如果继续呆在此地,咱们还能回到母亲、妻子身边吗?所以我只想早日回家,这次无论如何都要争取回去。"

冈本："你是独子,也许会被批准。咱们要能一道回国就太好了,可是恐怕很难,因为现在大部分人都想回国。我原来是第五独立警备队安藤武信中队长的传令兵。他从运城到太原后,与一位日本女子结婚,已经有了个非常可爱的孩子。前几天见到中队长时,他向我透露说,'一定要在孩子上小学以前回到国内。'"

同松本、冈本、安藤一样,好多残留官兵都迫切盼望回国。他们能够如愿吗?无论幸与不幸,后来各有结局。不过,像山西的"皮影戏"一样,残留军人的出场、入场,是由幕后"耍皮影"的人把持的。

山冈道武回日招募泥牛入海

工程师街,当时是太原的高级住宅区。与抗战结束前驻晋日军第一军司令部、后来的残留日军司令部相毗连。原山西省主席徐永昌的宅邸即坐落在工程师街。河本大作自1943年出任山西产业株式会社社长,一直以徐宅为其公馆。残留活动主要策划组织者中,澄田睐四郎、岩田清一、今村方策就住这条街。山冈道武公馆所在的南华门,元泉馨、城野宏所住的东华门,距离工程师街都很近。河本大作残留后担任总顾问、位于典膳所的西北实业公司相距也不远。他们无论召开会议或日常交换意见,非常方便。当时处于"危机"形势下,还面对残留军人难以遏制的归国思潮,而晋中激战已在眉睫之内。于是这些核心人物商讨了1948年5月部队遣返,及遣返后战斗员更加不足,派山冈道武、三浦三郎回国去招募义勇军。河本大作、澄田睐四郎、山冈道武、今村方策、三浦三郎、元泉馨、城野宏、岩田清一皆参与其中。另有太原绥靖公署日管组组长张文炤、原伪省长苏体仁、绥署参事杨宗藩等。

在工程师街8号院的今村方策宅邸,教导总队司令今村方策与参谋长菊地修一,具体研究了总队遣返方针与实施办法。决定在部队中重温"残留"宗旨,努力让官兵对未来产生希望,除思想不稳分子和病弱者外,要用硬性说服的办法不使队员归国。菊地修一与政工处长城野宏,还巡回各团驻地,与团队长们一起进行宣传教育、诱导说服。今村方策并与张文炤商量,尽可能缩短遣返公告发布至遣送开始之日的时间间隔。另一重要举措,是通过太原绥署改善官兵待遇。队员一律晋级,除工资外另发眷属津贴。眷属在国内的,按将级军官每月20美元、校级军官每月12美元、尉级军官每月8美元汇回日本。为解除残留军人担心牺牲、负伤的后顾之忧,于1948年4月紧急出台了《教导总队日籍聘用人员抚恤奖励办法(草案)》。

《办法》中规定：

（一）阵亡：对于阵亡人员，不论其家属是否在现地居住，除按中央规定的抚恤金定额（含特别加给的恤金）加倍支付外，对于每一家属（不管人数多少），一次发给10年的每年7石2斗的抚恤奖励粮及年度恤金。

以上各项支付恤金的计算基础定额，以晋升后级别（阵亡人员一律晋升一级）为准。

（二）战伤致死：对于战伤致死人员，其受伤后至死亡前所需治疗费用，由绥靖公署全额负担，对于遗属按照前项阵亡人员标准，一次发给8年的抚恤金。（但受伤次年以后死亡，已领过荣誉恤金者，不再支付。在受伤当年死亡，已领过荣誉恤金者，应自阵亡恤金中予以扣除，发给余额。）

（三）因公死亡：对于因公死亡人员，不论其家属是否在现地居住，除按中央规定的抚恤金定额加倍支付外，对于每一家属（不管人数多少）一次发给5年每年5石的抚恤奖励粮及年度恤金。

（四）战伤：战伤人员的治疗费由绥靖公署全额负担。对于战伤人员发放的恤金，一律按中央规定的一等伤处理。此外，按中央规定的数额加倍支付恤金。对于残废人员（第四的一项），不论其家属是否在现地居住，每一家属（不管人数多少）除按中央规定的抚恤金定额加倍支付外，一次发给5年每年5石的抚恤奖励粮。自第六年开始，每年发给一年5石的抚恤奖励粮，直至终身。

（五）因公伤残：因公伤残人员的治疗费用，由绥靖公署全额负担。此外，致残人员不论其家属是否在现地居住，对每一家属（不管人数多少）一次发给5年的每年3石6斗的抚恤奖励粮。自第六年开始，每年发给一年3石6斗的抚恤奖励粮，直至终身。

（六）病故：病故人员，不论其家属是否在现地居住，对每一家属（不管人数多少）除按中央规定的抚恤金定额加倍支付外，并一次发给10年的年度恤金（按中央规定加倍）。

……

尽管如此，在教导总队司令部，队员的归国申请和团队长们的报告，仍然像雪片一样飞来。

队员们送交的归国申请中,大都谈到个人、家庭困难状况,反映出日本对外侵略战争给本国人民带来的灾难和苦痛。团队长们对队员回国要求原因及采取何种对策的报告,则从较深层面分析了现象背后的实质。

关于队员要求回国的理由,仅从第一通讯队节录几份《归国理由书》,便可见着一般。

少尉北岛卯六——"我有兄长四人,均在大东亚战争中阵亡。一个姐姐虽已出嫁,但丈夫也在战争中牺牲,只好带着三个孩子回到娘家。我父早已过世,只有我母一人孤苦伶仃,无人奉养,生活十分困苦。

原来,我为了东亚复兴决心残留山西,但作为人子实不忍心坐视老母和携带三名幼儿重返娘家的姐姐继续在贫困中艰难度日。因此申请回国,为来日无多的老母尽一些孝养之心。"

中尉吉田金次郎——"在本次大东亚战争中,我的长兄及弟弟阵亡,姐夫随军出征开赴东南亚,至今未归。双亲虽在,但已年老力衰,不能劳动,勉强从事农耕,早已力不从心,自去春以来多次来信催我回国。特别到了今年3月,又从来信中得知二老更加衰惫,已无力继续农业劳动。因此申请回国,以尽孝养之心。"

上尉山下胜夫——"我父母虽然健在,但他们辗转东北、华北各地,过了30年的大陆生活,已于前年自河北省石门(石家庄)回国。现在国内从事农业劳动,既无财产,又无亲人。日本国内劳动力短缺,只好不顾年老力衰,拿起农具,干从未干过的农活。他们过去曾多次来信催我回国,但我以东亚复兴为重,抛却一切私情,献身革命。不料今春老母又得病卧床不起,催我早日回国。我身为长子,再继续留此,实违孝道,故此拟回国尽孝养之心。"

团队长们的报告,也原文实录两件:

特务大队大队长(民国37年5月14日)——现将回国人员回国原因的调查及今后对策报告如下:

一、要求回国的主要原因:

1. 由于当初是随大流或盲目残留而造成的。

2. 由于理念缺失和政治教育欠缺,不再感到残留的意义。

3. 由于青年阶层的上进心和现实脱节,陷入思乡困境不能自拔。

4. 由于子女教育等家庭问题。

二、对策:

1. 树立牢固理念并进而采取体现理念的措施。

我们残留此地,并非为了经济生活。只是为了担负一部分在日本国内无法完成的任务而贡献力量才残留下来,这是不言而喻的。然而现在战争结束后将近三年,理想的实现仍十分渺茫,可以说没有任何新的进展。

青年感到寂寞,并非缺酒少食,而是由于现在的处境混沌不清,无法使他们树立牢固的信念和一贯的理念,以致陷入一种无助的困境。这个根本问题必须加以解决。

必须建立一个能为中日两国人都信奉的理论体系,这一理论与爱祖国联系在一起,以包括亚洲军事、文化、政治、经济等各方面在内的共同防卫、共同建设为目标。

并且必须不仅山西,而且也要在日本国内寻找中日两国人的真正的领导者,以他的思想和理论体系为中心,对青年开展政治教育。为此,要在各个领域开展有机联系的青年运动,这不仅有必要,而且完全可能。

通过上述措施使大家的朝气重新焕发出来。

如何具体实施,尚待研究。

2. 解决青年们的上进心与对现实焦虑之间的矛盾。

"长此下去,前途如何?""希望多学点东西。"这是上进心的表现,也是认真考虑前途的20岁上下者的共同想法。

必须有进行精神指导和智育指导的指导者和指导机构。

3. 子女教育和家庭问题:

完善子女教育机构。

(原件有两行字迹脱落)

4. 其他:

满洲国时期的治安所以保持得特别好,是因为背后在预算中列入了巨额机密活动经费。有了这笔经费就可以机动灵活地进行表扬奖励,开展研究工作,人也可有更大的活动自如的空间。而我们现在的情况是,为了维持部队的

运作,只好从个人的薪金中抽出一部分垫付。

可以认为,这些问题的解决,将有助于对部队的掌控和工作的顺利开展。

工兵队代理队长(民国37年5月15日)——关于队员遣送回国若干问题的回答:

一、要求遣送回国的原因:

1. 对残留理念产生了怀疑。战争结束后,大家对自己和日本丧失了一切希望。当时阎长官提出,亚洲复兴掌握在我等东亚人手中,中国的复兴即日本的复兴。为了响应建设大亚洲的号召,竭尽微薄之力,于是决心残留下来。但是,以后中国国内形势日益混乱,和平复兴遥遥无期。因此,有些打算用土木建筑技术为中国建设贡献力量的人,当前就对残留理念感到失望。

2. 对今后生活感到不安。战争结束后的山西,和平产业得到恢复,物价渐趋稳定,生活条件优于战败后的日本国内,而且认为能向国内汇款,以为自己在战后一片黑暗中找到了光明前途。但后来物价一路攀升,每月收入却原地踏步,以致感到前途渺茫。于是得出结论,认为还是回到国内拼搏一番,生活更有意义。

3. 对自己的前途失去希望。战争结束已经三年,发现自己不但没有任何进步,反而有所退步,在如此环境下生活,感到厌倦。于是产生了一种要求继续学习的愿望,希望通过学习钻研提高自己,重建自己的人生,争取光明前途。

4. 单身生活产生了思乡的念头。青春时代正在白白度过,不知何日才能成家?形影相吊过日子,倍感人生孤独,更加深了思乡之情。

5. 日本国内情况逐渐明朗,对战后日本产生了憧憬。中国战乱不止,但日本却比当时想象的条件要好,正在顺利走向复兴。读国内来信感到,一个男子汉好歹总能找到出路。特别是离家多年,父母兄弟来信劝说回国,于是对战后的日本产生了向往。

二、今后的对策:

1. 加强思想教育,提高建设亚洲的积极性。亚洲建设需要中日民族的协和提携,否则东亚便不可能发展和提高,这是不言而喻的道理。特别是日本的未来,在很大程度上要依靠中国。因此,为了清除中日间过去的一切污点,为日本人将来的出路打好基础,就要帮助中国打开当前的困难局面。目前必须重新强调日本人残留的意义和使命,并把这种教育贯彻到底。

2. 建立抽奖回国休假基金，创造回国的机会，以鼓舞卷土重来的士气。残留人员远离故土都在四年以上，每个人都有看到故乡的山山水水、会见亲人故旧的迫切愿望。但是，即使将来邦交恢复以后回国休假成为可能，以现在的每月收入来看，在经济上显然存在困难。即使不考虑往返的旅费负担，其他附带的费用，估计也相当多。为此，考虑建立一种抽奖回国办法：从残留人员中广泛征集希望回国休假者，每月从收入中扣除一部分，建立抽奖回国基金，每次有10名至20名中奖者回国，以减轻其旅费负担。这样，既给人以回国休假的希望，又养成平日节俭度日的良好风气。他们回来以后，由于明晓掌握了现实日本的社会情况，定会鼓舞卷土重来的士气。

3. 充实文化娱乐慰安场所，培养日本人大器量的风度，达到团结友爱的目的。由于同世界文化潮流隔绝，往往助长逐渐颓废退步的歪风。为此要通过《东风》《晋风》等机关刊物的出版，以及晋风剧团的演出活动，大力宣扬新风，并且设立电影、交谊集会场所，备置围棋、将棋、台球、图书等，以培养泰然自若的日本人大器量，推动互相友爱、互相和谐氛围的形成。

4. 从速实施引进适龄女子来华办法。当地独身者的第一愿望就是娶一位贤惠的妻子，这个问题得不到解决，要求回国的人必然增多。在当地和半岛人（指朝鲜半岛）、中国人结婚者，大部分家庭纠纷不断发生。在此现况下，无论如何也要从国内接来婚龄女子，使之各自建立圆满家庭，这是解决一切问题的基础条件。

当思想劝导、利益引诱不能完全奏效时，团队领导便一手举奖饰一手拿棍棒，对不顾家庭期盼、坚持继续残留的队员大加赞美宣扬，对不顾部队影响、执意要求回国的队员则进行威胁恫吓。一团团长小田切正男放口大骂，"决不能让那些抛弃同志，现在还要回去的背叛者活着"，并指使他的打手们挥舞大刀威胁。四团以"儆戒叛徒"为名，把一个要求回国的队员拉出去活埋。

为阻碍队员回国还"调虎离山"。今村方策于遣返当月，亲率队伍出动太谷、榆次，直到被遣返人员出发时间只剩4天，才在战地通知各团队落实名单。还怂恿部下大肆抢掠，当地村民家畜、粮食被洗劫一空。抢掠所得则算作各队"收入"，给他们以"甜头"。

很快，1948年5月遣返结束了，教导总队共遣返450人左右（不含大同总

队)。对归国的部分官佐,采取"休假回国"形式发放聘书,接受聘书的有60多人。庆幸的是,松本伊右卫门也站在归国者行列。而冈本传吉正如自己料想的那样,未能与松本一道回去,没出两月就在晋中战役中做了解放军的俘虏,1954年9月被遣送回国。安藤武信则在1948年10月太原战役牛驼寨作战中被打死。

一般残留官兵不知想到没有,遣返中有两个重量级人物——山冈道武、三浦三郎也回国了。

这两位军中将官,阅历丰富且足智多谋。他们分析世界历史走向与国际格局,中国内战前途与山西战局,看到共产主义不再是"徘徊的幽灵",蒋、阎政权已经岌岌可危,日军残留的后果也可想而知。于是,以堂而皇之的理由,回日本去招募义勇军。在上层人物讨论危机形势下如何应对山西兵员枯竭等问题时,即商定二人回国进行活动,招募义勇军来山西。而实际上,却放弃"意旨深远"的残留目标,丢下血雨腥风中的残留队伍,先要溜之大吉了。

自然,离开山西之前该做的文章还得做。三浦三郎向阎锡山提出了"一般情况的判断",说到"照目前形势发展下去,中共将征服全中国。这是足可使世界体制发生变化的危机。值此之际,全世界的反共势力必须携起手来,设立统一的指挥机构,遏止中共发展。第一,美军与蒋介石政权,应向华北派遣30万日本义勇军共同作战。第二,设立国际反共政务局,实行统一指挥……"三浦让城野宏以他的名义,起草了招募30万义勇军入晋计划,呈送给阎锡山。

"派遣义勇军问题,应同美国占领军取得联系",也是山冈道武与河本大作等策划过的。山冈认为"义勇军问题如果不运动麦克阿瑟,中国方面或日本的朋友们似乎是无能为力的"。说他回到日本后,朝这个方向活动。

大概城野宏担心二人此去会泥牛入海,乃遣词措意道:"以前回国的人,后来的联系都不顺畅。这些人接触对象范围窄,一般都级别低,所以不会有什么了不起的举动。这次须先开出能够随时取得联系的途径和寻求联系方式。"

山冈说:"只要取得占领军的谅解,以后用无线电也好,船舶直接进入天津、上海也好,怎么都行。"

绥署日管组组长张文炤,向山冈等转达了阎锡山的意思:"义勇军登陆地点请选在天津。如果船到天津之前你们能予以保护,那么登陆后的给养、装备、运输等一切问题,均由我方负责。"张文昶对山冈等说,"这点还要与华北'剿总'司令傅作义取得密切联系,让其协助。傅原是阎的部下,一定肯出力。"

山冈教城野宏准备了联络用的密码。城野将编好的密码送交山冈道武、张文昶各一份,自己也保存一份。

不管山冈、三浦是否真能将招募之事付诸行动,今村方策、河本大作、城野宏、岩田清一等继续留晋的主脑们,是企望着建立起联络机制,得到日本国内的支持,招募义勇军增援山西。在他们看来,中共或将全面控制中国,无论是美国或日本,对此无疑都会感到恐惧。而阻止这种局势发展的唯一方策,即是增强国民党军队阵线。那么,"为了确保作为桥头堡的山西,若日本与美国占领军的意见是一致的,派遣义勇军也许是可能的。"就在5月,他们派出教导二团团长永富浩喜,到上海、台湾、北京等地活动,希图"采取实际步骤,打开具体交涉之路",建立与国内军国主义势力的联络据点,开辟中、日间密航路线。

就要启程了!山冈道武从1944年12月出任第一军参谋长,到战败后处心积虑策划组织日军残留,在军国主义穷途末路上走至无路可走。此时的山冈胸中抑郁烦懑,无奈时不我与、已经无力回天;决意抛离下属脱身危境,也感到些许不安甚至心理恐惧。他把教导总队参谋长菊地修一叫去说:"我先到日本活动,以后还要回太原。这段时间无论发生什么情况,也要保住山西。"尽管嘴里仍在装腔作势,却把手上记载着与阎锡山交涉之全部情况的笔记本交给菊地,命令菊地修一遇到紧急情况时加以烧毁。

山冈道武、三浦三郎回日,"武顾问室""蒲研究室(部)"于1948年5月16日撤销。原第一军司令部大佐部附、曾被定为战犯嫌疑人、后出任"武顾问室"少将顾问的恩田忠录,也在这次遣返中归国。

雾气笼罩着渤海海面,一片空蒙。"日本号"开出塘沽港,拖着一条白色的水带,向日本岛驶去。

船上坐着从山西遣返回国的日本人,有军国主义分子,也有一般军人和侨民。当年,他们怀着征服梦或淘金梦或被征召、裹挟驶离岛国,心中曾有的妄想和幻想是,开拓万里波涛、扩张国权国土,个人得时荣达、赢得名誉财富。这一切,都在1945年8月15日终结了。于是,又怀着东山再起的残留梦、大槐蚁穴的南柯梦继续羁縻山西。到如今,却带着身心挫伤、裹着怆恨痛惜,在海浪的上

下颠簸中驶返原地。有些人三三两两走上甲板,在蒙蒙视线中遥望东方。

吃过早饭,军士教育一团中校伊藤敬介向外走去。船舱里,他忽然看到了山冈道武。

"参谋长!"伊藤没想到自己在这里遇见军首长。

"你返国啊。"山冈曾担任阎锡山亲训团顾问,伊藤是亲训团教官,山冈道武对他留有印象。

"是休假回国,还给我们发了聘书呢。"伊藤恭敬地立在一边。

"你坐吧。"山冈指指对面床铺,上下打量着这个朴实的年轻军人。

伊藤敬介看出,参谋长好像有话要对他讲。

"两三日就到日本了。这几天,也许有对我怀恨在心的人袭击我。"山冈神情中流露出胆怯,像是对伊藤敬介说,又像自言自语。

望着山冈道武,伊藤暗自思摸:军队前威风凛凛的首长,今天好像有点反常,他为什么说出这样的话来?

"也许有人要在船上搞集体暴动,报仇解恨。如果发现有这种苗头,希望你作为军官团的成员把他们镇压下去。"

事出突然,伊藤敬介有点惊异。身为普通军人,他对军队残留的幕后真相,对山冈道武降志保身的面目,并不十分清楚。只以为参谋长等军队高层回国活动,招募义勇军会有结果。可是为什么也许会发生集体暴动呢?伊藤心存疑惑但没有多想。片刻沉默后,即向同团的高桥正一做了传达,开始在船上加强警备。

海风鼓浪,昼夜飘摇,轮船驶入日本海域。还好,没发生什么意外,山冈道武安全上岸了,伊藤敬介如释重负。但是就在一瞬间,他的感觉突然产生强烈错位,依稀觉得自己在船上悉心保护,以前一直仰视着的这个大人物背后,似乎有一团浓重的阴影。而谜团的揭晓,是在6年之后的昭和29年(1954年)。

后来,伊藤敬介把这个过程写了下来,被山下正男收入2003年6月出版的《总战后日本军中国山西残留事件》:

1954年(昭和29年),我接到了厚生省救济局的一封信函,说要向我询问"山西残留问题",让我于某日某时前往。接信后,我就到名古屋市大曾根町山冈道武家,找到一面搞俄文翻译,一面经营一家名叫"雀庄"点心店的山冈,商量对厚生省询问如何应答一事。山冈开口就说:"我知道他们要问什么,可能要问残留的过程。一定要说绝没有受到任何人强迫,或接到什么命令,只说今村方策带领你们自愿留下来……就行了。"当时,我也就随便答应了一下。当我告辞出来的时候,山冈又不放心地叮咛了一句:"澄田阁下也回到了国内。如果我受到询问,被问及那个问题时,我也会同样回答的……"言外之意,无非是让我和他统一口径,只是没说出来罢了。

后来,我按照山冈的授意在救济局做了证,怀着一种忐忑不安的心情回到家中。我心想,要是两个头头被传去作证,澄田肯定会说"我身为战犯被囚,一切都是山冈君代我做的"。而山冈又会说"我的职责是照看战犯,毫不知情……"现在回想起来,我受老奸巨猾的山冈的言辞所欺骗,结果和他沆瀣一气,在救济局做了虚假的陈述,真是万分愧疚,追悔莫及。

果然,1956年(昭和31年)12月举行的第二十五届国会"关于海外同胞撤退及救济调查特别委员会"听证会上,澄田和山冈二人互相串通,就山西地区就地退伍处理问题,做了与事实相反的陈述。事后,有人将当时的情景告诉了我,使我感到很惊讶,因为我的预感不幸成为事实了。我还听说,二年前该调查特别委员会举行听证会时,我的战友山下正男在到会做证前造访山冈商量此事,山冈也和对我一样,要求山下和他统一口径。由此我就想到山西残留事件一定有什么内幕。山冈明知人们对他积怨甚深,在复员船上惶惶不可终日,而在回国以后,终无反省之意、赎罪之情,反而互相串通,编造伪证,千方百计掩盖罪恶……

对于这样一个制造了数千人山西残留悲剧的元凶之一,我竟然毫无认识,还不辞辛苦前去请示他们,歪曲"命令残留"的事实,做了"自愿残留"的伪证,对于自己愚蠢透顶的行径,真是追悔莫及。

晋中战役赵、元赴前线指挥

沿着汾河水与同蒲路由北向南,从阳曲县到灵石县的晋中盆地,是山西省的腹心地区。这里风光秀美,物产丰饶,曾走出驰骋中外的晋帮商人,为山西赢得"海内最富"之驰誉。伴随晋商财富和晋商文化,便有了"华夏票号第一家"日昇昌,"世界文化遗产"平遥古城,"中国的华尔街"太谷县城,"中华民居第一宅"灵石王家大院。但是在民国末期,晋中虽有汾水灌溉之沃土千里,有铁路纵贯之交通便利,对于统治山西三十七八年的阎锡山政权,却只是气数将尽时的活命粮仓,风雨飘摇中的巢窟藩篱。

继运城战役、临汾战役后,山西解放战争的炮火,在"向前!向前!向前!"的嘹亮军歌中,呼啦啦向北燃烧。徐向前、周士第指挥的解放军华北第一兵团,于1948年6月发起了晋中战役。作战目标是"野战歼敌,为攻克太原铺平道路"。

阎锡山深知,晋中若失省城太原就是一座孤城,粮秣也将无以为继,军队会不战自乱。为保巢图存抵抗解放军进攻,及保粮、抢粮、屯粮,以13万兵力布防于太原及晋中平川地区。中以第三十四军、四十三军、六十一军各一部和亲训师、亲训炮兵团等步炮兵13个主力团,组成"闪击兵团","专门担任阻我北上、机动作战的任务,并配合各县保安团及警备大队,坚工固防,四出抓丁抢粮"。在此之前,为补充兵员、粮食,已下令抓丁扩兵,布置麦收时节抢粮。

残留日军教导总队,也在4、5月间扩充华籍队员近3千,作出战晋中准备。元泉馨的"元副总司令办公室"于5月30日改为"山西省保安司令部前方指挥办公室",随时准备出征前线。

而解放军兵出晋中,面对数量、装备均优势于己的敌军,虽仅6万之师,但"以正合,以奇胜"。在战役部署上,"将吕梁、太岳部队放在西、南面,令其首先出动,迷惑和吸引敌人西向;而以主力八纵、十三纵,隐蔽开至太谷、祁县、介休、平遥南侧山区,乘虚突进汾河以东的平川地区,创造战场,机动歼敌"。6月11日,解放军吕梁部队即出现于汾河西汾阳、孝义间高阳镇。12日,太岳部队胜利攻占晋中最南端的灵石县县城。阎锡山闻讯后,急令闪击兵团从平遥、介休、汾阳、孝义分路扑向高阳,企图聚歼解放军部队。解放军英勇拒敌,打得十分艰苦。

6月18日,晋中战役正式开始。当阎军闪击兵团奔扑高阳,介、平、祁一带兵力空虚时,解放军主力即跃出山区,直下平川,诱敌回援,且迫近同蒲线,切断阎军北逃退路。在此同时,继续迷惑和牵制敌人。吕梁部队在神堂头地区发起反击,歼敌第七十师大部,乘胜北进。北面的部队向忻县至太原、榆次至太原间破袭,攻敌据点,断敌交通。

徐向前晋中出奇兵,打乱阎军战局。阎锡山急令闪击兵团所部回援,并着榆次、太谷部队南进,与回援祁、平部靠拢。解放军乘敌运动,对敌追击、堵截、阻击。其间,当亲训师及亲训炮兵团返回介休,21日向平遥开进时,在张兰镇一带进行包围、夹击,将敌压缩至汾河滩,并直插其心脏。亲训师指挥系统被打乱,官兵四处逃奔、涉水抢渡。解放军轻重机枪泄水般发射,阎军遗尸漂浮水面、散落河岸。经过3小时激战,河畔敌人大部就歼,一部突围张兰镇亦被消灭。亲训师师长陈震东负伤,副师长白玉昆、参谋长刘国祥被俘。

亲训师是阎锡山主持组建、寄予厚望的"宝贝疙蛋"。从1947年7月成立,就聘请原日军第一军参谋长山冈道武担任总顾问,师、团、营、连也各配日本教导官、教官3至5人。直到晋中战役前,这些日本军人才归回残留日军部队。亲训炮兵团也由山冈道武担任顾问,配有日本教官数十人。如今宝贝疙蛋被打碎,心头肉遭剜却,阎锡山震惊之余只有叹息。那些训练过亲训师、亲训炮兵团的日军官佐,不知是否也发出慨叹。日本人也许还没想到,不出半月二十天,残留日军部队也将遭遇同样下场。

战势紧迫,6月下旬"阎令赵承绶为野战军总司令,元全福(元泉馨)为副司令,统一指挥晋中地区部队"。赵、元披挂上阵,到南线指挥作战。残留日军教导总队也在总司令今村方策率领下,随野战军司令部出发。

赵、元带着幕僚,先把司令部设在祁县县城,企图在此指挥所部,与解放军进行决战。25日,命令三十四军两个师由平遥北上,三十三军两个师、十总队(残留日军教导总队)由祁县南下。26日起,两军、十总队向祁县、平遥洪善一线解放军展开猛攻。战局变化急速,平、祁地区很快形成顶牛状态。赵承绶看到取胜无望,又发现解放军主力向北运动,担心其回撤榆、太归路被断,乃决定野战军司令部向太谷县城转移。30日,命令部队停止主战场洪善地区攻势,准备回师北窜。7月1日,阎军重要据点白狮岭被拔除,解放军控制祁县城东南子洪口通道。

  元泉馨随赵承绶出征,根本不把解放军放在眼里。他显摆着"谈笑靖风尘"的儒将做派,带着鱼竿、围棋,还拿着自己的俳句集,准备有感而发随时创作。这时眼看战事不利,野战军司令部从祁县城退到城东北10来公里的东观镇,又见赵承绶要撤往太谷,黑着脸反对说:"三十三军和十总队还在战斗,我们不能扔下他们就走。总司令想走,可以先回太谷。给我留下十几个人、一辆卡车和我的幕僚人员,我要在此观察战况酌情指挥,等他们上来后一起到太谷同你会合。"赵承绶点头同意。元泉馨掩护赵承绶北撤,指挥着部队且战且退。解放军咬紧敌人追击,双方在攻守进退的拉锯式野战中,战场从祁县东观以南移至太谷城郊。

  赵承绶、元泉馨会合太谷县城,7月3日下午离开太谷城经胡村向北撤逃。途中收到阎锡山发来的电报。略谓:所有部队迅速脱离战斗,撤回太原,鱼日(6日)后更将无法撤离。

  而解放军在敌我于平、祁地区形成顶牛状态之时,为调动敌人,各个击破,迅即制定了第二阶段战役部署,主力北上,创造战场。"这一部署的重点,是拦头切断敌人逃往太原的通道,在预设战场,聚歼赵承绶集团"。作战时间,从7月1日黄昏开始。3日至6日,解放军在榆次、太谷间,连续破袭铁路、桥梁、据点,快速控制了北起东阳镇、南至董村的地段,斩断敌人逃往太原的通道。

  阎军进至榆次车辋、东阳以南约15华里处,前锋即受阻。赵承绶命令三十三军向车辋及两翼进攻,命令十总队攻占徐沟李青(温李青、戴李青、杨李青三村的合称)警戒策应,命令三十四军攻打东阳车站并进行侧后警戒。7月6日夜,阎军被迫离开铁路线,企图从榆次、徐沟间夺路北窜,却正好钻入解放军前牵后逼预设的战场。赵、元野战军司令部及所率部队,被圈在徐沟、太谷、榆次间三角地带,困于李青、南庄、大常、西范、小常一带东西约20华里、南北不足10华里的狭窄区域,虽困兽犹斗,终无法突围。

日军退李青、南庄困兽犹斗

在一般人印象中,旧中国的山西农村,农民住在从土山中挖出,唤作"居穴"的窑洞里。但晋中一带并非如此,受财富、风气带动和影响,不仅有灵石县静昇村王家大院、祁县乔家堡村乔家大院、太谷县北恍村曹家大院等富丽豪宅,就是普通人家,也多有结实的砖瓦结构住房。且房舍密集,院落毗连。村边或村外常有庙宇,有的村子还筑有围墙。

晋中战役开仗,残留日军首脑们即认识到,"如果失去晋中,太原就有被围之险。必须全力出动,确保晋中地区"。6月下旬,教导总队(十总队)司令今村方策、参谋长菊地修一,率各团队主力及司令部人员共3千(含华系队员),随赵、元野战军司令部开赴前线。先在祁县、平遥间与解放军激战,后辗转攻守节节败退,撤向东观、太谷,继续往北后撤。7月上旬,遵赵承绶令开往徐沟县李青。前锋为军士一团,其后司令部、军士二团、教导二团、教导三团、教导一团。突入村庄后,司令部和军士一团、军士二团、教导一团守温李青,教导二团、教导三团守戴李青。

教导总队司令部,设在温李青一幢四合院里。7月8日,随着一道道命令下达各团,一幢幢院子被辟为阵地,一间间房屋挖通了枪眼。今村方策自恃骁勇善战,果决指挥部署,企图控制李青,闯开通往徐沟城的道路,再继续向前推进,突出包围作外线机动。

轰轰炮声,震耳欲聋;飕飕枪弹,散落如雨。解放军在强大炮火掩护下攻入村庄。

战局迅速倾斜,残留日军显出劣势。今村方策发出又一轮作战命令。

接今村命令,趴在房顶上的军士一团团长相乐圭二大声吼叫:

"部队左翼受敌强力攻击,一营立即前往增援,击退敌人!"

一营长殿冈通已被打死,副营长金子传率队赶赴左翼阵地,指挥队伍进入战壕。

战壕里堆满了尸体,没有插脚的地方。圆锹也挖不下去,只得另挖战壕投入战斗。

夜幕降临,而解放军的炮击一刻也没有停止。加农炮"轰隆—轰隆—"打来,掀起团团尘烟。

望着解放军阵地,迫炮连连长荒井新一无奈地说:"炮弹落下来的可不少啊,不要紧吧?"

说话间,炮火中中校安井庆太郎倒下,安井背靠战壕盘坐,右手拿着望远镜,双目圆睁却已经死了。少校中村治郎头部被炸,脑浆从钢盔下流出。少尉平泽富荣胸腹部被弹片穿透,血液还在流淌……

"他妈的,打得还真准。"金子传从炮烟中爬出,看着死去的部下,闭了闭眼睛。转身对官兵嚎叫:"大概再有一个小时就天亮了,请一定要坚持,坚持到天亮!"

天色麻麻亮,晨雾浓重。

蒙蒙白烟中,右翼第一线传来日本兵"哇—哇—"的喊杀声。村前庙宇正在激战。

"右翼情况危急,迅速组织突击!"三营接到团部命令。

连长铃木元之指挥各排跳进壕沟,一排排枪弹射向解放军阵地。

"如果能控制庙里解放军火力,大概就没问题了。"铃木从战壕里爬出来,带了两三个士兵,悄悄向庙宇摸去。

"别去了,危险!"一个华籍士兵拉住他的胳膊。

"怕什么,你们快跟我来!"铃木跑到庙根底,掏出两颗手榴弹扔了进去。

随着手榴弹爆炸声,日本兵冲进庙里。

"嘿嘿!"看到解放军战士被杀伤,铃木龇牙咧嘴狞笑着。又趁乱连着扔了几颗手榴弹,几个人赶紧撤出庙宇,不顾一切地往回跑。

路上,看到佐佐木腹部被打穿,痛苦呻吟着,身体蜷作一团。

铃木原来是名兽医,匆忙取出随身携带的马用"吗啡",为佐佐木注射了针剂的三分之一。

"也就暂时缓解一下痛苦吧。"他匆匆赶回部队。

7月10日,房顶烟囱后搭建的掩体里,相乐圭二不断接到村内战场失利,本团、兄弟团官兵死伤的报告和消息:

"本团少校横尾信行战死,中尉浦井芳德战死,中尉高松三郎战死……战友们呼喊着'天皇陛下万岁'气绝身亡。"

"军二团全团溃散,团长布川直平、上校小林藤平、营长熊谷俊雄自决。"

"总队司令部很快就要撤往南庄村,令我团等相机撤出。"

相乐圭二紧咬牙齿:"布川、小林不愧是大和男儿!大和武士!"他转身向机枪手吼叫:"目标正南,加大火力!"

"哒哒哒—"机枪射向运动中的解放军。

"呀—呀—!共产军大大的坏,妈的,打死了我的战友,死啦死啦!"军士小野端起刺刀,向身边一个解放军俘虏刺去。

相乐圭二瞥视小野,未加制止。反而指着墙根底其他俘虏,命令副官坂上来吉:"把他们也拉出去!你腾出手来,为我们的弟兄报仇。"

解放军俘虏被拉到土壕中,"鬼子"在撤退前把他们枪杀了。

相邻的戴李青村,残留日军教导二团、教导三团,也拆毁民房,破坏庙宇,与解放军进行炮击战、榴弹战、枪击战。解放军步步为营,逐屋战斗。日本兵大量死伤,撤逃南庄。一部残敌被压缩到村东头庙里,跪在地上乖乖缴枪投降。

教导二团团长住冈义一看到情势危急,命令部下烧毁了无线机、电话机、密码本等。这个杀人不眨眼的魔鬼,1942年曾指挥部下以俘虏做"活人靶",在太原小东门外马场,刺杀中国人70余名,还亲手把其中刺伤未死的10人杀死。6年后的7月10日,也在戴李青举着双手做了解放军的俘虏。

7月8日始,今村方策、菊地修一率残留日军主战徐沟温李青、戴李青。两三日间,眼见部下一片片阵亡、负伤,一股股失联、被俘,有的甚至整团整营溃散、遭歼。而解放军愈战愈勇,兵员不计其数,枪炮昼夜不息。如果再打下去,只恐全军覆没。为了减少损失,遂于10日指挥部队向东边的太谷南庄村撤退。

解放军紧追不舍,连夜向"鬼子"追逼过来。翌晨天未破晓又发起攻击。

一场更猛烈的战斗在南庄村展开了。

村西南一所宅院,被辟为教导总队司令部。今村方策与参谋长菊地修一、主任参谋早坂襞藏爬上房顶。观察村貌地物后,命令撤来的部队,在房上设掩体、架机枪,组织火力向解放军发射。

解放军集中重迫击炮、八二炮、六○炮、五○炮,压制敌人火力,摧毁工事、障碍,施行步兵爆破技术,很快便突入村庄。也把轻、重机枪架在房顶上,掩护步兵打洞前进、逐屋争夺。

晋中战役中被俘的部分"残留"日军官佐

硝烟弥漫,火光接天。炮声、手榴弹声、机枪声,成片成串。柳树上、院墙上、水井上,弹痕累累。双方阵战交织,伤亡均重。解放军指战员奋力杀敌,很多人光荣牺牲。日本人的尸体横七竖八,丢在房檐下、猪圈里。

今村方策从屋顶跳下来,疾步跨入报务员房间:"快!给太原的留守司令部发电报。内容:'解放军波浪式攻击异常狂烈。总队人员、特别是干部损失严重。为挽回战局,希立即与绥靖公署联络,补给弹药,设法增援。12日。'"

菊地修一跟在今村身后问:"是否同时电告野战军司令部?"

今村方策:"可以。但赵承绶他们被围小常村,只会躲在掩蔽部里。"语气中带着不屑。

说话间,一颗炮弹落地,墙壁轰然倒塌。

今村拍拍身上的灰尘,命令报务员:"再发一次!"

枪炮轰鸣,恶战在继续。

声光错落中,"飞将军"突至院中。解放军"临汾旅"六十九团八连连长田中其,率部越房破壁,直插敌人心脏。

白刃格斗开始了,刺刀霍霍,剑光闪闪。

猛然,一个解放军战士高举集束手榴弹,向敌群跳去。随着一声巨响,"鬼子"血肉横飞。英勇的战士牺牲了,手上还攥着很多根手榴弹拉火线。

残留日军指挥部被摧毁。一片混乱之后,今村方策决定:部队立即撤往西范,向野战军司令部靠近。

在太原的残留日军留守司令部,数日内不断收到今村方策发来的电报,通报战情、伤亡,要求输送弹药。12日接今村电报后,留守司令城野宏、少将部附岩田清一,立即召集会议紧张讨论,决定以各团留守官兵组成"岩田挺身队",配以直属炮兵队,急速救援前线部队。同时,与太原绥靖公署联系,准备弹药、食物、纸烟,由军需处处长小林正孝乘飞机空投前线。河本大作也焦急地关心战况,知残留日军被困,厉色叱问城野、岩田"为什么不紧急救援?"要他们立即组织队伍赶赴榆次。还说"如果不能完成救援任务,我将亲自上阵指挥"。14日上午,小林正孝乘坐绥署飞机,将弹药、甜食投向教导总队阵地。同日下午岩田、城野率队,由太原北站乘火车到榆次,随即展开佯攻作战,牵制、分散解放军火力。15日、16日,"岩田挺身队"向榆次西南王村、东长寿、修文发动攻击,部分吸引了解放军注意力,在后来今村部西范突围中起了一定作用。

军士一团接到撤退西范的命令,是下午2时过后。铃木元之他们用作掩体的房子,已被炸开大窟窿,排长佐藤光义卡在窟窿中间,腰身以下左大腿全已炸飞。铃木用力把佐藤拉出来,从他身上取了一束毛发、一个皮钱包,作为遗物带在身边。瞬间又一颗炮弹爆炸,中尉菊池一郎被气浪掀起,重重砸在山墙上,落地后不再动弹。铃木对着菊池看了一眼,转身转移到隔壁房顶上,继续狙击解放军。

连续作战,铃木已经极度疲惫。要撤离了,他想稍稍休息一下就走。刚刚躺上土炕,忽然听到有人在挖墙,声响越来越大。"是弟兄们为了躲避外边的炮弹,要从墙上挖洞过来。"这样想着,便坐起来拔出刺刀,从自己这边帮着挖。

"喂!"洞刚露出一个小口,铃木就伸过头去叫了一声。

"谁呀?"是陌生的中国人声音。

铃木吓坏了,大喊"敌人来了,快跑!"跑到大门口,被横在地上的木板绊倒,几个人从他身上踩过去。他爬起来又跑,好歹跟着部队撤出村庄。走了一会儿,碰见中村军医,两人便一起往前奔。这时,听见庄稼地里有人呻吟,已经奄奄一息。原来是上等兵桑野撤退时受伤,子弹穿过大腿打中睾丸,鲜血嘀嗒嘀嗒往外流。铃木从后腰抱起他,中村抬着双腿,继续向前赶。一路上跑得喘不过气来,几次想放下桑野,可又心存不忍。解放军在后面紧追不舍,大声喊"等一等!"铃木觉得这回是没命了,直到望见西范村,才觉得又捡了一条命回来。二人费尽力气,在重机枪接应下跑进村子,但桑野因为出血过多还是死了。

被炮弹爆炸抛上山墙的菊池一郎,落地后没有死。剧烈的疼痛中,他睁开了眼睛。发现自己赤裸着身体躺在一所大房子里,正在接受包扎抢救。身上有10多个弹片,右眼已经失明,上门牙掉了两颗。

周围躺着阵亡者和受伤者,充满了血腥气和汗臭味,有人在抽泣有人在呻吟。外边不时传来炮弹爆炸的巨响,震颤的房间里,医务人员慌乱地准备撤退。

菊池一郎和同营少尉柳泽宪治被抬上马车,阎军士兵用粗绳子把他们笼好,匆匆驾车出发。

前前后后都是伤员,有的用绷带吊着胳膊,有的放在门板上抬着,有的挂着棍子一拐一拐赶路。

没有走出多远,柳泽咽气了,驾车的士兵把他拖下去扔在路边。菊池被转到两人抬的担架上,他想把柳泽的遗物取点带走,但是没有能力。只双手合十,暗暗说道,"柳泽大哥,实在对不起,请原谅吧。"

突然,侧面受到解放军机枪猛烈攻击,运送伤员的、受伤的,一窝蜂似的往高粱地里乱窜。抬担架的阎军士兵趁机逃跑,菊池一郎被撂在地中间动弹不得。

夜色像一幅大帐幕笼罩下来。

透过交错的高粱叶子,看得见低垂的星星半明半灭,像要坠落下来。

24岁的一郎想起家乡,想起亲爱的妈妈,眼泪喷涌而出。

"妈妈,您知道今晚儿子在哪里?您还能见到儿子吗?"

他一遍又一遍向母亲谢罪,生怕自己死在异国的庄稼地里喂了野狗,再也回不到家乡,见不到亲人。

星光,泪光,黑沉沉的高粱地。

这一夜好难熬啊,正是晋中最热的天气。

菊池喉咙干渴,耳朵嗡嗡作响。由于伤痛和失血,感到浑身难受,困乏不堪。多想喝点水呀,哪怕一口也好。他哑哑干裂的嘴唇,用手接了自己的几滴小便,送进嘴里润了润咽喉。

脑袋里像是进了好多瞌睡虫,实在想闭上眼睛睡睡,哪怕一小会儿也好,但他知道睡去就再也醒不来了。菊池把手指戳向石榴般开裂的伤口,用剧痛驱赶睡意,一分一秒等待天明。

好不容易看到东方现出一抹亮色,他想挣扎着站起来,可是身不由己。站起来倒下去,站起来倒下去,折腾了十几次,终于向前迈出半步,一步,两步。

几乎是一丝不挂的他,用三角巾和绷带遮住下体,把剩下的绷带缠在腰里。望着天上的星星辨别方向,一边往前挪,一边失声痛哭。

天大亮了,庄稼地里有口废井。菊池高兴极了,一次次把绷带垂下井去又慢慢提起,一点点的拧出水来滴进嘴里。

离水井不远的低洼处,倒着一个日本兵,手指头在微微颤动,眼耳口鼻上爬着数不清的绿头苍蝇。是求生本能吧,忽然,他猛地睁开眼睛,用无助的眼神望着菊池。

菊池朝濒死的战友扫了一眼,神情木然地离开了。

一路上又爬又走,走走停停。在第四天傍晚,爬到一片瓦砾的榆次车站。

天空下着雨,淅沥淅沥。他从地上捡起两个青绿的西红柿,填进嘴里充饥解渴。

总算死里逃生了,菊池一郎回到太原。3个月后又参加了太原战役,1949年4月24日太原解放被俘。后于1953年遣返回日。

元泉馨小常村中弹自决身亡

7月上旬,阎军沿铁路撤返榆、太不成,便企图从榆次、徐沟间夺路逃回太原。3日黄昏,赵承绶、元泉馨率野战军司令部、炮兵司令部、装甲车司令部、三十三军军部及暂编四十六师、七十一师,进驻太谷西范、小常。指挥部队在司令部驻地和车辋、大常、李青、南庄等地,与解放军进行激烈的攻防战。

解放军发扬蹈厉,追奔逐北。在敌人驻地外围组织强势火力,展开逐村阵地攻坚战。以山炮、野炮为骨干,配以平射迫击炮,猛摧村沿火力点、开辟突破口,掩护步兵突入破垒灭敌。敌军被动挨打抱头鼠窜,残兵败将麇集于野战军司令部周围。13日前后,在残留日军由南庄再退西范之时,车辋、大常一带阎军三十四军大部被歼。参谋长阎应禧及少数溃兵逃往小常,军长高倬之受伤后化装逃奔太原。

至此,赵、元野战军司令部,阎军三十三军、三十四军残部、残留日军教导总队等,困处相邻四五华里的小常、西范。粮秣也无以为继,虽每日有飞机空投,但有时投到解放军阵地上,有时投到中间地带。就是投到中间地带的,白天也无法运回,只能夜间悄悄搬腾。粮食解决不了,士兵便从庄稼地里扯回麦子煮着吃。

元泉馨面容愁蹙,想这番出征晋中连战连败,半月之间竟陷此绝境。

他取出创作手稿《俳句集》,翻看到篇末一首,那十七字是他最后的俳句:"城破急败走,高粱田慨然翘首,唯乱云飞渡。"

元泉捧着《俳句集》,放到赵承绶手上:"赵总司令,共产军兵锋太盛,看来局势很危险了!我如果战死,总司令要能突围出去,等到局势好转,请把我的这个集子付印,留作纪念吧。"他自知"残留"之路已经走到尽头,心情异常沉重。

日军残留山西后,元泉馨曾任赵承绶第七集团军军事顾问。1946年6月至1947年6月,赵、元联袂出任残留日军主体部队总司令、副总司令。这次晋中战役,二人又挂帅出征前线。

赵承绶说:"元泉将军勿悲观,我们会突围出去的。"其实,他的心虚一点也不比元泉馨差,但是只能这么说。

15日下午,赵承绶接阎锡山电令,让立即放弃小常、西范,撤回太原。赵、元遂与属下主要指挥人员紧急研究、部署突围。决定西范村部队向西北方向撤,小常村部队朝东北方向撤,乘着天黑冲出重围。今村方策自告奋勇,言入夜后率教导总队官兵,保护总司令、副总司令和野战军司令部突围。

夜幕降临,阎军前卫刚有一部向东北方向突出,就被解放军发现。火力猛起,双方炮声、冲杀声响作一片。

赵承绶、元泉馨和司令部人员,已经做好出逃准备,但不见今村方策部前来。突围回撤希望又一次破灭,赵承绶懊恼之外,别无他策。

16日解放军发起全面总攻。阎军前线官兵又一次溃退下来,如同潮水一般。三十三军军长沈瑞无法控制,拔出手枪要自杀,被卫士一把夺下。

沈瑞满面泪痕,跑到赵承绶面前跪地请求处治:"我指挥不动队伍,这仗不能打了!请总司令把我枪毙了,或许能够扭转战局。"

赵承绶说:"我还不死呢,你能值几个钱!"

炮弹炸雷,枪弹流星。

三十三军七十一师师长韩春生,领着赵承绶和随行幕僚杨诚等,转移到师部所在的院落。这是一幢两进院,赵等被安顿在外院一角的掩蔽部。

噼噼啪啪!噼噼啪啪!院中响起连续发射来的机枪声。

掩蔽部里,人们屏息静听,听出像是解放军的指挥枪,正给炮兵引导射击目标。

沈瑞走进院子,进了掩蔽部。

元泉馨带着身边的人跑进院门,气喘吁吁。他与今村方策研究残留日军突围方案,刚刚从西范村过来。

"快快进去!"韩春生与他们握握手,指着掩蔽部说。

元泉馨却一如平时的倨傲神态,在院内踱步。

"让副总司令缓口气。"翻译说。

旋踵间一颗炮弹落下,"轰隆"一声,留着仁丹胡须的元泉馨倒地,肚子被炸开。元泉一手捂住肚子,一手指着自己的头,对参谋水野辰弥颤声疾呼:"枪击之!枪击之!"

水野掏出手枪,拉开枪栓。

"开枪吧!"

"好的,我开!"水野向元泉馨连发两枪。

元泉馨,日军"山西残留"的铁杆人物,原日军第一军第十四旅团旅团长。日本投降后,拒不向八路军缴械,而在东沁路部署要点,协助阎军与八路军作战。他对阎锡山说:"我愿脱掉日本军服,改着晋绥军军装,充当一名前线指挥官,帮助阎阁下进行'剿共'战争,死而不悔。"他写下过俳句"大陆迎春归,曝尸荒野亦不悔,元旦初日辉"。元泉馨死去了,带着他的誓言,丢下准备送交日本天皇和阎锡山的《剿共战术》。脸上被盖了一块白布,但白布底下的眼睛没有闭上。

原日军第一军独立步兵第十四旅团旅团长、残留后"元副总司令办公室"主官元泉馨

"看看日本人的下场吧!"参谋水野辰弥举起打死元泉馨的手枪,对准自己的太阳穴扣动扳机,倒在元泉馨身边。

"轰隆!"又一颗炮弹在院子照壁旁爆炸。倒在血泊中的,有残留日军教导一团团长小田切正男,有日本兵,有阎锡山的兵。

小田切正男,残留日军中"金刚"之一。虽当场未死,但头部受重伤。部下抬着他逃奔中被俘,送往解放军辽县医院后死去了。当时太原住着他的妻子和三个儿子。

太阳直射下来。小常村内,路上塞满骡马车辆,阎军尸体、伤兵东一个西一个。

下午2时,阎锡山派出的"空中堡垒"出现在熊熊炮烟中,与榆次地面部队配合,接应赵承绶部突围。

解放军早已布好天罗地网,就要"犁庭扫穴缚元凶"了!

突围部队刚一出村就遭迎头堵击,一群一群地跑进青纱帐里。溃兵像昏了头的鸭子,扑过来又被追过去。半个时辰后,一列列俘虏被从庄稼地押了出来。

赵承绶突围不成,回到村内掩蔽部,与指挥官们商量"咋办"。下属谁也不

晋中战役中被解放军俘虏的山西野战军总司令赵承绶

先开口,因阎锡山有军令,谁倡议缴械投降当场打死谁。

这时,解放军已攻入村庄,许多房顶被占据。

步炮团团长萧利锋开口了:"共产党的政策是,只要放下武器投诚,就可以保证生命财产安全。"

赵承绶瞅瞅身边的参谋处长杨诚:"你说该咋办?"

杨诚说:"事到如今,只好如此。"

已经别无出路了,赵承绶命令特务营吹号停止战斗。副官马续援撕块白布绑在棍子上,与萧利锋举着"白旗",去解放军阵地联系投降。

解放军接受了赵承绶的投降请求。

山西野战军中将总司令赵承绶、参谋处少将处长杨诚,三十三军中将军长沈瑞、少将参谋长曹近谦等,做了解放军的俘虏。时间是1948年7月16日下午4时。

马、萧二人后来潜回太原接家属被逮捕,8月以阵前投敌罪枪决。

残留日军损兵折将溃不成军

7月14日,今村方策率残留日军教导总队败退太谷西范。连日暑热炙烤、激战奔逃,队伍极度疲顿、弃甲曳兵。下属五个团中,军士二团团长布川直平自决,教导二团团长住冈义一被俘。还保持指挥系统的军士一团、教导一团、教导三团,也死伤惨重。

第二天,教导总队协同阎军与解放军交战,继续流血抛尸。全军覆没就在眼前,只有尽快组织突围,或许能有生还希望。

16日早晨,西范村凡是能躺人的地方,都横七竖八躺着精疲力竭、双目无神的残兵。

上午,今村方策召集会议紧急研究突围,当时元泉馨也来参加。

开会的地方,是一个坚固的地下式掩体,有枪眼,能防御。

华籍后勤人员打扫了场地,又很快把小麦磨成面粉,擀了面条煮熟端上来。

"太好吃了,从来没吃过这么香的面条。太谢谢了!"

虽然只是白皮面,但元泉、今村他们吃得格外满意,还拿出3盒香烟作赏赐。

战场形势已无须分析。西范、小常被解放军强势火力围攻,团团火花绽放着,从空中咯啦、咯啦散落下来。总攻决战就在旦夕之间。

元泉馨神情阴郁:"已接阎主任来电,部队回撤太原。野战军司令部决定,西范村部队向西北方向撤,小常村部队往东北方向撤。我们现在尽快决定突围部署,发扬皇军武勇之气,突出重围!突出重围!"元泉想给残留日军注射最后的强心剂,而他自己的内心已经天崩地裂。

"突围,突围出去!"今村方策的眼睛放着蓝光,他要率队拼力冲出包围,为残留日军保存最后的兵力。

"昨日,我对赵承绶总司令讲,入夜后亲率官兵,护卫总司令、副总司令和野战军司令部突围。但天黑以后,西范、小常之间就被解放军火力封锁,虽然近在咫尺也难以逾越。现在,我们抓紧研究总队突围吧!我率主力从西范村中央突破,攻击敌方主要阵地,然后向榆次转进。一部兵力在小常村护卫原副总司令等突围。"

是当时战场形势不容许,还是考虑残留日军的生死存亡?15日晚,西范、小常之间确被解放军火力封锁,今村方策没有兑现向赵承绶的承诺,他要带领教导总队冲出死亡绝境。

参谋长菊地修一说:"队伍已经精疲力竭。南庄村撤退时,留守司令部小林处长,从飞机上空投了一点甜食、纸烟。现在又一天多了,没有任何食物可以供给。下边实在饿得受不了,就到庄稼地里割麦穗,用钢盔熬粥喝,也有杀掉毛驴吃肉的。在这最困难的时候,我们要鼓舞士气,保证突围成功!"

当今村方策讲到率队冲出西范时,早坂襄藏就连连点头。菊地修一说罢后,他建议道:"今日之下,今村司令率队突围成功,总队司令部回到太原重整旗鼓,方是最为重要的。西范村这边,以部分兵力佯向榆次转进,大部队从村子西边突围,奋力冲开一道豁口,向北脱出顺汾河回返太原。由新生塾塾生作亲卫队,护卫今村司令。"

早坂襄藏是军士一团副团长,晋中战役中任司令部作战主任参谋。听此番发言,今村方策对他投以异样的目光。晋中战役结束后,7月17日即出任司令部代理参谋处长。后在太原战役中,升任教导总队参谋长兼军士一团团长。

会议很快结束了,今村方策采纳早坂建议作出突围部署:教导一团团长小田切正男带队,随元泉馨与野战军司令部,从小常村东向突围;教导三团团长增田重之带队佯向榆次转进,牵制解放军火力;今村方策、菊地修一率司令部、军士一团等,由西范村西边冲出包围、北向突返。

当日,残留日军按部署突逃。

就在上午,解放军对小常村赵承绶部发起全面总攻,炮弹、枪弹势如暴雷骤雨。元泉馨9时50分已被炮弹击中自决,被炸的还有教导一团团长小田切正男等。教导三团团长增田重之,当天也被打死在榆次郭村,队伍四处溃散。残留日军就剩今村方策、菊地修一带领的这股了,全体官兵待命天黑行动。小常、榆次方面的坏消息,让"鬼子"们更加恐慌起来。

月隐星暗,今村方策率队冲杀奔突,从拼死力挣开的口子中逃出西范,经

徐沟温李青向太原北格、小店方向窜逃。为方便行动,除枪弹等必带品外,坐骑驮骡、装具炊具等,凡觉碍手碍脚的全部扔掉。

"振奋日本军人武勇气概!目标太原,看天上北斗星的勺头辨认方向,天亮前在小店集结。"团长相乐圭二给军士一团下达命令。

官兵狼奔豕突拼命奔逃。

炮雷弹雨更加猛烈了。解放军先前攻打小常的炮火,也朝西范这边打了过来。

"全体行进,一定分散开,决不能扎堆!""行动要迅速,千万不可成为炮弹的目标,不能再损一兵一卒!"——口令从上往下传递着。

轰隆轰隆!噼噼啪啪!解放军的火力紧追不放。

武内贞雄倒下了,高木峰吉倒下了,伊藤一正倒下了……

"跑步走!"

顾不得去管倒在地上的人,日本兵争先恐后拼命往前跑,生怕自己填了炮眼。

好不容易跑出解放军的火力网,四周黑乎乎的,队伍七零八落。刚想松口气,就听见同伴喊"有八路!"

田地里影影绰绰,知了在鸣叫。他们被吓破了胆,把一捆捆麦垛看成人影。慌乱逃命中,有人被田埂绊倒,有人把枪杆卡到树杈上。

没跑多远,前边传来车轱辘碾压路面的声音。这回真是解放军,正兴奋地唱着歌运送大炮。

日本兵趴在地里,不敢咳嗽一声。等解放军走远,观察了周围的动静,才又继续往前赶。

中村原是穿皮靴、骑洋马的军医,不习惯走远路。丧魂失魄奔逃半夜,早已跌跌撞撞、上气不接下气。

"本间君,歇息一会儿吧。脚疼得要命,能换双什么鞋穿吗?"他对身边的本间史郎说。

看中村可怜的样子,想平日生病得到过他不少照顾,本间一边走一边脱下自己的鞋子递过去:"换上这双布鞋吧!"

中村一屁股坐在地上,把靴子拽下来。

"水,就剩这点了,再想喝只能啃高粱秆。休息时间也不能长,这里还不是安全地带。加把油,走吧!"本间说着,把水壶放到中村手上。

中村喝过水,抬头望着幽蓝、深邃的夜空。

他跪在地上,摆正胸前的玉佛,喃喃祷告:"佛祖,保佑我们回到太原吧!如果不是天皇的圣战,我正在秋田家中行医积德呢。"

不知走了多远多久,东方现出鱼肚白。树木掩映中,露出远处的点点灯光。

"中村军医,那是太原!"本间喊着。

"就要到了!"中村异常激动,与本间抱在一起。

"真的突破解放军封锁了?"他们似乎不敢相信,拿出望远镜来,仔细观察着远处的建筑房舍、村庄树木。

再往前走,看到一个柳树环绕的小村,有青天白日旗在风中飘动,真到阎军控制的地区了。

"本间君,你救了我一命。实在太感谢了!"中村紧紧地握住本间史郎的手,两人在村前小河边喝足了水。

这时过来一辆马车,问清是去太原的,本间请车夫捎了中村一段路。

赶到小店镇时,那里已经集结了跑回来的官兵,蓬头垢面,惊魂甫定。但他们十分庆幸——总算从死亡圈里逃脱出来了。

之后连续10余日,教导总队留守司令部,在太原南郊设立收容站收容溃散人员。

7月21日晋中战役结束。自6月11日前奏打响,解放军捷报频传,敌人望风披靡!阎军控制的灵石、介休、平遥、祁县、太谷、榆次、徐沟、孝义、汾阳、文水、交城、清源、晋源、忻县等十四座县城全部解放。"太原外围各据点,丧失得干干净净了"。山西野战军总部及5个军部、9个整师、2个总队,正规军7万余人、非正规军3万余人被歼灭。野战军总司令赵承绶等将官16人被俘。解放军部队直逼太原城郊,阎锡山的老巢陷入长达9个月的围困之中。

晋中战役中,残留日军将官、山西野战军副总司令元泉馨阵前死亡。残留日军教导总队(十总队)死亡日本军人184名,中有政工处处长长野贤和3个团长。被俘日本军人200多名,中有1个团长。5个团的团长中,只剩军士一团团长相乐主二。为残留日军充当填充的华籍队员,死亡、失踪人数为1150名。原日军第一一四师团炮兵大队长、残留后任太原绥靖公署炮训团少将总教官的松原太市,也在突围中死亡。

残留日军首领今村方策、菊地修一等逃返太原,后整编部队投入太原战

役。但此役之于日军"山西残留",正如城野宏在1967年1月出版的《山西独立战记》中所描述:"……所有这一切,都由于1948年晋中会战的炮声而变成了泡影。榴弹炮集中爆炸的轰鸣,使人怀疑是划破炎热天空的雷电,炮烟和B29扔下的炸弹所掀起的尘土,像蘑菇状的云彩一样,在天空凝聚不散——其中,在山西残留达三年之久的成果,也发出噼噼啪啪的声响,开始土崩瓦解,并向溃灭的道路跟跄而行。"

澄田拟制"太原城防计划"

晋中战役结束后,敌我双方都进行着决战太原的准备。

解放军乘胜兵临太原,厉兵秣马,雄强战力。1948年7月29日,中共中央军委命令华北第一兵团组成前敌委员会。兵团司令员兼政委徐向前任书记,副司令员兼副政委周士第任副书记。9月下旬,前委制定攻打太原作战方案。要点中提出:"以围困、瓦解、攻击逐步削弱敌人,然后一举攻下太原。"

而阎军在晋中战役中丢掉10万兵力、14座县城,龟缩太原的主力部队还有约6万人以上。阎锡山心里非常清楚,除了扩军备战,依靠高墙壁垒集中兵力死守孤城外,已经没有别的应战选项。

当时的太原,四围城墙高筑,八门分向守护。东有宜春门(大东门)、迎晖门(小东门),西有阜成门(旱西门)、振武门(水西门),北有镇远门(大北门)、拱极门(小北门),南有首义门(辛亥革命前名"承恩门")、迎泽门(大南门)。

民国时期太原城首义门

7月26日,解放军进至汾河桥西。太原绥署衙内,主任阎锡山面容憔悴,副主任杨爱源坐立不安。旁边有人嘟喃说:"'迎泽门'的门匾还挂在那里,如果解放军从桥西过河,即可由迎泽门直入城内。

不要应了里巷流言'迎接毛泽东'。"穷途末路的阎锡山,自然害怕一语成谶。杨爱源遂让负责工事的刘奉滨将"迎泽门"匾额取下,并嘱咐"只说是工事需要,不得把真情传出去。"

为了对抗旭日东升的毛泽东,蒋介石亲临太原,与阎锡山会面晤谈。

7月下旬,蒋介石乘坐的美造专机,在太原城北新城机场徐徐降落。同机到达的还有曾任山西省主席的陆军大学校长徐永昌、曾任第二战区司令长官部秘书长的考试院副院长贾景德、国防部参谋次长刘斐、国民政府军务局局长俞济时等。

阎锡山早在机场恭迎。一番寒暄,互致问候,阎锡山把蒋介石一行接回绥署大院。

蒋介石此行的目的,主要为摸摸阎锡山的底,好对太原能否固守心中有数。阎锡山呢,是要得到蒋的支持,凭借兵力武器、工事要塞据城防守,他得向蒋中央要兵、要粮、要武器。

"百川兄,为党国大局,为山西基业,你殚精竭虑,人所共知。"尽管晋中战役打败了,蒋介石还是要宽慰阎锡山。

阎锡山摇摇头:"晋中会战,赵承绶率领的部队未能逃脱出共军包围,就这样不幸而结束了。太原外的各据点,丧失得干干净净了!"

"详情我已从《战报》阅知,兄无须抱憾。现共军兵临城下,百川兄……"蒋介石把话头递给阎锡山。

"自辛亥首义,呕心沥血经营37年之晋省,岂能拱手让给他们!世事无所谓难,积易可以克难。总座你身居南京'石头城',太原则是一座'碉堡城'。自1920年始,我就在建设防务了。日本投降后这三年,工事也没有一天不做。当前与共军对垒,要在太原设一道东方马其诺式百里防线,以城复省!"阎锡山说得斩钉截铁。

"太原赖兄固守,此乃党国幸事。可是,倘万一不保……"

蒋介石当然希望保住太原,但是怕阎锡山不是解放军的对手。他略作停顿,把口边的话讲了出来:

"是否把兵工厂炸毁?绝不能丢给共军。"

蒋介石出此言,阎锡山颇有些不以为然:"太原虽非金城汤地,却也壁垒森严。有兵工各厂,太原方可久守。再说,这些兵工企业是日后复兴的工业基础呢。"

阎1920年开始创建兵工企业，1932年确立"造产救国"方针。抗战爆发前，山西以太原为中心，已经形成相当规模的工业体系，在华北地区可谓首屈一指。其在山西割据多年，这些兵工企业也是重要凭恃。倘兵工厂一毁，工业体系受损，其他各厂便不好运转。经济命脉一断，军事上就更没希望了。

此时的阎锡山，还幻想形势转圜。他等待蒋的反应。

"如此甚好。那太原现有多少兵力？"蒋介石问。

"部队还有20万。太原已是'赤海孤岛'，可它牵制着几十万共军，在军事上极为重要。从大处着想、长远计议，还请总座尽快派兵拨粮。"

看着蒋介石不形于色的瘦长脸，阎锡山继续说："当然，请总座放心，万不得已时我们会采取行动。把兵工厂留给共军的事不会有，这些会周全准备的。"

蒋看着阎锡山，话音落地："中央援助太原固守。"

晋中战役后阎军部队多空架子。蒋介石知道20万有假，答应按15万兵力拨粮饷保卫太原。

二人晤谈结束，在接着的高级军事人员会议上，绥署参谋长郭宗汾汇报晋中战役及保卫太原情况，蒋介石就当时太原形势作指示。会后，蒋召见了国民党山西省党部、山西省政府、山西省参议会及民族革命同志会高级人员。

在太原逗留三个多小时，蒋介石一行淋着秋雨飞返南京。这是蒋介石最后一次到太原，也是徐永昌最后一次回山西。

当月，蒋中央从西安调派的第三十军黄樵松部4个团空运太原。随后从榆林调派的第八十三旅谌湛部3个团也到达。

这个时候，因战犯问题身居幕后的澄田睐四郎出山了。阎锡山以其华名"郑成天""郑天来"设"郑总顾问室"，任命澄田为总顾问。

澄田睐四郎不能优哉游哉去晋祠钓鱼了，那里已经被解放军占领。更主要的是，他已没有太多的闲暇，要赶紧拟制"太原城防御计划"。倘若太原不保，日军"残留"山西之所有谋划、纲领、前景、利益都会化为泡影，阎锡山网开一面放过的战争嫌犯，将会被共产党政权惩处。为今之计，只有孤注一掷助阎死守太原。

骄阳炙烤着黄土，田里的庄稼蔫蔫地卷着叶子。

澄田睐四郎乘坐吉普车,带着教导总队司令今村方策、参谋长今野淳、代理参谋处长早坂襄藏等,从四周八圆对防守太原军事要点逐地勘察。

汽车驶出小东门,澄田睐四郎说:"阎锡山说罕山像一个巨人的头,从罕山西向延伸的几条支脉,像巨人的双腿、双臂,搭在汾河岸上,把太原城区抱在怀里。只有牢固护住'头','心脏'才能万无一失。"

今村方策:"就军事地理讲,罕山非常重要,但主峰距城区太远。照现在的形势,没有足够兵力恐怕难以把守。"

澄田睐四郎:"那就去牛驼吧!终战前我日本军在那里修有雷达阵地和碉堡。"

牛驼寨位于太原城东四五公里处,地势陡峻,沟壑纵横,主峰突兀,形似牛驼,是距离城区最近的一个高地群。

到达牛驼寨,澄田睐四郎径直走向高地中央原日军雷达基地:"就这里,曾是我第一军的无线电探测所!"又指着不远处一座方碉和高碉说:"这坚固的碉堡,也是咱们修的!圣战期间,为了控制太原及市内外工厂、矿山、车站等,在城周构筑了不少碉堡。现在竟然又发挥作用了。"

早坂襄藏环视阎军牛驼寨碉堡群,随手绘制了草图:随山就势布设的集团阵地,地势陡峭的前沿,纵横贯通的壕沟,铁丝网勾连的布雷区……

"阎锡山对太原碉堡工事的重视,非同一般哪。凡建碉堡他都一一过目,哪些碉堡为主,哪些为次或仅做伪装,建什么样式,用什么材料,及射口、出入口、展望口、暗道机关等,都用心琢磨,亲自研究确定。用他的话说,'工事样式、武器制式,如果不是最高负责人亲自决定,靠技术人员绝不能做到好处'。"澄田随口讲着,这是他从绥署参谋长郭宗汾那里听说的。

"太原保卫战,将是大规模重炮武器的较量。牛驼寨可控制东山、俯瞰全城,炮弹杀伤之力,非其他武器所能替代。"炮兵出身的今村方策,对战时火炮的发挥关注更多。

今野淳道:"牛驼寨确是保卫太原、凭险扼守之要地。战时高空、远程、行阵,战力配置都少不了。"

"阎锡山说,牛驼寨是'枣核子'阵地,要让共军咬不动,吞不下!"澄田睐四郎把部下招呼到跟前:"我们在'防御计划'中,就将此处列为东山防御线主阵地!"作为阎锡山的总顾问,澄田常与阎及绥署参谋长等商谈、计议,对阎的意图、用心多有了解。

接连十数日,一行人还察看了风格梁、卧虎山、小窑头、淖马、山头、双塔寺、大营盘、大小王村、洋灰桥、新城、兰村……

这天,他们登上太原城墙,东南西北绕城转。

今野淳用手摸着城墙上的古砖:"中国人修'墙',堪称一绝。从万里长城,到各个城市的城墙,非常有意思。"他叉开双臂:"这处城墙,顶上可以并排行驶两辆马车呢。"

今村方策走在前面,上下指划着吩咐早坂襳臧:"实际丈量,做好记录!"

"城南——高12米,上厚8米,下厚15米。"早坂一边丈量一边念出数字。

澄田睞四郎仔细察看阎军设在城墙的工事,有3层的,有5层的,还有7层的。他转身望着城内民房建筑,不假思索地说:"挨近城墙的房屋全部拆除,修成环形马路。一则便于战时交通运输,二则利于必要时控制城内壕沟,防备地道进攻,也可在解放军占据城墙后,利用附近房屋辟第二阵线。"

顶烈日、背酷暑,从7月下旬到8月中旬,澄田睞四郎、今村方策等接连勘查了太原四周的山水地貌、要塞险隘、机场桥梁、城墙民居。今村等并往返向阳店、风格梁、小窑头、淖马、山头等处,指导阎军据点构筑和驻防部队武装警备,对阵地不健全及重要疏漏处,随时绘制略图提出改动意见。

拟制好"太原城周防御计划",澄田去见阎锡山。

"主任阁下,太原城是河谷地带,南北较平,东西有山。但西山距城较远,又有汾河阻隔。我观攻守要地,重在东山牛驼寨等各要点。东山下城东北卧虎山、城东南永祚寺,同为两只卧虎,兵力和工事都须大大加强。

"本防御计划,基本构思在依托碉堡、精筑阵地、备足粮弹、固守待援。对兵力组织、火力配置、通信联络、后勤补给,及策应、支援、预备队等,也都设有预定。

……"

澄田逐条详述,阎锡山连连点头。他亲自主持,召集军长以上指挥官,请"郑总顾问"一一讲解。

当然,阎锡山自抗战结束准备内战始,就一直把太原城的防卫当作头等大事。从他在晋西时工事修筑的证验中,提出"寨子式筑城,据点式工事,满天星的碉堡战法"。1945年10月设立"碉堡建设局",由工兵司令程继宗担任局长。有200余"残留"日人技术员,担任着各碉堡区技术指导。特别是1947年连败

于汾孝、正太、运城三战役,1948年再败临汾战役和晋中战役,形势是越来越紧迫了。绥靖公署前后任参谋长郭宗汾、赵世铃等,都在忙碌着太原城防。阎锡山更不断督察,言"地球转动一天,我们的工事就要加强一天"。

如此,阎锡山呕心筹维,高参们尽心参谋,澄田等建议指导,太原城按外围阵地、中线阵地、核心阵地,建起五六千座碉堡,成了名副其实的"碉堡城"。所建碉堡,按形制称作高碉、低碉、圆碉、方碉;按材质有钢筋水泥碉、石碉、砖碉、土碉;按功能则有指挥碉、杀伤碉、炮碉、伏碉、装饰碉。还有所谓"没奈何碉",即由碉堡建设局日本技术员设计,被阎锡山经常夸耀。此碉在枪眼孔安设洋灰球体,中心留有孔眼,可以随意转动。射击时将孔眼摆正,停射时孔眼转到侧面,外边子弹射不进去。这些形制不同、功能各异的碉堡又相互连接,组成所谓"梅花碉""之字碉""品字碉""连环碉"等。一位美国记者曾经这样报道:"任何人到了太原,都会为数不清的碉堡吃惊。高的、低的、方的、圆的、三角形的,甚至藏在地下的,构成了不可思议的密集火网。"

在兵力配置上,1948年8月城外共划分了六个守备区,即东北区、东南区、北区、西北区、西南区、南区。残留日军教导总队,与阎军第68师、暂40师守备东北区。防守区域为风格梁、卧虎山、牛驼寨之线。

教导总队遣返整编备战太原

太原城头决战帷幕即将拉开，残留日军自身的士气重振和部队遣返、整编，也必须做在战火燃起之前。

由于晋中战役中官兵大量死伤、被俘，晋中战役后形势更急转直下，残留日本军人悲观失望、精神颓丧，士气低沉降到了谷底。为了打破环境造成的恶劣影响，解除队员心理压抑，教导总队司令今村方策请河本大作"给队员讲话"。

河本身穿正装，前往复兴楼讲演。

谈了当时的国际形势，紧密联系战后日本前途，河本大作讲道："目前美苏两大国尖锐对立，日本必须奋起复兴。因此，留在中国山西的日本人，特别是教导总队队员，责任尤其重大。山西现在是日本的最前哨。因为战败的日本目前谈不到向海外扩张。值得庆幸的是，你们至今还留在中国大陆，而且是武装部队，其意义是深远的。中日关系血肉相连，没有中国的支援，就不能设想日本的复兴……"讲到最后，他提高嗓门号呼："让我们从山西一角燃烧复兴日本的烽火吧。"

听讲演的还有河本手下西北实业公司的日籍职员。

旬日后，教导总队于8月19日举行"晋中作战嘉奖典礼及联合追悼会"，以激发士气、激赏武勇。

上午9时，复兴楼东南广场上响起奏乐声。

教导总队队员全体立正，向司令今村方策敬礼。礼毕，今村方策宣布："教导总队晋中作战有功人员嘉奖典礼现在开始！"

会场响起噼噼啪啪的掌声。

掌声过后，参谋长菊地修一宣读受奖人员名单：

"获英雄章的有：总队司令今村方策，军士一团副团长早坂褧藏，军士一团

上校团附今野淳!

"获松柏章的有:参谋长菊地修一、军士一团团长相乐圭二、军士二团团长布川直平、教导一团团长小田切正男、司令部政工处处长城野宏!

"作战有功受奖人员还有:军士一团团附佐藤荣治、军士二团副团长小林藤平、教导一团三营营长岛田进一郎、教导二团团长冢本恒雄、教导三团团长增田重之……"

名单长长一串,除阵亡者外,受奖日籍队员近200名鱼贯而行,到台前领取奖状和奖品。

授奖完毕,今村方策作简短训话:

"我代表教导总队司令部向获奖诸君敬礼!晋中作战打得异常惨烈,忠勇将兵前赴后继抗敌凶焰,和衷勠力突出重围。特别是184名烈士殉皇献身,精神感动天地!

"……现在,我们处于艰险环境之中。太原保卫战即将展开,战争胜负在此一举,事业成败亦在此一举。我辈担当着特殊使命,望再接再厉,成就伟业!"

今村训话结束,全体人员再向司令敬礼。

接下来,议程由嘉奖典礼转入联合追悼会。复兴楼四层,已经布置了阵亡者灵堂。

灵堂正中,"南无阿弥陀佛"的白色条幅,从屋顶垂到地面,"精神千古"四字分挂两边,墙壁上挂满了轸悼挽辞。前面三排桌子上,是阵亡军人的灵牌。灵牌前摆放着荷花灯、水果、点心,两旁坐着悲恸哭丧的阵亡者家属。门外安排有专人负责签到、接受奠仪。

10时,哀乐响起。全体人员起立,向阵亡者行拜礼。

首席法师进入会场。

日侨俱乐部委员长河本大作走到祭台前,身穿黑色礼服,语音低沉、缓慢:

"今天,我们在复兴楼沉痛悼念晋中作战阵亡人员。三年前,大日本帝国陷入战败苦难。但身处大陆一角的我们,没有悲观沉沦。从叱咤风云的将官,到血气方刚的战士,怀抱复兴皇国、重建皇军之誓愿,决然残留山西继续搏战。此番晋中会战,出征将士义勇奉公,二百男儿为国捐躯。让我们追悼亡灵,继承烈士精神遗志,把他们的英武事迹告诸国人。——联合追悼会现在开始!"

法师上香。

和尚诵经。

主祭人总队主官致悼辞,暗哑无声:

"维兵革互兴之年,风云变幻之季,谨以袍泽之情,致祭众位阵亡将士。回想'支那事变',天皇敕谕颁发。举国一致,昂扬日本精神,皇国子民,辞乡戎装出征。攻必胜,战必克,广泛传布皇道;攻城池,略要地,旌旗飘扬大陆。岂料交战数载,战局陡然逆转。吾皇深鉴世界大势,顾念保全亿兆赤子,发布'终战诏书',接受《联合公告》。吾等聆听玉音,犹如五雷轰顶,仰天秋阳杲杲,垂首悲泪汩汩。唯'神州不灭'刻骨,'任重道远'铭心,锻造'忍所难忍'意志,坚持'耐所难耐'毅力。互勉互励,另谋宏猷,复兴皇国,恢弘天业。毅然残留晋省,挺身战火漩涡,以图填补历史空白,以期他日问鼎寰宇。东沁线上,日本军歌犹唱:'晋北锁钥',又见皇军称雄;太行西翼,'神州疾风'招展;并城训师,吾侪意气飞扬。沐飞雪而梦樱花,举屠苏复思故国。为迎扶桑日晟,不悔七难八苦。戊子夏日,麦浪翻滚,晋中硝烟,连天蔽日。'同蒲'路上迎敌,'三角'地带转战。忠义、勇敢、服从、冲锋、陷阵、搏杀。耳畔鼙鼓号角,四顾火光剑丛,将军出生入死,战士喋血阵前。日东丈夫,从容成仁,数百烈士,义赴永生。'生而不受俘囚之辱,死而勿遗罪祸之污'。多事之秋,敌军临城,大战在即,同仇偕作。唯有奋力求胜,'否则就是死亡'。高歌'大和魂',滚滚心潮激涌;合唱'君之代',滂沱热泪盈眶。肩负特殊使命,勿忘残留初衷,怀抱复兴笃志,殉皇精神传承。勇矣,皇军将兵;呜呼,烈士千古! 吾属歆歟,志哀悲祷,英魂飞天,载荣东渡。尚飨! "

接着由来宾致悼。太原绥署参议、日管组组长张文昭诵读了唁文,西北实业公司、太原铁路局、资源调查社等单位,木曜会、水曜会、土曜会等组织,都有代表轸悼伤逝。追悼会还收到日本国内和北平等地发来的唁电。

之后是又一次诵经。主祭人上香,各独立部队首长、阵亡军人遗属、来宾依次上香。

河本大作最后上香,致闭会词。

——呜哇——呜哇,随着首席法师退场,全体人员行拜礼退场,遗属撕心裂肺的恸哭哀号从礼堂传出,声震复兴楼。

忙过奖励勇者、追悼亡者,残留日军最后一次遣返开始了。遭受晋中战役沉重打击,太原战火也将燃起,"危机说"又一次在教导总队流传,且形成起伏

声浪。队员们的回国要求,比晋中战役前更为强烈。

以残留核心们商定的调子,教导总队司令今村方策、参谋长菊地修一、政工处长城野宏等,讨论了遣返方针。决定部队向"少而精主义"转变:留下不惜破釜沉舟、血战到底的军中骨干和战斗力强的年轻军人;让那些心意浮动、身体伤病者及非战斗人员、妇女眷属等回国。毕竟,骨肉同胞的身家性命还是要考虑的。他们很清楚,"瓮中之水不可久掬,困兽之斗前途渺茫"。太原决战的结果,可能就是阎锡山政权的灭亡,自然也是残留日军的末日。但"能一天防堵共产党在中国的统治,就防堵一天",非到最后时刻决不改变。况太原备战日久,已经建成壁垒森严的"碉堡城",生死之间或有一搏。

9月初,太原绥靖公署发出《一九四八年下半年遣送日俘办法》,由日侨俱乐部和教导总队,组织遣送委员会办理有关事项,绥署日管组组长张文炻进行监督。9月6日,教导总队将遣送人员名单送张文炻审核,报请阎锡山批准。趁着太原的机场还能使用,三四天后即以每日300人之数运往港口。凡被遣返人员,原单位都发给了9月份薪金。出发的前一天,这些人背着行李,带着"战败残留"的特殊经历,到首义门外炮训团集中,与送行的战友、亲人依依惜别。同前几次遣返不同的是,无论走者、留者似乎都有种生离死别的预感,特别是继续残留的军人与他们的家属。

这次遣返,是残留日军在覆灭前最后进行的一次,也是1947年以来遣返人数最多的一次。教导总队共遣返698人(不含大同总队),其中司令部遣返161人,与继续残留数187人相差无几。

残留日军主体部队从1946年初组建,在同年4、5月第一次大遣返后,1947年9月、1948年5月和1948年9月这次,集中遣返日本军人共约1300人以上。连同大同总队遣返数,合计约1700人以上。残留于机甲队和山西其他军事组织,及顾问机构、涉日机构、特务情报机构的日本军人,这三次遣返数也在500人左右。总计约2200人左右。

与残留日军遣返同时,残留日侨(含军人眷属)大都先后遣返回国。

送走遣返归国人员,教导总队即开始部队整编。其"整编要领"指出:"为了适应形势的逼迫和总队人力物力的变化,决定实行快速而果断的整编。为此,各团首先以现有兵员为基础,以充实'营'为目标,重新进行组建。其他各队亦照此进行充实整顿。"要求组建时把充实第一线部队放在首位。编制标准为,每团3个步兵连、1个重机枪连、1个迫炮排(连)、1个山炮排。由于日籍军人锐减,各连排日、华籍人员的基准比率也定为日籍1比华籍5。还要求营以下战斗部队,将非武装、非战斗人员,诸如助理员,华籍官佐、秘书等,控制在最少。"要领"中,把"振奋士气,一扫晋中战役后期的压抑感,振奋依靠自身力量的战斗意志,当做最大的急务"。且仍以诳言妄语对部下"引导和鼓励":夸示晋中战役中日军对解放军的大量杀伤,让部下重新认识晋中战役的胜负与战果;侈谈阎军有装备、空战、兵力等优势,太原防卫战具备必胜的条件;讲论解放军当前态势只是乘势前进,并无实战攻击力;妄言残留日军的作用与价值,"教导总队战斗意志提高的程度,对整个山西军的士气影响巨大"。

为了稳定和激励残留队伍,在进行军人遣返、部队整编的9月当月,教导总队通过太原绥靖公署,出台并实行"聘任甲(乙)选拔标准和待遇办法"。对经常在第一线参加战斗,或平时、战时担负必不可少的职务,为总队做出贡献的人员,从薪水、服装等方面给予优待。并制定残留人员为在日眷属汇款办法。还从京津地区购买物资空运太原,用以改善残留日人的生活。

10月初,教导总队实有日籍官兵740人,其中聘任为甲级参战人员的连长以下军人344人。

1948年10月上旬,解放军发动太原战役。残留日军匆匆完成了部队整编:军士一团、军士二团合编为步兵一团;教导一团、教导二团合编为步兵二团;教导三团、特务大队合编为炮兵团;司令部直属特务连、工兵连、通讯连、输送连、野战医院等。原军一团上校团附今野淳升任总队少将参谋长,原参谋长、侵华战争中独立混成第三旅团炮兵大队长菊地修一任炮兵团长,代理参谋处长早坂襞藏任步兵一团团长。晋中战役中仅剩的军一团团长相乐圭二任步兵二团团长。

作战部队驻扎太原东山下陈家峪、剪子湾、道场沟、马场,进入临战军事训练。重点内容为防御作战的原则和应用,转守为攻、阵前反攻办法,重火器炮兵射击应用,及应对解放军惯用战术之对策等。

教导总队少将部附岩田清一,则任绥署新设"炮兵训练处"主官。炮训处有直属炮兵队和一批日籍教官。岩田并当起太原东山要塞炮兵总指挥。

招募日本义勇军一次次破产

处在太原决战前夕的紧急关头,河本大作、澄田睐四郎、今村方策、城野宏等,又酝酿提出、想方设法从日本招募义勇军。他们利用教导总队司令部部附矢田茂、合作社理事石川太郎的关系,将招募成功的希望投向三上卓。三上卓是1932年日本"五·一五事件"主要实施者之一,该事件中日本首相犬养毅被刺身亡。矢田茂曾是三上的亲信,日本侵华期间矢田、石川到太原,都是拿着三上的介绍信,找日伪山西省政府顾问甲斐政治的。

在1948年9月遣返人员离并回日时,矢田茂的义父清水一路把联系信带到东京。三上卓接信后果然发来回复:"迅速准备经费,并速派矢田回国。"太原这里早迫不及待,河本大作从西北实业公司经理彭士弘那里,为矢田茂开出公司技术员的身份证明。10月中旬,矢田经北京、上海飞回日本。经与三上卓密谋,计划用矢田兄长的船只秘密航渡,把招募到的义勇军运来中国。矢田此行,对策划者无疑产生心理鼓舞。他们妄想着"利用三上的极右国家主义组织",招募义勇军事能够成功。

这次招募义勇军的活动,残留主脑们9、10月间一直进行着绸缪、安排。9月9日,河本大作为首的木曜会,就在复兴楼会议室组织报告会,以"开辟中、日间密航路线"为题,听取原十总队三团团长永富浩喜的报告。4个月前,配合山冈道武、三浦三郎回国招募义勇军,永富浩喜也是拿着西北实业公司技术员的身份证,被派往上海、台湾、北京等地,为建立联络据点、打开密航路线进行活动。其间,曾与上海日侨互助会会长山田纯三郎、北京日侨互助会会长古闲二夫,及有着留学日本经历的中国民主社会党领袖张君劢等,进行联络交涉。这些活动内容,永富不仅在木曜会上报告,还到团、队宣传讲演,妄谈"今村、城野等首领团结一致,为加强太原日本人部队,自有适当的办法,可以充分信任……"

派矢田茂回日前后,招募活动设定了更为具体的计划。拟在日本东京、大阪、北九州等地设立招募事务所。招到的义勇军在日本国内编队,海运至中国后租用陈纳德的飞机空运太原。中国境内准备事项,由太原绥署日管组组长张文焴负责。所招义勇军,比照美军士兵发饷,一半在日本发给家属,一半在现地发给本人。他们还想着把5月遣返中"休假"回国的教导总队队员再度召回。如果晋中战役被俘人员经京津遣返,也说服其中有战斗力者重返太原。已派出司令部部附小林高安等,到北京设立联络站。

从残留日军在山西站稳脚跟,策划实施者就"一次又一次地进行从日本招募'义勇军'来中国的阴谋活动,企图将已被割断的罪恶链条,重新与日本国内接连起来"。

日本投降后,中国哈尔滨、长春、沈阳、北平、天津、张家口、石家庄、济南、青岛、南京、上海、杭州、汉口、海南岛等地,都曾有多少不等的日人残留。其中不乏阴谋东山再起、策划保留武装者,但多被打击粉碎作鸟兽散。也有曾任日特"富永机关"主事的富永顺太郎等,继续进行特务间谍活动。1946年3月富永为掩护其"残留"潜伏活动,利用了国民党"军统"组织。他与保密局北平站站长马汉三等勾结,以原"富永机关"全套侦收设备为基础,属下特务人员为骨干,组成国防部第二厅北平工作队,取得"公开合法的职位"进行罪恶活动。后富永顺太郎1956年6月被中华人民共和国最高人民法院特别军事法庭(太原)以"战争犯罪和特务间谍犯罪"判处徒刑20年。

但是除山西以外,还没有别的地方出现大规模有组织的军队及侨民残留、并拥有势力的情况。策划者们认为,"要在日本国内制造这样的舆论,即为了确保战后留下的唯一海外基地,必须组织各方面的支援"。因当时中国同日本的交通尚未开辟,打算在天津、青岛、上海建立联络点,也进行了联络。同时,与其他地区的残留日人加强了联络。1946年8月,残留日军保安第三大队,在寿阳县与解放军作战遭受严重死伤。城野宏等认为,"当前,我们很有必要伸出双手向国内求援,告诉他们在山西还有一支日本人的残留队伍,正在和阎锡山一起,战斗在反对共产党的最前线。"招募日本义勇军的计划,遂被残留日军提上议事日程。当年12月和1947年1月,派出保安第三大队上尉五城邦一、中尉白石伊豆夫,回日本进行招募义勇军活动,去北平、天津、青岛、石家庄开展工作,

建立联络据点。五城邦一从天津搭乘外国船只偷渡回日。在东京丸之内大厦设立办事处,利用所带材料在国内巡回宣传。还企图设法获得天皇密令,但未见下文。白石伊豆夫石家庄解放后不明下落。

1947年5月上旬正太战役结束,解放军军事力量直接威胁到榆次、太原,残留日军第五大队也被成建制消灭。河本大作、澄田睞四郎、山冈道武、今村方策等数次密谋,策划从日本招募义勇军。当阎锡山向山冈道武、元泉馨征询意见,问到解放军是不是会立即攻打太原时,他们即利用阎锡山的担心,向阎提出招募20万日本义勇军来中国。并让城野宏起草《扭转局势意见书》,拟出具体招募计划,包括同美国驻日占领军司令部进行交涉。这一计划,阎安排徐士珙赴日认领西北实业公司索还机器时办理。此谋同样成为泡影。

1947年"十总队"冬季大检阅后,为了增强战力,首领们又一次策划招募日本义勇军。于11月派出新闻处干事小川光永回国活动。临行前,城野宏就直接向日本政府请求招募义勇军,及与已经回日开展招募活动的五城邦一,与1944年回国的原日伪山西省政府顾问甲斐政治等联络,作了周密安排。他对小川说:"这是一项光荣的任务,对我们具有历史意义的'残留'壮举,有决定性的意义。"12月,今村方策与太原绥署日管组组长张文炤,对义勇军之待遇、来华旅费及家属津贴等事项会谈。今村还想着以原关东军参谋片仓衷、自由党议员大石伦治等为联络对象,推动招募事的实现。小川回日后,即进行联络与活动。与五城邦一在丸之内大厦办事处开展招募宣传。特别是进入了日本首相府,在首相片山哲传见时,提出"日本重整军队和请援山西日人,在国内招募义勇军事"。"片山说他个人虽然很愿意这样做,可是以今天日本的形势看,尚不可能"。

策划者们却并未作罢,1948年继续进行着招募日本义勇军的阴谋活动。5月,山冈道武、三浦三郎,以招募30万日本义勇军和建立"国际防共政务局"等计划向阎锡山献策、并回国活动。妄想"运动麦克阿瑟""取得占领军的谅解,以后用无线电也好,船舶直接进入天津、上海也好,怎么都行",并编制了联络所用密码。同月,配合山冈、三浦回国招募,教导总队派出教二团团长永富浩喜,到上海、台湾、北京等地活动,开辟中、日间密航路线。但山冈、三浦回国后却泥牛入海。

1948年秋天派出矢田茂这次,更值残留日军即将覆灭、残留阴谋濒临破产之时,首脑人物们仍幻想抓住这根救命稻草,巴望着从日本招来义勇军,赢得一线生机,打开困难局面,保住太原这块东山再起的根据地。而每一次招募日本义勇军的计划与活动,策划者都云云雾雾宣传渲染。通过会议报告、报刊登载和领导讲话等,让残留官兵尽人皆知、望梅止渴,以安定人心、稳定队伍。但是天道有常!人类正义事业向前发展,中国人民解放战争全面胜利,残留日军最后覆灭。这伙军国主义 势力招募日本义勇军的阴谋企图与一次次活动,最终彻底破产。

太原战役今村率队鏖斗牛驼

锦绣山川，可以是美丽家园，也可以是兵戈战场。

秋天，是收获的季节。庄稼地里，高粱、玉米占尽了风光，高挑的身杆，鲜丽的色彩，为平川、谷地堆出大片色块。它们不在乎天空中密布的战云，依旧随着时令，按照自己的生长期，把红硕的穗头、丰满的棒子，回馈给辛劳耕作的农民们。

太原郊外，农家场院的连枷昼夜不停。处在战争年代，各家各户都在紧张抢收。

但是，比农民更着急的是阎锡山。解放军兵临城下，围困中的太原没有粮食，就是一座"饿城"，纵有几千碉堡也不能当饭吃。

1948年10月1日，阎军出动7个师的兵力分三路南犯，抢粮、抓丁，破坏解放军攻城准备。

战火既已点燃，解放太原之役即提前打响。经中共中央军委批准，解放军于5日发起进攻。至16日，歼灭敌军万余人，占领城南武宿飞机场，攻克城东南石嘴子、城东北凤阁梁两个重要阵地。

如何乘胜突破太原外围防线，控制攻城要地？时任华北第一兵团司令员兼政委、太原战役前委书记的徐向前，在其《历史的回顾》中记述："从地形上看，打太原必须首先控制东山。因为距城四五公里的东山，长达八公里，四大要点——牛驼寨、小窑头、淖马、山头，居高临下，俯瞰全城，是太原的主要屏障。拿下东山，等于在阎锡山防御体系的咽喉部位砍了一刀，敌身首异处，就没有多少劲头挣扎了。历史上李自成起义军、日本侵略军攻打太原，也都是先占东山主峰，而后向西平推，突破城垣的。"兵团前委讨论，决定首先攻占东山，从东北、东南及正东方向逼近太原，相机攻城。"

16日起，解放军向东山敌军重要据点发起进攻。阎锡山迅速调兵遣将，组织强大火力,用于四大要塞的坚守、争夺。担任牛驼寨要塞防守与争夺主力军的,即是残留日军教导总队。

月亮爬上东山,山脊上的树木,山峦上的碉堡,笼罩在白色月光下。山下的陈家峪村,残留日军正在举办赏月会。

这样的聚会在他们可能是最后一次了。太原城被攻陷的一天,就是残留日军覆灭之日。教导总队司

解放军华北第一兵团司令员兼政委、太原战役前委书记徐向前

令今村方策、参谋长今野淳,及各处、各团主干大都参加。澄田睐四郎、河本大作,及河本的秘书儿玉华子、文化人士平野零儿、医学博士片桐仁礼等,也乘车到场。耳畔,牛驼寨方向不断传来枪炮声。那里将是他们开赴的战场,惨烈的战斗就在席终人去之后。仰望星汉,光影惨淡;临阵举杯,战火频催。无须祝祷,似乎也无多感慨。丝竹鼓乐之间,杯盘叮咣作响。

乘着酒兴,今村方策用宫城乡音唱起家乡民谣。沉郁的歌调,回旋在山谷之中。这时的今村,情动不能自已。两月前刚刚结束的晋中战役,他亲率参战的教导总队损兵折将,溃不成军。晋中战役后,太原城即处于四面围困之中。残留日本军民惶惶不安、人心思返,教导总队又一次进行了遣返,各处各团日籍军人只剩827名了。

歌罢,今村方策似乎仍未尽兴,拔出长剑,表演剑舞《白虎队》。围坐的军人,随着节奏、招式和而歌之:

"少年团结白虎队,国步艰难成堡塞。大军突如风雨来,杀气惨淡白日晦。鼙鼓喧阗震百雷,巨炮连发僵尸堆。殊死突阵怒发立,纵横奋击一面开。时不利兮战且退,身裹疮痍口含药。腹背皆敌将何行,仗剑闲行攀丘岳。南望鹤城炮烟飏,痛哭吞泪且彷徨。宗社亡兮我事毕,十有六人屠腹僵。俯仰此事十七年,画之文之世闲传。忠烈赫赫如前日,压倒田横麾下贤。"

——剑舞结束,今村方策表演的剧中形象剖腹自杀。

今村仿佛已经看到,昨日之会津藩"白虎队",就是今日之残留山西"十总队"。

战况果真如此。10月17日解放军兵分数路,以闪电般快捷乘夜突袭。"18日拂晓前,秘密插入牛驼寨西北的七纵一部,向守敌发起突然袭击,连克炮碉及九座碉堡,基本占领了该要点,敌全线震动。"

阎锡山连夜与澄田睐四郎急议,着今村方策立刻上山侦察,提出作战方案。今村侦察后认为,牛驼寨阵地失于奇袭,非主力决战,应乘解放军立足未稳迅速反攻,夺回阵地固守。阎即令今村方策率教导总队全力反攻,令教导总队司令部部附、绥署炮兵训练处主官岩田清一与绥署炮兵指挥处处长侯远村,组织炮兵火力配合。

被阎锡山唤做"枣核子阵地"的牛驼寨,是阎军东山防御的最大要点。山峰叠起,沟壑环绕,地形狭窄,多劈坡绝壁。要塞以山就势筑有10座主碉,构成三大集团阵地防御圈环。以10号碉"炮碉"为中心,1号、2号、3号碉和8号、9号、10号碉,是要塞火力支撑点;其东南4号碉即指挥碉"庙碉",为核心阵地;阵地东面以5号、6号、7号碉为骨干,是前沿阵地。围绕10座主碉,又各有明暗相间、互为犄角的配碉3至4个。碉堡周围,还有勾连呼应、布雷设障的铁丝网、鹿砦、沟壕。要塞之外,并与其他要塞相互接连,有野战炮兵远程支援。环牛驼寨要塞,由高到低、由近及远,构成了纵横交错的多层火力网配置。

18日,残留日军在太原战役中最主要的战斗——牛驼寨之战开始了!今村方策急令近前步兵二团团长相乐圭二率队反攻。一次次冲锋,一串串死伤,利用解放军交防下撤时的漏洞,教导总队夺取4号碉——筑于原老爷庙的"庙碉",占据牛驼寨核心阵地。今村方策、今野淳率战斗司令部进入"庙碉"指挥所。牛驼寨其他阵地,除前沿5号、6号、7号碉阵地解放军仍在坚守外,炮碉为中心的几座主碉,也被阎方猛烈反扑、重新夺回。

庙碉兀立于牛驼寨高峰,是整个要塞的核心。人们以"五千顽碉我为王"称其踞处地势、构筑形体及作战指挥中的作用。碉堡以水泥浇注块状沙石砌成坚固碉体,内为拱形,长12米、宽6.5米、高5米。外为长方形,长16米、宽10.5米、高8米。顶部呈"人"字坡形,能有效降低、消解炮弹的攻击。碉壁厚约2至3米、碉顶厚达3至4米。碉门留在东边,西边、南边、北边各有两个长60厘米、宽30厘米的射击口。碉内东南角砌有墙体指挥台。碉堡外还环绕着4座小碉,每座小碉都有坑道通向主碉。

时值晚秋,萧风卷扬着枯黄的树叶荒草,飒飒苍凉之气。今村方策令司令部、直属队人员防守庙碉及附近电探所高地,指挥属下部队日华籍官兵4000余人,与阎军、中央军三十军部队配置纠合,同解放军展开激烈狂猛、攻守反复、地动山摇的争夺战,一直打到11月14日败阵而逃。双方战斗场景之酷烈,"鬼子"反人道的魅影,永远留在山崖沟壑间。

5号、6号、7号碉所居高地,是要塞防御前沿。高地被解放军占领,牛驼寨阵地受到全面威胁,庙碉指挥所也难以站稳脚跟。迅速从解放军手中夺回高地,关系牛驼寨整个战局。

早饭时分,菊地修一指挥的残留日军炮兵团,岩田清一指挥的绥署炮训处炮队,即从陈家峪、黄家坟发出猛烈炮火,直接射向解放军阵地。紧接着,空中出现3架飞机,轮番轰炸、扫射。8时半左右,在炮弹、炸弹、枪弹掩护下,相乐圭二又指挥步兵二团,与中央军三十军部队配合,向解放军阵地发起猛攻。但是直到下午4时半,连续三次反攻都被打破。

19日天刚放亮,阎军、残留日军又发起强烈炮击。庙碉指挥所,今村方策再次发出夺取高地的命令:

"令丈子头遂行任务的早坂襄藏团长,即率步兵一团从左侧第一线攻占高地!"

"令菊地修一团长指挥炮兵团炮击支援!"

"令相乐圭二团长指挥步兵二团,从右侧第一线呼应左侧步兵一团的突击及菊地炮兵团的炮击。主力迫近据守高地的解放军左方,展开狙击战。"

副官处长加藤幸次郎,向各团紧急下达今村命令。

上午10时许,步兵一团完成展开,先头部队进至解放军阵地以西300米的半山腰,在炮火支援下迅急发起进攻。可很快又像蚂蚁滚蛋蛋似的一团团败下阵

太原战役中"残留"日军牛驼寨指挥碉——庙碉。现为爱国主义教育基地

来。连续数次攻击都被打退,到正午12点仍毫无进展。

"菊地团长,菊地团长!继续发射榴弹炮,继续发射!"

今村方策拿起指挥台上的电话不断督促。焦虑地观察着双方阵势,在碉堡内来回踱步。

这时,加藤幸次郎过来报告战情:

"步兵一团报:早坂团长左胳膊、左大腿被炮弹击中。——营长井上义雄前胸、左大腿被炮弹击中。——少校渡边贞治头部贯通枪伤。——上尉齐藤岩、渡边市太郎阵亡。——有军人阵亡时嘴里嚷着'我要回国!'……"

今村方策向加藤摆摆手。

看着今村的表情,加藤幸次郎拣主要的说道:"早坂团长不得不撤出阵地,他觉得辜负司令厚望,很对不起。原准备一鼓作气攻上去,显我皇军神威。没想到解放军火力如此密集,好多弟兄被抬下来了,部队不得不退回发起进攻的山腰处。"

旁边,站着太原守备司令王靖国的参谋,通过翻译问道:"怎么样,高地能否尽快拿下?"

今村回答:"正在调整态势,继续炮火支援。待机发起下一次强攻占领高地。请稍候。"

但接连七八次冲锋又都被打退,部队严重伤亡。

今村方策已经看到,面对解放军的坚强防守和雄猛反击,这样的反攻没有成功希望。

他双唇紧闭,眉头蹙起。

看今村司令心急如焚的样子,城野宏说:"王靖国的参谋讲过,绥署保存有日军留下的毒气弹。咱们是否可以使用?人员伤亡如此惨重,似应以最小限度的牺牲来换取反攻胜利。"

说罢,隔着眼镜瞅摸今村的反应。

自东山开战以来,城野宏除政工处长职务外,并负有副司令的责任。他大部分时间住在陈家峪,负责牛驼寨与城内后方司令部的联络。常到前线为今村出谋划策,在阵前鼓舞士气。还代表今村方策与太原绥靖公署联络交涉,向澄田睐四郎、河本大作报告战情等。

今村方策转过身来:"这倒也是一个办法。"略作思考后,对城野宏和参谋长今野淳说:"不过,毒气弹还有红筒、绿筒之分,一次如果不是大量使用,不会有太大效果。而且使用毒气弹,以后可能会有麻烦的。"

看今村方策未做明确决定,城野宏又说:"像现在这样只靠榴弹炮炮击支援,是不会打破胶着状态的。如此下去,高地难以夺回。我想,解放军没有防毒面具,使用毒气弹会引起震动。那时我们乘机发起攻击,就有可能成功。可如果不能取下高地,庙碉阵地就成为最前线,指挥部直接受到攻击。所以无论如何必须拿下高地,至于以后的麻烦,现在没有必要去考虑。总之,不用毒气弹,就是现在这种状态;如果使用,还有攻取的可能。拿下高地就是胜利,还是试试看吧!"

城野宏明知使用毒气弹违反国际法,仍然反复申说,强调使用的理由。

今野淳附和着城野宏的意见:"我也认为应该试试。"

"好吧,就试试看!"今村方策说罢,又对旁边的参谋处长佐藤荣治、参谋胜部初太郎、副官处长加藤幸次郎、副官柳泽一夫等指挥所人员讲:"今天的进攻中,将使用毒气弹。如何?"

"要西!要西!""鬼子"们个个拊掌。

今村方策即对王靖国的参谋说:"现在决定使用特殊弹,请立即发给。具体问题与今野参谋长研究。"又指示今野淳:"你同他研究一下,准备马上领取。"

日本无条件投降三年后,"鬼子"继续其反人类罪恶,重新拿起侵华期间残害中国人民的毒气弹。当日下午,向解放军阵地连发 50 余发。

——牛驼寨高地,被炮火熏黑的黄土与荒草上,腾起"联二苯"毒气弹白灰色的烟雾。烟头升高约 5 米,旋向下翻卷落在地面,变为淡黄色的细小水珠,两三小时、三四小时不散。烧杏仁般的烟腥味,腐烂葱蒜似的刺鼻味,在山头漂浮弥漫。

解放军阵地上,中毒的官兵打喷嚏、流眼泪、淌鼻涕、恶心呕吐、呼吸困难,伤员中毒更为严重、有的死亡。但是,并没有出现"鬼子"们预想的震动、披靡。指挥员、战斗员坚持顽强战斗,迫击炮、手榴弹仍若风驰电掣。

苍山起伏,残阳如血。黄昏时分,今村方策下令撤退。

第二天,敌人没有组织步兵进攻,但整整向解放军阵地炮击一天。

21 日,残留日军、中央军三十军部队,再次向解放军"牛驼寨阵地猛扑。敌人集中百门以上的山炮、榴炮,一天内即发射炮弹 1 万多发,将牛驼寨地区工

事几乎全部摧毁"。

这天,"鬼子"又一次施放更大数量的毒气弹。

——"敌人又放毒气弹了!把口罩弄湿,戴上防毒!"解放军指挥员高喊着。战士们戴上口罩,上好刺刀,准备着与突入前沿的敌人拼杀。

阵地上,笼罩着白灰色的毒气弹、黑灰色的烟幕弹及其他炮弹的浓烟。毒气和枪炮杀伤着战士们的战斗力,破坏着解放军的反击。

日本兵呀呀叫喊着,国民党兵啊啊呐喊着,乘隙攻上高地。看到阵地上"瞪着白眼"、淌着鲜血的解放军战士,"鬼子"哈哈狞笑。

"敌人冲上来了!迫击炮连、重机枪连掩护,不惜一切代价坚守阵地,把敌人打下去!"据守高地的解放军,顶着敌人的凶焰顽强战斗。

指导员与"鬼子"抱在一起,卡着顽敌的脖子牺牲在山峰上。副连长一口气刺死3个敌人,挥着刺刀战死在峭壁下。排长被烧焦的浮土埋住半截身子,端枪站立捐躯于掩体内。战士臂夹弹药箱,勾着手榴弹引线献身壕沟外。在5号碉堡阵地上,解放军西北野战军七纵队独立第七旅十九团二营五连,只剩下指导员和四五个战士坚守碉堡。前往支援的三营十一连,也剩下一个副指导员、一个排长和50个战士。终于,解放军的殊死反击恢复了5号碉阵地,扑上来的敌人被打下去了。

当晚,蒙受重大伤亡的七旅十九团撤出牛驼寨。而即将展开的是双方更为猛烈的攻守争夺。

当牛驼寨不断传来战场失利、人员伤亡的消息时,河本大作的心绪由不得焦灼起来。

饭时,尽管儿玉鹤枝做了可口的菜肴,他还是没吃几口就让端了下去。屋子里,只有干巴老头来回走动的木屐声。

"城野处长到了!"秘书儿玉华子把城野宏让进客厅,为二人上了清茶。

"今村他们正在苦战,你又跑回城里做什么?"河本大作面朝城野,出语斥责。

"前辈,我奉今村司令之命,向您和澄田司令官报告战况——"在河本大作面前,城野宏只有谦恭。他轻轻端起河本面前的茶水双手敬上,继续说道:"牛驼反攻,官兵英勇奋战,多人伤亡。不过,采取非常措施使用'联二苯'后,战局正在好转。请前辈放心,也请转告日侨放心。我军正在顽强战斗,胜利指日可待。"

"那好,明天我们去前线慰问。你也尽快赶回东山吧!效命疆场是军人的天职。"虽为"民间人士",河本大作却全身心督战助战。

"好的。我们在阵前恭迎前辈。"

把城野宏送出房门,河本吩咐儿玉华子:"你和大西健尽快通知日侨俱乐部藤冈文六、高木应悦、高桥畅,还有木曜会角川久吉他们,带慰问品上牛驼寨!想想还叫些谁,一起去吧。另外,西北公司经理彭士弘那里也给传个话,到前线慰问十总队。"1948年4月河本大作的外甥兼秘书、桐荫会本部干事永井宗男回日后,大西健接替永井任桐荫会本部干事,也为河本做着秘书工作住在公馆。

第二天,河本大作即领着一行人,在横飞的炮火中,爬上牛驼寨慰问残留日军。

"这时,阎锡山为确保东山屏障,尽其所能抽调的兵力,集中于四大要点。……并组织城东一线丈子头、黄家坟、山庄头、马厂、剪子湾、小东门、大东门、淖马、双塔寺等炮群,进行火力支援。"而解放军通过总结战情,"鉴于前一段的进攻兵力部署面较宽,影响迅速夺取四大要点,当即将部署调整为:集中兵力、火炮,坚决攻克四大要点,趁势向城脚发展。"

10月23日,解放军颁发总攻击令,要求各部队充分做好准备,以便随时投入战斗。26日夜即发起总攻,四大要塞争夺战全面展开。

"这是一场空前剧烈的恶战",战场打得难分难解。敌人死打硬拼,寸土必争。解放军克敌破垒,浴血冲杀。"每占领一块阵地,要经过一次、两次、三次以上的突击;巩固一块阵地,要打退敌人五次、六次、七次以上的反扑。有些阵地,时而被我攻取,时而被敌夺回,反复拉锯。"

牛驼寨要塞,山体改变了形状,黄土被炸得翻来覆去。几尺高的黄尘搅拌着黑烟,能见度几乎为零。夜晚的牛驼,声光喧豗,如同白昼。火炮、照明弹、火焰喷射器,发射出一道道火光、一颗颗火星、一股股火舌,在天幕上喷闪着橘黄的、米白的、殷红的色彩。色彩交织变幻,战场你死我活。

11月2日,解放军控制了牛驼寨大部阵地。残留日军疯狂争夺、拼命顽抗,在庙碉对面的前沿高地,在炮碉等阵地,叠加着一具具尸体、一堆堆伤兵和一串串"失踪者"(被俘)。而在5号、6号、7号碉阵地站稳脚跟的解放军,则占

据有利地形,把高地作为攻克庙碉的依托和出发阵地。敌我双方最后的攻夺搏战就要开始!

月亮闪着寒光,牛驼寨坎坷的小道上,今村方策带着副官走下山来。他的耳边,回旋着军二团上尉杉若久嘉写的诗歌。自1947年夏天总队文艺汇演后,动情的诗句就在军中传诵。只是不知什么时候,诗歌末尾又加了一段,题目《给妈妈的信》,也变为《晋三没有回来》:

一

妈妈:很久没给您写信了。
您还硬朗吗? 如今我在山西。
我这条命原来已准备献给国家,
今后要为祖国复兴出力。
为此我要留在山西。
请妈妈也理解我的心意。

二

晋三:你马上回来吧!
晋一死在塞班岛。
晋二死在阿图岛。
我受不了这样的打击病倒了。
妈妈就指望你一个人了。
阿幸在家干农活,还没出嫁。

三

妈妈:我还是要留下来。
阿哲、阿秀也都留下来了。
我和入伍后一直滚爬在一起的战友,
盟誓相约再留两年。
请再等两年吧,我一定回去。
妈妈,请打起精神再努把力吧。等我回去!

四

　　晋三终于没有回来。
　　阿哲、阿秀都回来了,
　　人家告诉我,晋三战死了。
　　你为什么死在战争结束三年以后？
　　你为谁而战,连骨灰也没留下？
　　妈妈可该怎么办呀！

"晋三终于没有回来……你为什么死在战争结束三年以后……妈妈可该怎么办呀？"

一直走到城内工程师街,走进司令官澄田睐四郎的公馆,诗句才从今村方策耳边退去。

今村先向首长汇报战情。谈到双方攻守恶战,官兵严重伤亡时,他不无感慨:"有被炮弹炸死的,有被刺刀捅死的,有负伤引爆手榴弹自杀的。死法还有了发展,被掩体塌陷'压死',这在皇军战史上从未见过。"

澄田睐四郎看着今村,端起桌上的茶水向他递去。

今村轻轻呷了一口,接着说:"阵亡日本军人已经大几十。司令部有参谋长今野淳,今野接替菊地修一职务后仅仅一个月;有参谋处长佐藤荣治,佐藤在早坂襞藏负伤后代理步兵一团团长刚10多天;还有上校胜部初太郎等官佐。受伤人员也在百人以上。下属三个团,步兵一团团长早坂襞藏、步兵二团团长相乐圭二、炮兵团团长菊地修一,全都身负重伤退下阵来。那些填炮灰的中国人队员,死伤更无计其数。

"但我军斗志仍很旺盛。您,河本先生,绥署秘书长吴绍之,西北实业公司经理彭士弘等,还有不少的日侨,大家冒着炮火到前线慰问,总队上下受到极大鼓舞。城野宏已委托《阵中日报》记者写了报道,题目是《十总队在牛驼寨的英勇战斗》,11月上旬这几天就能刊发。政工处会把报纸散发给队员,激励士气、继续奋战。"

澄田睐四郎不动声色。作为阎锡山的顾问,他知道战役的走向,对残留日军的前途也不无担忧。但澄田把内心活动掩藏起来,只偶尔眨眨镜片下面的眼睛。

望着军司令官,今村讲出下面的话——这是他此行的主要目的。

"不过,如果这样打下去,我们的主力怕要丧失在牛驼寨。前两日我与城野等交换过意见,认为要避免严重伤亡、保存兵力,只有将部队撤出最前线。"

今村方策继续说道:"可就这样后撤,有损日本人的面子。想以两个步兵团的干部大部伤亡为由,将教导总队整体改编为炮兵。这样,部队就可以不直接参加前线战斗,既保存我们的兵力,也不失日本人体面。这事如果可行,就交给城野去办。起草一份改编计划,拿到绥靖公署交涉吧。需要您出面的,让城野来找您。"

澄田睐四郎微微点头。是啊,第一军保留武装、残留山西之初衷,是借阎锡山的屋檐暂时荫庇,把山西作为复兴日本、重建日本军的基地,当然也就得助阎对抗解放军。而自己以战犯之身得免囹圄之灾,同样靠阎锡山庇护,自当为阎效力。可残留日军若在牛驼寨拼光,即使太原保卫战成功,太原日本人势力也失去了后盾,自己在阎锡山面前自然少了分量,更遑论日军"残留"宗旨目标之实现。

从澄田公馆出来,今村方策又去见了河本大作,见了他心中思念的儿玉华子。

牛驼寨激战在继续。残留日军仍然呀呀叫喊着与解放军厮杀,仍在不定时间发射着不等数量的毒气弹。庙碉被呼啸而至的炮火打得伤痕累累。今村方策不顾碉体震颤、流弹纷飞,指挥队伍应战解放军从正面发起的进攻。他流泪拉着倒在身边的部下的手,捡起死者身上的武器,向解放军疯狂射击。阵前逃跑的华系队员,则被鬼子们残忍枪决。

11月13日,解放军对牛驼寨战场之主阵地——位于4号碉的指挥碉庙碉,以及全部阵地的强攻,进入最后阶段。今村方策的指挥所,已经转移到南面山腰处。

当晚,解放军向牛驼寨敌人展开全面进攻。14日凌晨,发起攻取庙碉的决胜战斗。经过一个多小时激战,在令敌胆寒的连续爆破中,庙碉周围北、南、西、东4个暗碉先后被炸毁。当晨曦微露之时,密集的重机枪火力封锁了顽碉枪眼,250公斤炸药搬运至庙碉根底。还是英勇无敌的战士,还是连续爆炸的方法,天上寥落的晓星还在闪烁,山头强烈的声光腾空而起!睥睨山野的"王者"庙碉,两三米厚的砂石水泥碉墙,炸开了大窟窿!敌人被炸昏了,解放军迅速冲进敌堡,阎军、残留日军80余人做了俘虏。鬼子兵跪在地下,双手举过头顶:

"八路军太君饶命！我的日本人，十总队的是。腰里小小铁炮一个有。八路军太君饶命！"

离庙碉不远的电探所——原日军雷达基地水泥房，顶部被炮弹打穿，里面存放的弹药轰然起爆。解放军战士奋不顾身，奔向烈火浓烟！哧哧的弹药引爆声，啪啪的枪弹射击声。残留日军炮兵团黑田市郎部陷入绝境，步兵一团营长金子传手握战刀，带着一个排冲上去，救出黑田及其部下落荒而逃。日前在山间击鼓诵经的日莲宗信徒永富浩喜及其队员，也惶然收鼓仓忙撤离。

灿烂的朝霞升起来了！清晨5时，庙碉阵地被解放军胜利攻占。当天，解放军全部占领牛驼寨。

牛驼寨是留有记忆的，它经历了山西人民解放战争的血雨腥风，刻记着残留日军反人道、破坏和平的战争罪行。1956年中华人民共和国最高人民法院特别军事法庭(太原)审判日本战犯中，城野宏交代："……教导总队，竟违反国际法而施放了毒气弹，仅在牛驼寨前面，就杀伤了1600余名解放军战士。……并且在东山一带，与三十军、十九军共同杀伤16000人。"之后在卧虎山、双塔寺等处，死伤在残留日军枪炮下的解放军又何以计数！

牛驼寨失守，今村方策带残留日军撤退陈家峪，11月15日集结小东门外马场。经太原绥靖公署同意，作战部队整体编为炮兵队，12月完成改编。在"报署底稿"中，城野宏任"司令部副司令"。按"教导总队暂行编制表"，炮兵队下属三个炮兵营，直属步兵营、特务连、工兵连、通讯连、输送连及野战医院等。而实际上，根据团营残存骨干情况，来了个互不相属的"一字并肩王"，即东登太郎队、村山隼人队、永富浩喜队、黑田市郎队、糸长丰队、鱼住明春队，及特务大队(运输队)、工兵队、通讯队9个队。不过直到1949年4月，其原来教导总队军士一团、军士二团、教导一团、教导二团、教导三团等建制与称谓仍然存在。

形势是越来越紧张了，太原城破就在眼前。终日炮声隆隆，残留日侨惶惶不可终日。在教导总队败下牛驼寨的当月，河本大作即出面组织"太原日侨自卫队"，准备侨民在紧急状态下集中"自卫"。自卫队队长由河本大作亲自担任，副队长为角川久吉。下属区队长分别为：东北地区渡边吾三，东南地区近田良造，中央地区竹内武太郎，永定路地区上田秀正，城南地区土桥贞敏，城北地区高桥通三郎。在自卫队组织下，日侨编成"邻组"，相互联络照应，问讯防空、疾病等情。后来战事紧张时,每日上午 10 时、下午 4 时,日侨俱乐部公布战情,区队长向"邻组长"通报,"邻组长"再传达至各户日侨。

部队改编期间,今村方策稍有闲暇与儿玉华子会面。这天,他叫人给华子送去一纸信笺:

华子小姐:

与君多次相晤,仍有意犹未尽之感。这种难以自持的激情,连我自己都深感惊讶。

将勤务兵市村喜一打发回部队以后,想把一切事情都交给海瑞来做。你以为如何?即公事交给副官,私事交给海瑞和宝珠。而私事这一块,还希望进一步得到华子您的指导和监督,改日见到您时再做商量。

其次,我想准备一餐晚饭请客,主宾为西北实业公司彭(士弘)、曲(宪南)、王(天民)三位先生,外加河本先生以及其他人士。不知您以为如何?我的想法是,凡送来慰问品的都邀请前来。除了上面三位先生,还有铁厂的高桥厂长吧。其他人都没记清,因为当时正值牛驼寨战斗最激烈的时候。

纸短情长,未尽欲言。

方 策

而在半月前,儿玉华子也收到曲宪治从西北实业公司北平采办处寄来的书信:

玉华(儿玉华子,华名"倪玉华")青鉴:

阔别 5 月,系念良殷。展读华翰,得悉一切佳胜。至慰。来函措辞甚妥,语义明顺,书法尤佳。殊出人意料。此实数月来苦学,有以致之。盼继续努力,再做更深一步之功夫,则将来成绩更可观也。……天气渐寒,盼自注意是幸。

聚晤有期,余容面罄。

宪 治

时曲宪治被派筹备西北实业公司台湾分公司。工商部于 1948 年 12 月核准成立颁发执照。台湾分公司成立后,曲宪治兼任经理,后定居台湾。

两封信前后到来,儿玉华子咀嚼情味,心绪难宁。她仰首夜空,拿起笔来:

"已是初冬时节。到了夜里,听得见残叶沙沙飘落的声响。这是个最令人感怀的季节,也容易引起人们的诗兴来。"

望

总凝望月亮,
因月亮涵蓄着爱。
那爱在亏缺中希祈圆满,
像凄美的月牙。

总遥望星星,
因星星连缀着爱。
那爱在相隔中终难聚合,
像飘悠的参商。

总仰望夜空,
因夜空包容着爱。
那爱在闪烁中无声掩映,
像高悬的银河。

华子的《望》,是为今村方策而写还是为曲宪治而写?她把诗句和诗意中的秘密永远藏在了心底。

金蝉脱壳澄田化名潜归日本

11月中旬,解放军胜利攻占牛驼寨与小窑头、淖马、山头四大要塞,将前沿阵地推进至太原城下。

时辽沈战役已经结束。为了配合平津战役,先稳住国民党华北"剿总"傅作义集团,遵照中央军委11月16日缓攻太原的电报指示,解放军在继续攻占太原外围要点,加强军事围困的同时,大力开展政治攻势,削弱、瓦解敌军,为尽量减少战争损失,和平解放太原做着最大努力。

还在1948年7月晋中战役结束时,徐向前、周士第就向中共中央及华北局提出,"阎锡山如能降服,减少我方伤亡,保存太原军工及各种建设,其人力物力统为我用,利益甚大。""中央当时也考虑了这一步",要他们"告以阎及其部下,任何人肯早日自拔,将功赎罪,我们不但保证本人及其家属生命安全,即其私人财产,只要不是以特权掠夺的官僚资本,我们亦将予以保护"。9月中共中央西柏坡政治局扩大会议期间,毛主席又与徐向前谈到太原和平解放问题,毛主席说,"如果有这种可能性,就尽力争取"。

人民群众企望太原和平解放,如冬日中望暖阳。保全建城两千余年的文明累积,顺天意得人心啊!双方那些直接参战的普通军人,也都是百姓子弟、血肉之躯,少死一个人,就多成全一个家。阎锡山的一个老师,是位年近八旬的老秀才。当共产党方面请出他,问他愿不愿意进城去见阎锡山,为民请命,拯救平民免遭战火之灾时,老秀才慨然允诺,带着徐向前写给阎锡山的信,面阎进言。阎锡山却非但不听老师劝告,反而连师生情谊也不顾,把老秀才杀害了!

阎锡山摆出与太原共存亡的种种架势。他把老母亲等亲属送出太原,说是怕最艰难的时候,老母影响自己的决心。还说要"效法庞德,抬榇死战"。1948年11月,阎锡山接受美国《生活》杂志记者杰克·伯恩斯采访,更足足地做了一把"秀"。在伯恩斯为其拍摄的大幅照片中,阎坐在办公桌旁,做傲视对手状。又特别把左臂搭上桌面,手扶一个半倾的纸盒,盒内倒出一堆氰化钾胶囊,以示死守太原宁杀身"成仁"。桌子上还摆了陈纳德的照片,时"二战"期间美国援华空军飞虎队队长陈纳德,战后重返中国成立民航空运队,为阎锡山运输了大量战争物资。

冬去春来,1949年1月31日北平和平解放。古都阳光灿烂,人民欢欣鼓舞。但太原城却依然笼罩着浓重阴霾,站在东西山地、南北河谷,一眼望见的仍是围城的崇墉百雉,临战的壁垒碉群。

阎锡山的不少故旧属僚,希望阎能顺应历史明智抉择,走北平和平解放之路。太原绥署参谋长郭宗汾,1948年底离晋附傅,出任华北"剿总"副司令。在北平决定签署"和平解决协议书"时,即有电文致阎。北平解放后,同阎锡山一起参加辛亥革命的温寿泉、南桂馨、赵丕廉等,都从北京来电劝说。与阎有着谊戚关系的徐士瑚、续淑仙、徐崇寿、温鲁斋、张炳南等十余人,则联名"掬诚奉告",望其"临崖勒马,顺天应人"。阎的高干和身边工作人员,秘书长吴绍之、民政厅长李冠洋等,及大批不敢表明态度的僚佐,也都冀望太原问题和平解决。

形势已经明朗到妇孺皆知,国民党统治大厦行将倾覆。况北平这个重要的空运基地失去,驻京山西兵站办事处所存军用品也都交出,守太原所需物资、武器的补给更为困难了。山西军政人员中,还有不少人的家属、财产在北平,这些人势必受到牵动影响。稳军队、笼人心固守太原已经很难。阎锡山信奉"存在就是真理"。抗战时期曾经签订对日妥协的《日本军、山西军基本协定》,抗战结束后又与日本军国主义分子合谋日军"山西残留"。但此时对中国共产党却敌对到底,他不顾天怒人怨,在重要历史关头选择了歧路。前者已是其抹不掉的历史污点;后者又成他无以弥补的人生败笔。

阎锡山死心塌地拒绝走北平之路,声言"生不同共产党谈判,死不同共产党见面"。此前,已将北平、天津官僚资本处理了不少,现金转移到上海。并积极运作,成立西北实业公司台湾分公司,将西北实业公司对日索赔之机器运往台湾。阎不甘心失败,觉得绥远问题没同北平一起解决,情势或有变化。且大同尚有一师人马,可作守并声援。他还幻想着美军守住青岛,从空中接济太原。想望能与西北联结起来,等待形势出现反复。

　　残留日军首脑们,当然希望阎锡山死守太原。阎若像傅作义那样与共产党达成妥协,独立的山西王国就不可能存在,残留日军日侨便失去存身条件,"复兴皇国、恢弘天业"之希望大厦也即刻倾覆。

　　一天,晋中战役中被俘的教导总队日籍队员,带着赵承绶的劝降信回到太原。赵1945年10月即参与"合谋"实施日军残留。1946年6月至1947年6月任残留日军部队"保安总司令部"司令、"山西野战军司令部"司令。劝降信为赵承绶亲笔书写,直接写给今村方策、城野宏和岩田清一。大致内容是:大局已定,太原和南京失陷迫在眉睫。中国有句格言,"识时务者为俊杰"。希望你们顺正义从天命,放下武器,不要倒行逆施,自寻死路。相信解放军会对你们宽大处理,既往不咎。今村等三人聚在一起阅读信件,对赵的劝降置之不理,而孤注一掷帮助阎锡山死守太原。

　　1949年正月,今村方策仍在自己的公馆举行宴会。太原绥靖公署参事、原伪省长苏体仁,代表阎锡山出席。阎还送来了美制菠萝罐头。席间,觥筹交错、猜拳行令,死鬼作乐,一片喧嚣。

　　这个时候,美国《芝加哥评论与报道》记者西蒙茨等来到太原。会见阎锡山后,去黄家坟残留日军驻地进行采访。今村方策、城野宏接待了他们,并请参观作战部队。当晚,"进行了畅谈":

　　"你们认为会取得胜利吗?"西蒙茨问。

　　"我们已把胜败置之度外。这种心情美国人也能理解吧。"今村答。

　　"你们为什么要留在山西呢?"

　　"能一天防堵共产党在中国统治,就防堵一天。我们认为这对日本有利。"

　　"你们是怎么看待阎锡山的?"

　　"他是最理解日本人的中国人。因此,我们尽全力帮助他。"

　　"对美国还有什么要求吗?"

　　"美国下决心已为时太晚。当年我们回日本联系援助山西事宜,假如那时美国与日本共同出马解决中国问题的话还有希望。但是,由于美国只想显示民主国家的面子而中途停止。事到如今,已经别无他策。即使进行援助,也只能让太原的陷落推延一两月而已。如果打算作一点援助,请送一些通讯器材和飞机来,这还能发挥一点作用。因为大炮在太原能用的都已经用上了。"城野宏说。

　　他们知道,随着战后国际形势与格局的改变,美国对日本的政策,对中国政局的态度，均已发生变化。但当时的中国，共产党夺取胜利已成定局。苟延残喘的阎锡山统治势力，最后灭亡就在眼前。残留中国大陆的这些"最后的鬼子"，只有徒呼奈何。所能做的也就是"能一天防堵共产党在中国统治，就防堵一天"。

接受这次采访前，河本大作把今村方策、城野宏叫去，研究了同美国记者谈话的内容及对美要求等。

这段时间，澄田睞四郎可谓心烦神黯。1945年9月，这位原日军第一军司令官，就被阎锡山聘为第二战区司令长官部总顾问。他是国民政府军令部战犯名册中列入的战犯嫌疑人，但由于阎锡山庇护，太原审判战犯军事法庭并未依法审理，其战犯案不了了之。1948年晋中战役后，澄田睞四郎又前台"亮相"，出任阎锡山"郑总顾问室"（澄田睞四郎，残留后华名郑天来、郑成天）总顾问。坐着吉普车，带着今村方策等，从城外城里对太原山水、要地逐一勘察，拟制出"太原城防御计划""中央军空运计划""炮兵集中运用计划"，及拆毁民房、扫清视线等备战方案。

1948年10月解放军发起太原战役，四大要塞争夺战展开后，澄田每日到太原绥靖公署作战组，阅读战报、询问战况，与绥署前后任参谋长郭宗汾、赵世铃在地图前指点擘画，与蒋中央派来增援的三十军参谋长等会商军情。随着战局日渐紧张，阎军阵脚乱了。澄田看在眼里，急在心上，综合各方面情况，采纳今村、城野等日籍下属意见，写出"防御管见"万言，对阎军战役指挥、友军配合、官兵掌握、械弹补充等，提出点评建议。绥署日管组组长张文炤给阎锡山读过后，阎亲笔批示："中肯之至。化之、萃崖（孙楚）、治安（王靖国）、世铃会商改进……"

10月下旬，傅作义遵蒋介石面谕，派出10万兵力偷袭河北石家庄，企图捣毁西柏坡中共中央首脑机关。"行动对内代号'穿心战术'，部队对外称'援晋兵团'"。阎锡山喜出望外，到总顾问室对澄田说：华北"剿总"已派强大兵团席卷冀中，直捣石家庄，将入晋解太原之围。闻此讯，澄田睞四郎兴奋地一跃而起，踢倒了茶几前的痰盂。阎锡山走后，他即提笔起草"反攻计划"，建议配合傅部对太原围城共军内外夹击。但是，他们的黄粱梦很快破灭了。中共中央周密部署，台前幕后虚实并举，巧设一局"空城计"：在主力部队未到保卫石家庄作

战地区前,毛主席挥动如椽大笔,连续为新华社撰写文章,向全国广播蒋傅军偷袭计划。敌人以为解放军已作准备,蒋介石、傅作义果真急令部队收兵。

阎、澄朝思暮盼,却落了个镜花水月。而仅仅3个月,华北"剿总"司令傅作义,就在《关于北平和平解决问题的协议书》上签字。孤城太原还能坚持多久呢?

澄田睐四郎消沉下去了,要金蝉脱壳了。但如何向阎锡山启齿?怎样面对麾下官兵?岩田清一为首长献言:如果向阎锡山建议,由您亲自回国招募义勇军,即名正言顺。

于是,澄田睐四郎回日之意,经张文炤告知阎锡山。阎锡山点头依允。残留日军毕竟帮自己抵挡了几年,澄田睐四郎对保卫太原确也尽心竭力。原日军中残留下来的将官们,已经走的走亡的亡。第一军参谋长山冈道武、第一一四师团师团长三浦三郎,晋中战役前返日。独立步兵第十四旅团旅团长元泉馨,晋中战役中死亡。眼下,一个澄田也无济于事。况澄田还说"回国后继续帮助中国(国民党政权)","将以个人团体名义向麦帅(麦克阿瑟)总部有所请求"。阎自己向麦克阿瑟的求援信也可托其转送。

澄田睐四郎抓紧时间做着离晋准备。他最后一次视察了残留日军官兵。

改编为炮兵队的残留日军,正在进行操练。突然接到通知——澄田军司令官要来视察。练兵场顿时寂静下来,各营连整齐列队等候。

面对在"军命"下残留山西的下属,一张张抬头仰视的面孔,一双双充满巴望的眼睛,澄田睐四郎只有几分钟简短训话:为了祖国的复兴,你们要继续努力奋斗。我回日本后,一定率领两万援军回来……

"原来是军司令官要离去了!"军人们倒抽了一口气。有人小声嘟囔:"开溜了,把我们丢下,死活不管了。"不过,就像溺水的人看到漂来的稻草也会心动,对所谓两万援军的哄骗话,居然还有人抱着一线希望,"祝愿将军回国努力成功"。

澄田还到野战医院看望了受伤军人。一番暖语慰问,几句空话鼓舞:"……我回到日本,要招募一批义勇军回来,希望你们坚持到那一天。"

望着来到病床前的军司令官,这些穿肠破肚、折胳膊断腿的官兵,口里喃喃有声:"日本能来义勇军啊,那我们和阵亡战友的血肉没有白费。"

太原西山旮旯,红沟机场。一架飞机沿跑道滑行起飞,机舱内坐着澄田睐四郎。他已化名"陈春英",身份是西北实业公司高级专家,将飞青岛转上海赴日本。副官冈野克已跟在身边。阎锡山并派绥署参事、山西原伪省长苏体仁的女婿杨宗藩(字叔衍)做随行翻译。临行前,岩田清一还送了贵金属供首长花销。

澄田身上,带着阎锡山写的三封信。前两封是为他返程做的精心安排。第一封写给原任山西省主席的陆军大学校长徐永昌(字次宸):

次宸兄勋鉴:

兹遣前日本驻山西第一军司令澄田中将返国工作。为沿途通行便利,特改用化名由沪登轮出口。如遇有事,请兄尽力关照,俾利遄返完成任务。至所企盼,特泐。

顺颂

勋祺

诸维心照不宣。

山启　2月X日

第二封写给山西省政府驻沪救济物资购运处处长朱点(字异三):

上海异三:

本署参事杨叔衍,偕日人2名,定×起身,经青赴沪候船返日。在沪期间,希与士珙接洽,酌备妥当住处并招待一切。

阎　丑真亥(2月12日)

另一封信是阎锡山写给驻日盟军最高司令麦克阿瑟的,让澄田睐四郎代为转送。主要内容为向麦氏要求援助,希望在美援数目内能特别给以急需的款、械、粮、弹及运费。

澄田睐四郎走了,离开了太原。1944年11月他来到中国北方的这座城市,从出任第一军司令官"吹奏三声《皇国曲》"的淫威骄狂,到日本投降背负战犯桎梏的忧心忡忡,从策划日军"残留"东山再起,到穷途末路梦幻破灭。于今,只顾得保全自家性命匆匆逃脱了!澄田走后,郑总顾问室撤销,日籍人员并入岩田清一的炮兵训练处。

澄田睐四郎回国后曾说,"我的救命恩人,阎将军自不必说。还有苏体仁、杨叔衍等一些亲日的中国人和岩田参谋、冈野克己少尉等身边的人。"但是,对那些本该早日回国与家人团聚,却在自己与山冈道武等头面人物策化、命令、影响下残留山西,甚至受伤、阵亡的日军官兵,他却只字未提。当年7月,回日后的澄田睐四郎又与冈村宁次、十川次郎,为国民党政府秘密募集原日军军官,组织赴台日本军事顾问团"白团",以对抗中共"赤魔"。白团于1949年9月1日在东京成立,其人员从11月陆续偷渡台湾。澄田作为策划派遣、斡旋联系的核心人物,持续这一活动达五年之久。这大概也是他兑现逃离太原时所言,"回国后继续帮助中国"吧。

而让残留军人们难以想象、切齿扪心的是,在昭和31年(1956年)日本国会"关于海外同胞撤退及救济调查特别委员会"的听证会上,澄田睐四郎与山冈道武串通,对战后日军"残留"事件,竟然作出与事实相悖的陈述;以"复兴皇国、恢弘天业"为宗旨的有组织大规模残留,则被日本官方认定为"残留兵按自己的意志残留下来"的个体行为,说他们充当了阎锡山的雇佣兵。由此,残留军人们不断地提起申请、诉讼,要求政府澄清残留事实,给后人留下真实的历史,并解决他们的优抚待遇问题。2006年日本独立制片人池谷薰导演的纪实影片《蚁的兵队》,即以残留老兵们的真实经历,记述他们在复活日本军国主义势力所驱策的战车下,在战后仍然继续的惨烈战争中,怎样像蝼蚁一样,在迷茫的旷野里遭受碾压。

策谋、实施残留活动的军国主义分子中,河本大作可谓顽固死硬。澄田睐四郎回日之时,阎锡山曾征询他是否回去。河本大作说:"我不能丢下日侨,自己一个人回去。当日本人面临危难时,我有责任领导他们,要对日侨负责到底。"城野宏等也对他说,"太原一旦被解放军攻破,您必定会被逮捕,应该现在就回国。"河本答道:"一切我都十分清楚,但我决心已定,自有主张。"

在为澄田睐四郎置办的饯行酒宴上,河本大作意绪难平,托澄田向日本政府传递山西残留日侨近况,以得到国内支持与援助。而他自己抓紧做的事情,是按捺日侨动荡不安的情绪,甚至筹划"残留"失败后的"再残留"。妄想在太原解放后,继续将日侨组织起来,再次待机"东山再起"。1949年2月日侨俱乐部支部长会上,有人说到"是否可以同解放军取得联系……"河本当即厉声斥责:

"胡说！日本人还有天皇呢。……即使城破了，由我来对付解放军，你们跟着我就是了！"同月的一次常委会上，河本大作发问："山西的煤炭埋藏量有多少？你们连山西的煤炭埋藏量都不知道，究竟为什么留在山西呢？"土曜会聚会时，河本又说："解放军攻进太原后，日侨应更加紧密团结。只要能拿到一个西山煤矿，由日本人单独开采，那将是很有意思的。"

当月河本大作主持，与原山西产业株式会社西山采炭所所长安田勇造等，筹划成立"山西矿业公司"。河本自己担任公司顾问，负责同政府交涉和资金筹措。让日本技术人员控制公司：以安田勇造为经营者，全面负责技术工作。光武利三郎、绪方八郎、向土顺三郎、桥诘铁雄、武田等，分别负责机械、电气、井下、劳务、庶务。工人以残留日军武装人员为主，吸收一般日侨，但决不招用中国工人。还拟议先在西山煤矿增设竖井一口，敷设西山至太原北站间铁路复线。

1949年3月，河本大作在"迎晖学会"讲话时仍说："澄田睐四郎回国时，阎锡山让我一同回去，我谢绝了！尽管我已年老，但'残留'之志不可屈。即或太原解放，如果需要我协助开发山西，我也还要留下；如果说不再需要日本人，那时我再和大家一同回去也不迟。"

不过，河本大作的痴心妄想、虚诳谎言，很快就碎成齑粉了！

阎锡山脱离生死场离晋赴宁

天造春景，人定乾坤。

3月的太原，解冻的汾河翻腾着激越的浪花，四外的田野铺展开青春的绿色。"我们很快就要在全国胜利了！"中共中央七届二中全会上，毛泽东主席高亢的报告响遏行云。"三大战役"已经结束，根据中央军委命令，解放平津的解放军十九兵团、二十兵团和四野炮一师开赴太原，配合太原战役中的十八兵团（原华北一兵团）及一野第七军、晋中军区部队，会师总攻阎锡山老巢。

17日，中共中央军委批准，以十八兵团领导机关为基础，组成太原前线司令部、政治部。徐向前任司令员兼政治委员，周士第任副司令员，罗瑞卿任副政治委员，陈漫远任参谋长，胡耀邦任政治部主任。同时成立总前委，统一领导各部队。徐向前任总前委书记，罗瑞卿、周士第任副书记。解放军副总司令彭德怀参加七届二中全会后，3月28日来到太原，与总前委一起指挥作战。势在必得，志在必胜！"总前委决心以插入分割战法，首先扫清外围，而后总攻破城"。

坐困危城的阎锡山，越来越感到朝不保夕。阎的宅邸，安在与绥署大院一墙之隔的东花园。1948年，他已将母亲及妻儿、儿媳、孙女

解放军第十八、十九、二十兵团会师太原前线联欢盛况

送到上海。后分别转往台湾、美国。

东花园同时具有办公与召集重要会议的功能。当时共设有八处岗哨：一岗哨在侍卫队队部门口。二岗哨在西偏院"中和斋"内北厅后门，阎的一些重要会议常在内北厅召开。三岗哨在西南面机要处院内。四岗哨在北面外北厅门口，外北厅是阎的办公处，食宿在里院。五岗哨在生活副官值班室连接绥署大院的西门。六岗哨在东花园东门。七岗哨在靠南面钟楼上。钟楼下是八岗哨，有避弹窑洞。

解放军兵临太原后，不断有炮弹落入绥署院内。1948年农历九月初八，空中又降下两枚炮弹，一枚落在绥署大院煤山，一枚落在东花园附近柳巷北口，这是解放军特别为阎锡山送的生日礼物。为了保安全，阎住入钟楼下避弹窑洞中。窑洞为里外间，门朝北开，设有一道铁门。里面没有窗户，白天也得开灯。

1949年3月中旬，国民政府代总统李宗仁组成新内阁，出面与共产党举行和谈。代表团启程之前，要召集几位高级军政人员，就谈判条件等进行座谈。这可是阎锡山求之难得的出走良机呀！李任代总统后，与仍然掌握实权的国民党总裁蒋介石矛盾尖锐，阎锡山在二人间扮演沟通、调解的角色，阎、李关系自然多了一份交情。这在他发誓"与城共存亡"的当口，正好有了一条弃城而去的生路。况南京还有其原来的部下、时任国民政府考试院副院长的贾景德为他操心。

这几日，他在等李宗仁的通知，等得心急如焚。

3月28日下午，钟楼上悬挂的大铁钟还像往日一样沉重。阎锡山刚刚午休罢，睡眼惺忪。这时，机要处副处长刘石生大步走进窑洞，送来一封电报。说话间，检点参事杨玉振也到了。阎锡山看罢电文，阴郁的心情顿时松宽。他暗自嘘出一口气，李宗仁的电报总算来了！随即吩咐杨玉振，通知军事、行政、组织等方面的高级负责人，明日下午参加紧急会议。

29日下午2时，绥署东花园会议室。阎锡山一反几月来的焦躁乖戾之气，显出多年修养的绅士风度。

"你把李德邻（李宗仁）昨天来的电报念给大家听听。"他对秘书长吴绍之说。

吴绍之拿起电报，一字一顿："百川兄：和平使节定于月杪抵平，党国大事待诸我公前来商决，敬请迅速命驾。如需飞机，请即电示，以便迎迓。宗仁俭印。"

"国共代表和谈，有关咱们山西的事，李德邻自然非同我商量不可。你们大家

对此有甚意见,随便说说,做我的参考。"阎锡山故意把他的出走说得冠冕堂皇。

在场的人心知肚明,这是李宗仁给他一个脱逃的借口。阎召集会议征求意见,也就是做做场面,走走过场。这次一走,是不会回来了。

绥署参谋长赵世铃说:"我们第一要求共军撤出太原周围60里以外,第二要许可外面的粮食源源运入城内。然后再谈解决办法。"

阎锡山摇头:"这是不合实际的想法。"

众人沉默。

"旁人还有什么意见?"阎又问。

绥署副主任孙楚说:"能不能从南面给我们让开一条路?"

"他们也不肯。"

四十三军军长刘效曾说:"我们的部队能不能到西安?"

"你这意见和萃崖(孙楚)一样。"

看着眼前这些鞍前马后的高干幕僚,听过几句要解放军如何如何的痴人梦呓,阎锡山说出早就想好的话:"你们说,我这次去南京,是把意见与李德邻说说就回来,还是等事情决定后再回来?"

"会长当然要等事情决定后再回来。""会长到南京开会,可以多住些日子,不必很快地返回太原。"……几个高干说着一些迎合的话。"会长"是阎锡山喜听的职务称呼。1938年2月阎成立"山西民族革命同志会",自任会长。在山西"组政军教经"各部门中,组织放在第一位。

阎锡山不自然地点点头:"我这次去南京,大概总得多住几日。三天五天,十天八天,最低限度要等和谈的结果。不过你们放心,太原军事一旦吃紧,我在24小时以内总回太原。"说罢又问:"谁还有甚意见?"

赵世铃说:"要求空运的粮食必须按时运到。"

"这个我自然知道。一切能争的,我自然力争。"

阎锡山说着,把头转向梁化之:"咱们向陈辞修(陈诚)要房子的电报,他怎样回答的,你说说。"

梁化之愣了一下,还没开口,阎就接着说:"我去电向陈辞修要台湾那面300间房子,以备大家的家眷住。陈辞修回电说,台湾房子太困难,只能预备100多间。你们的家眷可以先到上海,以后再想办法。"说出这番话的用意,是告诉在场的人,也为他们安排了后路。

……

4时许,阎锡山与他的要员们匆匆作别,带着侍从长、医师、厨师和生活副官等9人启程。

阎最亲信的梁化之、最亲近的五妹子,与他同乘一车送行到机场。前往机场的还有宪兵司令樊明渊、绥署参议张文炤等。

潇潇细雨夹着点点雪花,天色灰蒙蒙一片。一行人离开绥署大院向汾河西畔驶去。到达临时机场,阎锡山在众人簇拥下,顶着迎面吹来的飕飕冷风,抖抖瑟瑟走进机舱。樊明渊跑到值班室,拿了两件日式大衣赶紧送去。飞机刚一起飞,解放军从东山打来的炮弹轰然爆炸。

阎锡山走了,离开苦心经营三十七八年的山西,离开负隅顽抗的老巢太原。是解放军的炮弹送走的,更是阎自己选择的。他独自逃离了生死场,却把"收获成仁"的誓言抛给要员和下属,把本可避免的战火硝烟丢给黎民百姓。此一走,阎锡山再也没有回来。1949年6月在广州出任行政院院长兼国防部部长,12月赴台。1950年1月不再兼任"国防部"部长,3月辞任"行政院"院长,获"总统府"资政和国民党中央评议委员两个头衔。居住台北市菁山,1960年5月病逝,终年77岁。

太原临时机场上阎慧卿、梁化之为阎锡山送行

外围战今村、岩田炮队惨败

阎锡山离晋赴宁,留在太原的军政大事由"五人小组"负责。他们是:山西省代主席梁化之,太原守备司令、第十兵团司令王靖国,太原绥靖公署副主任、第十五兵团司令孙楚,太原绥靖公署参谋长赵世铃,太原绥靖公署秘书长吴绍之。五人中虽未确定组长,但实际负全面责任的是梁化之,负军事责任的是王靖国。守城6个军、17个师,总兵力约7.2万人,仍准备着与解放军决战。城垣外围阵地,以北区、东北区、东南区、南区、西区5个防区部署重兵。并以10个炮队、900门大炮布于各防区,其中8个炮队摆在东北、东南和城东。

残留日军改编为炮兵队后,12月上旬已赶赴卧虎山。在太原防守这局棋上,卧虎山为东北炮兵群主阵地,兵力即以残留日军炮兵队为骨干,配属其他炮兵,由教导总队司令今村方策统一指挥。城东炮兵群在大东门,主阵地剪子湾,以绥署炮兵指挥处直属炮兵为骨干,由炮兵指挥处处长侯远村指挥。东南炮兵群主阵地在双塔寺,以绥署炮兵训练处直属炮队为骨干,配属其他炮兵,由炮训处主官、教导总队司令部少将部附岩田清一担任指挥组组长。卧虎山与双塔寺呈掎角之势,在军事上占有重要地位。

卧虎山距市区五六华里。"虎头"向外,东西伸延六七里;"虎身"隆起,南北盘伏三四里。地理位置与地形特征,极利于炮兵火力发挥。阎军在山上修筑"百川碉""老虎碉""人字碉""好汉碉""梅花碉"等数百碉堡,在阵地四周布设滚雷、拉雷、踏雷、掷雷、电发雷等地雷无数。又因势造型,利用山沟、梯田设置道道外壕、层层峭壁。把卧虎山构筑为阎锡山口称的"太原的生命要塞","华北攻不破的阵地"。

在卧虎山,今村方策与参谋长早坂襞臧、指导官相乐圭二,加紧进行着官佐教育、炮队操练及阵地察看实测作业。赶制出地形地貌图、卧虎山阵地射击图、攻击前进目标示意图,并送绥署作战组与驻地阎军炮队。随即指挥部队迅速投入战斗,向窑头、四亩圪洞、牛驼寨、瓜地沟等处解放军阵地及运输队炮击。在此期间,仍继续违反国际法施放毒气弹。参谋长早坂襃藏,还在残留日军司令部复兴楼,对阎军营以上校官进行毒气使用、防护教育。1949年3月,解放军虎贲之师集结城下,想到可能出现的险绝形势,今村、早坂等进行了二线阵地的侦察、勘定。命令炮队在小北门外围土墙空地上另辟阵地,并进行了实战移动训练。

为策励部队余勇,1949年1月教导总队又为"东山作战有功"的3百名日系队员,颁发特等松柏章、甲种松柏章、甲种英锐章等奖项。就在太原城破的4月,还下达命令为70名校级以下军人晋升职务。

双塔寺距市区四五华里。寺院"文峰""舍利"双塔耸立,经历岁月风云摩挲,古塔处乱不惊,风铃叮当依然。寺中植有国内最古老的"寺院牡丹"——明代紫霞仙。虽处战乱年月,花仙仍翩然而至,不失雍容华贵之仪态。

这处悠久美丽的人文景观,也被阎锡山筑成负隅顽抗的军事要地。由东南防区前后任总指挥孙福临、刘效曾拥兵防守。当时双塔寺东、南、西三面,都有自然沟壑环绕。阎军利用深沟、高峁,筑起3道工事、48座碉堡,构成丘壑纵横、附防层层,天然与人工结合的军事据点。就连"开山川之形胜,创文运之兴盛"的文峰塔,也在第九层设置了军事观察所。供奉着阿弥陀佛、释迦牟尼佛、东方药师佛和观音菩萨的殿堂院,成为他们的作战指挥中心。

岩田清一1947年6月后主要在阎军亲训团、青年军官教导团担任教官、总教官。1948年10月任绥署炮兵训练处主官。太原战役四大要塞激战中,岩田指挥东山正面炮兵群,对解放军阵地疯狂炮击。1949年春在双塔寺指挥东南炮兵群,依仗有利的地形工事,较长时间的操练备战,继续逞凶作狂。与今村方策指挥的东北炮兵群、侯远村指挥的城东炮兵群等配合攻击,给解放军步兵造成很大困难和牺牲。解放军会师太原后,四野炮一师与十八兵团六十一军的炮弹,3月下旬就打到双塔寺敌人阵地。岩田指挥的炮兵群受到重创,之后便不敢张狂吼叫、集团射击了,怕暴露目标招来更猛烈的轰击。岩田清一不能再神气了,他消沉沮丧了。常到城内残留日军司令部复兴楼联络,并得知自己被解放军太原前线司令部定为五名主要战犯之一。

4月5日彭德怀参加解放军太原前线总前委召开的师以上干部扩大会议,部署总攻太原作战任务。解放太原的一切准备已经完成,25万雄师、1300门大炮,以压倒敌人的绝对优势,将太原城围得水泄不通。只待一声令下,即可摧枯拉朽。

就在这天,总前委接"毛主席电示:阎锡山已离太原,李宗仁愿意出面交涉和平解决太原的问题。我们已告李的代表允许和平解决,重要反动分子允许其乘飞机出走,其余照北平方式解决,阎军出城两星期至三星期后开始改编。你们应即派人进城试行接洽。"

非常明确,毛主席、共产党始终以人民利益为重,尽力争取太原和平解放。对反动军队也仁至义尽、网开一面,给阎军官兵留开一条宽大出路。只要和平解决有实现可能,决不愿采取军事进攻的方式。

4月11日,中共中央军委发出电报,推迟攻击太原时间。

遵照毛主席与军委指示,太原前线司令部改变原定4月15日发起总攻的预备命令。总前委就和平解放太原致函孙楚、王靖国,派阎军原高官赵承绶、高斌、曹近谦入城试谈。

解放军太原前线总前委扩大会议留念

赵承绶等晋中战役被俘后,经过八九个月的政策学习和实际观察,思想转变较快。情愿在共产党领导下,为人民做些好事,进太原城去传达解放军良图。

担着"和平使者"的重任,赵承绶既激动兴奋又忐忑不安。为和平解放太原立功立德,循天意顺人心;但以他对阎锡山掌控力的了解,对阎手下"五人小组"态度的揣摩,又觉得试谈成功并非易事。赵等在解放军护卫下,乘坐吉普车,从榆次出发绕道太原南郊,来到太原城汾河桥西最前线。进入六十一军赵恭部一个营的指挥所,通过电话联系要求进城。

太原战与和?当重大历史抉择又一次摆在面前时,阎锡山方面仍然坚持顽固立场,不见棺材不落泪!

"和平使者"赵承绶等被拒之城外。王靖国给出的答复是:"一,中央有命令,被俘人员不得进城。二,老头子(指阎锡山)不在,无人做主。三,从什么地方进来,还从什么地方出去。"

4月20日,历时20天的国共和谈破裂,南京国民政府拒绝了在《国内和平协定》上签字。

这天,解放军向太原发起总攻!

云天辽亮,汾水激荡。按照总前委战役部署,解放军先以穿插分割战术,将太原外围敌军主力围歼城垣之外。徐向前在《历史的回顾》中有凝练记述:"20日凌晨2时起,十九兵团由南、二十兵团由北,向敌展开总攻击,十八兵团右集团一部亦出动配合;下午,东线十八兵团主力投入战斗。城郊四周的守敌,在我十多个箭头的攻击、穿插下,乱如麻团,不堪一击,任我分割、围歼。至22日,敌城郊13个师基本就歼,仅少数残兵败将逃回城内,外围全部扫清。"

对卧虎山要塞,解放军于20日实施包围压缩,上午即打开穿插缺口,在明壕暗道、据点碉堡间杀开一条血路,猛插敌人腹部。下午,从东面、北面的包围已经形成,南面、西面靠城区的敦化坊、西涧河、尖草坪等处,也成为突破点与攻占目标。

最后激战就在眼前,风吹草木沙沙作响。残留日军炮兵队崖上指挥所内,司令今村方策与参谋长早坂襞藏、指导官相乐圭二,指挥部队紧急应战。

桌上铺着军用地图,鬼子们指划着图上的村庄、道路,叽里哇啦。

今村方策连续发出战斗命令:

"令各炮队——东登太郎队、村山隼人队、永富浩喜队、黑田市郎队,即刻进入阵地,对准目标开炮!糸长丰队、鱼住明春队,以预备队保持临战状态!

"令特务大队在炮队放列阵地前方布置警戒线,并保证同部队的联络,防止敌之不意突袭!

"令工兵队保证卧虎山至城内的补给路线,至少要有三条道路可通!

"令通信队绝对确保指挥所与炮队、东北防区司令部通信联络!"

一颗颗疯狂的炮弹,飞向解放军队伍中、阵地上。战士们倒下一片,又倒下一片。

中午时分,从水沟村、小返乡插入的解放军先头部队,进抵南洼村附近,遭遇敌人凶猛火力,前进受阻。解放军乃调动兵力迂回,向卧虎山北面柏杨树村进攻。下午4时,攻占柏杨树、黄家坟一线。

担任卧虎山守备任务后,今村方策的司令部设在黄家坟,战斗打响即到崖上指挥所。看到自己的巢穴就要被攻破,崖上指挥所内的今村气急败坏。

"八格牙路!——各炮队坚守阵地,加大火力轰击!"今村方策铁青着脸,命令部队死守。

见今村还要死守,相乐圭二望着漫天硝烟,对早坂襄藏皱皱眉头,转身面向今村方策:"今村司令!敌军已从北、东两面包围卧虎山,正迫近我炮兵放列阵地,死守恐怕很难。是否撤入城内,以图持久抗敌?"

早坂襄藏也走到今村面前:"敌军一部正图攻取卧虎山'虎尾'前沿,三涧河、西北化学厂,已是攻击目标。如果这一带被占,我们通往城内的归路将会断掉。请今村司令考虑相乐指导官的意见。"

"卧虎山,'华北攻不破的阵地'?!"今村方策在地上来回踱步,脚下的黄土被沉重的皮靴踏出一道洼痕。

看着今村方策的眼睛,早坂襄藏又说:"若死守卧虎山,恐徒增牺牲。上月,我们不是勘定小北门为二线阵地吗?各队已进行移动训练三次。现在该是转移阵地的时候了!"

今村方策走出指挥所:浓重炮烟笼罩下,春天的卧虎山依然披绿挂红,可阵地上这些跟随自己的袍泽,就要身处绝境了!东山牛驼寨作战,已死亡参谋长今野淳以下70余人……他无奈地摇摇头,接受了二人的意见。对相乐圭二说:"那你现在就进城,与小北门守备部队联系!"

当天下午，残留日军从卧虎山撤至小北门，集合在城门外空场子上。

小北门是"拱极门"的俗称。城门巍峨，门洞为砖砌拱形券门；城墙厚重，外包青砖、内夯土石。墙高约 10 米，底宽 15 米，顶部可并排行驶两辆马车。此门自明洪武九年（1376）修筑，已有 573 年历史。太原古来就有霸气雄风彰显，又地处明朝京师西南，为"龙脉"安危之所系。"拱极"本意乃拱卫北极星，小北门以"拱极门"命名，与大北门镇朔门（后名"镇远门"）雄姿壮崎，自有威慑镇远、拱卫京师之寓意。这时在穷途末路的日本鬼子眼中，只是一处可资凭借的坚固建筑。

今村、早坂登城北望，但见卧虎山枪炮轰鸣、烟浓火炽。刚才撤退时路过的西涧河、西北化学厂，解放军已经占领，正向享堂村攻击。在尖草坪东边，也有解放军进击。

日酋犹逞凶狂，急令炮队把 1 门山炮拉上城门，1 门野炮拉到小北门街，向解放军炮击。

享堂、尖草坪等处，又有解放军战士鲜活的生命，倒在残留日军的炮火下。

此时，太原城四周炮声枪声响成一片，解放军对敌人火力实施制压，向碉堡工事猛烈强攻。阎军螳臂当车披靡败退，炮阵土崩瓦解无以招架。日本军人大概不会相信有战争魔法。可眼前战局变化之神速，为他们始料不及。残留日军炮兵队难布战阵，只能在小北门附近设置散在炮座，配合阎军城北作战。

就在 20 日当天，教导总队发出通知：从前线下来的官兵，自本晚起在司令部复兴楼办公室住宿。

一直到 24 日太原城破，残留日军就集合在复兴楼。每日太阳落山后，各炮队仍在城内选择地点，向城外解放军炮击，天明以前返回。

太原的"长夜"已经破晓，"鬼子"还在这里祸祟！

岩田清一所在的双塔寺据点，同样是太原战役外围歼敌的主要目标。解放军穿插分割、巧取狠打，20 日下午 3 时，对双塔寺的合围态势已经构成。

21 日，阎军双塔寺四周阵地、特别是塔东山上阵地，寺院核心阵地和炮兵阵地，均遭解放军猛烈攻击、大面积轰炸。文锋塔下，岩田清一带着炮训处督导官竹川德寿，又一次踩着塔内石阶，上到设在第九层的观察所。这一百多级台阶，岩田清一已经上过很多次了。对着塔上的观察镜，把着观察所内的电话，他

指挥炮兵群向解放军开火。但这次看到的情景,却叫岩田触目惊心:双塔寺被解放军包围,城南马路上又开来大队人马,先头部队已接近寺院,距塔东南的山炮阵地也只有 2000 米。可炮兵指挥组组长的他却不能发令开炮,因阎军东南防区指挥部及炮兵阵地、观察所等位置,已被解放军侦察测定。炮兵群受到全面控压,偶一发射即会招来更猛烈的轰击。岩田清一胸臆气塞,耷拉着脑袋,与竹川德寿走下塔来,这是他最后的登塔。就在这天,塔上观察所被解放军直射炮命中,电话机、观察镜裹在滚砖飞灰中流泻而下。

下午,双塔寺通向城内的道路被完全截断。解放军战术思想非常明确,即就地全歼守敌,不使其逃入城内。

阎军阵地已经断炊三日,兵士们把受伤的骡马拉进战壕,用刺刀割着连皮带肉火燎着吃。取水的一口井也被解放军控制,用水变得十分困难。耳畔,解放军攻心劝降声声入耳;阵前,官兵动摇投诚接连逃跑。

入夜 10 时,驻双塔寺东南防区总指挥刘效曾,收到过去同僚的劝降信。晋中战役被俘的炮兵司令高斌、罕山起义的"雪耻奋斗团"团长李佩膺等,劝刘起义投诚再勿迟疑,让在 12 时以前答复。刘效曾清楚退路已无,回信请派人磋商,然因事中耽搁为时已晚。岩田清一早知自己与梁化之、孙楚、王靖国、戴炳南,被解放军太原前线司令部列为缉拿惩处的主要战犯,自然不甘束手就擒。当晚更换便衣从寺院出逃,被解放军活捉。

22 日清晨,解放军对双塔寺敌军展开歼灭性攻击。披挂烈火浓烟,夺取阵地,攻占碉堡;利用俘虏引路,循踏暗道,插敌纵深。直捣敌军指挥部,歼灭守敌 5000 余人。约 7 时半,阎军指挥碉上挂起白旗。仅仅一个半小时,双塔寺战斗胜利结束。

这一天,卧虎山与太原城其他外围据点,也全部被解放军攻占。阎军军心慌乱、士无斗志,顿呈土崩瓦解之势。

解放军风驰电掣解放太原城

太原绥署大院和东花园,种植有多株槐树。槐树是我国著名的文化树种,在传统人文诠释中,常因时间空间与环境心境不同,生发出不同观感。时在季春,那墨绿浓云般的树冠,让炮烟笼罩中的庭院更显晦暗。

解放军4月20日发起外围总攻后,为了施压迫降,集中数百门大炮,向城内敌人指挥中心发射。鼓楼、绥署一带,阎军工事遭到轰击,绥署大院也不断落入炮弹。

"五人小组"成员,聚集在离大门不远的二号楼地下室。这里是孙楚、王靖国、赵世铃的指挥部——作战会议室。绥署机关和省政府必须上班的工作人员、勤务员及士兵等,还有一些家里房屋简陋不敢回去的人,都挤在这里躲避炮弹,人满得透不过气来。地下室内,另有孙楚等专用的小间,别人不能随便进入。

就在太原外围全部扫清的22日,解放军百万雄师横渡长江。南京形势陡变,当天下午阎锡山离宁飞沪。于此最为当紧的时刻,他对太原局势持何态度,又如何把控?

1988年台湾出版的《民国阎伯川先生锡山年谱长编初稿》中这样记述:"4月22日:……晚仍以电话对太原作战予以指示。梁代主席敦厚报告太原情形。要意谓:所有应处理之事即行完毕,职等誓遵'不做俘虏,尸体也不与敌人相见'之昭示。阎代表慧卿女士云:'一定遵照行事,敬请放心。'先生即嘱转告全体文武干部:'成功是国家人民的需要,成仁是自己的收获。所愧者不能与大家共同牺牲,唯我一定要对得起大家。'""4月23日:……先生在上海,晨仍与太原通话。梁代主席及阎代表报告:'一切已准备妥当,请放心……'"。

而在1989年山西省政协文史委《山西文史资料》第61辑、62辑合刊中,

梁恺卿所写《从阎锡山离开太原到绥署解放》,又有这样的记述:24日"赵佩兰从梁化之和阎慧卿共同居住的钟楼底的地下室出来……她把阎锡山拍给梁化之亲译的电报交给吴绍之。关于这份电报,23日中午绥署机要处的人曾向吴汇报过'阎有电报'。但因报头上注明是'化之亲译',机要处没敢翻译。电报主要意思是:'为了保护干部,军事上不能解决,可以政治解决。'"时梁恺卿为绥署秘书长办公室负责机要文电的上校参谋。1965年6月《山西文史资料》第14辑中,齐天授所写《太原解放前夕省府地下室目击记》还记述:23日"午夜,阎锡山又由上海来电,有'万一不能支持,可降;唯靖国、化之两人生命难保'之语,是用留沪基干会的名义发来的。据阎府高干薄毓相说,'高干们传阅电文后,谁也没有表示意见,也实在无权表示意见'。"

阎锡山,真个"难以揣度的人物"!他不甘心背叛立场,把苦心经营的山西省拱手交给共产党;抑或也不得不对就要因他丧命的僚属及战火中的军人表示顾念?阎若真有"政治解决"的想法,就不会在前一电文中以"化之亲译"四字,把决定权交给梁化之;不会在后一电文中提"唯靖国、化之两人生命难保",因"五人小组"中实际负全面责任的是梁化之,负军事责任的是王靖国。阎锡山自己脱离了生死场,他"需要成功";却要属下"收获成仁",去演绎城破后那"五百完人"。就连河本大作被捕后1951年12月的笔供中,也这样写:"后来他并未从南京回来……实际上,他早已计划逃亡台湾并着手准备。我确信仅此一事,也足以证明阎锡山之为人。"而所谓"五百完人",尽管赴台后的国民党政府行政院于1950年3月拨款,在台北市圆山建了"太原五百完人成仁招魂冢",阎锡山并撰写《太原五百完人成仁纪念碑碑文》。但据山西省政协长期从事文史研究的刘崇善先生《"太原五百完人"调查报告》:"太原解放时自杀和被迫与自杀者同归于尽的阎特等只有46人。"主要是以梁化之为首的骨干特务分子。其余《太原五百完人题名录》中人名,有的战死或病死,有的是被阎锡山及其军政机关处死。还有一些名字并无其人,有的虽有其人但当时尚在人世,而非仰药"成仁"。

在出入阎锡山府邸的人中,梁化之和五姑娘阎慧卿最受阎的宠信。

梁化之,名敦厚。定襄县师家湾人,阎锡山的姨表侄。梁25岁毕业于山西大学文学院英语系。第二年进绥署主任办公室当机要秘书,掌管阎的私人印章和特费开支。抗战时期是"山西民族革命同志会"高干,第二战区政治部副主任。解放战争时期任同志会工委主任,特种警宪指挥处处长。梁深得阎的信任,是唯一可以带手枪进出阎锡山卧室的人。阎锡山出走太原,委任其为山西省代主席。

梁化之特务手段残暴狠毒,太原解放前夕,更像一个杀人不眨眼的魔鬼。"左划一个'可杀一批',右摆摆头又杀一批",数百共产党员和革命青年惨遭杀害。他说:"天生下我,就是叫收人来了。"1949年3月10日,中共地下工作者和进步青年刘鑫、李建唐等8人,又被公开惨杀。梁的同僚说:"化之,你今天枪毙的八个青年,合起来还不到200岁!"梁说:"岂止8个,昨天晚上我还另外处置了十几个,不过没有公开宣布。"

阎慧卿是阎锡山的堂妹,人称五姑娘。五姑娘文化不高,在五台河边村育英女子学校念过小学,后到太原入教会加辣女子学校读书。她有过两次婚姻,原配是同村曲佩环,曲曾任榆次晋华纺织厂经理。第二任丈夫是崞县北社村梁綖武,梁清华大学毕业,曾留学日本早稻田大学。阎慧卿、梁綖武结婚后,正值中国共产党倡导建立抗日民族统一战线,阎锡山准备走联共抗日的道路。梁为阎锡山延揽人才,邀请文化界进步人士到第二战区工作,在长官司令部驻地创办民族革命通讯社、出版社、西北电影公司等。抗战进入相持阶段,阎锡山走上消极抗日、积极反共道路,1941年9月签订对日妥协的《日本军、山西军基本协定》及《停战协定》。梁綖武被派任太原办事处负责人,代表阎锡山与日军联络。抗战结束后,梁任山西省政府社会处处长等职。在日军"山西残留"中,任"合谋社"社长。后常住上海从事政治、经济活动,香巢中有汾阳女人做姨太太,与五姑娘的夫妻感情可想而知。

五姑娘阎慧卿也有社会职务。从抗战时期至1949年4月,任过战时儿童保育会山西分会主任、山西女子助产学校校长、太原慈惠医院院长、"国大"代表、同志会妇工委主任、山西省妇女会理事长等职。不过参加活动不多,主要在阎锡山身边照顾其生活起居。她知道堂兄的脾气习性、饮食喜好。阎锡山爱听的就多说,不爱听的就少说。衣服穿多穿少,被褥该洗该换,打理得妥妥帖帖。阎锡山爱吃五台家乡饭,五姑娘就关照厨房合理调配、翻新花样:黄米面糕、莜麦壳壳、豆面抿尖、红面擦擦、鸡蛋拌汤、山药蛋烩菜,都经常摆上饭桌。阎锡山觉得,有五妹子在身边安排照料,最悦贴、舒坦。

太原形势吃紧后,五妹子是阎锡山留在身边最亲的人。阎最后出走把五妹子留下,也是与梁化之商量的。不是不想带走,是为了欺骗视听、稳定人心。当然,他们也有过秘密布置,已与陈纳德的飞机联系好,一旦情势危急,梁化之、阎慧卿等可在三四小时内乘飞机逃出。但4月20日解放军发起外围总攻,这一秘密布置遂化为泡影。

阎锡山自3月29日离并赴宁,4月14日至22日离宁赴沪前,住在李宗仁拨给他的颐和路8号公馆。从这里阎不断去上乘庵22号太原绥署驻南京办事处,通过电话电报对太原遥控指挥。据南京办事处孟庆华所谈,4月21日晚阎锡山曾给梁化之及五人小组发过电报。谓"明日上午派机去接慧卿,预作准备。"22日晨五人小组回电:"机场失守,不能降落。"阎又电:"可在新开路辟临时机场。"五人小组复电:"炮火猛烈,不能降落。"不管阎锡山如何牵肠挂肚结记五妹子,她也插翅难飞了。22日晚、23日晨,阎锡山与梁化之、阎慧卿通话,二人即做好"死绥成仁"的准备。

阴气笼罩着东花园钟楼下避弹窑洞,五姑娘阎慧卿神色呆怔。阎锡山离开太原后,梁化之常来陪她。自4月20日解放军发起外围总攻,到24日太原城破,梁化之都住这里。

23日这天,梁化之把氰化钾放到床头小桌上。铺开纸笔,为五姑娘起草致阎锡山《绝命电》。成稿后绥署秘书长吴绍之做了润色修改。电云:"连日炮声如雷,震耳欲聋;弹飞似雨,骇魂惊心。屋外烟焰弥漫,一片火海;室内昏黑死寂,万念俱灰。大势已去,巷战不支。徐端赴难,敦厚殉城。军民千万,浴血街头。同仁五百,成仁火中。妹虽女流,死志已决。目睹玉碎,岂敢瓦全?生既未能挽国家狂澜于万一,死后当遵命尸首不与匪共见。临电依依,不尽所言。今生已矣,一别永诀;来生再见,愿非虚幻。妹今发电之刻尚在人间,大哥至阅电之时,已成隔世!前楼火起,后山崩颓。死在眉睫,心转平安。嗟呼!果上苍之有招耶?痛哉!抑列祖之矜悯耶?!"

下午五六点,梁化之去绥署大院三号楼他原来的办公室刮过脸,到了二号楼地下作战会议室。约十几二十分钟,从二号楼出来返回东花园钟楼下。晚8点钟,梁把侍卫队副官许有德叫去,指着一个白布包说:"这是五姑娘给侍卫排的500块银元,拿去吧。"五姑娘坐在床头,看着眼前的一切,等待着就要到来的最后。那夜,梁化之整宿没睡,发了三次电报,收了一次电报。

太原,1949年4月24日凌晨5时30分。

红色信号弹腾空而起,解放军1300门大炮奏响崩裂黑暗的轰鸣。阎锡山反动统治的壁垒高墙,在摇撼中颤栗、圮毁。

城墙,是古来都邑四周用于军事防御的重要设施。太原这座城墙,建于宋太平兴国七年(982),"周10里270步,4门"。明洪武九年(1376)扩展后,"周24里,高3丈5尺,池深3丈,门8"。有城楼12座,敌台32座。历经改朝换代和抵御外族入侵,它已目睹刀光剑影,沐浴战火硝烟。人民解放战争中,阎锡山为守住太原,更把城墙的防御功能臆想到极致,当做其"三线"城防工事的核心阵地。在城墙上构筑工事3至7层,设有掩体碉堡各种各样,坑道沟壕也四通八达。城墙外还有护城碉堡和海子,城墙内靠近的房屋被拆除,修成环形马路。但是,面对解放军强大炮火攻势,"金城汤地"的太原城不堪一击!

总攻开始,解放军四野炮一师三个炮团与华北三兵团炮兵,以强势炮火对守敌堡垒实施制压射击、破坏射击,城墙上炸开了一个个突破口。火光烟雾中,十八兵团六十军、六十一军、六十二军与一野七军部队从城东冲上城头;十九兵团六十三军、六十五军部队从城南强攻入城;十九兵团六十四军及晋中军区部队从城西鱼贯而入;二十兵团六十六军、六十八军部队从城北突奔街巷。8时30分,太原城东南西北八门洞开,鲜艳的红旗哗啦啦迎风飘扬。战士们前赴后继登城激战,转入英勇无敌街头巷战。风驰电掣卷击猥集之敌,狠打猛冲直捣敌人心脏。号称"碉堡城"的太原,"街道上的据点没有起到多大阻挡作用"。上午9时许,市内标志性建筑、距绥署大院二三百米的鼓楼,被解放军占领。各路队伍胜利会合,将太原绥靖公署团团围定。

这时的绥署大院,已陷灭顶。阴惨惨的二号楼地下室,几支蜡烛在黑暗中摇曳,冒着丝丝青烟。"五人小组"成员除梁化之外都在室内。

9时左右,梁化之的卫士柏光元冒着炮弹跑来,把一个信封交给赵世铃。看过里面的内容,赵世铃说,"叫他(梁化之)赶紧来吧",顺手在梁化之那个信封上,写了"匪已登城,请速来"交给柏光元。柏光元跑回东花园钟楼下,梁化之正对着耳机说:"世铃,我就去!"放下电话,梁接过柏光元带回的信封看了看,说了句"对,走吧。"他戴上礼帽、眼镜,身穿深蓝色呢子制服,脚登黑皮鞋,由柏光

元、石佩琚护卫,从钟楼下走出,最后一次出现在绥署大院二号楼地下室。进入小间与孙楚、王靖国、赵世铃交谈不到十分钟,就走出来返回东花园钟楼下阎慧卿处。

梁化之站在门口,把勤务员刘玉鼎也叫出来,对三人说:"不叫你们,不要进来!"

炮弹越来越紧,砖石不时在院里散落。

四五分钟后,梁化之又让卫兵去叫柏光元。柏、石、刘三人一起走进去。

"佩琚和玉鼎去吧,叫光元在。"

梁化之把二人打发走。对柏光元说:"你把门子关住。叫侍卫队的卫兵也去吧!"

柏光元让卫兵撤去,转身返回地下室,关住门面朝里站着。

梁化之站在柏光元对面,只一步远。

知道梁要自杀,柏光元很有些害怕。

"光元,孙副主任、赵世铃他们决定投降,我是不投降。希望你听我的话。"梁化之说。

"是!"柏光元应答。

盯着柏光元的眼睛,梁化之又说:"你可得好好听我的话,绝对听我的话。你要不听我的话,我可有手枪!到必要时,我的手枪可……"

柏光元马上答道:"主任叫我干什么,我就干什么。我绝对听主任的话。"

梁化之点头:"好!"接着说:"我自杀,五姑娘也自杀。"他侧过身子,用左手指了指床上的阎慧卿。

"你可得听我的话!"梁化之又说了一遍。

柏光元答:"是!"

"我死了以后,你去告孙副主任,就说我喝药死了。"梁化之说着,在里面桌子上拿了暖水瓶,递到柏光元手中:

"你拿上这暖壶,到东面汽车房里给我灌一壶汽油。"

柏光元接过暖水瓶,朝汽车房走去。走到跟前见汽车房锁着,就返回来对梁化之说:"主任,汽车房门锁着。"

"不能扭开?能扭开吧!"梁化之气急败丧。

柏光元转身出去,使劲弄开汽车房门的大圆铜锁,用改锥在车底汽油箱上捅了窟窿,接了满满一暖瓶汽油,回到钟楼下。

梁化之正从床上把一块被子拉到地下。

"灌上了!"柏光元立在门口。

"好吧,放下吧!"梁化之面无表情。

五姑娘在床边坐着,如同槁木死灰。

"慧卿!慧卿!"赵佩兰进来了,握住五姑娘的手,流泪脸贴脸抱着她。赵是五姑娘的干姊妹,克难小学校长,阎锡山侍从检点参事徐培峰的妻子。

"把门开着。"梁化之对柏光元说。

"你快出去吧!"阎慧卿的脸在赵佩兰脸上蹭了一下。

赵佩兰松开五姑娘的手,哭着跑出去了。

梁化之手指摊开的被子,对柏光元说:"我死后,你把汽油倒在被子上,掷在被子上一个烟头,你就走你的。可是你得看着我死好以后。"说着,取了一圆筒纸烟、一盒火柴,放到柏光元手上。

阎慧卿:"还有些钱,叫他们拿去吧!"。

梁化之拿出些银洋,用白包皮包着给了柏光元。又对柏光元说:"我死了以后,你要能见上二先生(梁的二弟),就说我死了。"

柏光元答"是。"

"好吧,你站在门边!"说罢,梁化之也上了床。

阎慧卿在床里边,梁化之在床外面,二人面向南,把茶杯端在手里。

柏光元走到床跟前问:"主任,家里还有什么事?"

"没有什么,就是我母亲,我女人,我的小孩。也没有什么,能见上就说我死了。见上二先生就说我死了。"

说完,梁化之、阎慧卿一起把毒药喝下。

梁化之用左手连着把两个茶杯放上小桌,二人面对面,一同拉起被子盖在身上。两分钟后,死了。

床边小桌上点着两支洋蜡,一支蜡头已快燃尽。

柏光元推了推梁化之,看了看阎慧卿,见二人都没气了,就拿起装汽油的暖水瓶,朝地上、被子上、放蜡烛的小桌上倒去。小桌上的汽油被蜡头烧着了。柏光元快步走到门口,把汽油全都泼在地上。举起暖瓶盖向桌上高洋蜡掷去,没打着。又把暖瓶抛过去,高蜡烛从桌上栽倒下去,点燃了被子和地下的汽油。

柏光元向外跑去。

焰火夹着臭熏气烧起来了，烧掉阎锡山出走后山西的一号人物和阎锡山最记挂的五妹子。梁化之45岁，五妹子39岁。此刻，身在上海的阎锡山已经收到五妹子的"绝命电"。

炮声由远及近逐渐稀落，而枪声一阵比一阵紧。太原绥靖公署大门外，传来解放军的高声喊话："我们是中国人民解放军！只要放下武器，保证不杀俘虏！"

很快，紧挨大门的大堂院，枪声、手榴弹声响作一片。一刻钟前，梁化之、阎慧卿已在东花园钟楼下窑洞自焚。二号楼地下室内，"五人小组"也匆匆写就投降书一式四份，要送出去给徐向前等解放军首长。可外边的枪声密密匝匝，无论派谁出去都不死即伤。惊慌，急切，束手无策。只好以手下人建议，"送一封信给一百块大洋"，在愿去的人中挑了四个年轻力壮的，从前后出口分头出去。但不一会儿就有两人受伤退回，出去的能否将投降书送达也不得而知。头目们六神无主，只有挂白旗示降。还是用同样的办法，"谁往旗杆上挂白旗去，给谁大洋一百块！"是图一百块大洋，还是早想投降？副官处一个会升降旗的军人，扯着递来的白褥单去了。约9时半，太原绥靖公署一号楼（原大堂）楼顶，挂上了投降的白旗。

解放军俘虏太原绥靖公署副主任孙楚（前右三）、太原守备司令王靖国（前右二）等

人民群众热烈欢庆太原城解放

枪声停止了。二号楼地下室出口,解放军发出命令:

"放下武器,把长短枪交出来!"

地下室内,凡是有枪的都把枪传递上去。

"派代表出来!"

绥署参谋长赵世铃去了。

接着,按照解放军命令,普通士兵、办公室人员、中下级军官先后走出地下室。

"五人小组"成员及其他高级军政人员,最后一溜出来。一个挨着一个,被押到二号楼前,押出太原绥靖公署大院。解放军新闻记者举起摄影机、照相机,为阎锡山政权终结性一幕留下历史记录。随后,解放军尽歼院北煤山上负隅顽抗的阎锡山侍卫连。上午10时,全部结束战斗!

丽日蓝天白云下,煤山上飘起鲜艳的红旗,与城墙上、鼓楼上飘舞的红旗,烂漫招展,映红天空。太原城解放了!从5时30分解放军向城垣发起总攻,仅仅用了四个半小时。守城军队近3万人被全歼,太原守备司令王靖国、太原绥靖公署副主任孙楚、太原绥靖公署参谋长赵世铃等军中要员,及师以上军官40余人被俘虏。

历时半年的太原战役胜利结束,总计消灭敌人13.8万余人。

残留日军投降今村服毒自杀

当24日凌晨解放军攻城炮火怒吼之时,靠近东、北城墙的太原新民北正街上,残留日军司令部在震荡中剧烈摇晃。复兴楼顶部被炸破,大礼堂墙壁震开裂缝。6时15分解放军登上小北门,7时左右就出现在复兴楼围墙对面。

今村方策面容困顿,目光森冷。楼外,是已经逼近的中国人民解放军;楼内,是神败气丧的残留日本军;楼上楼下,是生死系于一线的日本军人。这位司令官似乎已经把事情想清楚了。从最初残留山西、复兴皇国的"宏大愿望",到三年浴血战场、愈战愈败的惨痛经历;从军参谋长、军司令官的临危抛离,到阎锡山弃城脱逃、阎军彻底溃灭的残忍现实……事到如今,不需要再让任何人伤亡了,尽量保存属下的性命,让他们回到倚门倚闾的父母妻儿身边吧。今村没有组织反击,与城野宏等交换意见后,把全体官佐集中到二楼司令部办公室,沉郁地告喻下属:"不要再作无谓的交战了!"

解放军迅速包围了复兴楼,在"放下武器,交出军刀、枪支"的命令中,残留日军中将司令今村方策,少将参谋长早坂襾藏,少将高官城野宏、相乐圭二、藤本秀雄等,及各处处长、各团团长以下日本军人,举手投降做了俘虏。只地下室部分冲锋队与解放军遭遇时慌乱开枪,短时战斗发生伤亡。

复兴楼——原驻晋日军第一军司令部,日本投降后残留日军司令部,与楼中所有战争狂想与罪恶、"残留"梦幻与图谋,永远地结束在1949年4月24日。

全体官兵被押到院子里,今村方策最后一次对部队讲话:(1)大家的生命得到了保证。(2)伤员要安定情绪接受治疗。(3)不要自暴自弃,一切行动保持冷静。(4)我相信在日本年轻人中,没有任何人比大家为国家做出的贡献更多,我为此感到骄傲。

"残留"日军总队长（总司令）今村方策

9时左右，残留日军俘虏被押往小北门外收容所。一路上，围观市民群情激愤，一边投掷杂物，一边大骂："东洋鬼！""最后的日本鬼子！""这是你们应有的下场！"

对于多数残留军人来说，"1949年4月24日这天感受的心理打击，比1945年8月15日那次还要大。"

垂头丧气，绝望崩溃！一个个耷拉着脑袋，眼睛只敢瞅着地面。

24日当天，他们被转至城南北兵营，准备往榆次押送。在这里，今村方策经历了最深痛的煎熬，作出了最后的生命抉择。他对着身边的人自言自语，"我们被阁下（军司令官澄田睐四郎）欺骗了。"

夜里，城野宏与今村方策商量今后怎么办。说到派人去北平，尽可能地收容主要干部；怎样制造借口逃出收容所，去平津地区建立经济根据地；如何与日本取得联系，寻找机会东山再起；以及挑选先遣人员、潜伏人员等。今村方策却漠然地说："我是军人，这种事我干不来。今后的事情就拜托你了！"

天空繁星闪烁，但是今村方策的世界里没有一点儿光亮。躺在收容所，周围的一切似乎变得简单了，而思绪却像脱缰的野马无法羁縻。

失败的预感早已有了，可真正到最后结局出现，还是非常的残酷。

——犹如日本海域鼓荡的潮水，滔滔掀起又啪啪退落！终战后，在"复兴皇国"的旗帜下，日本军民"残留"山西。即使在中国人民强烈反对、"三人小组"调查干预下，仍想方设法坚持残留、不改初衷。1947年残留军人仍有四千多人。而现在，鼓荡的潮水彻底消退了，连漂浮的泡沫也都破灭了！残留日本军人，除遣返归国两千以上外，1500来人成为俘虏、有的甚至会长期身陷囹圄。流血牺牲、抛尸荒野的，也有五六百之数。身体伤残、罹厄遭罪的就更多了。入狱者只有忍气吞声，死亡者只能魂归故里，残废者可能生活无着。现在，已不必说残留命令来自第一军最高首长与司令部，无须讲中国政局、山西形势如何变化动荡，也不管自己是怎样地念着国家、想着部下。说这些还有什么用吗？想当初，很多官兵在命令强制加鼓动说服下残留山西；如今却一个个倒在自己麾下，一

拨拨跨入异国牢笼。每想到这些,都令人感伤不已,却又无以挽回、无以补偿。走到这一步,无论对生者或死者,自己都愧疚难当,更无颜面对他们的父母妻儿。

——增刀自,苦命的妻子。近些时,眼前总是浮现当年新京(长春)兴安大路官邸分别的情景。自我从关东军转任独三旅至今,你就独自带着孩子们生活在战争与动荡之中。终战后本当回国相聚,但我只想为多灾多难的国家尽一分力量,毅然决定残留山西投身复兴大业,结果却卷入湍急流转的旋涡之中。昭和22年(1947年)8月,残留山西日本军步入正轨后,我给你寄去战后的第一封信。你的回信,虽然好多内容被黑墨抹得模糊不清,但是能够看出,你说到当时国内的情况,很希望过上一家人团圆的日子。上月寄回的那封信,你该看到了吧。信中好些话,不说给你又说给谁呢?太原局势一日比一日紧张,我不得不告诉你,自己离人生的尽头已经不远,与你和孩子们相聚恐怕只有梦魂了!而越在这个时候就越想多听到一些家里的情况,所以对你说"由于澄田将军已经回国,邮件检查已经取消,关于日本的情况写什么寄来都可以了"。可是,连你的回信也等不到了,仅仅一个月这个尽头就到来了!现在我只能对你说"对不起",家中的一切拜托你了!

——华子小姐,我生命中美丽的彩虹。不管什么时候,或神交或面晤,你亲切的脸庞、顾盼的眼神,总让我激情澎湃、难以自持。第一次见到你,就觉得眼前一亮,温婉中不掩丽容,康健中显出婀娜。更为难得的是,虽然身处一方河谷,你却想着世界、想着东亚。面对国难家愁,总努力上进、努力工作。月光下你情意绵绵,倾谈祖国、讨论人生;战火中你赶赴前线,慰问部队、鼓舞士气。在异国他乡月隐星蔽的硝烟里,你让我感受着亲人的温暖;在大陆北方风沙卷地的萧瑟中,你在我心中绽放出美丽的玫瑰。爱情是无法禁锢的,是生命中怒放的花朵。能够与华子小姐相识,此生幸事!只可惜时光太短暂,我们就要分隔两界了。你现在处境如何,今后又会遭遇怎样的命运?你没有直接参加战争,或许能很快回到日本?因为跟随河本先生,也许将锒铛入狱?你刚刚27岁,微笑的人生、温馨的婚姻你会有吗?眷眷往昔,匆匆永别,只能为你祈佑了!

——河本先生,该称作"导师"的前辈。你在"东方会议"上的积极贡献,炸死东北王张作霖的惊世之举,与坂垣、石原"满洲事变"时的不凡胆魄,在满铁、在山西攫取支那富源的不厌索求,战后参与策划"残留"的深谋构想……令我们钦佩仰望。我感觉你就是明治奇人中江兆民《三醉人经纶问答》中的豪杰君，对中国这只"上供用的大牺牛"，心心谋谋割肉解块、噬嚼养分。且无休无厌，即使已被皇军铁骑践踏，尚言"弱者薁犹可攫"。我把你当做精神向导与建军顾问。出任"十总队"总队长后，我们以《军人敕谕》《教育敕语》为建军之魂；以"复兴皇国、恢弘天业"为领军之旗。这军魂、军旗，倾注了前辈你的汩汩心血，统摄着残留军中济济人众。你在军队虽然没有职务，但每时每刻都关心着这支队伍。一番番幕后督战，一次次前线慰问，鼓舞我们坚持信念，鞭策我们顽强战斗。你内心强韧，不折不挠；处事不惊，临危不惧。太原城破之前，连军司令官也走了，你却义无反顾地坚持留下来，自言"决心已定，自有主张"。难以想象，在阎锡山王国土崩瓦解的太原，你会有怎样的"主张"？共产党就要执政了，你会是怎样的结局？有很多问题，残留军人们心存疑惑，我也想求教于您：为什么对中国的占领得而复失，为什么"膨胀的日本"难成现实？为什么"残留"大业呼啦啦坍塌，为什么"复兴皇国"终成梦幻？我们到底带给日本国家、国民什么，带给残留军人、侨民什么？……可是，这一切都无须了。今村方策是天皇的子民，是军棋中的一粒棋子！

……

思绪滚滚滔滔，回荡着无声激浪，撞到收容所墙壁上。今村方策尽量压抑、舒缓着自己的心情，留下了三封遗书。一封给部下，一封给妻子，另一封是给谁的？他身边的人后来没有说清。是写给心中的玫瑰儿玉华子？对华子，他有很多话要倾谈；不过这时候，只能寄语来世了。是写给精神领袖河本大作？对河本，他有很多问题想提问，不过这辈子，只可压在心底了。

今村的三封遗书，是后来火葬时部下"从队长内衣口袋里发现"的。原笔书写之遗书，如今无法觅得。就是写给他妻子的，也未能送到今村增刀自手中。但这位遗孀非常珍惜地保存着今村的遗物，留下丈夫写于昭和24年3月的信件，"经常取出方策的最后一封来信阅读"。这是他们最后的一次见字如面，信中可以真实见出今村方策当时的心境：

回顾当初，我一心只想为多灾多难的国家前途略尽微薄之力，一举一动从未考虑过个人得失，结果却被卷入无比激烈动荡的漩涡之中，使许多志同道合的官兵丧失宝贵生命。我原本就不是一个硬汉子，面对这种巨大的悲痛，着实

使我感伤不已。……战斗夜以继日,无休无止,没有时间吃饭,没有时间睡眠。就是在这种情况下,我想的也只是部下和他们的家属,想的只是祖国,也曾多次产生绝望的想法。在饱尝苦涩滋味中,即将迎来第四个年头。

过去常说,只要坚持三年,就可以看到明确的前景,或者说可以确定前进的方向,但是我在这里不仅看不到什么前景或方向,而且多次面临最后一刻的场面,有时自以为已无路可走,或者说已经走到了尽头,但居然还是活了下来,真有些不可思议。……也许由于自己生性迂阔,对于个人立身处世也很少刻意考虑,更不会看风使舵。如今与人生尽头已相距不远才觉醒过来,实感为时太晚。

……

4月27日晨,今村方策换上了全新的白色内衣,服氰化钾自杀。当部下围拢到司令枕边时,他最后对他们说的话是:"我知道,这样大家就可以回日本了,我的责任也结束了。但是我不能抛下在大陆战死的人自己回去……"服毒后的今村没有立刻死去,曾一度苏醒,也被抢救过,两天后才彻底死亡。当时城野宏、相乐圭二、平野岭夫等写给河本大作的信中,详细记述了具体过程。

川端先生:

现在已到达南站。总队长患病,其他人集合时死亡两名,余者平安无事。现在开始乘火车前往榆次。似乎对方干部已先期到达榆次,这样会更有利于今后问题的处理。我当尽力而为。

据说,留在太原市的部队家属,不久也将向榆次集中。但由于此地没有负责人,一切不详,抵达榆次后可能清楚。在部队家属离开太原之前,一切尚希予以关照。

此致

城野宏拜

(时间当为4月28日)

日侨委员长川端大二郎先生:

草草不恭,务希见谅。

一、今村司令官以下181名第十总队有关人员和上田(秀正)先生以下约30名铁路局员工,自24日起被收容在北兵营。为向榆次转送,于今日接近中午时,向南站出发,等待乘火车去榆次。一行人等意外地镇静,精神亢奋。中午吃的是小米饭,尚可维持。

二、今村司令于昨(27)日清晨服毒自杀(据说是氰化钾)。或许有可能服错药,似乎无生命危险。但截至目前仍意识不清,一直处于昏睡状态。经过多方努力交涉,由于找不到对方负责人,不得已决定经初步治疗后一同前往榆次。

我等别无其他牵挂,唯一担心的是今村司令,内心充满愧疚之情。

深知你工作繁忙,处境艰难,但在形势稳定后,仍希以您的热心肠为司令争取妥善的安置。特此,恳请援助。

此致

相乐圭二拜
4月28日下午2时于南站

川端先生:

关于今村后来的情况,昨天曾派宫本同您直接联络,谅已知悉。现将其在舍下治疗经过情况简要报告如下。

昨天上午11时,在中村军医陪同下,由数名教导总队队员用担架从南站送至公司宿舍,安置在舍下的客厅中(恰好驻扎的解放军刚刚离开,各个房间正在清扫)。汤浅医师以其随身携带药品进行治疗。由于数日来未曾排大便,经处置排大便约四五合,但仍未恢复意识。继而注射了大量维生素A和维生素C。虽曾考虑是否等待机会争取收容到城内,但对方无人做负责的答复,而我方又不能尽快同城内取得联系。我曾想提出要求,等公司班车进行联系,但又恐过分拖延时间,遭遭送指挥人员的反感。(医生等认为目前病情稳定,用火车运送估计不会有明显变化)最后,中村军医决定,暂按照对方命令运往榆次。并委托我同您联系,一切后事拜托处理。下午1时半,再次用担架运往南站,汤浅医师陪同去南站。下午5时过后,随同一行180余人乘火车出发去榆次。此事在城野、相乐致您的信中也都提及。据汤浅先生说,如果病情依然无变化,或可导致死亡亦未可知。然而,服毒后已过40小时,昨天在北兵营曾一度苏醒,并喃喃自语说:"难道是药物未起作用?"还吃了鸡蛋等。因此,我感到或许可以得救。内衣全部换上了全新的白衣服,看来是有充分的思想准备。

在中村从南站出发前,汤浅医生再次做了治疗处理,然后告别。

信封中还附有城野、相乐给您的信。

此外，据城野说，一行基本平安无事地出发去榆次。

城南军属宿舍的家属，有人要去南站为家人送行，但未能会见。汤浅以医生的身份，得以同一行见面。

简要报告如上。此致

平野
4 月 29 日晨

火车从太原南站驶向榆次。窗外，战火硝烟已经散去，蓬勃春光尽情摇漾，汾河水哗啦啦流淌着，桃李花笑盈盈绽放着。四月天是最美好的季节，但车厢内被俘日本军人的心里，却感觉"这是一个有春天之名而无春天之实的寒冷刺骨的日子"。

今村方策终于咽气了。河本大作说他"因自责而自杀"。阎锡山赴台后以其华名"晋树德"，将他置于"太原五百完人成仁招魂冢"题名录。后今村增刀自母子五人曾一同前往台湾拜祭。

残留日军官兵排着队、流着泪，垂头丧气地抬着总司令沉重的遗体，一步一步走到长凝镇，在一个背风的山坡下进行了火化。

部下拥戴今村方策，觉得他身先士卒、有特出的人格魅力；可他却带着他们走向深渊，成为毁害他们精神与肉体的罪人。上司们看重今村方策，认为他具备良好的军人素养，有日本军人的精神特质，而他与他们共舞于没落的日本军国主义墟墓，下场便是魔鬼和墟墓同时埋没。今村方策沉重背负"对那么多部下的死负有责任而引咎自杀"，大概他也不愿"生而为囚房"，接受中国人民的审判；但是，在人类社会中，如果没有正义，没有法律裁断，任凭法西斯主义、军国主义恣意横行，又如何维护世界的和平与安宁？当死期临近之时，今村方策脑子里一直萦绕的问题是：冀图东山再起、重建日本军的战后日军"残留"，到底给日本、给残留军民带来了什么？国人、世人会有怎样的评说？历史会给出怎样的判语？虽然直到最后他都认为自己"只想为多灾多难的国家尽一分力量"，"没有任何人比残留军人为国家做出的贡献更多"。今村方策按照自己的意愿死去了，可他想把这些问题留给日本，留给后世。所以，当时河本大作匆匆销毁档案、罪证，完全有足够时间命令属下销毁档案的他，却让残留日军档案——历史的原始记录保留下来，内容从 1945 年到 1949 年。

5月1日大同和平解放。1946年大遣返后大同地区残留日军约千人以上，除已遣返、阵亡、被俘、流失外，余约70人被俘被捕。

日本军国主义势力在第二次世界大战结束、日本战败投降后，图谋死灰复燃、东山再起的"日军残留"，终结在鲜花盛开的1949年春天。从此，中国大陆永远没有了"鬼子"！

改造日本战犯创造人间奇迹

押往榆次长凝镇的日军俘虏，不久又押返太原。当时中国人民治理着战争创伤，热火朝天地投入新社会的建设。被俘日本军人，也被安排参加恢复市内设施等劳动，让他们自食其力、接受改造。

这天，原军士一团大尉崛口贤一，一边劳动一边想着别的事情。没注意，把铲起的泥土抛到过路的妇女身上。

"对不起！实在对不起！"崛口脑子里立刻浮现出"4·24"那天受斥骂的情景，心想这回挨骂是少不了啦。他低头弯腰，忙不迭声向女人道歉。

那位妇女却笑着，轻轻地说了声"你辛苦了"。说罢，继续向前走去。

崛口惊愕地望着她的背影，目送着这位普通的中国人。

后来，这些日俘又参加了修建工厂的劳动，与中国工人一起干活。崛口"和一位姓张的比我小三岁的青年逐渐熟悉了。他对我们很友善，我向他学习汉语，他向我学习日语。当我们能够互相交流时，我问他：'你们对我们日本人是不是有憎恨和友善的两面？'这位青年说：'手持杀人武器的日本人，是中国人民最憎恨的敌人。但是，手持工具和农具的日本人，是中国人民的亲密朋友。'我听了不禁'啊'了一声，这句话让我一切都明白了。"

或许，这时的残留日本军人还不曾想到，中国人民的善良与大度、理性与宽容，在后来对日本战俘审查教育，特别是战犯审判改造中，创造了人世间的奇迹。

1951年1月16日，中华人民共和国中央人民政府最高人民检察署、人民革命军事委员会总政治部、中央人民政府公安部联合发出《关于侦查处理在押日本战争犯罪分子的通知》。按照中央通知，山西省人民检察署、山西军区政治部、山西省公安厅,于1952年6月成立"调查日本战争犯罪分子罪行联合办公室"及战犯管教组(后改"管教所")。从7月份起,在山西省乃至全国范围内,进行搜集、调查在押日本战犯罪行的工作。先后接收由中央人民政府公安部、华北行政委员会公安局、解放军华北军区培训部、山西省公安厅等单位解送来的136名日本战犯。包括解放太原时被俘,1950年冬遣送河北永年县集训甄别的"残留"日军日侨中百余战犯;晋中战役、太原东山作战及1948年到1952年山西省内外被俘被捕的、在山西犯有严重罪行的战犯;"残留"日军大同总队被逮捕的日本战犯。

其余太原、大同解放时被俘,及之前在战场上被俘的"残留"日本军人,在山西太原、大同,河北永年、西陵农场、张家口、石家庄等地收容审查后,与同行的部分战犯战俘眷属,1954年被遣送回日。而普通"残留"日侨与技术人员,已在1953年分批遣送回日。

调查日本战犯罪行联合办公室与1954年组成的"中央东北工作团太原工作组",对侦查、处理日本战犯这一"国际性的斗争",进行了严肃、艰苦的调查取证和战犯提讯工作。到1956年,共取得详实证据材料18418件。依据这些材料统计,仅关押在太原的日本战犯,就杀害中国人14251名,伤害1969名,逮捕拷问10173名,奴役1223万余人。烧毁房屋1078处、19264间,寺庙4座、100间,粮食267万余斤。破坏房屋192处、993间,寺庙43座、30间。掠夺牲畜11236头,粮食4.3亿余斤,煤炭53.3亿余斤,棉花48.98万斤。还有金、银、铜、铁、锡等战略物资和其他财物。

而面对国仇家恨,中国人民以博大的胸怀,人性的光辉,在对日本战犯改造审判中,施以人道主义。"只憎恨罪,不憎恨人","临之以法,晓之以理",给他们提供了良好的改造环境和当时条件下最好的生活待遇。位于太原城北的战犯管教所,房舍整洁,粉刷一新。所内设有运动场、图书室、洗澡堂、医务室。监房等生活场所,每周都进行消毒和大扫除。为保证病犯及时诊治,医生、护士一周两三次入所医疗。重病号被送到市内大医院,先后有19人入住大医院治疗。一般病例仅镶牙即99人、783颗,配眼镜的39人。

教导总队特务大队上尉上中正高,因胃溃疡吐血病情危急。管教人员及时把他送进医院进行手术,在其体内输入中国人民的血液300CC。不仅挽救了上中的生命,还为他治愈了难治的骨结核。上中感激涕零:"是中国人民从死亡里

救了我。我发誓,回日本后要把中国人民的人道精神,告给父母兄弟甚至全日本人民。我要为日本的独立自由,为中日友好奋斗到底,把后半辈子献给和平事业,以此来报答中国人民。"

当时新中国刚刚建立,疮痍未瘳,百废待兴。人民还过着艰苦的生活,一个三四口人的家庭,全家每月生活费也就20来元。但日本战犯每人每月却能有平均18元左右的伙食费,可以保证每天吃到大米、白面、肉菜等。生病的人员,还给鸡蛋、牛奶、挂面、饼干、水果等营养食品。河本大作、城野宏甚至享受着24元的小灶待遇。其他日常生活方面,战犯们衣着齐整,用品齐全。每年发给夏衣、冬衣、衬衣、衬裤、鞋袜。按时领用毛巾、肥皂、牙刷、牙膏、纸烟。每两周理发1次,每周洗澡1次。每天有3小时以上文体活动时间,经常唱歌、跳舞、打篮球、演奏乐器等。

对日本战犯精神世界的教育改造,中国政府更放长眼量,从维护人类和平正义事业,发展中、日人民长远睦邻友好出发,进行了艰苦细致的工作。组织他们学习讨论,听取受害群众血泪控诉,观看反战维和等题材的中、日电影。参观北京、上海等9大城市和山西的一些中小城市,到过颐和园、清华大学、上海机床厂、江湾体育场、太原钢铁厂、榆次晋华纺织厂、山西师范学院、晋祠公园等处。还邀请日本红十字会访问管教所、接见战犯,允许战犯家属到太原探视、一起进餐。

在教改政策感召、人道精神感化下,战争"恶魔"的人性与良知被唤醒,日本战犯走上认罪、悔罪、谢罪的道路。他们揭露日本侵略战争的残酷性,交代自己蹂躏、屠杀中国人民的罪行。还在壁报、黑板报上发表心得、体会,创作诗歌、绘画,稿件有3562份之多。72名战犯,并结合亲身经历,写了《我们所走过的道路——日本战争罪犯记事集》。

当时一名战犯的诗作,可以代表他们中多数人的心声:

  被逮捕后
  害怕报复
  战栗着的我们。
  但给我们的是
  丰富的饭菜和温暖的衣服。

耐心地教给了
认识侵略战争的非正义和
和平共处的真理。
开始回顾一下
自己罪恶的历史。
过去错误了
只有低下头来
表示忏悔
承认一件件罪行
表示谢罪。

残留日军教导总队参谋长早坂襞臧，日本侵华期间杀害中国人70名，残留后指挥部下枪杀解放军372名、炸死居民2人。经过学习、参观，他主动进行反省，交代自己的罪行。早坂表示，下决心毫不犹豫地牺牲残年，为和平事业而奋斗。他对前来访问的日本红十字会代表团人员说："请你们回去后告诉我的家里人和认识的人，就说我们在这里学习、参观、看电影、开展文艺活动，生活各方面都很好。与其说是坐监还不如说是留学。回忆我过去犯的罪恶，实在对不起中国人民。你们说国内对我们很操心，用不着！按现在情况看，我们倒是为日本国内的人民操心。"

小说家平野零儿（平野岭夫），在日本对外侵略扩张中，宣传军国主义、殖民主义，作品达四五千件。先后六次来中国从事文化侵略等活动，还到过越南、泰国、缅甸、新加坡、爪哇等地。"残留"山西期间，发表《复兴祖国》《残云留魂录》等作品，宣传民族主义和"残留"理念。曾任综合文化杂志《读物》主编。起初，平野认为自己没有杀人、放火、强奸等罪行，文化罪不严重。接受学习参观、教育改造后说，"我现在认识到犯有严重的侵略罪，煽动战争的宣传是更严重的罪行。以前我以笔杆子犯下战争宣传罪，今后要用笔杆子反对战争、拥护和平，改变立场、改造自己并赎罪。"平野零儿写下15万字的《参观行记》，记述日本战犯眼中的新中国。还写了《阴谋者》《军神》等4部作品，揭露日本军国主义的罪恶阴谋和侵略行径。

残留日军教导总队教导二团一营营长岩屋勇，参观榆次晋华纺织厂时说：

"过去我们破坏了这个纺织厂,霸占了工人的宿舍。今天看到中国人民在忘我劳动中,又重新建设起这个厂子。回想过去对中国人民犯下的罪恶,我要努力改造自己,主动交代罪行,接受法律惩处,衷心悔罪谢罪,成为真正反对战争、拥护和平的人。"他不仅交代了日本侵华期间杀害中国人33名,残留后亲手杀害和指挥部下杀害中国人60余名,还交代就在日本宣布无条件投降的当时,所在部队从驻地新绛县撤离、向榆次集结途中,他与另外3个日本兵,以"杀一半个中国人,算不了什么"的心态,用极其残忍的手段,在赵城县杀害无辜庄稼人的事实:

这是1945年9月发生的事。当时我所属的部队是第一一四师团独立步兵第三八一大队第五中队。这个中队配属于机枪中队,驻扎在山西省赵城县西□村。为了"加强"铁道警备工作,派出一个小队常驻赵城县永乐据点。

9月初的一天,我作为准尉小队长率领30多名部下到上杨堡村附近抢菜。在回来的路上,杉原下士发现庄稼地里藏着一个快到30岁的年轻人,就借口他"形迹"可疑,带回驻地拘押起来。

我听说后,顿起杀心,一个罪恶的计划在我心头产生了。我想:回到日本以后就再没有机会杀人了,索性就把他作为我杀的最后一个。我凶残地盘算:"这小子,让我们费了不少事,把他摔死算了。"于是找来孔武彪悍、具有柔道三段资格的伊藤富藏兵长、分管情报工作的阿部敏夫上等兵和杉原光一下士等三人商量。我用挑动的口吻说,"投降了,你们心里可能窝了一肚子火,而且手也可能有点痒痒,我们干脆拿他来练柔道,背起来摔死算了。"见他们有些迟疑,又补充说,"管他的呢!杀一半个中国人,算不了什么。"我这么一说,他们脸上也露出凶残的狞笑。

日本鬼子穷凶极恶的一幕就这样开始了:我首先把这个庄稼人带到据点后面的空地上。这个30来岁、6尺多高,身材壮实、穿着一身蓝色衣服的汉子站在那里,面带敌意和不安。我上去一下子紧紧抓住他的右手,他吃惊地打了个趔趄;接着出其不意地把他背起来,"扑通"一声狠狠地摔在地上。没提防住我这一手的庄稼人,慌忙大喊"我是和平居民",他在地上直"哎呀",半天爬不起来。我心想,"不管你是不是什么老百姓……"又一次狠狠地把他摔到地上。庄稼人激怒了,挣脱我的手站了起来。"好呀,你敢还手?"我发疯般地扑上去把他抡起来摔下去,抡起来摔下去,5次,10次,一直摔了20次。

庄稼人汗流浃背,浑身泥土,气喘吁吁,再也无力反抗了。这时体重70多公斤的伊藤兵长站出来说:"让我来摔!"又把庄稼人从地上拽了起来。又是背在肩上摔,又是搅在腰间转着摔,接二连三地拽起来,摔下去,又踢又踩,简直是灭绝了人性。庄稼人的鞋被摔掉了,脚被蹭破了,血不断地渗出来,肿得黑青。

接着杉原下士冲了出来说:"这回该看我的啦!"这时庄稼人已经奄奄一息,上气不接下气了。看到这些,我们并没有就此罢休,而是连连踢他的屁股,让他站起来,继续拽起来摔下去。

接下来,是过去不知道拷打过多少老百姓的分管情报工作的阿部上等兵上场了。他脸上露出凶险的狞笑说:"好戏还在后头哩!"说着把已经动弹不得的庄稼人拽起来让他跪在那里,然后不停地攥住他的胳膊拉起来再摔下去。庄稼人疼得"哎呀,哎呀"地惨叫,连脸都变了形。当他晃晃悠悠地挣扎着要站起来时,又被扔了出去。

庄稼人的衣服都被撕破,已经筋疲力尽,奄奄待毙。虽然气若游丝地哎呀着,却不再挣扎了。

我们惨无人道地把人家摔了200多次,还感到不尽兴。杉原下士指着据点前流淌的一条小河说:"干脆把他扔到河里淹死算了。"那庄稼人被我们摔得大汗淋漓,浑身泥土,双脚浮肿,目光呆滞,早已不成人形。我们抓住他的手脚连拉带拽拖到了河边。当他知道要被扔进河里时,使出最后一点力气要挣脱我们的手,但已力不能及。

这时日本鬼子的暴行又开始了。杉原下士下到小河里,其他三个人从岸上抓住庄稼人的手脚仰面朝天地把他拖到水里。杉原下士一只手抓庄稼人的胳膊,一只手残忍地将他的头按到水里。河水灌进了庄稼人的嘴里,随着气泡的升起,传出"咕咕"的可怕的声音。可庄稼人拼死命奋力挣脱出来,踢开二人爬上了岸,倚在柳树根上痛苦地喘息着,上气不接下气。杉原哪容他有喘息的机会,大喊一声:"他妈的,你居然还逞能!"扑过去骑跨在庄稼人身上,拖着他的双手又把他的头按进水里。气泡"咕咕"地浮上水面,3分钟,5分钟,可是庄稼人又奋力挣扎,把杉原推倒在地,爬上岸来。这时他已不是人的模样,脸色黑青,头上鲜血直流。

旧日的日本鬼子在投降以后继续干出了惨无人道的暴行。而我在这样施

暴以后的当天晚上,又派人用刺刀捅了他20多刀,然后拖到据点的防空洞里埋了起来。

……

像这样令人耳不忍闻、恨之入骨的事例,战犯们交代的非常多。不过他们可能没想到,后来1956年特别军事法庭开庭审判中,能被以"次要的或者悔罪表现较好的日本战争犯罪分子……从宽处理,免予起诉"。

河本大作罪恶昭彰狱中死亡

不过,并非所有战犯都会被真正改造。

太原解放,河本大作 4 月 28 日后被逮捕。自 4 月 20 日解放军向太原发起总攻,每当炮轰激烈时,河本大作与身边的人,就躲入公馆地下室。地下室在院子正房下面,平日为冷藏室,1945 年"8·15"前也曾作防空洞使用。

4 月 24 日凌晨,解放军攻城炮火霹雳震空,河本大作五内摧裂而外表镇静。这一天到底来了!太原城破,"残留"日军——重建日本军的先遣队即不复存在;共产党入主,日本人的特殊地区——日本重新向大陆扩张的根据地化为废墟。时不我与,夫复何言?还是做眼前该做的事情吧。他按捺难以抑压的心绪,又一次修炼着处变不惊、沉着应对的意念意志。

在河本大作的日记中,留下他 4 月 24 日前后的活动及场景:

22 日:前夜终于未能离开防空洞。全宅 9 人(包括门卫夫妇)、高桥家 7 人,中国人和日本人混在一起,躲在仅有 8 铺草席大小的洞底。只有一半人可以躺下睡觉,其余一半人只能坐着打瞌睡。度过极不舒服的一个夜晚,其状颇似挤在轮船三等舱或甲板上的旅客。

7 时许,利用炮轰的间隙时间进餐。10 时半加藤副官带来情报,在防空洞内接见。午后 2 时半逐渐平静,回房间记日记。15CM 炮弹不断落在极近的地点,身边颇为危险,大家又躲入洞中。大西赴俱乐部进行联系,归来后称:昨天一发重炮弹击中原赵公馆的会议室,两名中央军的军官立即死亡。其对面的建筑物墙壁被山炮击中,一枚重炮弹击毁一栋房屋。傍晚,据今村总队长称,敌炮兵开始转移,估计今夜或明天炮击将更加激烈。同时又听说司机田中去菊地公馆途中受伤。洞内既停电,自来水又断水,哪怕听听唱片也好,于是便在防空

里举行了唱片音乐会,主要是相声和浪花节(由三弦伴奏的民间说唱)。若叶小姐的节目尤其受好评。

今夜,隔壁的松原夫妇住宅和高桥家厨房,都遭到重炮弹弹片和迫击炮弹的袭击,玻璃被炸碎。正门前的丁香和苹果树正值鲜花盛开,而树旁落下了几十块弹片。西房的屋瓦也有多处被炸毁。但这一天总算平安度过。

23日—24日:晨起天气晴朗。原来估计今晨将有激战,但只听到首义门和北边正面有枪炮声。5时醒来,洗脸后写日记。一如往常,8时进早餐。今晨的平静,预示着暴风雨的到来。进餐中炮弹频频落下,早餐分两次吃完,匆匆进入防空洞。因电路被切断,洞内仅用油灯照明,灯光暗淡。令人想起大塔宫囚居镰仓土穴的古画。上午10时许,大冢氏来访,在洞内闲谈。据大冢氏称:孙楚对南、北两面军队赏两千银元,鼓励其坚持发动攻势,并同在南京的阎主任用电话联系。阎主任鼓励说,再坚持一周,将有外援。不过,依靠金钱刺激才能作战的军队,其战斗力可想而知。南面尚居优势,东面基本上守护铁道线,大北门方面虽已进至北关,但要在城内设炮兵阵地。根据当前缺乏强有力的指挥来看,也没有把握。

午后,炮弹接连落在公馆周围,外面已无法存身,只能整天蛰居洞内。洞内还有许多院内的中国人妇女和儿童,大家都胆战心惊,唯恐炮弹飞来,其状令人目不忍睹。入夜后,7时至9时间,仍同昨日一样听唱片。深夜2时,炮弹不断飞至院内,洞顶为之震动。其间曾一度出至地面。激烈的枪炮声,手榴弹和迫击炮弹的爆炸声,令人无法在地面停留。清晨5时许,炮弹落在公馆两侧,原空军司令部存放汽油处引起大火,轰然作响。洞内受到剧烈震动,周围一片浓烟滚滚。火焰跃过高达5米的围墙,大火随时都有蔓延至本邸的可能。情况十分危急。爆炸的汽油桶,正在燃烧着的原木,也都越墙而过,看来延烧已在所难免。地面已寸步难行,完全陷于束手无策、唯有听从命运之神安排的境地。直到上午6时,我公馆已变成阻塞火网的焦点,成为炮击的中心目标。唯有躲在防空洞里才能苟全性命,内心充满了对大明神的无限崇敬之情。正在这时,高桥家的佣人掀开防空洞东面入口的门帘进来,说八路军已进入公馆,命令大家从防空洞出去(8时半左右)。同八路军见面的时刻终于到来。根据昨天大冢君的谈话,这一时刻到来得未免过于神速,心中为之一惊。出防空洞,在入口处整队站立。一位年轻的八路军战士检查是否带有枪支,衣袋是否带有手枪。手持刺刀、手榴弹进行强硬的交涉。同时又称,解放军一定保护无辜的老百姓。接着巡视室内,毫无抢劫掳掠的行为,其态度令人肃然起敬。

因枪炮弹仍频频飞来,又返回洞内。后来听说高桥、大西、松原、铃木等人被带走。其后,约5人一组的巡逻兵不间断地轮流进入邸内,手持刺刀检查是否藏有武器,将所有房门敞开,偶尔敬上香烟也不接受。开始时,我尽量避免与之见面,但终究不能躲过,便返回房中。未及坐下,就有一组巡逻兵手持刺刀前来盘查,所幸未发生大的问题,便回去了。12时许,日侨俱乐部的手冢君来访,报告全体平安无事的消息,总算安下心来。接着,联络班的高桥君来访,也带来了一切平安的消息。基本弄清八路军对日本人的态度总算缓和,衷心祝愿全体日侨平安无事。下午2时许,鉴于形势已大体平定,便在邸内进行巡视,并补记日记。忽然,儿玉君来报,称听到爆炸巨响,不知发生何事。待出外看时,只见原滨田公馆、现在的早坂参谋长公馆笼罩在一片黑烟之中。正值这一天又是东风,火势有蔓延到对门高桥公馆的危险。高桥君和大西君从上午9时被八路军带走,至今未归。高桥家如果再被烧,则万事休矣。一波未平,一波又起,灾难接踵而至,今天何以如此不吉利耶!傍晚7时许,早坂公馆的火势渐衰。接着高桥和大西君也回来了,愁眉渐展。据高桥、大西二人回来报告称,在接收西山煤矿的八路军当局的主任中,有一名叫李明者,是东京帝大毕业生,颇为通情达理。又称八路军有意保留日本人技术人员原来的待遇,在八路军中有古田某和富家滩的宫本。总而言之,明天(25日)上班后一切便可清楚了。现在大家能进入的只有儿玉的房间,全部都集中在这一间房中休息。流弹声彻夜未断。

25日:昨夜很晚就寝。今晨5时许醒来,起床,进早餐,奉命6时半到公司。中途多次被哨兵阻拦,幸而平安通过,来到阔别多日的公司。同行的有高桥、大西、松原、铃木及儿玉等人。公司内到处弹痕累累,贾公馆遗址全部被轰,改为一片田地。(原文如此)八路军有关人员和原公司职员混在一起,东跑西窜,混乱已极。在高桥君原来的房间里,会见了与八路军同行的古田氏及其女儿直子小姐。他们曾住在大连的枫町,是一位工程师,曾任工专教授。稍事寒暄后,他们介绍了八路军的情况。然后又会见了阔别三年的宫本氏,他曾在富家滩任职。接着,又先后会见了李明先生、曼先生以及庆应大学毕业的翻译方先生。他们批判了阎锡山建立在个人私利基础上的政策,又谈到日本人应该协助开发华北富源。并论及世界形势,指出俄国所倡导的为人民服务的思想,与欧

洲东渐相比,它已更加迅速地蔓延亚洲的大部地区。他们歌颂共产主义,特别指出中国共产党的势力正以破竹之势向前发展,海军和空军的大部已响应中共军队,南京比太原早一天攻克等等。其间,还反复指出阎锡山为了满足私欲,榨取民脂民膏的罪行。我告诉他们,我曾受阎氏厚爱,责难恩人,作为一个日本人是难以忍受的,这样我避免了对阎氏的攻击。11时过,曹氏来访,要求我从现在的房间迁往曲先生的房间,立即行动。自昭和17年以来,居住达8年之久的房间里,堆积着许多文件和画帖,用一个小时才搬完。一个人占有一间大办公室,大约是同共产主义相违背的。曹先生十分难以开口,但我却爽快地同意了。由此可见一般,使我更加怀念阎先生宽厚的人格。

由于尚未见到徐向前以及其他巨头,对于八路军以至中国共产党的全貌尚不清楚。2时过,准备拜访高木先生,中途被哨兵所阻而返回。归途中访问了日侨俱乐部,见到手冢、藤冈二人,向他们询问当时的情况。然后会见法井先生,对昨日来访表示感谢。田川氏也赶来,一道闲谈,告知藤井被警察(四分局)带走。告别法井后,又去4号宿舍会见菊地先生。他详细介绍了十总队的收容情况。特别谈到在晋中作战中负伤的龟井(旧一团)的情况,他是被无声流弹射中心脏而倒下的。菊地君还谈到被收容在小北门外庙宇中的家属和病人,都转移到复兴楼(旧军司令部),但不准进入室内。他亲眼见到孩子们自昨日以来水米未进、啼饥号寒的惨状。傍晚回家,入浴。因自来水断水,为了节约用水,只是冲了一下(约10日未洗澡)。近几天来,青菜很难买到,今晚吃到了菠菜。晚饭后,大西君来谈,报告角川、高桥等人情况。

据说,太原的繁华市街——桥头街和柳巷街的交叉点附近一带,已形成一片火海,炮弹不断落下,无数尸体被埋葬在瓦砾之中,其惨状可想而知。夜深人静后,未及时发火的炮弹的爆炸声、打炮声仍从各处传来,更加使人感到战争尚未平息。将来日侨将如何生活,教育能否坚持?十总队将士生命虽可保全,但将如何处置?凡此种种,作了多方设想。但又感到在炮火轰击下,最好还是什么也不想、万念俱空的好。自终战以来,我等隐忍自重,越过几多难关。问题在于只是顺应形势的大转折而已。应该发挥一切智慧和勇气,开创一个新的局面。

昨夜休息的地方过于狭窄,今天改睡在起居间里。原来寝室正对着床上枕边的天棚,被炮弹打穿一个大洞。枕旁的台灯和闹钟,都被天棚落下的灰尘埋住,枕头、被褥也全盖满灰尘,难以辨认。窗子的玻璃当然全部破碎,连厚窗帘也被撕成碎片,而且上面布满星星一般的小洞。隔壁的客厅里,屋顶被打成一个大洞,天棚眼看就要塌下。室内满是沙土和玻璃碎片,寸步难行。它旁边的日式房间,廊檐有两处被弹片打飞,碎片和玻璃被抛入室内。滨田先生赠送的屏风有两处被打穿。隔壁的起居间,北侧屋瓦被打穿一个大洞,直达天棚,室内无大影响,南窗西端被弹片打中,只是窗框稍有损坏,简单收拾一下就可以住人,所以选择这里作为寝室。厨房里供奉的"荒神"的护符,被炮弹打穿。邻家的大火竟然没有延烧到这里,实在是一个奇迹。其他,如厕所的天棚被炮弹打穿,里院和后院都有几发炮弹直接落下。总而言之,室内已无处存身。回想起战斗刚开始的那两夜,竟然还睡在屋内床上,实在是胆大妄为,至今痛感这种行动简直是胡来。后来听说八路军拥有15cm火炮50门、野山炮120门,共有火炮170门,由此可见炮击激烈之一斑了。多日来,今日第一次换上睡衣就寝。

……

解放军总攻太原这些天,河本大作特别留心收听广播、接听电话。他频频与残留日军司令部、日侨俱乐部、日侨自卫队等联络互访,传递信息、交换意见、研究对策。太原城被攻破后,更急切切四处奔走,了解十总队被俘队员收容情况,城内日侨安全及侨民家业情况,对"将来日侨将如何生活,教育能否坚持?十总队将士生命虽可保全,但将如何处置?凡此种种,作了多方设想"。不过解放军入城,并未发生他们想象的可能出现"日侨遭受涂炭"的情况。河本领导的日侨俱乐部、日侨自卫队,也主要是在太原攻破前组织防空、传达战情,攻破后走访问候,周济生活困难的侨民。27日后,河本收到早坂襞藏、中村军医等人信件,告知今村方策服用氰化钾,随即为今村入城救治奔忙,"出了许多汗,口渴万分,连饮了3杯咖啡"。但今村还是在29日死去了。

太原解放后第二天,河本大作被通知从他的办公室搬出。挂着西北实业公司"总顾问室"牌子的这个房间,日本侵华期间的山西产业株式会社社长室,河本大作自昭和17年进入,已有7年之久。

这个时候,不管情势如何纷乱,有一件事情他看得非常重要,那就是销毁档案、毁灭证据。1945年日本投降时,河本就曾将山西产业株式会社一些经营记录、会计凭证,日军第一军司令部送来的文件等烧毁。

室内一片狼藉。河本大作和儿玉华子、大西健,紧张清理着文牍、信件与画

帖。一页页档案、书信,被夹在废纸中投入茶炉。里面有日本侵华期间驻晋第一军军事活动情况,山西"对伯工作"进展与效果;有"残留"期间十总队战斗情报,西北实业公司某些账目,日侨俱乐部及各社团活动记录;有荒木贞夫、小畑敏四郎、板垣征四郎、石原莞尔、花谷正、大川周明等人的信件等。在此之前,虽然已经有过清理,但毕竟没到最后时刻。

"这5本通讯录,一沓子名片,你得把它们一张张分开,在火里烧尽。"河本吩咐大西健。

"明白。"大西答。

"日记,家里人和亲戚的来信,还是先带回家吧。"河本瞅瞅儿玉华子,又像是自言自语。他拉开靠里的一个抽屉,里面放着五六本日记,还有其妻久子、女儿清子、外甥永井宗南的信件,也有其他信函。

一番匆忙清理、销毁后,河本大作问:"完了吧?"

"差不多了。"儿玉华子站在河本办公桌的横头处,把手中无关紧要的纸片丢进废纸篓。

河本大作似乎还不放心,又把已经清空的抽屉拉出来,一一进行检查。看到确实没有丢下什么,才轻轻舒口气,坐在椅子上端起杯子喝水。

26日下午,河本大作来到日侨俱乐部常委高木应悦家中。随手从衣袋里掏出一份20多页的文件,封面标题是"十八春太行作战",左下方印有"第一军参谋部"字样,右上角盖着"极秘"印章。他苦笑道:"我以为清理得很仔细,竟还剩下这个。请帮我销毁。"高木随手接过来,让妻子放入灶火中。

在当时复杂纷乱的环境中,河本大作思虑着与进入太原的中共高层"对话"及怎样进行对话。他"还打着如意算盘,把中国人玩于股掌之上",幻想以正常国家关系之普通侨民组织负责人身份与对方见面。当然,河本大作非常清楚,共产党不同于国民党、徐向前不同于阎锡山。"问题在于只是顺应形势的大转折而已。发挥一切智慧和勇气,开创一个新的局面。"26日办完了移交手续,河本嘴里反复念叨,"我作为山西日侨俱乐部委员长,该和谁打交道呢?"对身边的人说,"和小人物谈没什么用。至少徐向前将军来了就好了,大人物好说话。"他焦虑地等待着。但是,与新政权大人物"对话"的场合没有出现。两天后,这个罪恶贯盈的军国主义分子,就被太原市公安局带走了,开始接受拘禁、审讯。

那日下午,大西健给他送去行李和日用品。河本大作密授机宜:(1)积极进行能使日侨俱乐部继续存在下去的运作。(2)对生活困难的日侨进行救济。(3)请求释放河本大作,开展签名活动。

第二天,按照河本大作指示,日侨俱乐部召开会议。参会者为俱乐部常委、支部长及其他自愿参加人员。大西健讲了河本大作被公安局拘禁的情况,让与会人员就三件事进行讨论。结果为:(1)日侨俱乐部组织的存在及活动,得看太原警备司令部的态度。(2)对困难日侨救济,先在生活富裕和有职业的日侨中自愿集资,同时达知当局。(3)释放河本大作请愿签名,由大西健负责西北实业公司,晋阳学园副园长法井友弘负责晋阳学园,日侨自卫队中央区区队长竹内武太郎负责市内日侨。

5月下旬,要求释放河本大作请愿书及日侨签名,经竹内武太郎等送到太原警备司令部。不过河本的拙劣导演注定徒劳,他再也没有逃脱"高墙"。历史已按其生命轨迹,为他安排了最终归宿——战犯管理所。1950年春,河本大作与城野宏、岩田清一、藤井要三4人被押送北京监狱。藤井日本投降前任日伪山西省警务厅顾问辅佐官,残留后在省会警察局当顾问。后岩田、藤井病死,河本、城野1952年又押返太原,并被确定为侦查、起诉的重点对象。

进入狱中,这个66岁的干瘪老头脸色晦暗。他默默地坐在木板床上,又下地来回踱步。此时的河本大作已经切切实实感受到共产党政权在中国的胜利,彻底粉碎了他们"残留"山西、东山再起的谋策构想。而太原城攻破后他臆想的,"顺应形势的大转折……发挥一切智慧和勇气,开创一个新的局面",一样被眼前现实击得粉碎。就是前些时设想的"即或太原解放,如果需要我协助开发山西,我也还要留下;如果说不再需要日本人,那时我再和大家一同回去不迟",也成了可笑的狂人诳语。于今之下,连找政府大人物谈话的机会都没有,神通八方的河本大作,就是一个实实在在的犯人,一个恶名昭著的日本战犯。这个时候,河本更加怀念阎锡山。战后在阎氏荫庇下,他躲开了远东国际军事法庭,优裕潇洒地生活在山西这方乐土,与第一军首领澄田睐四郎、山冈道武等一起,编织着、努力奋斗着"复兴皇国、恢弘天业"之鸿猷大业……可所有这一切,瞬息已尽!天旋地转间,中国大陆就要通天彻地归共产党了!

河本大作愤懑难舒,转动眼珠:那又怎样?还得与他们斗智斗勇。共产党讲的是重证据,一定要调查取证的。想到这里,他拿起纸笔,垫了一本《资本论》,

做着写"交代材料"的样子。

下午,女管家儿玉鹤枝来了,为他送来换洗的衣物和就餐调料。

河本把一个空酱油瓶递给她,用大拇指摁着纸卷做成的瓶塞,瞅着儿玉鹤枝的眼睛。

日本女人会意地点点头。略略提高声音说道:"我会送来酱油的,请放心。"

从看守所回到住处,儿玉鹤枝取下酱油瓶的塞子,把纸卷慢慢展开,上面有河本大作写的个人经历等。她知道,河本要自己送给狱外知情人,暗示他们接受调查时照这个统一口径。

之后,河本又在鞋子和其他物品中夹带纸条,通过儿玉鹤枝带出去,与相关人员订立攻守同盟。但是,在中国人民教育感化下,他的属下、亲朋等知情者,后来大都反戈一击检举揭发其罪行。在证据和事实面前,这个罪恶累累、顽固死硬的军国主义分子,终究未能逃脱人类正义的审判。

1952年6月山西"调查日本战犯罪行联合办公室"成立后,检察机关把河本大作列为侦查、起诉的重点对象。从监狱提讯与调查取证两方面,进行严肃、艰苦、细致的工作,收集、查阅、整理了大量证据材料。这些证据出自历史档案、报刊资料,取自普通中国人及民国机关、敌伪机构人员证明,来自其他日本战犯包括他的秘书、属下等供词、证词。

面对司法机关讯问和确凿的事实证据,河本大作不得不交代其几近等身的侵华经历与所犯罪行。现存侦讯日本战犯档案资料中,有河本大作的笔供与口供。所供罪行跨日本明治、大正、昭和三个时期,涉及军事、经济、政治、组织等各个方面。主要内容如,长期在中国从事特务情报活动,策划实施皇姑屯事件,参与九一八事变谋划与活动,在东北、山西攫取、掠夺中国资源,与溥仪交涉建立伪满傀儡政权,开展"对伯工作"诱降阎锡山,日本投降后策划实施日军日侨"残留"……

河本交代材料,对相关事件罗列、史实背景叙述等,有历史研究价值;而对重要问题之历史真实与本人罪行事实,特别是涉及实质性内容的供述,很多处仍在隐瞒真相、隐讳过恶、避实就虚。

关于日本投降后"残留"山西(1951年12月12日笔供原文摘录):

……

1945年8月,日本决定无条件投降后,形势一片混乱,前途莫测。尤以老朽铃木贯太郎为首的内阁,唯恐陆军官兵违抗政府命令,采取独断专行的不轨行动,曾通过南京和北京的军司令部,竭尽全力抚慰官兵,无暇考虑在中国,尤其是在山西这一局部地区采取谋略活动。因此,留在太原的日本人并非接受日本政府或某机关的命令而留下的,都是根据阎锡山的留用命令迫不得已留下的;也有人认为良机不可错过而主动响应号召的。因此,并没有明确的组织和系统。

……

留在太原的日本人有一个共同的思想,那就是面对无条件投降所带来的祖国的悲惨现实,感到忧心忡忡,深感当务之急就是尽快地使祖国复兴。而当时阎锡山在日本人中宣传大亚细亚主义,标榜要建设一个以中国人为核心的大东亚共荣圈,希望有尽可能多的日本军人和技术人员及其家属留在中国。而且,他对待日本人,从不将其作为战败者而采取冷酷无情的态度;相反,像对待好友一样地温暖。因此,缺乏国际交往锻炼而又头脑简单的日本人,未能识破这是阎锡山的一种诱饵,因而有许多日本人在其诱惑下决定留下。其中,军部方面的留用人员尤其受到阎锡山的优待。这些人就其思想而言,大体可分为两派。一是以澄田、山冈,尤其是元泉、今村等人为代表的主流派。他们要利用日本人的血汗,在山西一隅建立起巩固的基础,便以积极协助阎锡山为条件,主动同八路军进行战斗。另一派是以三浦、岩田、特别是加藤嘉之助为代表的利权派,他们勾结山西省当局的梁綎武、徐士珙等阎锡山的亲信,谋取各种利权。主张依靠日本人部队,从而谋求日本人的发展前途。这完全是毫无国际见识,极其幼稚的想法。

……

以上仅是每个人活动的概况(略)。但由此也可以看出,他们在终战之后,利用阎锡山留用日本人的机会,企图在山西建立一个将来有利于日本人东山再起的根据地。然而,这一希望最后归于泡影,只是使几百名日本人的鲜血白白地流在山西,同时阻挠了解放军的行动而已。……今村虽因自责而自杀,但巨头澄田和山冈以招募日本义勇军等完全无实现可能的事情为借口返回日本,始终音讯皆无。

经济方面,以河本为首的在西北实业公司供职的,除高桥顾问(制铁)外,还有安田(煤矿)、植田(地质)、横田(纺织)、小林(枪炮)等约60人的技术队伍。还有作为"非法公会"与之相对立的,由徐士珙设立的晋兴企业的技术人员（以高桥畅为首），以及所谓"市井技术人员"等没有牢固地位而以土木建筑为业的技术人员（由上田铁路技师指导该团体）。他们虽然没有健全的组织系统,而我当时认为,世界各地都不允许战败的日本人留在当地,只有山西迫切地希望留用日本人,此乃天意,是意外的福音。如果放弃这一机会,返回日本,必将被人讥笑为自私自利。这正是放弃私利,报效国家的好时机。受到上述反科学的感情驱使,而且无暇去分析阎锡山的真正意图,同时又轻视八路军、解放军的实力,以至一错再错,至今追悔莫及。我等经济方面的留用人员与军部不同,我们并没有企图立即建立复兴日本的根据地的野心,而是想在中日恢复邦交之前（估计最多二年,这也是错误的）埋头苦干,竭尽全力复兴颓败的中国尤其是山西的工业,借以博得中国对日本技术人员的信任。在这一基础上,一旦中日和谈成功,我等将首先前去日本,引进日本最先进的机器和理解中国的善良而有实力的技术人员。防止如同以往那样不良的日本人和机器进入中国。借以弥补过去的罪恶,使全部技术工作者效力于中国的产业复兴。这才是我等同中国之间的真正情谊。这样,既能为中国谋利,又能获得日本复兴所必须的粘结煤和铁矿石（中国目前过剩）。为此而努力就是我的理想,并在自己的旧部下,西北实业公司的技术人员以及其他留用的技术工作者之间宣传我的见解。……由于同八路军相对抗,公司本来的发展和平产业的目标,同阎锡山及公司干部的愿望又是背道而驰,所以自1946年以后公司便脱离了产业经营的轨道,疯狂地致力于枪炮、火药及火器的粗制滥造。

……

关于皇姑屯事件（1953年4月6日口供原文摘录）：

问：你谈谈皇姑屯事件。

答：……关东军司令官村冈长太郎,准备暗杀张作霖,打乱其军队的指挥系统。……我认为如果军司令官有此意图,就应该由我等参谋人员去完成。于是,以我为主,包括役山中佐、尾崎少佐、菅野少佐和川越大尉等,共同研究解决问题的措施。最后决定只能采取颠覆列车的办法,具体地点定在奉天以西30公里的巨流河附近,并派一名工兵中队长前往该地进行调查。根据该工兵队长报告，该地附近国军警备森严，而且说不定什么时候张作霖会从此地通过。因此，看来在这里很难完成任务。经再次研究，决定在皇姑屯东1公里的满铁线与奉山线交叉处进行。负责这一守备地区的是独立守备队第四中队长东宫铁男大尉。为了使他了解此事，便将他召至参谋部进行交待。东宫接受了任务，决定由东宫及其部队，还有神田泰三中尉和桐野工兵中尉共同完成这一任务。其具体做法是，在满铁线上安放炸药，在位于交叉点以南500米处的瞭望台上安装电引爆器。6月4日上午5时50分，张作霖乘坐的天蓝色、十分显眼的装甲车从皇姑屯开出。当来到交叉点时，东宫第一次引爆失败，1秒钟后第二次引爆成功。张作霖所乘列车的车顶被炸飞，张身负重伤，已处于濒死状态，被在交叉点处担任警戒的中国方面奉天宪兵队的汽车运回奉天督军公署。张作霖乘坐的车厢和与之相接的餐车全部被烧毁……

问：关于皇姑屯事件，除关东军有责任外，你能不能推卸责任呢？

答：关东军应该负全部责任，我负主要责任。

……

关于参与九一八事变问题（1953年7月25日笔供原文摘录）：

犯罪时间：1931年9月3日至10月18日。

活动地区：日本东京、中国的奉天和大连、朝鲜的京城。

职务：日本东京丸之内中日实业公司顾问。

……我在东北参与了九一八事变的准备活动。1931年9月3日，参谋本部第二课课长重藤千秋要求我给奉天特务机关送去机密费5万日元，并在奉天同板垣会见。1931年9月4日上午，我从东京羽田机场出发，在朝鲜京城机场换乘，于当日下午抵达奉天。我立即赴奉天特务机关拜访机关长土肥原贤二。但他不在，我便将5万日元给了副机关长花谷正，用以炸毁柳条沟和太子河铁桥。……

我在奉天期间，曾与板垣征四郎进行了会谈。会谈地点是奉天市琴平町的金六饭店。参加者有板垣征四郎、石原莞尔和我共3人。会谈决定，由我同满铁交涉，要求满铁在关东军侵略东北时要全力配合。其次，由我同朝鲜军（驻朝日军）参谋神田正隆交涉，在关东军在东北采取军事行动时，朝鲜军应不失时机

地越境支援。

会谈后,我于1931年9月8日下午从奉天机场出发,当天下午到达大连机场,下榻在大连大广场的大和旅馆。我在大连期间,曾到大连市星浦大和旅馆会见满铁经济调查局委员长十河信二,向他传达了我同板垣、石原会谈的结果,即关东军为了打破满蒙问题的僵局,决定以武力解决。这是为满铁寻找出路和打破满洲日侨僵局的唯一办法。……希望十河信二能争取满铁总裁内田康哉,在关东军采取军事行动时,能及时地给予积极的配合。

1931年9月9日上午,我从大连机场出发,当日上午抵朝鲜京城机场。由于关东军已于事前做好安排,朝鲜军参谋中山蕃代替神田正隆参谋前来迎接并同我会谈。我向他传达了关东军的意图,即关东军已决定以武力解决满蒙问题,希望当关东军采取军事行动时,朝鲜军能不失时机地越境出击,不使关东军处于孤立无援的地位。

1931年9月9日下午,我从京城机场起飞,当天到达福冈,住在我的亲戚家中。9月10日乘火车从福冈返东京,9月11日到达东京。当即赴参谋本部会见第二课课长重藤千秋,向他汇报了给奉天特务机关副机关长送去机密费5万日元,以及同板垣、石原等会谈决议等情况。

……

多数经教育改造的日本战犯心中,"管教所就是一所人间大学"。他们在学习、批判中,经历着脱胎换骨的"改造",触及灵魂的"洗脑"。很多人挣脱附身的战争狂魔,复苏了人的天性良知。但河本大作却死挺着腐朽没落的军国主义,在魂灵意念与现实世界的颠簸中,由波峰摔向浪底,渡过生命的最后时光。

白天,河本大作参加学习,接受讯问、书写笔供。夜晚,他辗转反侧,难以入睡。一页页供述,一幕幕往事,在脑海里上下浮沉。

让我写供述,从个人经历开始。我河本大作可是少有大志!半个世纪前,由于在陆军幼年学校受到的教育,对中国大陆即十分向往。认为狭小的日本要想强大,必须向大陆扩张。身为一名日本男儿,能到大陆干一番事业才是有意义的。我胸怀远大抱负,21岁开始就漂洋过海踏入中国,进出往返如履平地。金州(大连属)、辽阳、奉天(沈阳)、安东(辽宁丹东)、汉口、成都、北京、旅顺、大连、天津、新京(长春)、太原等地,都有我的身影足迹。或参战成守,或运筹帷幄,或擘画人事,或掌控经济,并搜集军事政治、地理资源等情报。记得大正10年(1921年)至12年(1923年),在北京公使馆武官职内,去山西、河南、山东、上海、广东、香港等地的特别"旅行",即收集到大量情报资料。孙中山、阎锡山、吴佩孚等风云人物的活动,山东铁路、陇海铁路等交通线状况,上海以南沿海、九龙半岛等军事防御设施,都收进情报匣中,送交参谋本部及有关方面。嘿嘿!中国人常常惊异,说我们这些日本人对中国的国情国事、历史文化、风土物产,甚至对汉学、对古典诗词都那么熟悉。殊不知,这一切自有缘由和目的。

在我的人生经历中,任关东军参谋时期可谓波峰突起。昭和2年(1927年)随同关东军长官武藤信一参加"东方会议"。武藤采纳我提供的思想理念和文字材料,在会上发言强调:"根据20年来的外交经过,说明满蒙问题除了以武力解决以外,普通的外交手段是无望的",提出"要想控制东北,首先解除张作霖武装"。对形成东方会议决议"欲征服支那,必先征服满蒙;欲征服世界,必先征服支那",产生重要影响。昭和3年(1928年),我即策划、实施"解决"奉系军阀张作霖。皇姑屯那一声巨响啊,演成了震惊中外与日本朝野,长留史书且永无消散的重大事件。昭和4年(1929年),虽因此受到停职处分,却应了中国哲人庄子的一句话:"君子之居世也,得时则义行,失时则鹊起也。"我反倒声名鹊起,尽管退出现役,但仍然继续为"满蒙特殊化"谋策奔走。

本来这一事件后,我即要石原莞尔来关东军帮我,这时我已经开始计划"满洲事变"了。后虽因炸死张作霖受处分退役,但仍在东京为坂垣、石原等提供帮助,蓄意挑起战事占他东北。"满洲事变"当时,我从东京到奉天,为奉天特务机关送去参谋本部给的机密费,并与坂垣、石原等策划相关事项且参与其中活动。昭和6年(1931年)9月18日入夜时分,按照预定计划,我关东军独立守备队柳条湖分遣队,在距东北军北大营六七百米的柳条湖村东侧,日本修筑的南满洲铁路线上点燃了炸药,而诬说"北大营的中国军队炸毁铁路",以此为借口炮轰北大营。啊哈,挑起事端后,仅仅用了5个月,就把中国东北变成了我们的天下。可外界说到事件关键人物,板垣征四郎、石原莞尔、土肥原贤二等,我却常被忽略。那是因为事后发生未遂的"十月政变",坂垣、石原不希望牵连陆军以外的人,所以名单上可能没提我的名字。

大连旅顺口,有三面环海的优美风景,关东军司令部在那里驻扎了10多年呢。退出军界的昭和5年(1930年),我与军务局长小矶国昭联系并经他批

准,到旅顺同关东军板垣征四郎、石原莞尔画策,决定在未来满洲问题上起用溥仪。因为有中国这个末代皇帝作傀儡,可以比较自然地伪装,对外政策上阻力较小。然后,我以民间人士身份,到天津英租界溥仪亲戚家中会见溥仪,与之就成立满洲国进行交涉。昭和7年(1932年)"满洲国"成立,我又与满洲最高顾问多田骏,摆弄日本谍报机关那"一枝花"川岛芳子,把溥仪的妻子婉容从天津弄到东北。

窗外传来阵阵蝉鸣。黑暗中,躺在床上的河本大作处于亢奋状态,两颊发热,眼睛放光。忽然,他觉得自己成摞的罪状供述,该是"功劳簿"呢!索性披衣而坐,两臂抱着膝盖,任往事在脑子里回绕。

我的生命线,可谓高峰迭起!不要以为只有政界、军界可以建立功业。日本帝国持续地对外扩张中,所有政治谋略的阐述运作、军事行动的机变部署、经济利权的获取占有、皇国子民的迁徙拓殖,不都是为了大和"膨胀"?

昭和7年10月,我出任"满铁"理事兼经济调查会会长。任内,我们全力执行"东方会议"要义:以满蒙之权利为司令塔,而攫取支那之利源;以支那之富源,而作征服世界之用。把控着东北经济开发总枢纽,进行调查研究、谋策擘画,参与铁路、铁矿、煤矿、金融、税收、农业、森林等十几个行业的活动,还制定了《满洲长期开发计划》等方策。这经济调查会,实质上也起着关东军经济参谋部的作用呢。满铁任期就要届满时,又任了满洲炭矿株式会社理事长,管理着包括阜新、西安等5大矿业、共16个煤矿的开发运营。在满洲国第一个五年计划期间,满铁系统的煤矿即产煤1千万吨,满炭系统产煤两千万吨。

昭和17年(1942年)9月,我从东北来到山西,就任山西产业株式会社社长。有着古老历史的山西,真是个神奇而美妙的地方,田地里种植着黄玉米和红高粱,村落中散布着土窑洞和砖窑洞。而黄土下覆盖和地面上裸露的矿产,沿铁道堆积着从半立方米到一立方米那样大的炭块,更叫我的心脏烈烈燃烧。还有呢,创造之神并把各种色彩的丰富宝藏,赐给了这方土地,铁矿石、石灰石、硫化矿、石膏、石墨、云母……"弱者藁犹可攫"。终战前3年间,我们以大东亚战争兵站基地的姿态,凭借会社这个"国策公司",控制着山西36个骨干企业,"发挥统一经营之妙"。对山西资源的开发利用,当时有着长远谋划。1943年撰写的那篇《从大东亚产业经济建设谈起》,即阐述了开发利用山西宝库的战略思维,这也成为战后"山西残留"理念之要素。在我的领导、运作下,会社不仅资本增长，产值产量也大大提高。山西出产的煤、铁、棉布等，被大量运到了日本。会社供给驻山西日军的物资、军火，也由1942年的部分供应，1944年后变为全部供应。

到山西除经营会社外，我还担负着另一重要任务。那时日方"对伯工作"已经上奏天皇，却正处于低谷时期。驻晋第一军司令官岩松义雄，让参谋长花谷正动员我来太原，协助他们恢复对阎锡山的诱降。这是因为花谷正在关东军、在"满洲事变"中与我的关系。蒋、冯、阎混战阎锡山败逃大连，也是我和花谷正用飞机把阎送回山西。我们企图通过"对伯工作"，怀柔阎锡山，削弱抗日阵营。为了对阎进行笼络，我与他书信交往，互相馈赠礼品。特别是双方设立了"三委会"，花谷正和我都参与其中。我还让平野岭夫收集材料，准备撰写颂扬阎锡山的印象记和传记，在日本、在中国广泛宣传。是啊，也正是由于我们和阎的这种关系，有这个重要的政治基础，才有战后在山西大规模的军民"残留"。

"山西残留"，当初多么地让人心旌摇动、血液沸腾！我们的残留目标是"恢兴"，残留日军司令部机关刊物，起初即以"恢兴"为名。意为恢弘天业、复兴日本，用他"战胜国的资源服务于战败国的经济复兴"，使山西"重新成为战败国日本实际的殖民地"。残留日军部队改编为正规军"十总队"后，在纲领性文件"总队部服务规定"中，更为鲜明地提出"总队以复兴皇国、恢弘天业为宗旨"。从开始我们就遵循"残留"宗旨，以军队残留为支点，组织了军、民残留一体行动。通过成立多种形式的社团开展活动，还兴办面向残留日人的学校等。我作为重要组织领导者，身任职务可不少啊。太原日侨自治会会长、山西日侨俱乐部委员长、桐荫会会长、武道会会长、太原日侨自卫队队长，迎晖学会顾问、命风塾顾问、新生塾顾问，是金曜会、木曜会、水曜会、土曜会等组织中心人物，还担任晋阳学园园长、太原政经学院顾问、晋阳高等工学院顾问……与澄田睐四郎、山冈道武、城野宏、今村方策、岩田清一等，结成"残留"核心。我虽然没在军队系统担任职务，但日侨俱乐部、武道会、迎晖会、命风塾、新生塾、木曜会、水曜会等，全是军人、侨民参加的组织。部队改编为"十总队"后，我实际是总队长今村方策的顾问。残留日人尊我为"留晋日本人的精神领袖"呢。也是从利用山西资源服务日本经济复兴出发，我肩任西北实业公司总顾问、经理部长，以便操控其运营发展，同时疯狂制造枪炮、火药等，来对抗中国人民解放军。

是啊，我被残留日本人称为精神领袖！他干脆从床上走下地来，双手抚着

前胸,为自己鼓掌喝彩。我河本大作何许人也,兵库县佐用郡河本参二家的二郎,是帝国末世的杰出人物,大和历史上的英雄,做了震惊国际的大事。对家族,我可光宗耀祖;在乡梓,我早声名播扬;于国家,我已竭尽全力;为皇国,我始终倾葵以奉!

身陷囹圄,铁窗长日。赤化的中国政权要我交代罪行,面对一次次讯问,本想来个金人缄口。可那么多人证、物证就在面前,不交代过不去。但反过来想,这一张张笔供,不正是把自己的历史、功业留之于世的最后机会?本来嘛,所有对支那人和平生活的"罪",对日本帝国对外扩张就是"功"!昭和15年,平野岭夫曾让我叙述经历、生平,要为我编写传记。那是在大连,中国人谓之"掠夺者的天堂"的地方,我已耗资数万在樱町建起了砖瓦结构的三层楼。在那幢秀丽的房舍中,我滔滔不绝口述,平野划划挥笔缀录。到山西后本计划接写续篇,只可惜遭遇1945年"8·15"、1949年"4·24"两次地覆天翻。太原解放前夕,我的自传、记事、照片等很多材料,平野都烧掉了。那好,现在就算自己给自己写吧!从出生、籍贯到家族、社会关系,从少年、青年到壮年、老年,从军事、经济到政治、社团组织……把这些留在历史上,让世世代代日本人都知道、都记着我河本大作!

当然了,有些事情是不能说、不能写的,要致死烂在心底。有很多问题不能这样说而要那样说。

一阵阵胃痛袭来,河本大作坐回床上,想让自己安静下来。睡吧,觉总是要睡的。他慢慢躺下,微微闭上眼睛。隔壁其他战犯的鼾声,却让他睡意全无:这些没心没肺没骨气的家伙,自己低头认罪,还三番五次对我检举揭发,当面作证。

最让人切齿痛心的,是内弟平野岭夫。我把你当亲戚、当有识之士,透底的话讲给你听,日常生活对你关照。可入狱后你认罪服罪了,对我反戈一击,靠我立功赎罪!中国人知道多少?你倒把身为亲戚的所见所闻,记者职业的敏锐观察,为我撰写传记过手的信件资料,都当做"炮弹"发射出来。"以中国人民的立场和观点",一次一次、方方面面揭发、证明,什么老底都给抖出来了:与重要侵华人物的关系,甲级战犯小矶国昭、荒木贞夫、板垣征四郎、大川周明,时任天皇侍从武官长本庄繁,关东军参谋长矶谷廉介,华北方面军司令官冈村宁次;

在重大事件、重要活动中的罪行,东方会议、皇姑屯事件、满洲事变、溥仪政权、南满铁道株式会社、满洲炭矿株式会社、山西产业株式会社、"对伯工作"、"山西残留";连家族亲戚、派别社团都说到了,豪绅胞兄河本开二、同为兵库人的大将连襟本乡房太郎、大将妹夫多田骏,大陆会、双叶会、樱会;就是私生活也不漏过,说我生活放荡,"每调至一地,必有一情妇。遍及安东、北京、汉口、京都、小仓、大阪、东京、新京、沈阳、太原各地"。我交代的没交代的,别人揭发的没揭发的,倾你所知、和盘托出,把我归结为"一个典型的法西斯首恶分子"。

小女子儿玉华子也揭发我!自我出任山西产业株式会社社长,就让你当秘书。"残留"山西后,也把你留在身边。六七年间,你跟随我左右,处理各类事务,参与各钟活动。与阎方高级人员周旋,与德国纳粹朋友交际。在日本战败、阎锡山政权垮塌两个重要关头,你都帮我烧毁文件档案。太原解放,又为我隐匿个人财产。管教人员说,你刚进监狱时,对"战犯"之名不满,不认为自己有罪。但后来认识提高了,把监狱当"大学"住,说我引导你走上了绝路。你证明我"从一开始就没有回国的念头","是在征询澄田的意见并和阎商量后,决定在日本战败后残留下来的"。你揭发东京大审判时,阎锡山包庇了我的战犯问题。还检举我鼓舞"十总队"官兵:残留大陆"责任尤其重大""意义是深远的"。我在日军日侨中的活动,与阎锡山方面的交往合谋,和德国纳粹翁格尔、杨宁史关系之细节,你都提供证言证词……你为我毁灭了一些物证,却站出来当人证! 女秘书戳我心窝,男秘书也同样。大西健供出日本投降后,隐匿、转倒山西产业会社大批资金,充作我的活动经费;残留山西期间,我与澄田睐四郎总顾问室保持密切联系;日本投降、太原解放,我烧毁文件档案……

叫我大出意料的还有日侨俱乐部常委高木应悦。我在供词中有意包庇你,说你"作为牙医开业,技术精湛,诚恳热情,具有助人为乐的美德。作为其政治活动,也只是通过日侨俱乐部从事日本人青少年教育工作,别无其他活动"。可管教人员说你经过教育改造,决心走光明道路。不仅交代自己以"大政翼赞会"开展活动,宣传"天皇主义,王道乐土",煽动、鼓励日军官兵残留山西等罪行,更把我揭得遍体鳞伤。从日本投降后化名"川端大二郎"掩饰身份,"在国师街赵承绶家中,与山冈道武等共同策划组建日本人武装部队和强制残留日侨技术人员"等等,到太原解放隐瞒罪行销毁文件,被捕入狱后企图订立攻守同盟,列出了20多条、七八十个问题。

其他人就更不必说了……

这些揭发批判我的人,有围绕左右的亲朋,有跑前跑后的秘书,有印象中可靠忠实的属下,有唯我马首是瞻的崇拜者,把他们原来的靠山、领导、主心骨、精神领袖,看作罪魁祸首、当作放矢之"的",不惜搜肠刮肚,提供证言证词。我一生为天皇陛下犬马奔走,为日本帝国舍生忘死,为扶桑舒光殚精竭虑,为"残留"大业赴险如夷,都成了罄竹难书、长恶不悛的罪状。——黄昏的火烧云退去、进入难明长夜了;燃烧的火焰熄灭、恐已难得复燃了!眼前的现实是,我放弃回国机会、甘愿赴汤蹈火,发誓为他们"负责到底"的残留侨胞,把我戳批得体无完肤;日后的未来呢?像我等人群势力会不会被国人、被世人斥为人类邪恶遭受唾弃?——河本大作"不折不挠"的精神意志,在"太原战犯管理所"溃乱了。

8月的太原,干热风鼓荡着,燥热难耐。河本大作气色颓丧,形如枯槁。伴随着内心的溃崩,他的胃部也严重溃烂。桌子上,放着管理人员拿给的药物、奶粉、长命牌维他命丸。在4年多监禁生活中,尽管河本大作同其他战犯一样,受着仁至义尽的教育改造,而且有着高于一般战犯的生活待遇,因其病老体衰,管理所还常请山大医院的医师为其诊治,注射补针、供给补药,额外配给奶粉和白糖等。但是,"临之以法,晓之以理""只憎恨罪,不憎恨人",这些充满人道之光的教改理念与方法,能够浸润千余日本战犯的身心,使他们的生命获得新生,可河本大作的精神意念,却奉守军国主义为生命之圭臬。所以,当其精神围堤无可挽回地溃垮时,肉体也便如土委地无以救治。

1953年8月25日这天,中国大陆"最后的鬼子"之代表性人物——河本大作的头耷拉下来,心脏停止了跳动。

这个根深蒂固的军国主义分子,挂过日本法西斯五级、六级金鵄勋章和四级瑞宝章的战犯,当年"骑在关东军疯马上,朝着错误方向狂奔不已的骑手",在山西涂抹"大东亚共荣圈缩微版本",画出一团漆黑的涂鸦老手,虽然没等到1956年特别军事法庭公开审判,但已经向历史领到黑色判词,以阴冷的僵尸一具,被铁钉子钉入棺材埋入地下。

城野宏认罪悔罪获刑十八年

东风摇漾,春景盎然。新中国社会主义事业欣欣向荣。1956年4月25日,毛泽东主席签发《中华人民共和国主席令》,公布第一届全国人民代表大会常务委员会第34次会议通过的《关于处理在押日本侵略中国战争中战争犯罪分子的决定》。《决定》指出:"现在在我国关押的日本战争犯罪分子,在日本帝国主义侵略我国的战争期间,公然违背国际法准则和人道原则,对我国人民犯了各种罪行,使我国人民遭受了极其严重的损害。按照他们所犯的罪行本应该予以严惩,但是,鉴于日本投降后十年来情况的变化和现在的处境,鉴于近年来中日两国人民友好关系的发展,鉴于这些战争犯罪分子在关押期间绝大多数已有不同程度的悔罪表现,因此,决定对这些战争犯罪分子按照宽大政策分别予以处理。"文中规定:"(一)对于次要的或者悔罪表现较好的日本战争犯罪分子,可以从宽处理,免予起诉;对于罪行严重的日本战争犯罪分子,按照各犯罪分子所犯的罪行和在关押期间的表现分别从宽处刑;在日本投降后又在中国领土内犯有其他罪行的日本战争犯罪分子,对于他们所犯的罪行,合并论处。(二)对于日本战争犯罪分子的审判,由最高人民法院组织特别军事法庭进行。……"

按照《关于处理在押日本侵略中国战争中战争犯罪分子的决定》,1956年6月中华人民共和国最高人民法院特别军事法庭,分别在沈阳、太原开庭审判日本战犯。6月10日至20日,太原公开审理富永顺太郎战争犯罪、特务间谍犯罪案和城野宏等8人战争犯罪案。

6月12日,太原市海子边大礼堂。

上午8时30分,审判长、特别军事法庭副庭长朱耀堂宣布开庭,审理城野宏、相乐圭二、菊地修一、永富博之(永富浩喜)、住冈义一、大野泰治、笠实、神

野久吉等8名日本战犯战争犯罪案。驻太原党政机关、中国人民解放军、厂矿企业和学校等180多个单位的代表与山西30多个专、县政法机关干警共4000余人参加旁听。

这一案件与特别军事法庭审理的其他案件不同,那就是"被告人在中国犯下了双重的战争罪行,他们不仅在日本军国主义侵略中国期间,是侵略战争的坚决执行者,而且在日本投降以后,还是新的侵略武装的拼凑者和新的侵略战争阴谋组织者"。

开庭之前,检察人员已将起诉书先期送达被告人。这8名被告,过去残害中国人民杀人不眨眼,但接受起诉书时却极度紧张恐惧。有的连签字的地方都找不到,在检察人员帮助下,才抖索着签上自己的名字。他们把着起诉书,翻来覆去地看,逐字逐句地抠,有的一天要看四五遍。

会场庄严静穆,鸦雀无声。城野宏等8名战犯被押上法庭,逐一接受身份检查。

下午2时30分,公诉人宣读(56)特检字第3号《中华人民共和国最高人民检察院对城野宏等8名战争犯罪案起诉书》:

本案被告人城野宏、相乐圭二、菊地修一、永富博之(永富浩喜)、住冈义一、大野泰治、笠实、神野久吉,都是前日本军政人员。经本院侦查证实:以上各被告人都曾经积极参加日本帝国主义对我国的侵略战争,公然违背国际法准则和人道原则,犯有各种战争罪行;在日本投降以后,又怙恶不悛,以参加阎锡山反革命军队为掩护,积极进行保存日军实力、妄图复活日本军国主义再次侵略我国的阴谋活动,对中国人民犯有各种严重的罪行。现将本案各被告人的经历和已经查明证实的主要犯罪事实分述如下:

……

根据本案各被告人的上述犯罪事实,充分证明:他们都是积极参加日本帝国主义侵略我国的战争、犯有重大罪行的战争犯罪分子,又是在日本投降后,妄图复活日本军国主义,积极在山西建立侵略基地,阴谋对我国发动新的侵略战争的积极策划者和组织者。因此,特依照中华人民共和国全国人民代表大会常务委员会《关于处理在押日本侵略中国战争中战争犯罪分子的决定》第一条第二款、第三款的规定提起公诉,请依法惩办。

接下来几天,特别军事法庭按照法定程序,进行法庭调查和法庭辩论。

经过证人出庭作证,公诉人、辩护人向证人、被告人提问,6月17日上午法庭调查完毕。"在证据确凿、义正词严的指控下,各被告人不得不低下头来承认起诉书中所控诉他们的全部罪行"。

法庭辩论中,最高人民检察院检察员、出席太原庭首席检察员井助国,以国家公诉人资格发表公诉意见,总括阐述案件事实,"……我以国家公诉人的资格,代表着亿万人民的意志,怀着对为祖国独立而殉难的烈士和牺牲在被告人毒手下的和平居民深致哀悼的心情,请求法庭对本案这8名被告人做出庄严的判决,以便使这些战争犯罪分子受到应有的惩罚,并使世界上一切侵略者,从这里吸取应有的教训。"公诉意见发表完毕,特别军事法庭为8名被告指定的辩护人,分别就有利于各被告的罪责情节、悔罪表现等可作为减轻他们刑事责任的理由,提请法庭考虑,给予从宽处理。

各辩护人辩护结束,审判长再次征求公诉人意见。公诉人没有否认辩护人的辩护意见,而又依照国际法总则、人道原则和世界公认的国际惯例,就有关被告人的罪责问题发表意见,要求法庭作出庄严裁判。公诉人再次发言后,审判长同样征求各辩护人意见。随后,王克勤律师受全体辩护人委托,代表全体辩护人再次作辩护发言。他说,"我们本案所有的辩护人,都不否认国家公诉人所提出的意见是正确的"。但他仍然提出对各被告从宽处理的理由,请法庭量刑时加以考虑。王律师说,"各被告人所犯的某些罪行,是在他们的上级命令和指示下进行的","而且还多少地受到了他们所处的环境的影响。因为毫无人性地进行各种违反人道主义原则的罪行,正是所有法西斯军队的特点……各被告人也就不能不受到这种法西斯军队一贯进行各种惨无人道罪行的熏染。"还指出"本案所有被告人,在庭审过程中都承认了自己的罪行,并且有不少的被告人都认识到他们所犯罪行的危害性,因而愿意接受中国人民的处分,向中国人民谢罪",希望法庭根据中华人民共和国全国人民代表大会常务委员会决定精神,对各被告人从宽处理。

17日下午法庭辩论结束,由被告人作最后陈述。8名被告都表示心悦诚服地接受法庭的正义裁判。他们悔恨自己所犯罪行,向中国人民谢罪;控诉日本军国主义发动侵略战争的罪行,发誓为保卫和平、反对战争奋斗到底;感谢中

国政府人道主义的教育改造，把中国人民比作从黑暗和死亡中拯救自己的恩人。菊地修一在陈述时放声痛哭，以"苏醒的良心宣誓，无论如何不再参加侵略战争，无论如何也不再盲从军国主义者，无论如何也不再干危害和平人民的事。法庭唤醒了我的良心，给我指出应走的道路。我要做一个真正的人，以实际行动诚心诚意地报答中国人民仁至义尽的、难以言语形容的伟大关怀"。笠实跪在法庭上，神野久吉匍匐在法庭上，表示他们发自内心的痛心忏悔。18日上午，各被告人最后陈述完毕，8人都是哭泣着走下法庭的。

6月20日下午2时30分，是受审战犯等待已久又最怕到来的时刻。特别军事法庭继续开庭，审判长朱耀堂宣读《(56)特军字第3号判决书》。翻译人员同时用日语播放。

判决书中指出：该案在公开审理过程中，共审查了控诉人王玉才、李引群等681人提出的控诉书316件；被告人等原部下及同僚汤嘉谟、早坂襞藏、百百和等119人提出的证词153件；证人张德华、白海只等143人的证词83件；该案有关的档案、文件50件和其他证据材料349件；以及被告人在本案侦查过程中的口供、笔供等。并且听取了传唤到庭的被害人张金旺、党翠娥等12人的当庭控诉，证人赵瑞、逢见谷正夫等23人的当庭证言，被告人的供述，检察员的意见和辩护人的辩护。

法庭确认：

被告人城野宏……罪行。被告人相乐圭二……罪行。被告人菊地修一……罪行。被告人永富博之……罪行。被告人住冈义一……罪行。被告人大野泰治……罪行。被告人笠实……罪行。被告人神野久吉……罪行。

法庭认为：

各被告人在参加日本帝国主义侵略我国的战争期间，以日本军政官吏各种不同的身份，参加侵略我国的战争，并且都是犯有严重罪行的战争犯罪分子。按其罪行，均属违背国际法准则和人道原则。日本投降后，又在中国领土内，犯有组织前日本军人，参加阎锡山军队，反对中国人民的解放战争，阴谋复活日本军国主义的罪行，本应予以严惩。但是，法庭考虑到各被告人在关押期间均有不同程度的悔罪表现。所以，按照各被告人犯罪的具体情节，根据中华人民共和国全国人民代表大会常务委员会《关于处理在押日本侵略中国战争中战争犯罪分子的决定》的精神和第一条第二款、第三款规定,作出终审判决。分别判处被告人城野宏有期徒刑18年;被告人相乐圭二有期徒刑15年;被告人菊地修一有期徒刑13年;被告人永富博之有期徒刑13年;被告人住冈义一有期徒刑11年;被告人大野泰治有期徒刑13年;被告人笠实有期徒刑11年;被告人神野久吉有期徒刑8年。以上各被告人的刑期,自判决之日起算,判决前关押的日数,以一日抵徒刑一日。

城野宏在8人中被判处徒刑最重。日本投降前,城野任日伪山西省政府顾问辅佐官等职。日本投降后"残留"山西,是日军"山西残留"主要策划、组织、实施者。1945年秋作为日方代表,与阎锡山方面秘密会谈,就日军"残留"达成协定。10月后任"合谋社"军事组副组长、组长。其所撰《日本人的立场》,宣传残留理念,煽惑日军残留,成为残留活动初期的重要思想武器。残留期间,任残留日军主体部队司令部部附、研究部部长、政治部(后改新闻处)部(处)长,军阶至少将。太原战役中还负有副司令责任。

1949年4月24日太原解放,残留日军投降。城野宏与被俘日军官兵被押到小北门外收容所,当天转至城南北兵营。他去与今村方策商量对策,但今村方策死意已决,只漠然地说:"我是军人,这种事我干不来。今后的事情就拜托你了!"28日城野在太原南站写信给河本大作,告诉其被俘人员"开始乘火车前往榆次",希望在部队家属离开太原之前予以关照。被押解榆次长凝后,他密谋按计划逃出收容所,潜往平津地区。因消息泄露被单独隔离起来,押回太原旧陆军监狱。1950年春城野宏、河本大作、岩田清一、藤井要三4人被押送北京监狱。岩田、藤井先后病死。城野、河本1952年又押返太原,被确定为重点战犯接受讯问。1956年特别军事法庭(太原)开庭审判,城野宏列于8名受审要犯之首。

开庭之前,检察人员将起诉书送到城野宏手中。拿着起诉书,他翻来覆去阅读上面罗列的犯罪事实。看得更细、想得更多的,是构成"双重战争罪行"的战后"残留":"日本投降后被告人(城野宏)侵略中国的野心未死,妄图复活日本军国主义,在山西建立发动新的侵略战争的基地……"

神情颓丧,两腿发软,城野宏软塌塌地坐在床板上:现在,这一案件受审诸人中,自己已经是首犯了。当初下命令组织实施这场大规模"残留"的,是第一军那两位大人物,司令官澄田睞四郎和参谋长山冈道武啊。可他们看到形势不利,已经逃之夭夭、金蝉脱壳了。另一位参与策划组织的重量级人物,大名鼎鼎的河本大作也死去了。事件整个过程中、特别是后期,河本投入残留活动的理念心志,坚持到底、垂死不变的决心,使他在残留军民中的威信,高出了司令官和参谋长。真不愧是帝国历史上的"人物"! 1953年8月那天,看着战犯管理所的一角放着他的棺材,心中嗖嗖发冷。策划组织日军"残留"的主要人中,还有岩田清一。当时,岩田君和自己年龄最轻、职务最低,他只是第一军司令部的少佐参谋,自己是日本人操控的山西省政府里一个顾问辅佐官。但我们二人都有思想、有抱负。受日本历史教育和军国主义培植训导,国家主义、天皇主义、"八纮一宇"、"海外雄飞",被灌输、融化进血液里。虽眼中流淌着战败屈辱之泪,心中却燃烧着东山再起之火。以被人看作是随心所欲的妄想,去成就梦幻中"复兴皇国"的功业,想藉此立身处世、建功晋爵。为实现残留目标,我们栉风沐雨坚持到最后。太原解放我两都被逮捕了,一年后他就病死在北京监狱,可怜可悲的岩田君!如今,自己只能作为首犯接受审判了。历史就是命运,复何论哉!

城野宏忧心忡忡,焦虑地等待着开庭的日子。

6月12日这天,8名日本战犯被押上特别军事法庭。城野宏站在排头,戴着眼镜,弓着身子,一字一词聆听公诉人宣读起诉书:

……

"被告人城野宏,男,1914年生,日本熊本市人,东京帝国大学法学部毕业。在日本帝国主义侵略我国的战争期间……日本投降后……1949年4月24日被逮捕。

本院根据伪山西省长王骧、山西省保安队副司令赵瑞……和被告人的旧部百百和、逢见谷正夫、加藤幸次郎等44人的证词,调查材料32

原日军第一军司令部参谋、"残留"日军司令部部附岩田清一(右二)被解放军俘虏

件,伪《山西省政府法令专刊》《一般情况的判断》等档案16件,伪《山西新民报》《周报》等报刊7件,以及被告人的供词,查明证实被告人的主要犯罪事实如下:……"

4000余字的罪行材料,经翻译人员翻译,送到城野宏耳机中。他心跳怦怦,汗流浃背:日本投降前参与操纵伪山西省政府,

原日伪山西省政府顾问辅佐官、"残留"日军政治部部长城野宏(右二)被解放军俘虏

制定推行镇压与奴化山西人民的各种法令;直接控制伪山西省保安队,指挥保安队"扫荡"城乡;操纵"山西省剿共委员会",研究制定"剿共"对策等等。日本投降后妄图复活军国主义,参与策划在山西建立发动新的侵略战争的基地;以"合谋社"军事组组长身份实施日军残留,撰写《日本人的立场》宣传煽动残留运动;指挥残留日军继续战争,阻挠中国人民解放军解放人民……

尽管开庭之前他已看到过起诉书的内容,但是被押在威严的特别军事法庭受审,场上有旁听的数千中国民众,城野宏想象不出,犯有这么多严重罪行、双手沾满中国人鲜血的他,会得到怎样的审判结果。

13日至14日,法庭对城野宏犯罪事实进行调查。面对审判员郝绍安讯问,证人赵承绶、赵瑞、平部朝淳等人出庭做证,公诉人、辩护人对犯罪事实提问,城野宏只有供认自己的罪行。

让城野宏心服口服的是,当他对某些罪责的辩解被证人反驳时,审判员没有简单采信证人的言词,而是说"被告有意见还可以讲"。6月17日整个案件法庭调查结束,为了核准事实,冀贡泉律师又向审判长提出:"我是被告人城野宏的辩护人,对被告人城野宏有几个问题要向他发问。请法庭允许。"审判长即又一次让值庭员提城野宏到庭。冀律师乃就"日本投降以后,城野宏曾接受日军第一军司令部的什么指示"等3个问题作进一步核实。

冀贡泉曾经留学日本,是著名的法学家,当时任山西省政协副主席。被指

定为城野宏的辩护人后，已与他进行接触，并对国家公诉人搜集的材料、证人的证言和城野宏的供述作了研究，法庭调查中又对相关问题认真核实。所有这一切，均已证实起诉书中所列城野宏各项罪行。

当日法庭辩论开始，公诉人发表案件公诉意见后，审判长请冀贡泉律师为城野宏辩护。冀律师即提出了"有利于被告人的情节，请法庭加以充分考虑"，并提出"城野宏不论在关押期间或是在庭审中都表现悔罪较好……请法庭对被告人城野宏从宽处理。"

冀律师在发言中说：

"首先，被告人城野宏被指控在日本投降前，任伪山西省政府顾问辅佐官期间，犯有参与操纵伪山西省政府，参与制定并且推行日本帝国主义的各种侵略政策的罪行。当法庭认定被告人这些罪行时，请注意到，伪山西省政府顾问室实际上是日军在伪省政府中的派驻机关。省顾问也是在日军太原陆军连络部部长的指挥下进行工作的。因此，作为顾问助手的城野宏，按他的职责来说，在有些场合下，他的罪恶活动是秉承顾问的意志和驻山西日军第一军司令部的指示进行的。

……

"在日本投降后，留在山西的日军首脑分子指使部下以参加阎锡山军队为掩护，积极进行保存日军实力，妄图复活日本军国主义，再次侵略中国的阴谋活

1956年6月中华人民共和国最高人民法院特别军事法庭（太原）开庭审判城野宏等8名日本战犯

动。1945年8月,驻山西的日军第一军司令指示城野宏:'必须更进一步加深以往你与中国方面的关系,创造对日军有利的状态'。这一指示正符合城野宏继续侵略中国的军国主义野心。于是城野宏就和岩田清一等共同积极进行了勾结阎锡山,并且煽动日人留在山西的'残留运动'的罪恶活动。这说明城野宏在日本投降后……的一系列犯罪活动,是和受到日军第一军司令官等日军首脑分子的支持有一定关联的。

"最后,请法庭考虑,城野宏不论在关押期间或是在庭审中都表现悔罪较好。他供认说:'过去我认为参加对中国的侵略战争是爱国行为。现在我了解到这不是爱国,而是出卖了自己的祖国。这种侵略战争,不但使两千余万中国人民丧失了生命,损失了无数财产,给中国人民造成了难以数计的灾难,而且使日本人民也陷入苦难的泥坑。这就是我所谓的爱国主义的实质和结果。'他深切悔恨地表示说:'我完全错了,我惭愧得很,我非常对不起中国人民。但是中国人民对我这样罪恶滔天的罪犯,还以宽大的精神对我进行了耐心的教育,在生活上也给了深厚的照顾。我要以我自己亲身体验的教训,告诉我的同胞,绝对不能再允许发动侵略战争。我要向中国人民低头认罪,改造自己成为一个有良心的人,走保卫和平的道路。'从城野宏的上述供认中可以看出,他已经坦白认罪了,请法庭对于被告人的这一情况予以充分考虑。

"审判长、审判员,根据中华人民共和国全国人民代表大会常务委员会《关于处理在押日本侵略中国战争中战争犯罪分子的决定》第一条第二款'对于罪行严重的日本战争犯罪分子,按照各犯罪分子所犯的罪行和在关押期间的表现分别从宽处刑'的规定,请法庭对被告人城野宏从宽处理。"

像冀贡泉律师为城野宏辩护中所说,他认罪、悔罪了。法庭辩论结束,被告人作最后陈述时,城野宏发自内心地说道:

"现在我陈述意见。过和平而幸福的生活和以自己的主权来治理自己的事情,这是人民的基本愿望和当然的权利。尽管如此,而我以日本帝国主义侵略者的身份,毫无理由地拿着武器侵入神圣的中国领土,侵犯了中国主权并破坏了中国人民的和平幸福的生活。

……

"……我是中国人民的仇敌,是一个不可饶恕的重大罪犯。我这样的人都得到了曾被我加害过的中国人耐心而温暖的教导,使我知道了什么是正确的。

并给予了我们这些侵略者完全相反的温暖的人道主义待遇。……中国人民是多么伟大多么善良啊！我过去就是以这些中国人民为敌,杀害他们,迫害他们,使他们遭受了不能容忍的灾难。我完全是错了,我的确有罪,请求对我严加惩处吧。

"我痛恨我自己,我痛恨使我犯下这些罪行的日本帝国主义。我过去认为依靠战争占领中国,把中国变成殖民地,就是日本的利益,就是爱国行为,而自己也能依此立身处世,升官发财,光荣而得到名誉的。可是,不正义的侵略战争必定要被人民所打倒的。日本侵略战争所得到的却是惨败,日本人民也承受了巨大的灾难。我不能允许再有第二次的侵略战争,我不能允许再叫中国人民和我的日本同胞们重新蒙受战争的灾祸。……我誓为在任何情况都要保卫和平、反对战争而奋斗到底！我在任何时间、任何地方,不论是在中国也好,在日本也好,并且不论对任何人,也要肯定自己的罪行,我要确切地讲清楚做为一个人来说是不应该犯的罪行。

"最后我要求,允许我们这些被告人,以我们自己作为执行者所犯下的罪恶事实,向世界人民,控诉日本帝国主义的罪行。"

6月20日,城野宏被判处有期徒刑18年,在同案诸犯中是最高徒刑。不过,这该是他预想中好的结果吧。

城野宏万万想不到的是,判刑后一个多月,自己竟然能与从日本前来的妻女相见,一起进餐。

经中国红十字会联系安排,1956年7月25日至8月3日,判刑日本战犯的家属,来到太原战犯管理所探视他们的家人。十来天时间先后会见了7次,每次3个小时左右。其中有城野宏的妻子城野绫子和女儿,富永顺太郎的妻子富永贵美子和女儿,永富博之的妻子赤松光野和女儿,菊地修一的女儿,大野泰治的妻子大野峰寿,住冈义一的姐姐住冈绢枝。

探视期间,战犯管理所根据中央"战犯家属以朋友对待"的指示,安排探视活动。城野绫子等看到了家人生活的全部情形,吃的穿的、住宿日用,医疗卫生、文体活动；了解到战犯们在中国犯下重大罪行,经教育改造后得到了宽大处理；还参观了太原市建设,市区工厂、公园等,对社会主义新中国留下很深的印象。

8月2日晚,一间装有方格子窗户的屋子。窗台上放着暖水瓶和茶壶、茶杯,窗下摆着长方形饭桌。饭桌前,城野宏笑容可掬,与妻女一起用餐。女儿夹起一块肉来,笑嘻嘻地送到嘴里。梳着卷发的城野绫子面带微笑,动情地看着丈夫和女儿。这种其乐融融的家庭氛围,很难让人相信是在战犯管理所,享受悦乐的,是服刑的日本战争犯罪分子主犯与他的妻女。

法庭宣判后,城野宏已经轻松多了。他看看妻子、看看女儿,指着桌上的饭菜:"中国料理你们好长时间没吃了,感觉怎样?"

绫子:"我离开太原没几年,这中餐的味道很不错的。"

女儿用筷子点着桌上的盘盘碗碗:"一、二、三、……十来样呢!在这里还能吃到这么多好吃的,有点奇怪。"

城野宏笑了笑,摸摸女儿的头发。

城野绫子是日本稻田大学的教授。来中国之前听信某些负面宣传,不相信中国政府对日本战犯的政策。她对城野宏说:"在日本时想到自己的丈夫坐监,思想很沉闷。但是来了这里,看到你们的生活情形,看到你的身体状况和精神状态,出乎我的意料。这儿真不像监狱。"

城野宏握了握妻子的手:"很对不住,让你过虑了。"

绫子瞅瞅丈夫:"你在中国犯了罪,我也认为对不起中国人民。可这不是个人问题,是国与国之间的问题呀。"

放下手中的筷子,城野宏扶了扶眼镜:"是啊,如果不是参加天皇的圣战,不会成为今天的战犯!有关罪责问题,辩护人在法庭辩论中也提出了,以求减轻对我们的处分。但公诉人认为,对于'明显的违反国际法准则和人道原则的罪行,各被告人抛弃了道义上的选择,主动地积极地亲自或者命令部下执行了这些罪恶命令……从犯罪的动机及其结果来说,被告人不能推卸其应负的责任。而且依照为世界所公认的国际惯例,即使是遵照其政府和上级颁发的命令所造成的犯罪,也不能作为免除罪责的理由'。"

绫子叹口气,不再说什么。

城野宏接着说道:"尽管这样,公诉人发言后,辩护律师的

太原战犯管理所里城野宏与妻子、女儿一起用餐

代表仍然提出,各被告人'是必须绝对服从的日本法西斯军队中的一分子,就很难对上级的罪恶命令加以拒绝或选择','作为日本法西斯军队中一员的各被告人,不能不受到这种法西斯军队一贯进行各种惨无人道罪行的熏染'等,请法庭在量刑时考虑。终审判决中,法庭还是根据具体情节,结合我们关押期间的悔罪表现,给予了从宽处理。我这18年的刑期属从宽呢。"

绫子点点头:"那就等你吧。"

女儿听着爸妈的对话,半懂不懂。只伸起手来,摸摸城野宏刮得很净的下巴,又拿起筷子为爸爸夹菜。

8月3日,城野绫子等结束了前后10天的探视,就要返回日本了。数日来,绫子领受着管教干部的诚恳心意,感受着朋友般的接待,还允许她与城野宏同吃同住,内心触动很深。随即写文章、发电报,揭露某些人的恶意宣传。一再表示要留在中国,哪怕是擦地板也行。管教人员对她解释说,"眼下中、日还未建交,如果愿意来,以后可通过正常手续来。"

从天津港登船,城野绫子一直站在船头。望着水面上的圈圈涟漪,她突然晕倒了。经急救醒来,还是要求留下。中国代表表示道:"通过正常手续再来中国,我们欢迎!"

带着对中国政府的感激,对服刑家人的牵挂,城野绫子等回去了。但在太原战犯管理所的经历和感受,长久地留在他们的记忆中,融入百水汇流的日、中关系长河中。

其余7名犯有双重战争罪行被判刑战犯中,相乐圭二日本投降前任华北方面军第一军独立混成第三旅团独立步兵第九大队大队长、大尉。曾组织"高桥挺身队",下达命令"凡遇到可疑的人,尽可以消灭掉"。在这一命令下,山西忻县、定襄等地130余名中国人惨遭杀害。相乐圭二还命令部下残杀中国军队伤员7人、带领部队杀害无辜村民等30人。日本投降后,相乐圭二组织170余名官兵参加"残留"队伍。残留期间,任残留日军主体部队铁路(公路)修复部队第七工程队副大队长,保安总司令部二大队副大队长,暂编独立第十总队二团团长、参谋长等职,军阶至少将。先后指挥部队参加忻县、文水、交城、晋中、太原等战事。1949年4月太原解放被捕。服刑改造后,于1963年8月经最高人民法院裁定提前释放。

菊地修一，日本投降前任华北方面军第一军独立混成第三旅团独立炮兵大队大队长、大尉。曾以中国人作"活人靶"，教练日军射击、劈刺，将偏关县一少年作为肠缝合试验对象，做"活体解剖"。先后残杀中国人70余名。日本投降后，菊地修一组织日军官兵参加"残留"队伍。残留期间，任残留日军主体部队保安总司令部二大队副大队长、暂编独立第十总队二团团长、教导总队参谋长等职，军阶至少将。先后指挥部队参加晋北战役、晋中战役、太原战役等重要战事。还参与由日本招募"义勇军"来华的策划。1949年4月太原解放被捕。服刑改造后，于1962年2月经最高人民法院裁定提前释放。

永富博之，日本投降前任日伪山西省闻喜县、安邑县保安队联队部指导官等职。曾亲自残杀、指挥部下残杀中国人110余名。日本投降后，永富博之发动400余名日本军人参加"残留"队伍。残留期间，任残留日军主体部队保安总司令部三大队大队长、暂编独立第十总队三团团长、教导总队教导二团团长等职，军阶至上校。先后指挥部队参加正太战役、太原战役等重要战事。1948年5月，永富博之被派往上海、北京等地活动，企图建立与日本国内军国主义分子的联络据点，开辟中、日间密航路线。1950年12月被捕。服刑改造后，于1963年8月经最高人民法院裁定提前释放。

住冈义一，日本投降前任华北方面军第一军独立步兵第十四旅团二四四大队四中队中队长、大尉。曾两次在太原小东门外马场参加对中国人的集体屠杀。将340余名被俘人员上衣剥去、双臂绑紧，作日军新兵试胆"活人靶"，用刺刀刺死。日本投降后，住冈义一与大队长布川直平组织日军官兵约300人参加"残留"队伍。残留期间，任残留日军主体部队暂编独立第十总队三团团长、教导总队教导二团团长等职，军阶至上校。先后指挥部队参加正太战役、晋中战役等重要战事。1948年7月晋中战役中被捕。经服刑改造，于1959年7月刑满释放。

笠实，日本投降前任日伪山西省壶关县新民会首席参事、县政府顾问等职。曾操纵伪县政府，指使伪保安队，杀害中国和平居民80余人，强征8000余人从事军事性劳役。日本投降后，笠实发动日人100余加入"残留"行列。残留期间，任残留日军主体部队暂编独立第十总队总队部部附。教导总队司令部部附，卫生处、军医处少校，野战医院科长。是残留日军日侨组织"亚文会"代理组织部长。1950年12月被捕。经服刑改造，于1961年12月刑满释放。

神野久吉,日本投降前任伪大同省公署直属警察队首席指导官等职。曾参与血腥屠杀雁北抗日联合会训练班学员和抗日人员等120余名,带领伪警察队烧毁、破坏民房1200余间。日本投降后,神野久吉"残留"山西,任残留日军大同总队情报主任等职。1949年5月大同解放被捕。经服刑改造,于1957年4月刑满释放。

大野泰治,七七事变前即参加侵华战争,曾任伪满滨江省公署警务厅特务科外事股长、伪大同省公署直属警察队队长等职。是残害抗日英雄赵一曼的刽子手。1935年11月,东北抗日联军第三军第二团政委赵一曼,指挥部队作战中负重伤昏迷,被俘后押送伪满滨江省珠河县公署警务科。当时任职伪满滨江省公署警务厅特务科的大野泰治,正派在珠河县审讯抗日人员,直接进行了对赵一曼的酷刑讯问,并将赵一曼押回伪满滨江省公署警务厅,关押拘留所地下室继续拷问摧残。大野泰治将审讯经过、案情分析、处理意见等,写报告书送其上级特务科长山浦清人。正是基于报告书内容,日本特务机关对逃走后二次被捕的赵一曼,进行不忍卒闻的刑讯逼供、侮辱戕害,使用了"日本帝国最新式的电刑",最后将赵一曼押回珠河县"示众"处死。从1935年来中国到日本投降,大野泰治带领、命令伪警察队逮捕监禁中国人1000名以上,残杀抗日战士、和平居民750余人。推行毒化政策,强制村民种植鸦片60余万亩。日本投降后,大野泰治"残留"山西,任大同保安队情报科上尉、太原绥靖公署炮兵集训团中校教官、"山西产业技术研究社"编辑等职。参与组织日本军人80余名参加炮训团。编辑《广播汇刊》等进行复活日本军国主义宣传。1950年12月被捕。服刑改造后,于1963年8月经最高人民法院裁定提前释放。

儿玉华子汾水清波濯污洗心

1956年6月21日,山西机械厂大礼堂经历着不平常的历史场面。中华人民共和国最高人民检察院在这里召开大会,宣布太原在押日本战犯中第一批免予起诉人员。驻太原机关团体、工矿企业、军队和学校、街道居委会代表及新闻记者等,约八百人入场旁听。

会议开始,日本战犯被带进会场。最高人民检察院检察长张鼎丞指定的最高人民检察院检察员井助国,宣读《中华人民共和国最高人民检察院(56)检免字第一号决定书》:

"本院对在押的上中正高、大矢正春、川田敏夫、丸田善市、山崎智郎、中井利夫、中井勘、中岛京子(女)、中岛寿男、田川胜三、寺本秀则、池田秋一、安达千代吉、露本清作、稻叶绩、泽口良明、佐藤荣作、金森弥太郎、近田良造、冈田新吾、高木仪平、高木应悦、高田博、鹿又秀一、黑田一一、住田丰、森原一、石川太郎、杉下兼藏、斋藤幸成、儿玉华子(女)、糸长丰、吉居敏夫、安田勇造、皆川准一郎、汤浅谦、梶岛秀雄、铃木清、铁村豪、上田弥太郎等40名战争犯罪分子,已侦查终结……按所犯罪行,本应提起公诉,交付审判,予以应得惩罚。但是,鉴于近年来中日两国人民友好关系的发展,同时,姑念上述犯人在关押期间悔罪表现较好,或者是次要战争犯罪分子,因此,根据中华人民共和国全国人民代表大会常务委员会《关于处理在押日本侵略中国战争中战争犯罪分子的决定》对日本战争犯罪分子按照宽大政策分别予以处理的精神,决定对上中正高等40名免予起诉,即行释放。"40人中,铁村豪、上田弥太郎外,其余38人日本投降后"残留"山西、犯有双重战争罪行。

随后检察员井助国向中国红十字总会代表成衣信移交名单。

成衣信接过名单,面向被释放人员讲道:"各位,我代表中国红十字会从北京来到这里,接受中国政府的委托协助你们回国,将要出发到天津去。为了沿途安全,使你们愉快地回到家乡,你们如有困难请提出,我们愿意协助解决。"

最后,由被免予起诉人员自由讲话。原伪左云县警察队指导官泽口良明,日本侵华时期在当地抢夺粮食万余斤、烧毁房屋50余间。日本战败"残留"山西后,任第一资源调查社情报员,伪装医生致死中国人2名。他痛哭流涕地说:我从小就接受了日本军国主义教育,以错误的爱国心充当了日本帝国主义的爪牙。我们侵犯了中国领土,残暴地对中国人民实行烧光、杀光、抢光。使他们流离失所、家破人亡、饥寒交迫、痛苦难言。日本投降后仍不接受教训,反而梦想复活军国主义,又拿起武器残杀中国人民。再度给他们带来不可估量的痛苦。我们犯了双重罪,都是违背国际法和人道主义的。按所犯罪行,是完全应该受到严厉惩处的。但中国人民不以为仇,反而在生活上、物质上照顾我们,在思想上教育我们,让我们重新做人,如同亲生父母一般。不仅如此,又对我们宽大处理。这是我们一生不能忘记的。"

"同感!同感!"泽口良明的发言,引起在场70%以上同犯呜呜大哭。

小羽根健治,日本侵华时期任伪涞源县公署参事官、蔚县公署参事官等职。杀害和平居民31人,俘房24人;施放毒瓦斯10筒;烧毁民房20多所;抢夺粮食300万余斤,布500匹,家畜四五百。日本投降后"残留"山西。1946年春任以佛教为招牌的"宏光普济会"武装部长,并组织武装部队"五台工程队"。后任残留日军主体部队营长、特务大队大队长、司令部部附等职。先后指挥武装部队杀害中国人11名,抢夺粮食27.8万斤,家畜近2百,银元210元,及木材、食盐、大烟等。小羽根健治虽然没列入第一批释放人员,但他感慨地说:我们是犯有严重罪行的人,应该严惩。今天一部分人被宽大处理,免予起诉释放回国。事实证明中国人说话算数,中国的政策是要兑现的。我们一定要很好地服法认罪,努力学习加强改造,争取宽大处理。

……

很多人都想说说心里话,纷纷要求发言。因时间关系,大会主持人

被宽大释放的日本战犯更换新衣

宣布:"发言到此为止。大家都到人民饭店会餐!"

"人民饭店",选择在这样一个地方,中国管教人员、司法人员,同经过教育改造、被释放的日本战犯一起会餐。

战犯们被感动地泪流满面,一圈圈围拢到管教干部和检察人员跟前,向良师益友表达感激之情:"心里话说不完,感谢,碰杯!""为和平而干杯!""为和平而奋斗,干杯!"

会餐结束后返回会场,山西"调查日本战犯罪行联合办公室"副主任兼战犯管理所所长孙榜锦,为免诉释放人员发了新新的毯子、衣服、皮鞋等,赠送给他们提琴、口琴。中国红十字会又发给每人50元人民币,及毛巾、牙刷、肥皂。

脱下囚衣,换上新装;告别昨天,走向明天。涌上他们心头的,是更多的兴奋喜悦、感激感慨。"我是有罪的人,中国人民为我治好胃病。我们受到意想不到的宽大处理,还发给这么多的好东西。像这毯子,是从来没用过的。真比父母还好,怎能不感动呢?""我们从今天起,走向为和平而斗争的光明大道!""回国后,一定要与中国人民携起手来,反对帝国主义!""把我们归途的娱乐活动都想到了,还送了提琴、口琴。"……上中正高、中井利夫、近田良造、泽口良明等人的话,道出被免予起诉战犯共同的心声。儿玉华子也情不自禁地说:"我回去要参加日中友好协会工作,当个翻译人员,然后再回来和中国人民见面。"

当战犯管理所发还保管的个人物品时,他们说:中国政府发给我们许多东西,将我们原先的东西归还个人,遗失的东西还照价赔偿,真是感谢不尽。我们回到日本,一定要为和平而努力,来报答中国人民的关怀。

太原关押的日本战犯中,有两名女性。一名叫中岛京子,日本投降前为潞安陆军病院护士,曾受命注射鼠疫菌杀害中国俘虏1名,运输毒品(海洛因)3次、3000余两。"残留"山西后,任第一资源调查社情报员,以行医为名潜入县区收集情报。另一名即河本大作的秘书儿玉华子。二人都在第一批被免予起诉释放回日。

6月21日这天,当检察员井助国宣读《中华人民共和国最高人民检察院(56)检免字第一号决定书》时,儿玉华子按捺着怦怦心跳,默默数着一个一个的名字。一,二,三,……三十一,听到"儿玉华子"了,是我,确确实实念到了我的名字! 泪水夺眶而出,从她的脸颊一直流到下颌。

银汉无声,玉壶光转。

太原,这个寄予了希望、又呼啦啦破灭,燃起了情思、又忽闪闪熄灭的异国城市,自己生活了十几个年头。青年时代,本该有生命中最美好的时光。可是,在日本帝国从意欲称雄亚太、征服世界,到末日降临、无条件投降,日军日侨从幻想"复兴皇国"残留山西,到太原解放、梦幻破灭的时空大旋转中,自己也从一个追逐梦想的青年,沦为栖居他乡的战败国国民,从附庸上层的风华女子,成为身心幡然的释放女囚。如今,曾有的激情心志,经历了人事无常的疑念与醒悟,满怀的信念意想,转变为对双重罪行的忏悔自赎。而无论怎样,这个城市都将永久地镌刻在自己的记忆中——那些年里月里可堪回首的事,那些眉头心头驱之不去的人,还有那一座座陌生渐熟悉的建筑,一处处深沉复明快的山水。

人们说,"最重要的人是你身边的人"。河本大作,便是自己这程生命经历中最重要的人。自1942年秋河本出任山西产业株式会社社长,自己就一直在他身边工作和生活。他是上司,更是自己思想理念的引导者,前行途中的领道人。他也像主子,母亲侍奉他生活起居,自己受他领导主使。那时的自己,为了国家利益和个人前途,在河本"贡献于大东亚战争"的号令下,激情满怀地做着会社的工作。还参加山西产业青年队,制作慰问品,进行慰问演出,鼓舞前方将兵士气。但三年之后,世界风云陡转,日本战败无条件投降了,在华军民沮丧地接受遣返。河本大作可从来没有回国的念头,他与第一军首领等策划组织军民"残留",等待时机东山再起。自己也痛感日本遭遇空前未有之大败,惋惜十数年全民苦战归于乌有。于是,被河本大作带动,受"残留"舆论鼓惑,以为继续留在山西,可以为祖国复兴做出贡献。况自己出生旅顺,已经无家可归,回到日本生活恐更为艰难。就这样,跟随、靠傍河本大作,几乎是不假思索就残留下来。残留后也曾"希望日本今后要真正地放弃侵略主义",这种想法,也许太天真幼稚了!但又何尝不是很多日本人的愿望?后来的日子,恰如寓言"南辕北辙",自己实际做的竟是背道而驰的事。积极投身日军日侨"残留"活动,围绕在河本身边工作、服务,与日、阎高层人员等交际联络,以致犯下了"双重的战争罪行"。昊昊上天,到底有知还是无知?世事变幻,究竟有常还是无常?或许大千世界真有"天道"支配着一切,顺之者昌,逆之者亡。不到四年,又一番风云变幻,又一次末日降临。解放军攻破太原城,战后"残留"梦幻彻底破灭了!河本大作很快被中共政权逮捕,跟着河本,自己也被关进公安局接受讯问。

在公安局待了几个月,自己被放了出来。当时真不知道该相信什么才好,进教堂接受了基督教洗礼,在日侨牙科诊所找了份工作。思想却仍然处在河本影响的阴影之中,对"残留"结局心有不甘。还与母亲一起,为河本、今村隐匿财产。与日侨俱乐部常委高木应悦等,让人刺探河本在北京监狱的境况。与"命风塾"塾长权田胜密谈,企图成立组织与日本国内联系。甚至权田胜阴谋潜伏北京,还把自己物色为接近、行刺中共领导的人选。但没过多久,昭和26年(1951年)9月10日,自己被正式逮捕了。狱中,头上顶着"河本大作秘书""日本特务""日本战犯"的帽子,在秋日蝉鸣、冬日鸦噪、春日鸟啭、夏日蛙唱中,学习改造、交代揭发。逐渐地,改变了起初的思想抵触,认识了自己的"战犯"罪行,也对河本大作这个以前的崇拜者、把自己引向悬崖绝壁的领路人,进行了检举揭发。

"咕咕——咕咕——"不远处,传来杜鹃鸟的啼叫声。不由得想到今村方策君。往事在眼前流动,画面一帧帧……1949年4月24日太原城被解放军攻破,听到了"十总队"放下武器的消息。27日下午,早坂襞藏的信件送到河本公馆,告知今村君自杀未遂。28日又有中村军医的信转来,从中得知中村、汤浅二医生为君做了应急处理。河本也为你入城救治急急奔忙联系。当时,自己心急如焚,真希望能如早坂信中所说,今村总队长服下的"似乎是氰化钾的代用品",你还能活生生地站起来,日后会有见面的一天。但是,你再也没有站起来,哪怕是站在被俘日军行列里、站在日本战犯被告席上;而是走向泉台、与旧部们一起集合去了。如君所言,"不能抛下在大陆战死的人自己回去"。今村君!你地下有知吗?能感知我心口在滴血吗?你为什么没有倒在枪林弹雨中,却选择战火熄灭后决然赴死?你为什么让最后的"十总队"举白旗投降,你可是赞美"死如樱花之壮美"的呀!我想,你是为"大家可以回到日本",而让部队放下武器的;是对战后"残留"怀疑,而"实感为时太晚了!"我能够懂你吗?是你的知音吗?你把日本军人的悲剧性格、悲剧情怀、悲剧命运、悲剧色彩演绎到了极致!

与今村君永隔两界了。曲老师呢?像浮动的云彩飞到天边去了。终战后,老师担任西北实业公司协理一职。在河本大作口中,你有阎锡山做后台,与任营业处处长的弟弟曲宪南,掌握着公司大权。利用金银和物价市场的行情变化,为阎锡山与曲家获取暴利,被老百姓称为"金银魔王"。但是在我的眼中,你学养融贯中、日,气质、风度散发着中年男性的魅力。你是我的汉语老师,在我面前益发显得高深宏博。让人禁不住生出倾慕之情,心仪不置。那段时间,因为

你，因为你的"系念良殷"，我咀嚼了果香般的情味。这情味生自人类，不在于同国或异族。因为你，因为你的指导鼓励，我爱上了音意谐美的汉语言。这语言通向世界，宛如那美丽的虹桥。1948年夏天，老师就离开太原，去筹备西北实业公司台湾分公司。11月，从北平寄来的信函中，"聚晤有期，余容面馨"之句，让我殊感慰悦。很快，您就赴台兼任分公司经理去了。不过老师的高情，还有您送给我的照片，我都珍藏着，永久地留在心上。

　　太原，就要离你而去了。在残留日人眼里，昭和25年（1940年）建在新民北正街，"外观像大阪天守阁"的日军第一军司令部，终战后又唤作"复兴楼"的残留日军司令部，是最具历史符号的建筑。城外东山上那座峰峦起伏、太原战役中与解放军惨烈争夺的牛驼寨要塞，残留日军将官指挥炮队作战的卧虎山、双塔寺阵地，是最为摧心折骨的战斗遗址。在自己来说，难以忘却的还有典膳所那幢排场的院落，终战前的山西产业株式会社、之后的西北实业公司，还有工程师街那所秀丽的四合院，原山西省主席徐永昌的宅邸、曾经的河本大作公馆。这两处庭院，自己进进出出六七个年头。所有跌宕浮沉、快意伤感、情思情殇、罪与非罪，都缘于它们所关涉的人和事。倒是城西那条被山西人称作母亲河的"汾河"，永远有着大美大爱的意象。春夏秋冬，或哗哗流响，或滚滚漫溢，或轻轻荡漾，或沉沉含蓄。无论灿灿丽日、翩翩行云、飒飒寒风、凄凄苦雨，全都映纳体内。自是浪淘风簸，扬清激浊，向着未来奔流，朝着远方鸣唱。甚至对我们这些知罪认罪悔罪的战犯，之前跑到身边作害的入侵者，也有着宽大仁爱的胸怀。你叩击我的灵魂，复苏我的良知，涤荡我的心房，鼓舞我的勇气。就让自己生命流转中的过去，随着汾河水激越的浪花流逝吧，我要清清爽爽、轻轻松松地离开太原了。但是，我会回来看你的，因了这段特殊的生命经历，为了终身难以忘却而纪念。

　　华子在这样的心境中走了，走向新的人生旅途。回到日本后，她参加了中国归还者连合会和日中友好协会，为日中友好事业倾情奉献、不懈努力。1978年中国实行对外开放，儿玉华子出任东京丸一商社驻北京办事处代表。后来在日本最大百货店之一的东急百货公司北京代表处担任顾问。人们熟知的女性华歌尔时装，男士红都牌西装，孩子们爱吃的三宝乐面包……都同这位"被誉为中日民间经济贸易往来中穿针引线的'红娘'"有关。1990年北京举办第十一届亚运会，儿玉华子捐款50万日元。并应邀担任第十一届亚运会《汉字——

走向21世纪》展览会组委会委员。在华子女士的住处,有很多中文书籍,有她特别珍存的两份证书。一份是日中友好协会会长宇都宫德马颁发的"感谢状",上书"您参加本协会以来,常年为发展日中友好事业做贡献。当协会成立30周年之际,谨表谢意。"一份是北京亚运会组委会、基金会颁发的荣誉证,表彰她"为发展亚洲体育运动,增进亚洲人民和运动员的友谊做出贡献"。1991年2月,《国际人才交流》以《一片深情系中国》为题,报道了儿玉华子的事迹。当记者肖连兵采访华子女士时,她谦和地说"我只是做了我认为应该做的事,是我的经历决定了我把自己的后半生献给日中友好事业","我向亚运会捐款,是要表明我的心向着中国"。谈到经历和家人,儿玉华子并不回避曾"被送到太原战犯管理所,5年后获释归国"。正是5年的学习、改造,"认清了许多问题,使她下了毕生从事日中友好工作的决心"。问及华子女士"为何一直独身?"她说回日本后"我有过男友,一提到结婚便让我退职。而我不能没有工作,不能没有自己的时间。否则我无法致力于日中友好事业。进行这一事业需要不懈的努力和大量的时间,所以我只有选择做独身的职业妇女"。华子还说:"母亲最支持我从事日中友好事业。我不出嫁,她也从来不反对。并且包办了我所有的日常家务。"1995年8月出版的《侦讯日本战犯纪实(太原)》,也记载"原太原在押犯儿玉华子、中川博等人,与中国合资兴建了机械厂、摩托车厂等"。自然,华子也怀着拳拳之心重返故地,对自己的过去虔诚忏悔,为太原的发展衷心祝颂。

    1956年7月18日,山西机械厂大礼堂再次召开大会,宣布太原在押日本战犯中第二批、32名免予起诉人员。他们是:小羽根健治、小宫正香、上田秀正、日里哲二郎、太田敏雄、平野岭夫、田边秀一、羽鸟猛次、村田七郎、杉山安太、佐藤平、尾崎修三、岩屋勇、金子传、冈田宪三、星达二郎、相泽养三、高桥畅、破魔丰候、栗田保、柴本与吉、梶田充、渡边楠子、远谷文雄、远山哲夫、福田佐平、洼田治定、桥本重延、桥本三郎、织田又藏、竹内丰、村山隼人。32人中除"栗田保"外,31人日本投降后残留山西、犯有"双重战争罪行"。

    随后,剩余48名太原在押日本战犯,为便于管理移交抚顺战犯管理所集中关押。也于1956年8月21日,宣布免予起诉、释放回国。他们是:小林高安、小川恒夫、小山内义磨、小野光男、大渊辉迪、大西健、上田长造、山本武雄、中川博、日下俊孝、水谷忠志、五十岚猛、井上义雄、辻宗盛、平部朝淳、白井喜三

治、古谷敦雄、石田菊寿、石冢鹤雄、加藤幸次郎、伊藤孝一、竹川德寿、西原修自、吉泽行雄、吉田来、百百和、早坂襞藏、刘部一郎、武末光治、松水光穗、东登太郎、岩井正雄、若尾孝、长井觉、荒井新一、高梨文雄、高屋三郎、逢见谷正夫、森野博明、雄谷英夫、铃木元之、横尾直治、藤木喜代美、藤本秀雄、藤井司郎、权田胜、田中武夫、黑泽嘉隆。48人中,除小野光男、中川博、白井喜三治、横尾直治、黑泽嘉隆外,42人日本投降后残留山西、犯有双重战争罪行。田中武夫存疑。

据山西省人民检察院《侦讯日本战犯纪实(太原)》,自1952年6月山西"调查日本战犯罪行联合办公室"及战犯管理所成立,太原接收、关押的日本战犯共136名。1956年6月19日、6月20日,富永顺太郎、城野宏等9名"罪行严重"的战犯,被判处徒刑。其中城野宏等8名,日本投降后残留山西、犯有"双重的战争罪行"。同年6月21日、7月18日、8月21日,上中正高、儿玉华子等120名录于《纪实(太原)》,属于"次要的或者悔罪表现较好"的战犯,被宣布免予起诉、释放回国。其中111名日本投降后残留山西、犯有双重战争罪行。另有7人1956年开庭审判前因病死亡。7人中除河本大作外,余6人《纪实》未录相关信息。136人之外,残留山西于太原解放后被捕的岩田清一、藤井要三,在"调查日本战犯罪行联合办公室"成立前,病死于北京监狱。

美丽的天津港,地处渤海湾最西段。太原、抚顺三批被免于起诉的日本战犯于1956年6月28日、7月28日、9月1日,在这里乘坐日本轮船"兴安丸"回国。他们载歌载舞,在"和平万岁""全世界人民心一条""东京——北京"等歌声中,激情高唱走向新生的喜悦。候船期间,并参拜抗日烈士纪念馆、纪念塔,虔诚敬献花圈,表达对战争罪行的忏悔。他们饱蘸浓情,向自己接受教育改造的战犯管理所敬送锦旗,向中国人民、中国政府和中国红十字会感恩致谢,并集会通过告别词和感谢文,抒发难以抑制的感想、感动和感激,留下真情涌动的心迹、心声和心愿。

海水荡漾,波光粼粼。"兴安丸"号起锚了!船上,特殊乘客们激动流泪,不停地挥手致意,与自己的再生之地依依惜别。这一刻,永久留驻于他们昨日走向今日的生命纪念中,嵌刻在世界战争与和平的史册图录中。

第二批被免予起诉释放回国的日本战犯之感谢文：

中国的各位，管理所长先生以及各位工作员先生：

我们现在受到中国人民的宽大赦免，而能回到人民的怀抱里去。

我们有着言语所不能形容的感谢和感激，将要开始走向新的人生的第一步，这真是如同做梦一样。

过去给予中国人民那样深重灾难的我们，现在能受到这样的宽大处理，这绝不是应该的！

在人类很久的历史上，都是杀人者受死刑、盗物者受徒刑，这从法律上或是从道德上来说，都是应该的。

但是和我们所预料的相反，这一不应该有的事情竟破例地成为现实而出现在我们的眼前了。

我们不久就要离开六年如一日地帮助着我们的各位的身边，而回到久已怀念着的祖国，和等待着我们归来的家人们共同欢度快乐的生活了。

在这一事实的面前，使我们充满了有生以来从未曾有过的喜悦！

但是我们单纯的欢喜是不行的！为什么这样呢？因为现在我们清楚地知道：给予我们这样欢喜的再生恩人，正是在我们过去所进行的侵略中国的战争中给予极度残酷祸害的被害者。

而且，我们更清楚地知道：我们现在生活的时代，是怎样的一个时代，而我们将要回去的祖国日本，又是处在多么悲惨的境遇！

我们过去生长在贪

被免予起诉释放回国的日本战犯在"兴安九"号轮船起锚后，向中国这块再生之地挥手告别

儿玉华子汾水清波濯污洗心

婪无厌的军阀和财阀们所统治的日本社会里,从幼小的时候起,就受到野蛮的军国主义欺骗教育的影响,丧失良心,变成公然做出损人利己、恬不知耻的行为的人了。

于是把那丑恶的侵略战争,认为是"正义"的、"为了国家"的,积极地从事战争,而从中做着"飞黄腾达"的迷梦,狂奔于追求自己的利益!

在十几年以前,我们拿着丑恶的杀人凶器,侵入神圣的中国领土,公然地违反国际法和人道主义原则,把勤劳、朴素、勇敢、智慧、为了和平和幸福生活而劳动着的中国人民当作"敌人",犯下了罄竹难书的罪行。

我们只要看到中国的人们,就肆意地加以逮捕、奴役、刑讯和强奸,并且以令人难以卒睹的残忍手段把他们杀害了。

我们用解剖活人、嗾使军犬咬死人、剖开孕妇肚子挖出胎儿或用石臼把人的脑袋砸碎等等残忍手段,一直在杀害着中国的人们。

不仅如此,还公然施放毒瓦斯和撒布细菌,夺去了难以计数的中国人民的宝贵生命。

像这样的行为,只要稍有人性的人,是绝对不会干出来的。

我们是多么令人可怕的鬼畜啊!

我们一侵入进来,你们的和平生活就遭到了破坏。一瞬之间,那美丽葱翠的土地就变成了人间地狱。

就这样,一千二百万你们父母兄弟的宝贵生命和五百万万美元以上的财富,被我们夺去了。

我们所给予中国人民的,就是这样的悲惨生活,血泪的悲伤,难忘的憎恨!

我们做出了不可挽回的罪恶!

我们犯下了在历史上不可消灭的错误!

尽管如此,在战败这一严峻教训面前,愚昧无耻而又野蛮的我们,还不曾反省到自己的罪行,仍然在继续作着丑恶的反抗。这也就是说,在手里虽不拿着杀人凶器,但在内心里,却仍然抱有凶恶的复仇武器。

毫无疑问,像这样罪恶深重的我们,理应受到胜利了的中国人民的严惩。但是,当我们被苏联移交中国以后,却遇到了完全和我们想象相反的事实。中国人民对于我们的温暖态度和给予我们无微不至的宽大的人道待遇,和我们过去对待中国人民的残虐行为,丝毫没有相同之处。

过去,我们把中国人民关禁在无衣无食和疫疠流行的牢狱里,在苛重的奴役和鞭笞之下,一个一个地毫无理由地杀害了他们。而中国人民所给予我们的环境是:宽广的运动场、周围环绕有花坛的明亮清洁的房间、露天剧场、俱乐部、澡堂和理发室以及设备完善的医务室等等。

我们只要翻开这里的一层土,在那里就埋有在11年前被日本人狱吏所暗害的烈士的遗骨,而我们在这块土地上,却每日度着歌唱和舞蹈的生活。

我们过去甚至连水都不想给中国人民喝,在他们有病的时候,把牙粉当作药给他们吃,来戏弄人。不仅如此,在感到麻烦时就把他们杀掉。

但是,中国人民每年都给我们以按尺码量做的崭新的夏季和冬季的衣服,还按照我们的希望制定菜单,尽饱地吃着可口的日本饭菜。在严寒的冬天,还给我们吃着暖窖里栽培出来的鲜红的西红柿和其他新鲜蔬菜,连点心、水果、茶叶和香烟等也都发给我们。

这不仅仅是因为我们是日本人的关系,而尊重我们的生活习惯给予了这样温暖关怀。

我们不仅生活在经常进行消毒和清洁检查等很完善的卫生环境里,在我们有病的时候,即使是由旧社会带来的宿疾或是由于自己不注意而引起的病,无论是在深夜或是非常忙碌的时候,都能得到大夫先生和护士们及时地确切地科学治疗。

有时任性的病人无理取闹,就连我们自己人都不愿意理睬他的时候,医务工作人员和班长先生们都能耐心地温和地和他讲道理安慰他。

不仅如此,我们还有很多的同伴们,住在市内的医院和疗养所,受着和中国人民同样甚至于还要好的亲切治疗。由于得到这样的关怀,我们的同伴们不知有多少人都从生命的危险中被拯救出来了。

中国人民不仅在衣食住和卫生方面给我们以无微不至的照顾,同时也保证了为了使我们能恢复人类真正情感的文化生活。

我们过去在旧社会里,除了做着牛马般的劳动和杀人以外,是一无所知的。统治者们所给予我们的,只是那丑恶的杀人凶器。而中国人民给予我们的却是价值高贵的数十种乐器、近三百部的各国影片、数千册的图书、各种运动用具和娱乐品。

我们得到这样的关怀,我们能够学习文化,发展体育,扫除文盲,而且逐渐

懂得了世间的道理。

仅仅是在这短短的一年间,我们就举行了29次文娱会和24次的大、小运动会,完全保证了身心的健康。

特别是到了今年,有一个月的时间,我们坐着寝车,住着旅馆,参观了广大中国11个省11个都市的建设和生活的发展状况。对于管制中的战争犯罪分子,能许可作这样的参观,这种极端旷达的胸怀真是史无前例的。

如上所述,中国人民所给予我们的待遇,一贯是人道的、宽大的。正因为它过于深厚,这绝不是能用我们这样拙劣的笔墨和言词所能说得尽的。

回顾一下,过去六年的生活,对我们说来,是从死亡的绝路走向光明再生的过程。并且又是在我们的冥顽的头脑和身体里,付与新生的力量,而使我们苏生过来的过程。

我们在这一期间的生活中,所直接接触到的客观的现实,不论是日常生活中多么细小的事情,或是需要注目的大事情,都反映了中国人民希望持久和平与幸福、反对帝国主义侵略的崇高和正义的意志。通过中国的政策,它也反映在给予我们的生活上面。

从这些事实中,我们可以清楚地理解到:只有人民当了国家主人的国家,才能做到这样的事情。我们也清楚地理解到这种社会制度的优越性。

从百年来外国帝国主义的残酷侵略的灾难中站了起来,并且摆脱了压在自己头上的一切障碍而赢得胜利的中国人民,真是个伟大的民族。我们清楚地认识到:中国人民正因为在过去受尽了灾难,所以绝不愿意别人在今后再受这样的灾难,为反对重使自身与全人类陷入不幸和悲惨的侵略战争而进行斗争。

中国人民一贯主张:所有的劳动人民都要互相帮助,所有的国家都要和平共处敦睦友谊,任何国家都不能威胁他国的独立。

中国人民才真正是国际主义和保卫持久和平的伟大民族!

中国人民并不是如我们过去受欺骗所认为的日本人的"敌人",而是两千年来一贯和日本人民有着深厚友谊的亲密的朋友。我们从这一事实中,对于现在想要切断中日两国人民之间的关系的一小撮反动集团的恶毒阴谋,抱有无比的憎恨!

同时,我们用自己的眼睛清楚地看出,六亿中国人民在党和人民政府的领导下,齐心协力向着建设光辉灿烂的社会主义而迈进的力量的源泉。

共产主义的改造人类、改造世界这一伟大真理,现在已在我们每一个人的心里成为自己的坚强信念。

我们由于接触到了这样活生生的事实,使我们痛切地感到和平和劳动的伟大以及人类生命的宝贵。

中国的各位,管理所长先生,工作员先生,现在我们将要回到故乡,在幼时就住惯了的那个美丽的土地上,和家人们一起过团圆的日子了,可是,被我们所杀害的中国人民,却永远也回不到你们富饶的土地上来了,也不能再和各位一起谈笑了。

想到这件事情,当现在要和各位分手的时候,我们的心中充满了惭愧和对不起人的心情,感到无地自容。

我们的生命,是从不记前仇、只谈论着将来而用笑脸对待我们的各位所赐予的。

只有中国人民,才是我们的再生恩人和重生的父母。

现在我们从心里真正地明白了。

各位先生!在这一很长的时期,真是太谢谢了。

在这一期间,我们所有的恬不知耻的态度和任性的行为,是多么伤了各位的心啊!我们对于这件事情,衷心地表示歉意。对于各位,我们是终生难忘的。

我们要把从各位那里得到的两件宝物——新的生命和真理,在后半生中,要为人民、为社会和和平而奋斗。

我们已经认识到,过去的那个丑恶的侵略战争,对于中国人民,对于日本人民,都是一种无比的灾难,对于我们自己也是没有丝毫利益的。我们今后要为反对侵略战争和保卫和平而斗争。

我们既然亲眼看到人民当了国家主人的中国是怎样的美好、富裕和幸福,我们今后就要献出生命,为民族的独立、自由和民主而斗争。

而且,我们既然亲身体验到中国人民是把日本帝国主义和日本人民区别开来,对于日本人民给以无限的同情的这一事实,我们就要毫不迟疑地勇敢地为中日两国人民永恒不变的友谊而斗争。

只有如此,才是我们唯一的生路。现在,我们真诚地在各位面前宣誓!

中国的各位!在这很长的期间,真是太谢谢你们了。

当我们将要和重生父母的各位离别的时候,我们衷心表示感谢。祝福各位

身体健康,幸福。

我们一定要把各位的教诲印在心中勇猛前进!

我们期望着在不久的将来,我们以人民的资格再与各位见面的欢喜的日子的到来。以此作为向诸位告别之辞。

中国的各位,再见吧!

第二批获释的全体日本战争犯罪分子
1956 年 7 月 18 日

"我们既然共同生活在地球这个美丽的星球上,为什么要搞起战争来互相残杀呢?"

被中国宽大释放的日本战犯回国后,自发组织起"中国归还者连合会"。1957年9月,中归连召开第一次全国代表大会,通过会章,选举负责人。按《会章》规定,中归连在日本各都、道、府、县设立支部或小组。

会议决定开展反对侵略战争、维护和平和日中友好活动:(1)全国各地支部以团体会员身份,加入各地"日中友好协会"。(2)地方会员可经常为当地报纸撰稿,宣传反对侵略战争、维护和平。(3)参加各地反对侵略战争活动,应经常以"我们是加害者"进行现身说法。

到1984年,中归连共有会员700余名,赞助会员80余名。会员为曾参与侵略中国并成为战犯,而受到中国宽大处理(抚顺、太原)释放回国的全体成员。赞助会员为赞成中归连宗旨愿意入会者。

近半个世纪里,中归连始终践行"反对战争,维护和平,发展日中友好"的誓言。其成员以诚恳的认罪态度、"加害者的反省",告诉日本人民日本在侵略战争中的罪行。

中归连成立当年,即出版《三光》一书。其跋语中写道:"日本军国主义所掀起的战争,使日本国民自身陷落到人类的最下层,同时给亚洲各国人民、特别是给中国人民带来了惨重的伤害。我们不允许再把祖国和青年们再次驱入这种可恨的战争!不容许重演对勤劳人民进行残酷屠杀的犯罪行为。"《三光》在日本全国引起了强烈反响,销售之快,居日本战后出版书籍第二位。之后,又出版《侵略——从军士兵的证言》《新三光——在中国,日本人干了些什么?》《侵略中国日本战犯的手记》《不能消失的记忆——活体解剖的记录》《慰安妇——日中战争中,日本鬼子兽行录》《千人战鬼——使鬼变成人的中国战犯管理所》

等书籍百余部。为了把自己从战争罪人变为和平战士的真实情况如实记录下来,让年轻一代从前人的经历中永远吸取血的教训,避免历史悲剧重演,他们还组织编委会,编写了《改造回忆录》。中归连成员并在报纸、杂志、电台发表文章和讲话,为中、小学校撰写和平教育读本。以亲历亲见揭露日本军国主义发动侵略战争的罪恶本质。

在反战、维和活动中,中归连自己组织、与其他民主团体和新闻媒体共同组织,举办各种演讲会、座谈会、展览会等。1957年,对中国人做过活体试验的前军医野田实,即在东京"电通会馆"介绍其亲身经历,对惨无人道的侵略战争揭露反省。1961年,中归连、日中友好协会共同举办"谈谈中国演讲会"与电影放映会。中归连会长藤田茂,以《谈谈我的反省》为题进行讲演,使会场人员受到深刻教育。中归连还多次在"7月7日"这天举行活动,揭露日本军国主义罪行,颂扬社会主义中国的人道主义、国际主义。1973年中归连同4个爱好和平团体共同发表反对侵略战争申明。1989年广岛"战争体验听证会"上,NHK电视台放映《日本在中国干了些什么?》中归连会员纷纷现场发表证言,使与会者、特别是青年感受到极大震撼与教育,认为日本永不能再战。同年NHK电台还以特别节目《战犯的自白——抚顺、太原战犯管理所1067人的手稿》为题,向全国广播。电视台也对中归连其他活动会场录像转映。

1997年"中国归还者连合会"创办季刊《中归连》,宣传和平与反战创会理念,扩大活动影响。刊物内容之重心为登载会员回忆录,稿约中日两国学者发表论述,记述历史真实、正确认识历史,批判纠正日本国内的错误历史观及有关中日关系的错误言论。

实现真正意义的日中友好,是中日两国人民共同的愿望,中归连大力宣传播扬,体化力行,努力"促进加害者民族反省",防止日本军国主义复活、重蹈历史覆辙。对某些时期日本当局及右翼势力的反华言行,举行集会抵制批判。同时,举办中国电影展、照片展、物产展等介绍中国,增进日本民众对中国、对日中人民源远流长友谊的了解。中归连成员与中国方面合作,兴办工厂、经营企业,促进两国经济贸易往来。盘城市与抚顺市、山西省与琦玉县等结为友好城市(省县、市町),他们起到积极倡导、推进促成作用。特别是在日、中邦交正常化进程中,中归连踊跃参与、倾心推动。1963年曾组织"恢复日中邦交"3千万人签名,1972年举行"祝贺恢复日中邦交正常化"等。两国邦交正常化之前和之后，他们数次参加日中友好协会欢迎中国红十字访日代表团等聚会。同时自身多次组织大型访华团访问中国。1965年秋会长藤田茂率团赴华访问，受到周恩来、郭沫若等中国领导人接见，还受邀参加北京举行的中华人民共和国国庆节活动。中归连并组团到抚顺、太原，拜访对他们教育改造的"恩师"。在抚顺战犯管理所竖立"谢罪碑"，发行《向抗日殉难烈士谢罪碑揭幕记录》。也多次邀请中国原战犯管理所工作人员赴日访问，在中国代表团访日之际，中归连成立"欢迎实行委员会"，与代表们同吃同住同参观游览。还有不少中归连成员的家属、遗属，参加欢迎活动。

汤浅谦是1956年第一批被宽大释放的日本战犯。日本投降前任日军第一军潞安陆军病院中尉军医，日本投降后"残留"山西，任残留日军主体部队教导总队一等军医正等职。

在山西省侦讯日本战犯档案中，汤浅谦的主要罪行是：

活体解剖抗日军俘虏14人、和平居民5人；

训练日人卫生兵430名；

制造细菌苗12瓶毒杀中国人民；

训练日人卫生兵时，踏坏民田270亩；

日本投降后参加残留日军武装，并煽动日人10名从事医务活动。

……

中国归还者联合会"欢迎实行委员会"热烈欢迎中国原管理所友好访日团

"我们既然共同生活在地球这个美丽的星球上，为什么要搞起战争来互相残杀呢？"

出生在东京都一个医生家庭的汤浅谦,大学生活是在慈惠医大度过的。但这所本当充满人类之爱、培养学子救死扶伤的医学院校,却让求学中的他"听说当了军医到中国大陆去,就有机会做'活体解剖'"。对此汤浅问过从中国回去的高中同学前田,前田回答:"不错,是做的。"这样,在汤浅的脑子里,"活体解剖"就是"手术演练",是日本军队"用中国人作材料练手术","拿中国人来动刀子"。

昭和15年(1940年)汤浅谦被征入伍,经过两个月军队训练和军医专业培训,派到山西潞安日军病院担任军医。在解剖业务培训中,他和数十名日本军医围成一圈,把中国人当"活教材"进行解剖。之后,汤浅即把挣扎着不上手术台的俘虏推上手术台,一个个活生生的中国人在他手术刀下被肢解,而他却没有丝毫的罪恶感。在日本疯狂野蛮的侵略战争中,汤浅谦的人性泯灭了!1945年日本无条件投降,汤浅没有因"畏罪"随大部队遣返回国,而是"把自己过去的所作所为忘掉干了"。在军国主义势力倡导蛊惑下,"残留"山西继续战争犯罪。太原解放后,1951年1月被逮捕。

让汤浅谦对"活体解剖"产生罪恶感,是从接受太原战犯管理所教育开始的。最初,他写的交代材料满纸都在开脱罪责,不是说奉命行事,就是说自己是内科医生。这些避重就轻、推卸罪责的"交代",管理人员每次都会收起来保存。而对他进行耐心教育,等待其觉醒,过一段时间又找他继续补充。经过一次次讲解政策,一番番触及灵魂,汤浅对犯罪行为的认识逐步提高。特别是收到一位中国母亲的信件后,他的内心受到了极大震动。

信里这样写着:

汤浅谦,我是被你杀害了儿子的母亲。就在那一天的头一天,我的儿子被宪兵队带走了。我跟到了宪兵队,一直守在门前。第二天,门突然打开了,我儿子被绑上了一辆卡车,不知要带到什么地方去。我跟在卡车后面追,可我是一双缠足,怎么能追得上呢?一会儿卡车就没影了。我便到处找儿子,但找不着下落。第二天,有个熟人告我说,"大婶,你儿子被带到日本陆军医院做了活体解剖啦。"我伤心绝望,眼睛都快哭瞎了。原来种的地也无人耕种,断了粮食来源。汤浅谦,我现在听说把你抓住了,我要求政府严惩你。

信中的一行行一字字,一次次地在汤浅谦眼前跳动。他仿佛看到这位老大娘的身影:头戴中国式的老妇帽,在宪兵队门前焦虑不安地等待。一双缠足,沿着那条泥泞不堪的碎石路一晃一晃往城里跑。瘫坐地上,鼻涕一把泪一把呼天抢地……

回想自己对中国人"活体解剖"的一幕幕,汤浅谦产生了强烈的罪恶感,他认罪悔罪了。对管教人员说,"我的罪恶是严重的,是死有余辜的。但中国人民对我采取教育改造政策,我要反省自己的罪行,向中国人民低头认罪。"

接受宽大处理免诉释放回到日本,汤浅谦加入"中国归还者连合会",躬行反对战争、维护和平活动。1961年7月被选为中归连常务委员,作为日本和平理事会代表,赴莫斯科出席全面裁减军备和保卫世界和平大会。正是在中国战犯管理所受到的教育,回国后参加"中归连"的活动,让汤浅谦越来越深刻地认识到,"日本军的反人道犯罪是不能容忍的,日本的集团残暴犯罪是不能容忍的。可是在日本,对于战争犯罪的认识还很肤浅。有些人认为那是战争,杀人是当然的。还有的人不承认,杀了那么多人能忘记吗?这是最危险的。不了解战争,不承认战争,是可怕的。"他积极参加反战维和集会,出版书籍,接受访谈,面对日本人民、中国人民和世界人民,公开揭露日军泯灭人性的"活体解剖",反省日本侵华战争罪行。还在自己所出《永不磨灭的记忆》等书籍中,在中国大型文献纪录片《抗战》、六集系列纪录片《不只是"731"》等历史纪实中,在与日、中各种媒体,与日本人、中国人的谈话中,以"加害方战争体验的讲述者",对日军、对自己的战争犯罪行为,进行痛苦、反复的讲述和反省,"不停地把这些事情告诉别人"。

汤浅谦的讲述中,他所在的山西潞安陆军病院,属于三级陆军医院。院长为中校,有军医9人、药剂师1人、会计1人、总务1人。这些人有军官军衔。此外,还有准士官、军士等20人,卫生

原日军第一军潞安陆军病院军医、"残留"日军一等军医正汤浅谦揭露日军对中国人活体解剖罪行

"我们既然共同生活在地球这个美丽的星球上,为什么要搞起战争来互相残杀呢?"

后70人,护士10人,军内雇员数人。另有20名左右的中国务工人员。医院设有内科病区、外科病区和传染病区。还按照院长的指示,开设特别病房收治危重病人。

关于"可以进行'活体解剖'的命令,由驻晋第一军发到陆军医院和各师团、各旅团。医院根据这一命令,由院长和总务主任进行准备"。"日常命令和作战命令属于秘密命令,是不让大家看的。在我担任总务主任时期,接到了命令或类似命令的文件,让我拟定个计划……我拟定的计划经院长批准盖章后交上去"。有一次为了培训卫生兵,"我不是奉命而是自行决定,给宪兵队挂了个电话,说是要做手术实验,让他们送一个人来"。

"培训部队军医,是我们陆军医院的任务。"在战场上,有些伤势必须做手术,如贯通枪伤,截上肢、下肢等等。而第一线上的伤员无法送到陆军医院来。因为日军占领的是'点'和'线',运送伤兵必须派数十名军人护送,通过非占领区才能送来,这就有困难。这样,必须在第一线做手术。如果不会做手术,部队就有意见:我们的军医连子弹都取不出来,胳膊腿也截不了,有人挂了彩,让我怎么办?所以军医很多被分配到第一线部队,然后定期把他们集中起来,搞这种"活体解剖"培训。用"活体"做实验,可以提高医生的技术,有利于对日本受伤官兵的治疗,确保日军战斗力。搞活体解剖"还有一个目的,就是锻炼胆量。就是说,如果做不到眼都不眨一下地搞'活体解剖',就不配当一名皇军的军医。所以,第一次战战兢兢,第二次满不在乎,第三次主动大胆,有一种'你瞧我'的心情"。

一次,为了培训第三十八师团野战部队军医,汤浅谦等担负了协助演练任务。该部队有三十七八名军医,"参加手术演练的潞安陆军病院的人员除了我以外,有我第一次参加手术演练时就一同参加的十一二名军医,还有新来的五名军医,二三名其他人员,一共二十名左右。"被当做实验品的人是从宪兵队转来的。"是我把挣扎着不上手术台的俘虏推上去的。当时的想法只是觉得我穿着军官服,外罩雪白的手术衣,要是扭打在一起弄脏了可太不体面,就想到这些。至于这个人干过什么,他的父母现在怎样等等,根本没想过。"

在潞安陆军病院,年轻美丽的女护士,也成为罩着"画皮"的厉鬼。活体解剖手术是"年轻可爱的女护士和我一起做的。她们在手术过程中又说又笑","旁边放着两组手术台,两个女护士准备着手术刀、手术剪、钳子等,咔嚓咔嚓的声音在房间里回响。……女护士走到那男子身边说'睡觉'（睡下或躺下），又说'麻药给，不疼'。怪腔怪调的两句中国话，不费事就让男子躺下了。那种口气好像已经不知说过多少遍了。我听了心里不禁在想，这女护士哄那男子躺下时，说得居然那么轻松。因为一针麻药推进去，男子就再也别想醒过来了。"

……

"潞安陆军病院"和"太原战犯管理所"，在汤浅谦的主要经历中，呈现着反向的特殊场景与生命体验。潞安陆军病院服役，他们解剖了那么多活生生的中国人，居然无动于衷，甚至日本投降后还能把"所作所为忘掉干了"。为什么？"因为是命令。也就是命令你参加，你就得参加。""再加上司空见惯"，"只要成了家常便饭，天大的坏事也会无所谓。""在战争第一线，不管用什么方法杀人都是可以的，还说你有勇气。"而太原战犯管理所，却让汤浅谦这样的恶魔"从鬼变成人"。"发现了那个杀过人的自我"，学会了站在受害者的立场反省自己的罪行。"所以现在有人问，你们是抱着什么目的去打仗的，原来当军医的人很多会回答，是为了救助伤员；但我要回答'是为了去杀人。是大规模杀人'，战争就是这样。"汤浅谦深知自己与和自己一样的日本人变成侵略军之可怕，他要"用余生来承受和救赎罪责"。不只为忏悔，而要通过积极努力的活动，把忏悔、反省变为维护和平的具体行动，让世界变得安详美好。

"残留"山西日人中被俘被捕人员总计在1500人左右。除120余名战犯被捕外，其余人员经审查、教育后在1954年遭返归国。回日后他们发起成立了"全国（日本）山西省在留者团体协议会"，后有其他残留日本军人参加。协议会中很多人投入反对战争、维护和平与发展日中友好的活动。

2006年日本电影《蚁的兵队》，在加拿大多伦多国际电影节、香港国际电影节和日本国内放映，引起了很大反响，影片并在香港国际电影节获奖。日本电影评论家佐藤忠男称：在记述战争的题材中，这是最先以加害者方面人物为主人翁，通过画面进行记实反映的电影。而片名《蚁的兵队》，及画面上一群蝼蚁惶然茫然，急急窜行于迷茫旷野的镜头，也从另一深层次揭示出，在军国主义势力驱策的战车下，在旷久惨烈的战争中，中下层日本军人如同命轻形微的蝼蚁一般，遭受践踏与撇弃。该片导演、独立制片人池谷熏说，我的纪录片就是人性与命运的故事片。日本有句俗语，一寸的虫豸还有五分的魂儿，何况一个

『我们既然共同生活在地球这个美丽的星球上，为什么要搞起战争来互相残杀呢？』

人呢？

影片主人翁奥村和一，是参加日本侵华战争，战后"残留"山西的老兵。

2000年4月，76岁的奥村和一重返山西，第一次到山西省档案馆查找日军残留档案。他向档案馆人员说明查档意图："这次来山西查阅档案，目的是要澄清'残留'事实，还历史本来面貌，揭穿谎言，给后人留下真实的历史。"

按照《中华人民共和国档案法》，档案馆工作人员接待了他。

通过电脑检索，奥村查到残留日军《暂编独立第十总队总队部服务规定》和编制表、花名簿等原始文件。

当奥村看到《第十总队总队部服务规定》之《总队长训》时，禁不住站起身来。文中明确规定："总队以复兴皇国、恢弘天业为宗旨。经常坚持牢固之信念，为贯彻宗旨而迈进。"奥村兴奋地说"这份文件太重要了！以'复兴皇国、恢弘天业为宗旨'的日本军残留中国之真相，会大白于天下。"

这时，他拿出从日本带来的一份文件。文件形成时间为昭和21年（1946年）2月2日，发文者是原日军第一军参谋长山冈道武。上面清楚印着"征用人员分配如下：第114师团2500名；独立步兵第14旅团2500名；独立混成第三旅团1500名；第四独立警备队1500名"。奥村告诉山西省档案馆人员："这份文件是10年前'残留'军人组织'全国（日本）山西省在留者团体协议会'成员，在日本防卫厅防卫研究所发现的。"

"可是日本政府和军方却隐瞒、回避历史真实，把自上而下大规模有组织的军队残留，说成是'残留兵按自己的意志残留下来'的个体行为，说我们充当了阎锡山的雇佣兵。为什么要这样？因为承认事实就等于承认违反《波茨坦宣言》，就等于承认参与中国打内战。"奥村愤愤不平。

他又展开《暂编独立第十总队日籍官兵名簿》，在第111页查到了自己的名字："看！这就是我，奥村和一，华名'燕兴东'。这名字也是有寓意的，'燕'与阎锡山的'阎'谐音，意思是借阎锡山荫庇，'兴'就是'复兴'，'东'指战时日本侵略的东亚地区，包括中国。"奥村指给旁边的人看，还指着名簿上别的人名说，"这些人我都认识。"

查档完毕，奥村复印了《暂编独立第十总队总队部服务规定》等档案文本。他自陈己过："现在反省那段历史，自己是参加了反动战争。由于阎锡山利用日军力量对抗解放军,使山西人民解放的时间也晚了些,这是我们的罪过。"临走,他把多年在日本收集日军残留资料,整理出的三大本复印件赠送给山西省档案馆。

为了表示忏悔,奥村披着春天的风沙,去太原东山牛驼寨烈士陵园,向太原战役中牺牲的中国烈士低头谢罪,并向烈士陵园捐款。

结束山西之行,奥村和一将复印的残留日军原始资料带回日本,立即在"全国(日本)山西省在留者团体协议会"掀起轩然大波,社会上也引起不小轰动。当年8月,"协议会"决定"以新资料为证据",向日本政府提起诉讼,使日军残留真相大白天下,让官方撤销不支付他们军人优抚金的决定。8月29日日本《读卖新闻》以差不多一个版面,对此新闻进行报道。中央大学教授姬田光义说:"在中国发现被卷入国共内战的旧日本军原始资料,还是首次(指日本国内)。可以说提供了残留兵们不是随便残留下来,而是保持了指挥系统有组织地残留的证据。"

昭和19年(1944年)奥村和一20岁,正在早稻田专门学校求学期间被征入伍。编入日军第一军独立混成第三旅团第七大队第三中队,驻中国山西省宁武县。1945年日本投降后,他接受上司命令"残留"山西。在残留日军主体部队中,从少尉升至上尉。1948年7月,奥村参加晋中战役受重伤被俘,送去太行山一所解放军医院疗伤。"解放军待我们很好。在那里治好枪伤,我又到北京、天津等地的农场和煤矿接受教育改造。1954年遣返回国。"但是,奥村回到日本的第一个问题就是没饭吃,找不到工作,因为这些人被认为在新中国"洗脑""赤化"。而"残留"山西的八九年,日本政府也不给算军龄,不发优抚补助金。为了日后生活,为了报答中国人民对自己的教育感化,奥村和一又上了大学,毕业后从事新闻职业、办商社。他参加了日中友好协会,在《亚洲贸易通讯》上报道中国,巡回日本各地举办"中国展",开办的"长江"公司卖的都是中国货。奥村说:"我要为日中友好,为两国人民的友谊,做自己应该做的事!"

从2000年到2005年,奥村和一先后四次到中国山西查阅残留日军档案。每一次都必定到太原牛驼寨烈士陵园,向长眠地下的解放军战士鞠躬谢罪。第三次是2004年,这年日本首相小泉纯一郎第四次参拜靖国神社。奥村气愤地说:"日本侵华战争给中国人民造成巨大灾难。战后日军仍残留武装部队在山

西继续战争,图谋军国主义东山再起。我真不知该怎样向中国人民谢罪才好。可日本首相小泉纯一郎却一次又一次地参拜靖国神社。靖国神社供奉有日本侵华战犯的灵牌。小泉参拜靖国神社,是在宣扬侵略战争,他没有资格当首相。"奥村并特意与日军侵华期间性暴力受害者、中国大陆第一个站出来状告日本政府的万爱花会面,向万爱花和山西盂县的"慰安妇"们赠款,让她们治疗受日军侵害致残的身体。他对万爱花说"日本军的慰安妇制度非常野蛮,摧残了很多妇女。我们不会忘记你在日本东京集会上,控诉日军惨无人道而昏倒台上的场面,敬佩你和其他受害者坚持诉讼的顽强精神。但是日本政府还没有就慰安妇问题承认责任,更没有道歉赔偿。我们在日本,要努力为你们的诉讼胜利助力,直到政府道歉赔偿。"几次到山西,奥村还前往太原卧虎山"中日友谊樱花园",寄托"残留"老兵祈望日中友好的心愿;到汾河公园和昔阳大寨,参观中国人民建设美好家园的成就。他说:"大部分日本人和我一样希望日中友好,可是不承认侵略战争的人做着相反的事情"。

奥村和一不只数次往返,来中国山西查阅残留日军原始档案;同时,不辞辛苦在日本收集残留军人亲身经历等资料,并将这些资料赠送山西省档案馆保存。2000年首次赠送后,又相继5次打包、装箱,亲自携带或邮件寄赠。这些资料中有文档复印件、电影拷贝、报刊文集、著作回忆录等,并有大量珍贵图

"残留"日军上尉奥村和一遣返回国后在日本举办"中国展"

片。其中有他多年来花费心血编写的《日军"山西残留"年表》。老人之所以这样做，就是为了中、日两国相关档案、资料较完好地保存下来，让日本人民和世界人民了解日军"残留"真相，从历史事件中汲引现实警示，谨防日本军国主义"返影"再现。

数十年参加反战维和、日中友好活动，以及对日军"残留"档案资料的搜集研究，奥村和一对日本侵华战争与战后日军"残留"，有了越来越深刻的认识。他萌生了一个强烈的念头，要以纪实影片为载体，把战时中下层日本军人的生命经历，那段不堪回首又必须回望的"过去"，写实地记录、留存下来。2005年第四次到山西，即为完成这一心愿。他与导演池谷熏和摄制组人员同行，重走自己所在部队驻地、战地与杀人场地，进行现场讲述、采访与实景拍摄。这年，奥村先生81岁。

在影片画面的流动转换中，奥村和一与残留老兵们，为澄清日军"残留"真相，在日本国内联络奔走……奥村在靖国神社向日本年轻人讲述历史……奥村重返中国山西宁武县，去日军侵华期间以中国人为靶子练习刺杀的地方，为被他残杀的中国人焚香慰灵……到太原牛驼寨烈士陵园，向牺牲在残留日军毒气与炮火下的解放军鞠躬谢罪……在晋中战役他受伤被俘的战地太谷，与当年的敌人、同一战事中受伤的解放军战士共忆血战……赴盂县羊泉村原日军炮楼附近，倾听性暴力受害者刘面焕泣血诉述……一个个震撼人心的特写镜头，一次次发自肺腑的虔诚忏悔。影片带给人们的，是观感与心理的强烈冲击，是战罪与人性的深层盘究。《蚁的兵队》也名为《日本老兵奥村和一山西谢罪之旅》。

中华人民共和国对日本战犯侦讯工作开始时，周恩来总理就提出，20年后看效果。历史已经证明，中国政府和中国人民对日本战犯及战俘的改造教育，为举世瞩目的世界和

奥村和一在当年以中国人为靶子练习刺杀的场地向死难者忏悔

"我们既然共同生活在地球这个美丽的星球上，为什么要搞起战争来互相残杀呢？"

平事业,为一衣带水的中日邻邦关系,写出了震古烁今的一笔。"中国归还者连合会""全国(日本)山西省在留者团体协议会"成员,以汤浅谦、奥村和一为代表的日本侵华老兵,他们既是战争执行者、加害者又是战争受害者、反省者的身份,在战时及战后的命运与经历,心声与言行,代表了中下层

日本战犯回国后撰写的回忆录、出版的书籍(部分)

日本军人对日本侵华战争和战后日军"残留"的身受实感与悔悟谴责。特别是这些战争亲历者,对日本军国主义侵略扩张本质的揭露,对日本侵华战争残酷实态的叙述,为留存人类历史真实记忆,推动加害者民族反省,促进和平事业发展进步,产生着积极深远的影响。

"我们既然共同生活在地球这个美丽的星球上,为什么要搞起战争来互相残杀呢?"

这句话选自"中归连"出版的《三光》第二辑前言,在地球人文史上闪耀着绝对真理的亮光。就用这流响天宇的问句,结束《残留》吧。

附 录

暂编独立第十总队总队部服务规定
（一九四七年七月一日）

兹制定《总队部服务规定》，内容见本册。

总队长　今村方策

民国 36 年 7 月 1 日

目　录

一、总队长训

二、总队部训

三、第一章　总则

四、第二章　服从及礼仪

五、第三章　工作处理

六、第四章　会议

七、第五章　勤务

八、第六章　举止仪表

九、第七章　其　他

附表(一)之一至六

附表(二)每日工作时间表

附表(三)祝祭日、休息日一览表

总队长训

总队以复兴皇国、恢弘天业为宗旨。

一、经常坚持牢固之信念，为贯彻宗旨而迈进。

二、挺身而出，担当中、日提携和亚洲建设之础石。

三、和衷共济,以结成巩固之团结。

四、千锤百炼,以培养精强之武力。

五、自强不息,以振起质朴刚健之风气。

总队部训

一、以和为本,自省而勿责人。

二、以公平为旨,勿以私而不同等待人。

三、谦恭持己,待人勿失温情。

第一章 总则

第一条 本《规定》规定总队部人员服务事项。

第二条 本《规定》以外事项,按照各有关法规办理。

第三条 总队部人员要领会《军人敕谕》、《教育敕语》、"终战诏书"等的宗旨,以之作为培养精神要素的根本,同时要认真学习殉皇志士、烈士的精神,从而在总队长领导下,互相切磋勉励,为实践《总队长训》而奋勇前进。

第四条 总队部人员的工作准则是,做到各司其责,恪尽职守,以《总队部训》为指针,经常在充分体会总队长意图的同时,毫无保留地发挥各自的聪明才干,积极果敢地倾注全力完成任务。

第五条 科长以上干部的服务,特别要做到严格、勤奋,不愧为部下的表率;同时要经常留意指导部下贯彻总队长意图,对于部下不仅要恰当地进行监督,同时要严格尊重其人格和职责,使其全部才干得以发挥。

第二章 服从及礼仪

第六条 本部人员必须严格服从上级,对于总队部以外的上级人员,也应行礼致敬,在不妨碍本身职务的情况下,恪守服从之道。

第七条 对于命令,必须承命唯谨,并立即执行。

向上级陈述意见时,必须遵从纪律,心平气和地申说理由。

向总队长陈述意见时,通常要逐级上报。

第八条 本部人员要公私分明,尊上爱下,左右和睦,真诚相待,注重礼仪,使工作井然有序。

第三章　工作处理

第九条　总队部的工作分担,按附表(一)划分。

各部处的工作处理,另行规定。

第十条　命令的下达和传达,要做到准确迅速,无遗漏,无错误,并坚决加以贯彻。接受命令者要当场复诵,在执行前后以及执行过程中,要随时报告执行情况。

第十一条　关于命令、通报的传达,规定如下:

一、命令、通报的传达,原则上按每日工作时间表所定通报时间在指定地点进行(但遇有紧急情况,随时进行),由各处处长指派负责人员或代理人员参加。

二、各部处的命令传达负责人员,由部处长指定。

三、重要的命令、通报,一般应由部处长亲自传达贯彻。

四、本部人员应阅读各处备置的命令录。

第十二条　所有阅读文书的人员,必须盖章或签字为证。

第十三条　文书及电报的处理,按《文书处理规则》及《报务规则》执行。

第十四条　日籍人员中午一般在食堂用餐,用餐时通报应使全体人员周知的事项,以便各处之间的工作顺利进行,并使工作人员相互交流意见,增进团结。

第四章　会议

第十五条　为辅佐总队长统率总队部全局、安排日常运作和处理重要工作,得召开下列会议。

一、处长会议:

(甲)日期、时间:每月1日午餐完毕后(如有必要,随时召开)。

(乙)地点:食堂(可根据情况改变)。

(丙)出席人员:总队长、参谋长、总队附、各处处长、政治部主任。

二、科长会议:

(甲)日期、时间:每周星期一午餐完毕后(如有必要,随时召开)。

(乙)地点:食堂。

(丙)出席人员：除第一项人员外，各科科长参加(科长不在时由副科长参加)。

三、全体会议：

(甲)日期、时间：根据需要随时召开。

(乙)出席人员：总队部全体日籍人员。

四、细微事项，如无其他妨碍，可经总队长批准，利用午餐时间在食堂进行讨论。

第五章　勤务

第十六条　为了在下班后及节假日处理总队部的工作以及防止火灾、偷盗事故的发生，总队部设置夜班值勤人员。夜班值勤办法另行规定。

第十七条　特务队的勤务，另行规定执行。

第六章　举止仪表

第十八条　本部工作人员应经常整顿自己的工作环境，保持办公室内清洁卫生，井然有序，使工作处理有条不紊，办事简捷。

第十九条　本部工作人员要崇尚节俭朴素，于公于私都要清正廉洁，不得有任何卑鄙贪污行为。

第二十条　本部工作人员如认为上级处置不当时，可以心平气和地逐级申述意见，但禁止纠集两人以上，特别是手持凶器，用威胁态度，或酒气醺醺地提出意见。

第二十一条　本部工作人员平时须着装整齐，注意个人卫生和被服清洁。

第二十二条　总队部的工作时间如附表(二)所示。

第二十三条　本部人员要注意军纪、风纪，不得因工作懈怠，生活、举止失检而造成不良影响。

第二十四条　本部人员出差，须遵照总队部内部《日日命令》，并且通常须在出差前一天报请所属部、处长批准。

第二十五条　本部人员结婚，须事先经部、处长认可，并报请总队长批准。

第二十六条　本部人员要爱护总队部内的营造物和备付物品，并尽力节约消耗用品。

第二十七条　本部人员要厉行节俭，每月从薪金中抽出一部分进行储蓄。

第二十八条　本部人员要注意日常防谍，谨言慎行，细心保密，人人负责，以期万无一失。

第二十九条　本部人员要经常注重卫生保健，努力预防伤残和疾病，以保持健康，振奋精神，同时要积极地增强体力和勇气。

第三十条　本部人员因病或其他原因而缺勤时，须在当日上午向部、处长呈交假条。但因病需要请假三日以上者，须附具军医（含特约医生）的诊断书。

第七章　其他

第三十一条　重要文件须收存于有锁的文件柜内。

第三十二条　总队部日籍人员的互助问题，可根据互助会章程实行。

第三十三条　各处传令兵的工作另行规定。

第三十四条　关于祝祭日和休息日，按附表（三）的规定执行。

第三十五条　关于患者的就诊，另行规定。

附表(一)之一

参谋处业务分担表

科别	分担业务
庶务科	一、关于人事、命令的拟稿工作。 二、关于机密费的出纳、机密文件的保管工作。 三、关于参谋处内部的财会、武器事项。 四、关于命令、通报的传达事项。 五、关于翻译事项。 六、关于文书收发事项。 七、关于各种规定、图书、资料的保管事项。 八、关于同外单位进行联系的事项。 九、不属于其他科的事项。 十、关于军纪、风纪的事项。
作战科	一、关于作战、警备事项。 二、关于作战命令的草拟事项。 三、关于工事构筑事项。 四、关于交通运输事项。 五、关于战斗详(要)报事项。 六、关于出动计划事项。 七、关于编制、装备事项。
情报科	一、关于情报工作的规划、管理事项。 二、关于情报的收集、整理、审查事项。 三、关于军用地志、地图事项。 四、关于同外单位进行情报联络事项。 五、关于翻译事项。 六、关于涉外联络事项。
教育科	一、关于教育训练的整体规划、统筹事项。 二、关于教育训练事项。 三、关于教育资料的整理保管及教育用图书事项。 四、与教育有关的命令的草拟。

续表

科别	分 担 业 务
通讯科	一、关于通讯的规划、管理及维修事项。 二、关于有线通讯、无线通讯事项。 三、关于密码事项。 四、关于通讯器材事项。 五、关于密码班的管理事项。 六、关于通讯站的管理事项。 七、与通讯工作有关的命令的草拟。
后方科	一、关于军需物资的管理事项。 二、关于武器管理方面的事项。 三、关于被服、粮食补给计划事项。 四、关于武器、弹药补给计划事项。 五、关于同兵站联络事项。 六、与武器、弹药、被服、粮食有关的命令的草拟。 七、关于卫生工作的管理。 八、关于兽医工作的管理。

附表(一)之二

副官处业务分担表

科别	分担业务
秘书	一、处理对华机密事项。
人事科 (总队长直辖)	一、关于日报、旬报、月报的整理事项。 二、关于填造人马统计月报事项。 三、关于官兵增补、退伍、晋级、调动等事项。 四、关于奖惩事项。 五、关于队员名册、工作手册的整理事项。 六、关于兵农合一、缓役证的审查事项。
涉外科	一、关于同外单位交涉联络事项。 二、关于绝密、机要事项的调查处理事项。 三、不属于其他科的事项。
管理科	一、关于总队部物品采购及保管事项。 二、关于消耗品的采购及发放事项。 三、关于总队部薪金、粮秣、被服发放事项。 四、关于总队部人员宿舍事项。 五、关于总队部经费的领取、发放、保管事项。 六、关于直属特务队的管理事项。
文书科	一、关于公章的保管、盖用事项。 二、关于《日命》、《通报》的传达、整理事项。 三、关于各种证明的发放事项。 四、关于编写总队部《阵中日志》事项。 五、关于文书收发事项。 六、关于副官处文书打印事项。 七、关于翻译事项。
福利科	一、关于文化的事项。 二、关于慰问、慰劳事项。 三、帮助伤残军人和遗属创业事项。 四、关于互助事项。 五、农业技术指导事项。

附表(一)之三

军械处业务分担表

科别	分担业务
第一科	一、《命令》《通报》的领取、传达及其他庶务事项。 二、关于一般武器图书的保管事项。 三、关于武器、弹药的维护、保管、补给、交回、检查事项。 四、关于总队部所用武器、弹药的维护保养事项。 五、关于武器、弹药例行报告文件的草拟、呈报事项。 六、关于缴获武器管理事项。 七、关于空弹壳的回收、交还事项。 八、关于修整材料的整备、补给事项。 九、关于武器修理及武器修理材料事项。 十、关于修械所事项。
第二科	一、关于辎重、武器的维护保养、补给、交回、检查事项。 二、关于辎重、武器、燃料、油类例行报告文件的草拟、呈报事项。 三、关于燃料、油类的储备、补给、空桶回收事项。 四、关于汽车使用管理事项。 五、关于总队部用车的部件、备品以及用车管理事项。 六、关于军械处文书收发事项。 七、关于涉外事项。

附表(一)之四

后勤处业务分担表

科别	分 担 业 务
军需科	一、关于现金出纳事项。 二、关于临时费事项。 三、关于预算、决算事项。 四、关于抚恤、奖励事项。 五、关于军需科收发事项。 六、关于修建事项。 七、关于涉外事项。 八、关于一般庶务事项。
粮服科	一、关于粮食、马粮事项。 二、关于被服事项。 三、关于文具、物品事项。 四、关于煤炭事项。 五、关于粮秣、用品收发事项。 六、关于仓库管理事项。 七、关于粮服科文书收发事项。 八、关于涉外事项。

附表(一)之五

卫生处业务分担表

科别	分 担 业 务
军医科	一、关于卫生规划、管理事项。 二、关于教育事项。 三、关于卫生材料的保管、收发事项。 四、关于保健训练事项。 五、关于作战、驻屯的卫生事项。 六、关于总队部医务室事项。 七、关于患者事项。 八、关于抚恤事项。 九、关于医疗、防疫事项。 十、关于卫生图书、文书保管事项。 十一、关于涉外事项。
兽医科	一、关于军马规划、管理事项。 二、关于卫生处庶务事项。 三、关于《命令》、《通报》的领取、传达事项。 四、关于物品事项。 五、关于兽医类图书、文件保管事项。 六、关于教育训练事项。 七、关于作战、驻屯马匹卫生事项。 八、关于医疗、防疫事项。 九、关于卫生处报告文书事项。

附表（一）之六

政治部业务分担表

科 别	分 担 业 务
部长	一、关于领导的全部事项。 二、关于同绥靖公署政治部联络事项。
主任	一、关于本部人事事项。 二、关于钱款收支命令事项。
庶务科	一、关于本部庶务、财会事项。 二、关于本部文书收发事项。 三、关于本部《命令》、《通报》的领取和传达事项。 四、关于文书誊清、打印事项。
第一科	一、关于本部政治教育事项。 二、关于同外部团体、机关联系事项。 三、关于举办研究会、座谈会、报告会事项。 四、队内文化团体的组织和联系。 五、其他一般策划事项。
第二科	一、关于山西省内实地调查事项。 二、关于同各地的联络事项。 三、关于实施联络事项。
资料室	一、欧洲、美洲、苏联、中共概况的调查。 二、中国文化、社会、经济、边境、政治、法制的调查。 三、东南亚及中近东的调查。 四、关于日本经济、社会、文化、政治的调查。

附表(二)

每日工作时间表

工作季节	10、11、12、1、2、3月	4、5、6、7、8、9月
	时　　间	时　　间
开始工作	09:30	09:00
诊　　断	10:00	10:00
午　　休	自12:00至14:00	自12:00至14:00
开始工作	14:00	14:00
汇　　报	15:00	15:00
结束工作	17:00	18:00

附表（三）

祝祭日、休息日一览表

祝祭日、休息日	区　　分	摘　　要
每月第一、第三周星期日	上午上班	
每月第二、第四、第五周星期日	全　休	
元　　　旦	仪式结束后放假	只限日籍人员出席仪式
纪　元　节	同　上	
天　长　节	同　上	
明　治　节	同　上	
春节（一月一日）	全　休	阴　历
元宵节（一月十五日）	全　休	阴　历
革命先烈纪念日（3月29日）	全　休	
端午节（五月五日）	全　休	阴　历
中秋节（八月十五日）	全　休	阴　历
孔子诞辰（8月27日）	全　休	
国庆日（10月10日）	全　休	
国父诞辰（11月12日）	全　休	

暂编独立第十总队暨所属官兵级别人数表

(一九四七年七月)

区分	阶级	中将	少将	上校	中校	少校	上尉	中尉	少尉	准尉	官佐小计	上士	中士	下士	军士小计	上等兵	列兵小计	合计
总队部	定员	1	4	22	35	62	63	93	87	90	457	74	60	50	184	85	85	726
	日系	1	3	22	27	34	43	63	38	49	280							280
	华系			1	8	28	20	30	49	41	177	74	60	50	184	85	85	446
特务营	定员				5	18	25	39	54	64	205	103	198	194	495			700
	日系				5	18	19	30	42	46	160							160
	华系						6	9	12	18	45	103	198	194	495			540
第一通讯队	定员			1	2	8	30	57	73	76	247	5	4	4	13			260
	日系			1	2	8	25	27	28	26	117	3			3			120
	华系						5	30	45	50	130	2	4	4	10			140
第二通讯队	定员				2	6	1	34	9	11	63	30	6		36	41	41	140
	日系				2	6	1	31			40							40
	华系							3	9	11	23	30	6		36	41	41	100
工兵营	定员			2	5	11	30	92	110	130	380	4	8	8	20			400
	日系			2	5	11	22	25	40	55	160							160
	华系						8	67	70	75	220	4	8	8	20			240
第一团	定员			3	11	29	59	82	135	120	439	317	317	427	1061			1500
	日系			3	11	25	45	75	130	110	399							399
	华系					4	14	7	5	10	40	317	317	427	1061			1101

续表

区分	阶级	中将	少将	上校	中校	少校	上尉	中尉	少尉	准尉	官佐小计	上士	中士	下士	军士小计	上等兵	列兵小计	合计
第二团	定员			8	12	21	65	85	128	91	410	230	431	429	1090			1500
	日系			8	12	19	53	78	116	85	371	14			14			385
	华系					2	12	7	12	6	39	216	431	429	1076			1115
第三团	定员		2	9	23	38	66	138	79		355	229	458	458	1145			1500
	日系		2	9	21	30	54	124	75		315							315
	华系				2	8	12	14	4		40	229	458	458	1145			1185
第四团	定员		5	6	17	33	64	103	80		308	240	476	476	1192			1500
	日系		5	6	15	25	55	90	72		268							268
	华系				2	8	9	13	8		40	240	476	476	1192			1232
第六团	定员		3	10	30	48	61	118	118		388	223	444	445	1112			1500
	日系		3	9	28	33	44	96	107		320							320
	华系			1	2	15	17	22	11		68	233	444	445	1112			1180
合计	定员	1	4	46	97	225	392	673	955	859	3252	1455	2402	2491	6348	126	126	9726
	日系	1	3	46	88	185	296	482	704	625	2430	17			17			2447
	华系		1		9	40	96	191	251	234	822	1438	2402	2491	6331	126	126	7279

348

二战后"残留"山西日军日侨数字考

1945年秋第二次世界大战结束后,日本军国主义势力怀抱东山再起的梦幻,在中国山西策划实施了旨在"复兴皇国、恢弘天业"的日军"残留"。残留活动的主要策划组织者,是日本华北方面军第一军司令澄田睐四郎、参谋长山冈道武、参谋岩田清一,原关东军高级参谋、山西产业株式会社社长河本大作,日伪山西省政府顾问辅佐官城野宏等军国主义势力。主要组织者还有,第一军第一一四师团师团长三浦三郎,独立步兵第十四旅团旅团长元泉馨,独立混成第三旅团高级参谋今村方策等。

"残留"日军通过与阎锡山"合谋"途径,采用编入山西军的"残留军事体制"。主体部队于1946年1、2月间开始组编,名称前后数次变化。初建时名称为"特务团"、"铁路(公路)修复部队",下属七个工程队(团)和大同总队,司令部直属通讯队、土木抢修队。1946年4、5月第一次大遣返后,1946年6月残留日军部队与残留日侨武装合并整编为"山西保安总司令部"。下属6个大队和大同总队,司令部直属工程队、通讯队。1947年3月山西保安总司令部改称"山西野战军司令部"。下属各大队及直属工程队、通讯队等,名称相应变化。1947年6月残留日军改编为正规军编制的"暂编独立第十总队"。下属5个团(5月正太战役中,驻阳泉第五大队投降解放军。十总队相关机构及统计数字中不再出现"五大队")及司令部直属特务营、工兵营、通讯营,还有大同总队。1948年3月"十总队"改编为"教导总队"。下属5个团,司令部直属特务大队、工兵队、通讯队。改编后实质并无变化,习惯上有时仍称十总队,阎军向国防部的上报统计等材料中,还以"暂编独立第十总队"名称出现。大同总队已于1947年12月改编为"大同教导总队"。

日军残留山西,面对继续战争、流血牺牲。其头领们认识到,"如果尽是日

籍队员,作战中将大量损耗,于我们不利。要以中国人队员扩充各个大队,采取'以华制华'的方针。"1946年春,侵华战争中有着掌握伪军经验的城野宏,开始让第一大队吸收原伪军人员入队。同年6月残留日军与残留日侨武装整编为保安总司令部后,即在部分大队试行按一定比例吸收华籍队员。那时华籍队员扩充对象,以原伪保安队、工警队和华北交通会社警务段人员为多,并由日本军人进行政治监视。之后,各队都吸收了人数不等的华籍队员。1947年6月这种日、华队员同编,以日本军人为骨架、中国军人作填充的结构形式,便以正式编制确定下来,日、华队员之比大致为1比3。

残留日军主体部队之外,1946年秋还组建了以日本军人为骨干的"二战区机甲队"。残留下来的日军原高级将领,则设有专门机构。1947年6月,太原绥靖公署设立"武(山冈道武,华名'武道三')顾问室"、"蒲(三浦三郎,华名'蒲晋业')研究部"、"元(元泉馨,华名'元全福')副总司令办公室"。1948年8月前后设立"郑(澄田睐四郎,华名'郑成天'、'郑天来')总顾问室"。此外,以残留日人为主要成员,1946年1月二战区长官部还设立特务情报机构"资源调查社"。在山西其他军事组织、政治机构、涉日机构中,也残留了人数不等的日本军人。

残留日侨主要是残留于山西经济、政治、文卫等部门与组织的日籍人员,侨民武装队员,开办企业的日本人,及残留军民眷属。

那么,"残留"山西日军、日侨人数有多少?后来被遣返回日多少?作战死亡与先后被俘被捕的又有多少? 本文依据已见原始档案、侦讯日本战犯实录,结合日本国内相关资料,反复进行比对考证,尽可能准确、接近准确地留存这些数据。尽管有的数字难以寻觅,不易详尽确切。

残留山西日军、日侨人数,前后变化较大。

据东京雪花社1967年1月出版的城野宏《山西独立战记》,日本投降后"始而有数万日本人残留山西"。河本大作的秘书儿玉华子也说到过,"最初约有3万名日本人留了下来"。

1945年8月日本投降后,"残留"活动开始组织实施。若儿玉华子之言基本可信,"最初约有3万名"残留日人中,军人约万数档案、资料可寻,余为日本侨民。1946年3月"三人委员会"视察调查后,在4、5月第一次大遣返中,已经编入残留日军部队的军人、原拟残留山西的侨民,返国人数约2万上下。继续残留的军人约 3500 名 -4000 名，侨民在大几千。1947 年残留山西日本军人、侨民又增至约一万三四。其中军人 4200 人以上。又经过三次集中遣返，连同参战死亡、被俘被捕及逃散流失，到 1949 年 4、5 月太原、大同解放，所剩残留军人不到千数，侨民与军人眷属约千数以上。

残留日军主体部队，从 1945 年 10 月阎、日"合谋社"成立，日军第一军"军部拟定计划书"，1946 年 1、2 月即下达组建命令。名称先为"特务团"，很快又以修复铁路公路名义，下令组建"铁路（公路）修复部队"，人数为 11000 人。人员编成与特务团存在交叉，组建后实际合而为一，名称有时混合使用。由于日军残留违反《波茨坦公告》，被中国人民揭露打击，3 月上旬"三人委员会"和北平"军事调处执行部"代表到太原视察调查，残留活动在初期即遭遇遏制。据 1956 年中华人民共和国最高人民法院特别军事法庭（太原）审判日本战犯中，原阎、日合谋社军事组秘书平部朝淳证词，编入残留日军主体部队的日本军人，"至 1946 年 4 月中旬，合计有六千六百人到六千七百人"。主体部队之外，在阎军炮兵集训团、第四十六师、第四十九师、原暂编独立第十总队、工兵司令部碉堡建设局等军事组织，二战区长官部资源调查社、日侨管理处等机构，及大同、阳泉、榆次等地，也残留了人数不等的日本军人。据相关数字综合，1946 年春残留山西日本军人合计约万数。

"三人委员会"视察调查后，在 1946 年 4、5 月驻晋日军大部队遣返时，尽管"残留"活动策划组织者以就地复员、伪造技术人员身份及隐匿残留部队等手段，想方设法欺骗视听继续残留，已经编成的残留日军部队及其他残留日本军人，仍有约六七千人走上被遣返的道路。主要依据是：

1946 年 5 月 3 日第一军曾向日本中国派遣军、华北方面军报告，"我军定于 5 月 5 日将军司令部（第 48 大队）运送出境后，除因事暂留人员（军人）及留用技术人员（侨民）外，即结束运送工作。……"文中对"有无尚未解除留用的军民及对其被遣返估计"的报告为："军，无。民：太原 1788 名，榆次 321 名，阳泉 131 名，大同 505 名，共计 2745 名。尚有未了事务处理小组及其他暂留人员：山冈参谋长等军官 23 名、军士 9 名、士兵 13 名、军内雇员 13 名，共计 58 名。大同还有尚未运送完毕的军民，其人数不详。"但这里所谓"民"，实际主要是"就地复员"名义下的残留日本军人。当时第一军的另一份报告又称，"第四独立警备队（驻大同）以下人员无法与主力一起向原平集结：军官（含准军官）24、

军士 125、士兵 522。以上人员均为原特务团人员。"依上述数字,第一军报告中遣返后继续残留人员为 3474 名。在此统计数字之外,还有其他残留人员。而 1946 年 9 月 9 日华北方面军司令部《河北、山西地区残留人员概数表》中相关数字为:"太原:军(含眷属):世话部 10 名,战犯嫌疑 14 名,陪同证人 14 名,合计 38 名。民:留征用约 630 名,加家属合计约 3000 名,残留者约两千数百,合计 5000－6000 名。总计 38 名,另 5000－6000 名。大同:民 1181 名,总计 1181 名。"

据上述综合分析,残留日军第一次大遣返后,继续残留山西军人数约 3500 名—4000 名。连同其他侨民,共约 7000 人左右。实际上侨民及军人眷属数不止三四千。之后虽有流动流失,但膨胀、吸纳、迁入的更多。

1946 年 6 月,残留日军主体部队"铁路(公路)修复部队"与残留日侨武装"铁路护路总队"、"五台工程队"、"保安警察队"等,合并整编为"山西保安总司令部",各大队合计总人数 4222 人(原表未列司令部人员)。其中有的大队开始补充华籍队员,但表内未注明人数。当年 6 月至 9 月晋北战役、大同集宁战役和寿阳作战中,死亡日籍军人一二百人。

1947 年,残留日军部队日籍军人及其他残留日本军人增至 4200 人以上。此数字主要依据于:1947 年 7 月残留日军主体部队《暂编独立第十总队暨所属官兵级别人数表》中日籍军人 2447 人(不含大同总队,未列阳泉第五大队),1947 年 8 月大同总队实有日籍军人 590 人,1947 年 5 月整体覆灭的驻阳泉第五大队日籍军人约 400 人左右,同年各大队作战死亡 50 余人,合计约 3500 人。另有机甲队日本军人二三百,顾问机构武顾问室、蒲研究部、元副总司令办公室和涉日机构军事编译社等日籍官兵 280 人左右,特务情报机构资源调查社日本军人大几十。还有残留于太原绥靖公署炮兵、通讯等训练单位及其他军事组织的百余人。合计约 700 余人。

1947 年至 1948 年,残留日本军人分别于 1947 年 9 月、1948 年 5 月、1948 年 9 月进行过三次集中遣返,总数约 2200 人。

关于主体部队 1947 年 9 月遣返数,"十总队"参谋长相乐圭二在《暂编独立第十总队各项人事管理问题》中谈到,"我总队共有 １８０ 人回国"(不含大同总队)。1948 年 5 月遣返数,以档案中 1947 年 10 月实有人数 2182 与 1948 年 8 月实有人数 1306 之差数,减去 1948 年 6 月晋中战役中"失踪"(主要为被俘)200余人、阵亡184人,其余500人上下多数当为被遣返。晋中战役后,太原城处于四面围困之中,残留人员惶惶不安、人心思返。1948年9月遣返数,档案记载为698名。据此,十总队(教导总队)这三次遣返日本军人共约1300人以上。连同大同总队三次遣返约四五百人,合计约1700人以上。

主体部队之外,残留于机甲队、顾问机构、涉日机构、特务情报机构,及山西其他军事组织的700余日本军人中,这三次遣返人数,参考有关记录与信息,约500人左右。

日军"残留"山西,保留武装、继续战争,在中国土地上制造新的战祸,犯下双重战争罪行。三年多时间里,先后参加了东沁路作战、晋北战役、大同集宁战役、寿阳作战、汾孝战役、正太战役、晋中战役、太原战役等重要战事及大大小小的战斗。被葬于战争坟墓和成为战俘战犯的官兵,约2000人以上。

1946年至1947年,残留日军在晋北战役、大同集宁战役、寿阳作战等战事中已严重死伤。1948年晋中战役、太原战役,伤亡更加惨重。据教导总队1949年1月《阵亡日籍官兵请领抚恤金统计表》,1946年至1947年,死亡日籍军人152名(含大同总队1946年死亡58名、1947年死亡5名);1948年晋中战役死亡人数为184名;同年10月至11月太原战役之牛驼寨作战,又死亡73人,总计为409人。尚不包括教导总队1949年1月后死亡数,太原城解放复兴楼地下室部分冲锋队员与解放军交火死亡数,大同总队1948年至1949年死亡数,阳泉五大队死亡数,及主体部队之外机甲队等军事组织与其他机构中残留日本军人死亡数。据现有资料综合,死亡总数约在550人上下。

另,1946年12月保安总司令部分别在忻县、大同举办追悼会。大同"联合追悼会"上,对大同总队矢岛哲夫等134人进行追悼,但是否含战车队或是否有华籍队员不详。如果全部为日本军人,则比1949年1月《教导总队请领1946、1947两年度阵亡日籍官兵1949年抚恤金名簿》中大同总队1946年死亡数58人多出76人。这样,日军残留后死亡总人数即在600人以上。

残留日军被俘被捕人数,总计在1500人左右。主体部队1946年参战中已有队员被俘。1947年5月驻阳泉五大队投降解放军,当时战场狮脑山日籍队员240余,连同狮脑山外被俘者约300人左右。1948年《教导总队晋中战役阵亡、失踪官兵暨随带眷属统计表》中,失踪日籍军人200多,多数当为被俘。1949年4月24日太原解放,龟缩司令部"复兴楼"的残留日军,除少数伤亡外

全部做了俘虏,1949年4月《山西省会警察局太原市外侨职业及国别人数统计》中,日本军人为606人。连同此前太原战役中被俘,及太原解放时逃散、后又被逮捕及拘禁者,约700人上下。5月1日大同和平解放,大同总队日本军人除阵亡、集中遣返及伤残回国等流失外,约近百人被俘被捕。加此前被俘者,概数一二百人。残留日军主体部队之外,机甲队和顾问、情报等机构及山西其他军事组织中的残留日本军人,也有被俘被捕人员。

残留日军大同总队,与司令部驻太原的残留日军主体部队既相配属又相对独立。大同总队之母体第四独立警备队原属驻蒙军,日本投降后划归第一军指挥。1946年1、2月间,大同残留日军编为主体部队特务团大同总队、铁路(公路)修复部队第八工程队,及大同战车队。1946年4、5月残留日军第一次大遣返后,大同仍有残留日军约千人以上。同年6月后编为山西保安总司令部大同总队七、八、九大队。战车队改编为大同坦克车队。7月《保安总司令部及各大队应有、实有人员对照表》中,大同总队实有队员1241人(原表未注明是否有华籍队员)。7月至9月大同、集宁战役中,大同保安总队日本军人大量死伤,据1949年1月《教导总队请领1946、1947两年度阵亡日籍官兵1949年抚恤金名簿》,死亡原大尉矢岛哲夫等58名。又据1946年12月《保安总司令部关于追悼忻县、大同亡故队员的通报》,在大同"联合追悼会"上对矢岛哲夫等134人进行追悼,是否含战车队或是否有华籍队员不详。大同、集宁战役后,大同残留日军似有伤残回国等流动流失。1947年3月大同总队编为残留日军主体部队山西野战军大同总队,辖七、八、九、十大队。同年6月编为暂编独立第十总队大同总队,8月实有日籍军人590人。9月遣返后只剩339人。12月大同总队改编为"大同教导总队"。1948年又有两次集中遣返,连同1947年遣返数,及大同战车队等前后遣返数,大同地区残留日本军人这三次遣返四五百人。1950年5月1日大同和平解放,大同教导总队约70名日本军人被俘被捕。连同此前被俘者概数一二百人。

伴随驻晋日军大规模"残留",人数众多的日本侨民也"残留"山西,而具体人数难觅直接记录。依前文儿玉华子"最初约有3万名日本人留了下来",那么约万数军人之外,余即为残留侨民,含从业侨民、侨民武装及残留军民眷属子女。档案、资料也显示,1946年4、5月前,在太原、大同、阳泉、原平等地,大批日侨进入铁路局、矿务局、西北实业公司等经济实体。原山西省政府秘书处存有 1946 年 1 月签复征用日人数,仅太原铁路局即 1205 名,西北实业公司 420 名,由此可见一斑。残留日侨并组建武装"铁路护路总队",据侦讯日本战犯资料和儿玉华子所称,人数约 1300 人至 1500 人。还有的日侨进入资源调查社、亚民会等组织团体,民众日报社、川至制药厂等文卫单位。也有的独资、合资开办工厂,或经营饭店、咖啡店等。

"三人委员会"视察调查后,原拟残留日侨很多在 1946 年 4、5 月第一次大遣返中回日。据前文所引 1946 年 4 月第一军向日本中国派遣军、华北方面军的两份报告和 1946 年 9 月华北方面军司令部《河北、山西地区残留人员概数表》,这次大遣返后,日侨继续残留数大致为三四千。而实际数字当在大几千。现有档案记录可查,仅太原地区就职残留日侨及眷属、日侨武装铁路护路总队队员及眷属即 3000 人以上。此外,尚有残留日军部队眷属,大同、阳泉、原平等地残留日侨。

1947 年残留山西日本侨民、含军人眷属又增至约近万数到万数上下。主要依据于 1947 年至 1948 年残留侨民遣返数,1949 年太原、大同解放时残留侨民数,残留日军眷属数。

侦讯日本战犯记录中,有日侨俱乐部常委高木应悦 1954 年所作证词:"三次遣返日侨总人数为:1947 年 9 月 1200 名,1948 年 5 月 1800 名,1948 年 9 月 900 名",计 3900 名。此数应不含残留军人眷属,档案中有关军人眷属的统计常见于军队系统。又据 1956 年 5 月高木应悦等 7 人证词:太原解放前夕"一般日侨共有 600 人"。另据 1949 年 4 月山西省会警察局《太原市外侨职业及国别人数统计》,日侨为 560 人,其中"家务"349 人;军人 606 人。如此,以高木证词中 1947 年至 1948 年遣返日侨数 3900 人,加 1949 年 4 月在并日侨数 600 人,那么,1947 年 9 月遣返前太原残留日侨数约 4500 人上下。大同、阳泉等地,1947 年残留日侨也有约大几百。合计共约 5000 人以上。

在 1947 年 9 月《暂编独立第十总队日系官佐眷属统计表》中,军人眷属为 3956 人,其中"随住者"1019 人,"别居者"2937 人。至于"别居者"在那儿,同案卷保存的前一表,就将"别居者"列为"未随住任所",并分"我区"、"匪区"。可见"别居者"似不指他们日本国内的眷属,而是在中国、大部在山西。以十总队统计表中军人眷属 3956 人,再加大同总队军人眷属、原阳泉五大队军人眷属约五六百,合计数约为 4500 人以上。主体部队之外,还有机甲队、顾问机构、

涉日机构及山西其他军事组织中残留军人之眷属。总数约为四千大几。

这样，以1947年9月遣返前人数，残留山西日本侨民、含军人眷属约万数上下。即使十总队眷属中"别居者"2937人不能确定都在山西，残留侨民与军人眷属总数也在近万数。

残留日侨基本遣返回日，太原解放后十数人因罪被捕。

日本投降后日军日侨"山西残留"主要策划组织者中，原驻晋日军第一军司令，残留后任二战区司令长官部总顾问、太原绥靖公署"郑总顾问室"总顾问的澄田睞四郎，太原解放前夕于1949年2月在阎锡山安排下化名陈春英潜归日本。第一军参谋长，残留后任二战区司令长官部副总顾问、太原绥靖公署"武顾问室"顾问等职的山冈道武，第一军第一一四师团师团长，残留后任太原绥靖公署"蒲研究部"主任等职的三浦三郎，晋中战役前于1948年5月回日招募义勇军一去不复返。第一军独立步兵第十四旅团旅团长，残留后任残留日军主体部队保安总司令部副总司令、山西野战军司令部副总司令、太原绥靖公署"元副总司令办公室"主官的元泉馨，晋中战役中于7月16日被炮体部队暂编独立第十总队总队长、教导总队司令的今村方策，太原战役中于1949年4月24日率队投降，后服用氰化钾死去。原山西产业株式会社社长，残留后任西北实业公司总顾问、山西日侨俱乐部委员长等职的河本大作，1949年4月太原解放后被捕，1953年因病死于狱中。原日伪山西省政府顾问辅佐官，残留后任残留日军主体部队司令部部附、政治部部长等职的城野宏，1949年4月24日太原解放被捕，1956年6月中华人民共和国最高人民法院特别军事法庭（太原）对其判处有期徒刑18年。原第一军司令部参谋，残留后任残留日军主体部队司令部部附、野战军第二纵队司令部司令等职的岩田清一，1949年4月太原战役中被捕，1950年狱中因病死亡。日本军国主义势力在第二次世界大战结束后，图谋死灰复燃、东山再起的"残留"梦幻彻底破灭了！但它留给世界的警示是深刻的、长期的。

（原文由本书作者撰写。发表于山西省政协文史资料委员会《文史月刊》2017年第12期）

"残留"事件人物、组织、机构、报刊等注释与检索
（按汉语拼音字母音序排列）

（一）人名注释

日籍日名检索

1.安井庆太郎（安秋君）　约1922年出生，籍贯日本岐阜。日本投降后"残留"山西。1947年3月任残留日军主体部队山西野战军二大队中校。同年6月至1948年3月任暂编独立第十总队二团一营排长、中校。曾任山西军亲训团教官。1948年3月任教导总队军一团一营连长。同年"晋中战役"中于7月10日在徐沟县温李青村被打死，升级上校。

2.安藤武信（武志诚）　1919年出生，籍贯日本熊本。日本投降前任华北方面军第一军第五独立警备队独立步兵中队中队长、大尉。日本投降后"残留"山西。1947年3月任残留日军主体部队山西野战军一大队二中队中队长、中校。同年6月任暂编独立第十总队一团一营营长、中校。1948年3月后任教导总队教导一团营长、副团长，中校升上校。同年太原战役中于1948年10月18日（另一处记载为11月18日）在太原牛驼寨电探所附近被打死，升级少将。残留期间，曾任日军日侨组织亚文会执委。

3.安田勇造（安田佑）　1893年出生，籍贯日本福冈。1919年到中国，1931年参加侵华战争，日本投降前任山西产业株式会社太原西山采炭所所长。日本投降后"残留"山西，任定襄铁矿厂工程师，西北实业公司顾问、工程师等职。曾指导开采"复兴煤坑"。太原解放后于1951年9月被捕。1956年6月，中华人民共和国最高人民检察院按照对日本战犯宽大政策，对其免予起诉，释放回国。

4.白岩定夫　日本投降前任华北方面军第四独立警备队二十三大队中队长、大尉。日本投降后被定为战犯,1947年4月在太原执行死刑。

5.百百和(刘伯和)　1918年出生,籍贯日本兵库。日本投降前任华北方面军第一军第一一四师团八四旅团三八四大队少尉小队长、代理大队副官等职。日本投降后"残留"山西。1946年春任残留日军主体部队铁路(公路)修复部队第三工程队连长、少校。同年6月任保安总司令部三大队步兵三中队中队长、少校。1947年3月编入山西野战军三大队。1947年6月任暂编独立第十总队三团政治主任、中校。同年12月任"新生塾"教官。1948年9月至1949年春任教导总队司令部部附、留守司令部政工处资料室主任等职,中校。1949年4月5日由政工处中校升上校,当月太原解放被逮捕。1956年8月,中华人民共和国最高人民检察院按照对日本战犯宽大政策,对其免予起诉,释放回国。

6.坂上来吉(刘文祥)　1915年出生,籍贯日本大阪。日本投降后"残留"山西。1947年6月至1948年3月任残留日军主体部队暂编独立第十总队二团副官、中校。1948年3月后任教导总队军一团副官等职,中校。同年太原战役牛驼寨作战中于10月31日被打死,升级上校。

7.俵富臧(臧富)　1911年出生,籍贯日本滋贺。日本投降后"残留"山西。1945年12月编入残留武装。1946年6月任残留日军主体部队保安总司令部直属工程队总务部长、中校技士。1947年6月至1948年3月任暂编独立第十总队工兵营副官兼一连连长、中校。约1948年3月后任教导总队直属工兵队代理队长。同年教导总队于太原战役编队调整后任工兵连连长、上校,至1949年春。

8.波野盛夫(郝成福)　1901年出生,籍贯日本长崎。日本投降后"残留"山西。1947年6月至1948年3月任残留日军主体部队暂编独立第十总队总队部部附、修械所所长,上校。后任教导总队司令部部附等职,上校。1948年秋遣返日本。

358

9.布川直平(傅直平) 约1907年出生。日本投降前任华北方面军第一军独立步兵第十四旅团二四四大队大队长、大尉。日本投降后"残留"山西。1946年春任残留日军主体部队特务团第六团团长、铁路(公路)修复部队第六工程队大队长。同年6月任保安总司令部六大队大队长、上校。1947年3月任山西野战军六大队大队长、上校。1947年6月任暂编独立第十总队六团团长,上校升少将。1948年3月任教导总队军二团团长、少将。残留期间,曾任山西军亲训团、亲训师、青年军官教导团教官。1948年晋中战役中于7月13日在徐沟县温李青村自决,升级中将。

10.柴本与吉(李福春) 1920年出生,籍贯日本静冈。日本投降前任华北方面军第一军独立步兵第十四旅团二四五大队一中队代小队长等职。日本投降后"残留"山西。1946年6月任残留日军主体部队保安总司令部四大队机炮中队分队长、上尉。1947年任暂编独立第十总队四团"作教警情通"主任、少校。1948年3月后任教导总队教导三团团附、少校。太原战役中任阎军北区要塞司令部上校教育主任等职。1949年4月24日太原解放被捕。1956年7月,中华人民共和国最高人民检察院按照对日本战犯宽大政策,对其免予起诉,释放回国。

11.长谷川竹雄(张凤岐) 1919年出生,籍贯日本岐阜。日本投降后"残留"山西。1945年底参与组编残留日侨武装铁路护路总队第四大队。1946年6月整编入残留日军主体部队保安总司令部,任四大队步兵一中队中队长等职,中校。1947年6月至1948年3月任暂编独立第十总队四团一营营长、副团长,上校。1948年3月任教导总队教导三团副团长、上校。同年晋中战役中于7月16日在太谷县西范村被打死,升级少将。

12.长谷效三(张谷鸣) 1900年出生,籍贯日本兵库。日本投降后"残留"山西。1946年6月任残留日军主体部队保安总司令部直属工程队上尉。后任残留日军"机甲队"军需主任、中校。1948年9月至1949年4月任教导总队司令部部附、副官处中校。

13.长井觉(张国柱) 1917年出生,籍贯日本东京。日本投降前任华北方面军第一军第一一四师团三八四大队小队长。日本投降后"残留"山西。1946年6月任残留日军主体部队保安总司令部三大队步兵三中队副中队长、少校。1947年6月任暂编独立第十总队三团一营副营长、少校。曾任山西军教官。1948年3月后任教导总队教导二团中校。同年7月"晋中战役"中在徐沟县戴李青村被捕。1956年8月,中华人民共和国最高人民检察院按照对日本战犯宽大政策,对其免予起诉,释放回国。

14.长野贤(张国贤、张金楷) 1911年出生,籍贯日本爱媛。日本投降前任华北方面军第一军司令部中尉。日本投降后"残留"山西。1945年10月任"合谋社"文化组组长。1946年6月任残留日军主体部队保安总司令部副官处处长、上校。1947年6月至1948年3月任暂编独立第十总队副官处处长等职,上校。1948年3月任教导总队政工处处长、上校。任副官处处长、政工处处长期间,曾负责残留日军主体部队综合文化杂志《晋风》的出版发行。1948年晋中战役中于7月11日在太谷县南庄村被打死,升级少将。

15.成濑乔(武成乔) 1893年出生。日本投降后"残留"山西。1946年入山西军陆军独立工兵第二十一师团。1947年6月任残留日军主体部队暂编独立第十总队总队部部附、上校。1948年3月后任教导总队司令部部附、上校。残留期间,参加亚洲民族革命同志会,曾任亚民会中日联合委员会委员。任残留日军日侨院校晋阳高等工学院副院长。1948年秋遣返日本。

16.城野宏(山田岩,李诚) 1914年出生(另有记载为1911年),籍贯日本熊本,毕业于东京帝国大学法学部。日本投降前任日伪山西省政府顾问辅佐官等职。日本投降后"残留"山西,是日军"山西残留"主要策划、组织、实施者。1945年秋作为日方代表,与阎锡山方面秘密会谈,就日军"残留"达成协定。10月后任"合谋社"军事组副组长、组长,对组编残留日军武装部队及开展社会"残留"等,进行研究谋划。其所撰《日本人的立场》,宣传残留理念,煽惑日军残留,成为残留活动初期重要思想武器。1946年春任残留日军主体部队特务团司令部部附、上校。同年6月任保安总司令部部附、研究部长,少将。1947年

6月任暂编独立第十总队总队部部附、政治部(后改新闻处)部(处)长,少将。1948年3月至1949年4月任教导总队司令部部附、政工处处长等职,少将。(期间,1948年12月后教导总队作战部队于太原战役中改编为炮兵队,拟任副司令)残留期间,曾任残留日军日侨组织水曜会副会长、亚文会执委,教学、培训机构太原政经学院讲师(一说主任、讲师)、新生塾顾问等。1949年4月24日太原解放被捕。1956年6月中华人民共和国最高人民法院特别军事法庭(太原)判处其有期徒刑18年。经教育改造,于1964年2月提前释放。

17.澄田睐四郎(郑成天、郑天来)　1889年出生,籍贯日本群马,毕业于巴黎陆军大学。日本投降前任驻晋华北方面军第一军司令、中将。日本投降后"残留"山西,是日军"山西残留"主要策划、组织、实施者。1945年9月,被阎锡山聘为二战区司令长官部总顾问。仍以日军第一军司令官名义,及"山西地区日本官兵善后联络部部长"身份,直接实施日军残留。曾被国民政府军令部定为战犯嫌疑人,由于阎锡山庇护,时太原审判战犯军事法庭未依法审理。1948年8月前后,任太原绥靖公署郑总顾问室总顾问。太原战役中为阎锡山制定太原城周防御计划、中央军空运计划等。残留期间,是日军日侨组织木曜会核心人物。太原解放前于1949年2月化名陈春英潜归日本。

18.池田勇　日本投降前任日伪太原铁路局警务处警保课保安主任等职。日本投降后"残留"山西。约1946年3月任残留日人为主要成员的特务情报机构"二战区第二资源调查社"中校委员,主持业务活动。1948年7月病死。

19.赤星久行(朱建业)　约1913年出生,籍贯日本长崎。日本投降前任日军大队长、少佐。日本投降后"残留"山西。1946年9月至1948年秋任残留日军"机甲队"司令、总教官,官级至少将。残留期间,参加亚洲民族革命同志会,参与残留组织命风塾活动。1948年9月遣返日本。

20.川原宪政(司兴宪)　约1915年出生,籍贯日本北海道。日本投降后"残留"山西。1946年6月后任残留日军主体部队保安总司令部六大队机炮中队分队长、上尉。1947年3月任山西野战军独立步兵队上尉。同年6月任暂编独立第十总队特务营二连少校。1948年3月至1949年春任教导总队军二团连长、副营长、营长等职,中校。残留期间,曾任山西军亲训团、亲训师教官。

21.村井孝年(毛朗怡) 日本投降后"残留"山西。曾任残留日军"机甲队"指导官。1947年6月任残留日军高级将领军事顾问机构"武(山冈道武)顾问室"顾问、上校。1948年6月至1949年4月,任残留日军主体部队教导总队司令部部附、上校,曾外派山西警备司令部。

22.村濑仁一(吴启仁) 1907年出生。日本投降后"残留"山西。1946年春任残留日军主体部队铁路(公路)修复部队第三工程队副大队长。同年6月任保安总司令部三大队太原联络所所长、上校。1947年6月至1948年3月任暂编独立第十总队三团军需主任、一等军需正。后任教导总队司令部部附、上校。1948年秋遣返日本。

23.村山隼人(王春山) 1918年出生,籍贯日本鹿儿岛。日本投降前任华北方面军第一军独立步兵第十四旅团二四六大队三中队中队长、中尉。日本投降后"残留"山西。1946年春编入残留日军主体部队特务团第六团。同年6月任保安总司令部六大队二中队中队长、中校。1947年3月任山西野战军独立步兵队中队长、中校。同年6月任暂编独立第十总队特务营二连连附、中校。1948年11月至1949年春任教导总队教导一团团长等职,升级上校。(期间,1948年12月后教导总队作战部队于太原战役中改编为炮兵队,任炮兵一营三连连长、村山隼人队队长、上校。)残留期间,曾任残留日军学塾新生塾教官,山西军亲训团、亲训师教官。1949年4月被捕。1956年7月,中华人民共和国最高人民检察院按照对日本战犯宽大政策,对其免予起诉,释放回国。

24.大场彻严(陈齐晖) 约1911年出生,籍贯日本三重。日本投降后"残留"山西。1946年春似任残留日军主体部队铁路(公路)修复部队第三大队大队长。同年6月后任保安总司令部部附、联络处长等职,上校。1947年6月至1948年春任暂编独立第十总队总队部部附、上校,在职政治部(后改新闻处)。后任教导总队司令部部附、上校。1948年秋遣返日本。

25.大岛福松(戴仁山) 1912年出生,籍贯日本兵库。日本投降后"残留"山西。1947年6月至1948年3月任残留日军主体部队暂编独立第十总队二团三营七连连长、少校。1948年3月后任教导总队军一团三营少校、中校。同年太原战役牛驼寨作战中于10月31日被打死,升级上校。

26.大庭孝一(周伯孝) 日本投降后"残留"山西。1946年6月任残留日军主体部队保安总司令部三大队大队长。同年8月24日寿阳县景尚村作战中被打死,军衔少将。

27.大西健 1917年出生,籍贯日本兵库。日本投降前任华北方面军第一军第五独立警备队司令部后方参谋、独立步兵第三十大队大尉等职。日本投降后"残留"山西,任西北实业公司会计、制磷所工程师等职。1948年4月至1949年4月任西北实业公司残留日侨组织桐荫会本部干事,也为河本大作做秘书工作。1948年5月参加残留日军日侨组织水曜会。太原解放后于1950年12月被捕。1956年8月,中华人民共和国最高人民检察院按照对日本战犯宽大政策,对其免予起诉,释放回国。

28.大野泰治(王泰山) 1902年出生,籍贯日本高知。1936年任伪满滨江省公署警务厅特务科外事股长期间,参与残害抗日英雄赵一曼。日本投降前任伪大同省公署直属警察队队长等职。日本投降后"残留"山西。曾任大同保安队情报科上尉,亚民会专以残留日人为对象的机构山西产业技术研究社编辑,太原绥靖公署炮兵集训团中校教官等职。太原解放后于1950年12月被捕。1956年6月中华人民共和国最高人民法院特别军事法庭(太原)判处其有期徒刑13年,1963年8月提前释放。

29.大野拓司(陶司渊) 日本投降后"残留"山西。1946年6月后任残留日军主体部队保安总司令部部附、副总司令(元泉馨)办公室少校。1947年6月至1948年夏任残留日军高级将领军事顾问机构"元(元泉馨)副总司令办公室"参谋、中校。

30.岛田进一郎(田俊义)　1917年出生,籍贯日本福冈。日本投降后"残留"山西。1946年3月编入残留日军主体部队铁路(公路)修复部队。1947年3月任山西野战军一大队一中队中队长、少校。1947年6月任暂编独立第十总队一团三营营长、中校。1948年3月任教导总队教导一团三营营长、中校。同年晋中战役中于7月11日在太谷县南庄村被打死,升级上校。

31.稻叶绩(何惠顺)　1922年出生,籍贯日本东京。日本投降前任华北方面军第一军独立混成第三旅团步兵六大队通讯队队长、少尉。日本投降后"残留"山西。任残留日人为主要成员的特务情报机构"二战区第二资源调查社"中校情报员、太原绥靖公署军官队中校教官等职。太原解放后于1950年12月被捕。1956年6月,中华人民共和国最高人民检察院按照对日本战犯宽大政策,对其免予起诉,释放回国。

32.殿冈通(宋振冈)　1917年出生,籍贯日本千叶。日本投降前任华北方面军第一军独立混成第三旅团独立炮兵大队中队长、中尉。日本投降后"残留"山西。1949年3月在编残留日军主体部队山西野战军二大队。1947年6月至1948年3月任暂编独立第十总队二团一营营长、中校。曾任山西军亲训师教官。1948年3月任教导总队军一团一营营长、中校。同年晋中战役中于7月10日在徐沟县温李青村被打死,升级上校。

33.东登太郎(东纮司)　1919年出生,籍贯日本宫城。日本投降前任华北方面军第一军独立混成第三旅团七大队中队长、中尉。日本投降后"残留"山西。1946年6月后任残留日军主体部队保安总司令部部附、参谋处秘书等职,中校。1947年6月至1948年3月任暂编独立第十总队参谋处庶务科长等职,中校。1948年3月任教导总队参谋处中校。同年11月至1949年春疑任教导总队军一团代理团长,中校升上校。(期间,1948年12月后教导总队作战部队于太原战役中改编为炮兵队,任炮兵一营二连连长、东登太郎队队长,上校。)1949年4月被捕。1956年8月,中华人民共和国最高人民检察院按照对日本战犯宽大政策,对其免予起诉,释放回国。

34.渡边楠之（安东） 1920年出生，籍贯日本神奈川。日本投降前任华北方面军第一军第一一四师团八四旅团三八一大队机枪中队中队长、中尉。日本投降后"残留"山西。1946年6月任残留日军主体部队保安总司令部三大队副大队长、中校。1947年6月至1948年3月任暂编独立第十总队三团三营营长等职、中校。1948年3月至1949年春任教导总队教导二团副团长、团政治主任等职，中校升上校。（期间，1948年12月后教导总队作战部队于太原战役中改编为炮兵队，任炮兵二营一连连长、上校）残留期间，曾任山西军青年军官教导团副教务长。太原解放后于1950年12月被捕。1956年7月，中华人民共和国最高人民检察院按照对日本战犯宽大政策，对其免予起诉，释放回国。

35.恩田义久（王达三、王义进） 1917年出生，籍贯日本福冈。日本投降后"残留"山西。1945年6月后任残留日军主体部队保安总司令部部附、参谋处中校。1947年6月至1948年3月任暂编独立第十总队总队部部附、参谋处上校。后任教导总队司令部部附、参谋处上校。残留期间，曾任山西军青年军官教导团教官。1948年秋遣返日本。

36.恩田忠录 日本投降前任华北方面军第一军司令部部附、大佐。日本投降后"残留"山西。曾被定为战犯嫌疑人，由于阎锡山庇护，时太原审判战犯军事法庭未依法审理。后任山西军亲训团、亲训师教官。残留期间，是残留日军日侨组织木曜会主要成员。1948年5月遣返日本。（"恩田忠录"与"田恩三"疑为一人。田恩三1947年6月至1948年5月任残留日军高级将领军事顾问机构"武（山冈道武）顾问室"顾问、少将。）

37.儿玉华子 女，1922年出生于中国旅顺，父籍日本广岛。日本投降前曾任日海军要港部事务员、山西产业株式会社秘书。日本投降后"残留"山西，任西北实业公司办事员，实际为河本大作秘书，参与情报工作、交际会谈及残留日军日侨组织水曜会、木曜会等活动。其母儿玉鹤枝在河本大作身边照顾河本日常生活。太原解放后，儿玉华子于1951年9月被捕。1956年6月，中华人民共和国最高人民检察院按照对日本战犯宽大政策，对其免予起诉，释放回国。

回日后参加中国归还者连合会、日中友好协会,致力于日中友好事业。

38.福田佐平(田永福) 1901年出生,籍贯日本福岛。日本投降前曾任日军十二野战补充队宪兵团山炮中队小队长、准尉。日本投降后"残留"山西。1946年6月任残留日军主体部队保安总司令部三大队迫炮中队中队长、少校。1947年3月任山西野战军三大队迫炮连连长、中校。同年6月至1948年3月任暂编独立第十总队三团迫炮连连长、中校。1948年3月后任教导总队教导二团副团长等职,中校升上校。似在晋中战役中被俘。太原解放后于1955年5月被捕。1956年7月,中华人民共和国最高人民检察院按照对日本战犯宽大政策,对其免予起诉,释放回国。

39.福原荣(田荣昭) 1922年出生,籍贯日本冈山。日本投降后"残留"山西。1946年3月编入残留日军主体部队铁路(公路)修复部队第一工程队。1947年3月任山西野战军一大队参谋处第一科长、少校。同年6月至1948年3月任暂编独立第十总队一团团附、少校。1948年3月任教导总队教导一团参谋,少校升中校。同年太原战役中于11月6日在太原四亩圪洞被打死,升级上校。

40.富冈幸一(富振邦) 1914年出生,籍贯日本兵库。日本投降后"残留"山西。1946年3月编入残留日军主体部队特务团第一团。同年6月任保安总司令部一大队副大队长。1947年3月后任山西野战军四大队中校。同年6月后至1948年春任暂编独立第十总队四团三营营长、参谋处上校、总队部部附。曾任山西军亲训团教官。

41.富泽泰(李春富) 1914年出生,籍贯日本福井。日本投降后"残留"山西。1946年6月任残留日军主体部队保安总司令部直属工程队土木组组长、中校。约1947年6月至1948年春任暂编独立第十总队工兵营副营长、上校。

42.冈部久(耿步九) 1904年出生。日本投降后"残留"山西,任山西军四十九师教官队主官。1947年7月任山西军亲训团教务处副处长、上校。1948年任残留日军主体部队教导总队司令部部附、上校。残留期间,参加亚洲民族革命同志会。约 1947 年春成立日军日侨组织迎晖学会,任会长。1948 年 9 月回日本。

43.冈田源吾(刘泉源)　约 1914 年出生,籍贯日本宫崎。日本投降前任华北方面军第四独立警备队二十二大队主计兼厚和野战仓库长、中尉。日本投降后"残留"山西大同。曾被定为战犯嫌疑人。后任残留日军大同教导总队上校军需处长等职。1949 年 4 月被捕。1956 年 6 月,中华人民共和国最高人民检察院按照对日本战犯宽大政策,对其免予起诉,释放回国。

44.冈野克己(柯克己)　日本投降前任华北方面军第一军司令澄田睐四郎副官。日本投降后"残留"山西。约 1946 年 6 月后为"太原日本联络班"成员。1947 年 6 月至 1948 年 5 月任残留日军高级将领军事顾问机构"武(山冈道武)顾问室"秘书、中校。其后似任职于"郑(郑成天,即澄田睐四郎)总顾问室"。残留期间,为残留日军日侨组织水曜会主要成员。太原解放前夕于 1949 年 2 月随澄田睐四郎潜归日本。

45.高木应悦(高映月)　1909 年出生,籍贯日本岛根。日本侵华时期在太原开设齿科医院,曾以"大政翼赞会"开展活动。日本投降后"残留"山西。1946 年 5 月任二战区司令长官部医官。1947 年 6 月后任残留日军主体部队暂编独立第十总队总队部嘱托医师、上校。残留期间,并任山西日侨自治会委员、山西日侨俱乐部常委,是命风塾、土曜会主要成员。太原解放后于 1950 年 12 月被捕。1956 年 6 月,中华人民共和国最高人民检察院按照对日本战犯宽大政策,对其免予起诉,释放回国。

46.高桥畅(高桥长三,高畅)　1896 年出生,籍贯日本琦玉。日本侵华时期任天津北支自动车工业株式会社瓦斯发生机工场场长等职。日本投降后"残留"山西,任晋兴机械工业公司协理等职。是残留日军日侨组织机构山西日侨俱乐部、土曜会、命风塾主要成员,亚文会参议,晋阳高等工学院教授。太原解放后于 1951 年 10 月被捕。1956 年 7 月,中华人民共和国最高人民检察院按

照对日本战犯宽大政策,对其免予起诉,释放回国。

47.高田博(高天伯)　1920年出生,籍贯日本富山。日本投降前任陆军独立辎重第一联队兵站主任等职,上尉。日本投降后"残留"山西。约1946年6月后为"太原日本联络班"成员。1947年6月至1948年5月任残留日军高级将领军事顾问机构"武(山冈道武)顾问室"秘书、中校。后任"郑(郑成天,即澄田睐四郎)总顾问室"参谋等职,上校。太原解放后于1950年12月被捕。1956年6月,中华人民共和国最高人民检察院按照对日本战犯宽大政策,对其免予起诉,释放回国。

48.高屋三郎(高剑峰)　1920年出生,籍贯日本京都。日本投降前任华北方面军第一军独立步兵第十四旅团二四四大队一中队中队长、中尉。日本投降后"残留"山西。1946年6月任残留日军主体部队保安总司令部六大队四中队中队长、中校。1947年3月任山西野战军六大队二营营长、中校。同年6月至1948年3月任暂编独立第十总队六团二营营长、中校。在山西野战军、十总队任职期间,曾任山西军亲训团、亲训师教官。1948年3月任教导总队军二团二营营长、中校。同年7月晋中战役中被捕。1956年8月,中华人民共和国最高人民检察院按照对日本战犯宽大政策,对其免予起诉,释放回国。

49.根本一(王耀武)　1920年出生,籍贯日本福岛。日本投降前任华北方面军第一军独立混成第三旅团独立步兵七大队中队长、中尉。日本投降后"残留"山西。1947年3月在编残留日军主体部队山西野战军二大队。同年6月至1948年3月任暂编独立第十总队二团一营机枪连连长、中校。曾任山西军亲训师教官。1948年3月后任教导总队军一团机枪连连长等职,中校升上校。同年太原战役牛驼寨作战中于10月31日被打死,升级少将。

50.古谷敦雄(谷敦雄)　1910年出生,籍贯日本熊本。日本投降前任日伪青岛特别市政府顾问辅佐官、华北方面军第一军第一一四师团炮兵大队中尉教育主任等职。日本投降后"残留"山西。1945年12月组建残留日侨武装铁路护路总队第四大队,任大队长。1946年6月任残留日军主体部队保安总司令部四大队大队长、上校。1947年6月后任暂编独立第十总队四团团附、团长,上校。1948年3月后任教导总队教三团团附,上校。残留期间,曾任亚民会中日联合委员会委员,亚文会执委主席、事务局局长。指导发行《东风》《半月刊》《时事》等残留文化报刊。太原解放后,于1950年12月被捕。1956年8月,中华人民共和国最高人民检察院按照对日本战犯宽大政策,对其免予起诉,释放回国。

51.古山邦藏(古郁文) 1913年出生,籍贯日本山形。日本投降前任华北方面军第一军独立混成第三旅团司令部主管会计、大尉。日本投降后"残留"山西。1947年6月至1948年3月任残留日军主体部队暂编独立第十总队二团军需等职,上校。1948年3月至1949年春任教导总队军一团团附、一等军需正。(期间,1948年12月后教导总队作战部队于太原战役中改编为炮兵队,任炮兵一营军需、一等军需正)

52.谷口三郎 日本东京帝国大学工学院毕业。日本投降前曾任华北政务委员会北京建设总署顾问。日本投降后"残留"山西,任山西自然科学院研究指导员。1947年任残留日军日侨院校晋阳高等工学院院长。

53.广末治男(朱善友) 1917年出生,籍贯日本大分。日本投降后"残留"山西。1946年6月任残留日军主体部队保安总司令部部附、后勤处副处长,上校。1947年6月至1948年3月任暂编独立第十总队后勤处副处长、上校。后任教导总队司令部部附、上校。1948年秋遣返日本。

54.海老冢卓(解卓轩) 日本投降后"残留"山西。1946年6月后任残留日军主体部队保安总司令部部附、副总司令(元泉馨)办公室中校。1947年6月任残留日军高级将领军事顾问机构"元(元泉馨)副总司令办公室"副官、中校。同年秋遣返日本。

55.和田武士(何霄) 1908年出生,籍贯日本鹿儿岛。日本侵华时期曾任太原日本中学教员。日本投降后"残留"山西。1946年至1948年任残留日军日

侨子弟学校"晋阳学园"教务主任等职。1946年6月后在编残留日军主体部队保安总司令部部附,中校。1947年6月至1948年3月在编暂编独立第十总队总队部部附,荐任六级升简任八级。1948年3月后在编教导总队司令部部附,上校。残留期间,是日军日侨组织水曜会主要成员,太原政经学院讲师。1948年秋遣返日本。

56.河本大作(川端大二郎,黄兆丰) 1883年出生,籍贯日本兵库,毕业于陆军大学。1904年参加日俄战争到中国东北,之后多次进出中国参战、任职。1926年3月任关东军高级参谋,1927年6月参加日本"东方会议",1928年6月策划实施"皇姑屯事件",炸死奉系军阀张作霖。1929年10月去天津面见溥仪,交涉建立伪满洲国傀儡政权。1931年9月"九·一八"事变前与事变中,与板垣征四郎、石原莞尔策划相关事项并参与活动。1932年10月任南满洲铁道株式会社理事兼满铁经济调查会会长、满洲炭矿公司理事长。日本全面侵华战争中于1942年9月出任"山西产业株式会社"社长,并投入"对伯工作",拉拢阎锡山对日妥协。日本投降后"残留"山西,是日军日侨"山西残留"主要策划、组织、实施者。1945年秋至1949年4月任西北实业公司总顾问、经理部长。1947年6月残留日军主体部队改编为暂编独立第十总队后,实际充当着总队长今村方策的顾问。残留期间,并任日军日侨组织机构太原日侨自治会会长、山西日侨俱乐部委员长、山西武道会会长、桐荫会会长、太原日侨自卫队队长、迎晖学会顾问、新生塾顾问、命风塾顾问,是金曜会、木曜会、水曜会、土曜会核心人物,还任晋阳学园园长、太原政经学院顾问、晋阳高等工学院顾问。太原解放前夕,于1949年2月策划成立"山西矿业公司",图谋"残留"失败之后的"再残留"。1949年4月24日太原解放后于月末被捕,1953年8月病死在太原日本战犯管理所。

57.黑田市郎(张式华) 1919年出生,籍贯日本北海道。日本投降后"残留"山西。1946年4月入编残留日侨武装铁路护路总队四大队。1946年6月任残留日军主体部队保安总司令部四大队大队部通讯班班长、少校。1947年6月任暂编独立第十总队四团团附、中校。1948年3月任教导总队教导三团团附、中校。同年7月增田重之晋中战役中被打死后,任教导总队教导三团代理团长、团长,上校,至1949年春。(期间,1948年12月后教导总队作战部队于太原战役中改编为炮兵队,任炮兵三营营长、黑田市郎队队长,上校)

58.后闲章次 日本投降前任华北方面军第一军大队长。日本投降后"残留"山西。1946年2月任残留日军主体部队特务团第一团团长。约同年6月后为"太原日本联络班"成员。后任太原警备司令部顾问、太原绥靖公署炮训团顾问。("后闲章次"与"侯升"似为一人。侯升1947年6月至1948年5月任残留日军高级将领军事顾问机构"武(山冈道武)顾问室"顾问、少将)

59.荒井新一(黄建新) 1920年出生,籍贯日本新潟。日本投降前任华北方面军第一军独立混成第三旅团炮兵大队中尉中队长等职。日本投降后"残留"山西。1946年春在编残留日军主体部队铁路(公路)修复部队第七工程队,同年6月整编入保安总司令部第二大队迫炮连。1947年6月至1948年3月任暂编独立第十总队二团迫炮连连长、中校。曾任山西军亲训师教官。1948年3月任教导总队军一团迫炮连连长、中校。同年任教导总队司令部部附、参谋主任,上校。似在1949年4月太原解放后被捕。1956年8月,中华人民共和国最高人民检察院按照对日本战犯宽大政策,对其免予起诉,释放回国。

60.吉本正亲(吉正亲) 约1918年出生,籍贯日本长崎。日本投降后"残留"山西。曾任太原绥靖公署炮兵指挥处教官、上校。似在1948年9月遣返日本。

61.吉居敏夫(吉焕章) 1919年出生,籍贯日本广岛。日本投降前任华北方面军第四独立警备队二十四大队中队长、大尉。日本投降后"残留"山西大同。1946年春任残留日军部队特务团大同总队三连连长。同年6月后任大同保安总队第九大队大队长、大同保安总队参谋处长,上校。1947年6月后任暂编独立第十总队大同总队第九大队代理大队长等职,上校。大同解放后于1950年12月被捕。1956年6月,中华人民共和国最高人民检察院按照对日本战犯宽大政策,对其免予起诉,释放回国。

62. 吉田来（王麟） 1914年出生，籍贯日本佐贺。日本侵华时期任日伪煤矿工警队长等职。日本投降后"残留"山西。1947年3月任残留日军主体部队山西野战军一大队迫炮中队中队长、中校。同年6月至1948年3月任暂编独立第十总队一团炮兵队队长、中校。1948年3月任教导总队教导一团炮兵队队长、中校。同年7月晋中战役中被捕。1956年8月，中华人民共和国最高人民检察院按照对日本战犯宽大政策，对其免予起诉，释放回国。

63. 吉泽行雄（吉伟民） 约1913年出生，籍贯日本东京。日本投降前任华北方面军第一军独立混成第三旅团独立炮兵大队军医、大尉。日本投降后"残留"山西。1947年6月任残留日军主体部队暂编独立第十总队卫生处处长兼军医科科长、上校。1948年3月后至1949年4月任教导总队卫生处处长、军医处处长、野战医院院长等职，上校升少将。残留期间，曾任山西军青年军官教导团日籍军医教官。太原解放后于1950年12月被捕。1956年8月，中华人民共和国最高人民检察院按照对日本战犯宽大政策，对其免予起诉，释放回国。

64. 加藤幸次郎（贺祥） 约1914年出生，籍贯日本秋田。日本侵华时期，曾任日伪新绛县警察所警务教导官、山东省东阿泰安保安队指导官等职。日本投降后"残留"山西。1945年底组编残留日侨武装铁路护路总队第六大队。1946年6月任残留日军主体部队保安总司令部六大队三中队队长等职，中校。1947年6月任暂编独立第十总队副官处（参谋处）人事科科长、中校。1948年3月至1949年春任教导总队副官处处长兼人事科科长、中校。1949年4月升上校。残留期间，曾任残留日军日侨组织亚文会执委。1949年4月24日太原解放被捕。1956年8月，中华人民共和国最高人民检察院按照对日本战犯宽大政策，对其免予起诉，释放回国。（"加藤幸次郎"与"加藤嘉之助"疑为一人。加藤嘉之助日本侵华时期曾任第一军司令部经理部大尉等职。日本投降后任合谋社总务组组长）

65. 皆川准一郎（赵廷守） 1894年出生，籍贯日本新潟。日本侵华时期，曾任日伪太原铁路管理局配给所长、生计科长等职。日本投降后"残留"山西。1948年初在编残留日军主体部队暂编独立第十总队总队部，任部附。同年3

月后至1949年春任教导总队参谋处上校(另有记载为少校)、留守司令部共济部专门委员等职。残留期间,是日军日侨组织迎晖学会、命风塾等主要成员。1949年4月24日太原解放被捕。1956年6月,中华人民共和国最高人民检察院按照对日本战犯宽大政策,对其免予起诉,释放回国。

66.今村诚次(靳焕然) 日本投降后"残留"山西。1946年6月任残留日军主体部队保安总司令部部附、上校。1947年3月任山西野战军司令部部附、研究部部员,上校,兼任野战军合作社常务理事。同年5月11日病死太原。

67.今村方策(晋树德) 1899年出生,籍贯日本宫城,毕业于陆军士官学校。日本投降前任华北方面军第一军独立混成第三旅团高级参谋、大佐。日本投降后"残留"山西,是日军"山西残留"主要组织实施者。1946年春任残留日军主体部队铁路(公路)修复部队第七工程队大队长、少将。同年6月任保安总司令部二大队大队长、少将。1947年3月任山西野战军二大队大队长、少将。同年6月任暂编独立第十总队总队长、中将,制定暂编独立第十总队《总队部服务规定》等章则条令,明确提出"总队以复兴皇国、恢弘天业为宗旨"的残留纲领。1948年3月至1949年4月任教导总队司令部司令、中将。残留期间,曾任山西军青年军官教导团总教官,任残留日军日侨组织机构新生塾塾长、山西武道会副会长(一说"顾问")等职。1949年4月24日太原解放率队投降。27日服用氰化钾,两天后死去。

68.今野淳(景淳) 1917年出生,籍贯日本山形。日本投降前任华北方面军第一军独立混成第三旅团通讯队队长、大尉。日本投降后"残留"山西。1946年春编入残留日军主体部队铁路(公路)修复部队第七工程队。1947年6月后任暂编独立第十总队二团团附、上校。1948年3月任教导总队军一团团附、上校。同年晋中战役后似于10月1日任教导总队参谋长、少将。太原战役中于1948年11月1日在太原东山高地被打死,升级中将。

69.金森弥太郎(王天杰) 1917年出生,籍贯日本冲绳(另有记载为"熊本")。日本投降前任华北方面军第一军第五独立警备队二十五大队中队长。日

本投降后"残留"山西。1946年6月至1947年3月任残留日军主体部队保安总司令部一大队中校、上校。1947年3月任山西野战军一大队队附、参谋处长,上校。同年6月任暂编独立第十总队一团副团长、上校。1948年3月任教导总队教导一团副团长、上校。同年7月晋中战役中被捕。1956年6月,中华人民共和国最高人民检察院按照对日本战犯宽大政策,对其免予起诉,释放回国。

70.金子传(傅进荣) 1918年出生,籍贯日本宫城。日本投降前任华北方面军第一军独立混成第三旅团独立步兵第六大队二中队中队长、中尉。日本投降后"残留"山西。1947年6月后任残留日军主体部队暂编独立第十总队二团一营副营长、中校。曾任山西军亲训师教官。1948年3月至1949年春任教导总队军一团一营副营长、营长等职,中校升上校。(期间,1948年12月后教导总队作战部队于太原战役中改编为炮兵队,任炮兵一营一连连长、上校)1949年太原战役中被捕。1956年7月,中华人民共和国最高人民检察院按照对日本战犯宽大政策,对其免予起诉,释放回国。

71.近田良造(田良成) 1884年出生,籍贯日本东京。日本侵华时期曾任伪蒙古包头医院代理院长等职。日本投降后"残留"山西,任共济医院副院长等职,编制于残留日军主体部队暂编独立第十总队、教导总队,任司令部部附。残留期间,曾任日军日侨组织亚文会执委,太原日侨自卫队区队长。太原解放后于1951年9月被捕。1956年6月,中华人民共和国最高人民检察院按照对日本战犯宽大政策,对其免予起诉,释放回国。

72.井上义雄(戴义山) 1913年出生,籍贯日本广岛(另有记载为"东京")。日本侵华时期曾任山西省五台县日伪合作社顾问。日本投降后"残留"山西。1945年底任残留日侨武装铁路护路总队第二大队大队长。1946年6月合并整编入残留日军主体部队保安总司令部二大队。1947年3月任山西野战军二大队"戴队"队长。1947年6月后任暂编独立第十总队二团三营营长、中校。1948年3月至1949年春任教导总队军一团三营营长、司令部监察委员等职,上校。(期间,1948年12月后教导总队作战部队于太原战役中改编为炮兵队,任炮兵一营副营长、上校)残留期间,参加日军日侨组织迎晖学会。太原解放后于1950年10月被捕。1956年8月,中华人民共和国最高人民检察院按照对日本战犯宽大政策,对其免予起诉,释放回国。

73.菊地修一(李永章) 1915年出生,籍贯日本宫城,毕业于横滨高等商业学校。日本投降前任华北方面军第一军独立混成第三旅团独立炮兵大队大队长、大尉。日本投降后"残留"山西。1946年春编入残留日军主体部队特务团第七团。1946年6月后任保安总司令部二大队副大队长、参谋处上校(一说"处长")。1947年3月任山西野战军司令部参谋处处长、上校,4月调归原二大队任大队长、上校。同年6月后任暂编独立第十总队二团团长等职,上校。曾任山西军亲训师教官。1948年3月任教导总队参谋长、少将。同年夏晋中战役后至1949年4月任教导总队指导官、少将。(期间,1948年10月教导总队作战部队编队调整,任炮兵团长)1949年4月24日太原解放被捕。1956年6月中华人民共和国特别军事法庭(太原)判处其有期徒刑13年,1962年2月提前释放。

74.堀内信一(岳醒民) 1918年出生,籍贯日本东京。日本投降后"残留"山西。曾任山西军日籍指导官。1947年12月至1948年3月任残留日军主体部队暂编独立第十总队新闻处庶务科长、少校。1948年3月后任教导总队政工主任、中校。同年11月1日太原战役牛驼寨作战中被打死,升级上校。

75.笠实(李实) 1906年出生,籍贯日本福冈。日本侵华时期,曾任日伪山西省壶关县新民会首席参事、县政府顾问等职。日本投降后"残留"山西。1947年11月任残留日军主体部队暂编独立第十总队总队部部附,在职市立医院。1948年3月后任教导总队司令部部附,卫生处、军医处少校。约同年冬至1949年春任教导总队野战医院科长、少校。残留期间,曾任日军日侨组织亚文会代理组织部长。太原解放后于1950年12月被捕。1956年6月中华人民共和国最高人民法院特别军事法庭(太原)判处其有期徒刑11年,1961年12月刑满释放。

76.林丰(陈丰三) 日本投降前任华北方面军第四独立警备队司令部高

级参谋、大佐。日本投降后"残留"山西,是日军"山西残留"大同地区主要策划、组织、实施者。1946年春任残留日军主体部队特务团大同总队总队长,铁路(公路)修复部队第八工程队(大同)大队长。曾被定为战犯嫌疑人。同年6月后任大同保安总队司令、少将(中将待遇)。1947年6月后任暂编独立第十总队大同总队总队长。似于1948年5月遣返日本。

77.铃木友枝(杨友林) 1902年出生,籍贯日本福岛。日本投降后"残留"山西。1945年底任残留日侨武装铁路护路总队土木工程队队长(一说队长为"内川常藏")。1946年6月后任残留日军主体部队保安总司令部直属工程队队长等职,上校。1947年6月后任暂编独立第十总队总队部部附、营缮对策指导委员等职,上校。1948年3月后任教导总队司令部部附、上校。同年秋遣返日本。

78.鹿又秀一(卢振祥) 1917年出生,籍贯日本宫城。日本投降前任华北方面军第一军独立混成第三旅团独立步兵六大队一中队中队长、中尉。日本投降后"残留"山西。1946年6月后任残留日军主体部队保安总司令部部附、参谋处中校。1947年6月后任暂编独立第十总队军械处处长等职,中校。1948年3月似任教导总队军械处处长、中校。同年7月晋中战役中被捕。1956年6月,中华人民共和国最高人民检察院按照对日本战犯宽大政策,对其免予起诉,释放回国。

79.茅原和雄(孙亚业) 1920年出生,籍贯日本福岛。日本投降前任华北方面军第一军独立混成第三旅团独立炮兵大队副官、中尉。日本投降后"残留"山西。1947年6月任残留日军主体部队暂编独立第十总队二团副官、中校。1948年3月后任教导总队军一团副官、司令部部附,中校。同年秋遣返日本。

80.内川常藏(常渊弘) 1910年出生,籍贯日本佐贺。日本投降后"残留"山西。1945年12月编入残留日侨武装铁路护路总队土木工程队(一说"任队长")。 1946年6月后任残留日军主体部队保安总司令部直属工程队副队长等职,上校。1947年6月至1948年3月任暂编独立第十总队工兵营营长、上校。残留期间,曾任日军日侨组织亚文会参议。似在1948年遣返日本。

81.内田松次(吴继达)　1896年出生。日本投降后"残留"山西。1946年6月后任残留日军主体部队保安总司令部直属通讯队卫生部长、技正。1948年3月后任教导总队司令部部附、上校。曾任山西军侍卫队教官。同年9月除队。

82.平部朝淳(柳士廉)　1916年出生,籍贯日本大阪(另有记载为"宫崎")。日本侵华时期,曾任日伪山西省太原女子师范学校日本教官等职。日本投降后"残留"山西。1945年10月任阎(阎锡山)、日"合谋社"军事组秘书、少校。1946年春任残留日军主体部队铁路(公路)修复部队少校。同年6月任保安总司令部少校。1947年3月任山西野战军司令部研究部少校。1947年6月后任暂编独立第十总队政治部(后改新闻处)资料室科员、荐任12级。1948年3月任教导总队政工处干事、荐任12级。同年7月晋中战役中被捕。1956年8月,中华人民共和国最高人民检察院按照对日本战犯宽大政策,对其免予起诉,释放回国。回日后曾任日本大阪府日中友好协会常务理事。

83.平野岭夫(平野零儿,胡继白)　1896年出生,籍贯日本东京都。日本侵华中曾六次到中国,从事文化侵略等活动。日本投降前任山西产业株式会社嘱托。日本投降后"残留"山西。1946年6月前似任残留日侨武装铁路护路总队文化部部员、中校。后以西北实业公司雇员身份从事经济、文化"残留"活动。残留期间,发表《复兴祖国》《残云留魂录》等作品,主编综合文化杂志《读物》。曾参加亚洲民族革命同志会。太原解放前夕,烧毁根深蒂固的军国主义分子河本大作罪证材料、照片、纪事等。太原解放后于1950年12月被捕。1956年7月,中华人民共和国最高人民检察院按照对日本战犯宽大政策,对其免予起诉,释放回国。

84.千叶善茂(胡湘)　1921年出生,籍贯日本岩手。日本投降前任陆军少尉。日本投降后"残留"山西。1946年3月编入残留日军主体部队特务团第六团。同年6月任保安总司令部六大队四中队副队长、少校。1947年3月任山西野战军六大队少校。同年6月至1948年3月前任暂编独立第十总队六团一营

营长、三营营长,中校。残留期间,曾任山西军青年军官教导团、亲训师教官。

85.千叶哲夫(王世海) 1910年出生。日本投降后"残留"山西。1946年6月任残留日军主体部队保安总司令部六大队中校。1947年3月任山西野战军六大队三科科长、纠察队队长,中校。同年6月后任暂编独立第十总队六团输送连连长、中校。1948年3月任教导总队军二团中校。同年7月晋中战役中在太谷县西范村被打死,升级上校。

86.桥本三郎(汪智勇) 1918年出生,籍贯日本福岛。日本投降前任华北方面军第一军独立混成第三旅团七大队四中队小队长。日本投降后"残留"山西。1947年3月任残留日军主体部队山西野战军二大队少校。同年6月任暂编独立第十总队二团一营机枪连排长、少校。曾任山西军亲训团教官。1948年3月至1949年春任教导总队军一团营长、团部副官等职,中校。(另有记载曾任上校)1949年4月太原战役中被捕。1956年7月,中华人民共和国最高人民检察院按照对日本战犯宽大政策,对其免予起诉,释放回国。

87.权田胜(张国胜) 1922年出生,籍贯日本爱知。日本投降前任华北方面军第一军第五独立警备队二十八大队通信队少校队长等职。日本投降后"残留"山西,任残留日军机甲队参谋,残留日军主体部队暂编独立第十总队司令部通信课长、教导总队司令部部附。是残留日军日侨组织命风塾塾长。1949年4月被捕。1956年8月,中华人民共和国最高人民检察院按照对日本战犯宽大政策,对其免予起诉,释放回国。

88.日里哲二郎(任理哲) 1897年出生,籍贯日本德岛。日本侵华时期,曾任伪满电器土木公司太原出张所主任等职。日本投降后"残留"山西。1945年底任残留日侨武装铁路护路总队通讯队队长。1946年6月任残留日军主体部队保安总司令部通讯队队长。1947年3月任山西野战军通讯队队长。同年6月任暂编独立第十总队第一通讯队队长、上校。1948年3月至1949年春任教导总队第一通讯队队长、留守司令部共济部委员长等职,上校升少将。(期间,1948年10月教导总队作战部队编队调整,任通讯连连长、上校)残留期间,曾任日军日侨组织亚文会参议会主席。太原解放后,于1950年12月被捕。1956年7月,中华人民共和国最高人民检察院按照对日本战犯宽大政策,对其免予起诉,释放回国。

89.三浦龙之助(王龙辅) 1916年出生,籍贯日本北海道。日本投降前任华北方面军第一军独立步兵第十四旅团通讯队队长、大尉。日本投降后"残留"山西。1946年6月后任残留日军主体部队保安总司令部部附、副总司令(元泉馨)办公室上校。1947年6月后任暂编独立第十总队参谋处处长、上校,残留日军高级将领军事顾问机构"元副总司令(元泉馨)办公室"参谋主任、上校。1948年夏任教导总队司令部部附、上校。同年秋遣返日本。

90.三浦三郎(蒲晋业) 1893年出生,籍贯日本东京,毕业于陆军大学。日本投降前任华北方面军第一军第一一四师团师团长、中将。日本投降后"残留"山西,是日军"山西残留"主要组织、实施者。1945年9月被阎锡山聘为顾问。1946年春拟任残留日军主体部队特务团总指挥,未到职。曾被定为战犯嫌疑人,由于阎锡山庇护,时太原审判战犯军事法庭未依法审理。约1946年5月至1947年5月为"军技研究部"负责人,对山西宪兵进行训导培养和特务间谍等业务训练,并进行情报收集。1947年6月任残留日军高级将领军事顾问机构"蒲(蒲晋业(三浦三郎))研究部"主任、中将。1948年5月回日本招募义勇军。

91.三野友吉(林友三) 日本投降后"残留"山西。1946年6月后任残留日军主体部队保安总司令部部附、副总司令(元泉馨)办公室少将。1947年6月至1948年夏任残留日军高级将领军事顾问机构"元(元泉馨)副总司令办公室"顾问、少将。1948年9月遣返日本。

92.桑本二雄(尚士雄) 1915年出生,籍贯日本山梨。日本投降后"残留"山西。1946年6月任残留日军主体部队保安总司令部六大队一中队分队长、上尉。1947年3月任山西野战军一大队副中队长、上尉。1947年6月至1948年3月任暂编独立第十总队一团二营四连连长、少校。1948年3月后任教导总队教导一团连长,少校升中校。残留期间,曾任山西军青年军官教导团教官。

1948年太原战役中于11月8日在四亩圪洞被打死,升级上校。

93.山本茂树(邱茂森、邱建基) 1919年出生,籍贯日本大阪。日本投降后"残留"山西。1946年6月后任残留日军主体部队保安总司令部后勤处少校。1947年6月任暂编独立第十总队后勤处粮服科科长、中校。1948年3月后任教导总队军二团中校。同年秋遣返日本。

94.山本武雄(威扬) 1906年出生,籍贯日本山口。日本侵华中于1923年到中国,曾任日伪山西省临汾车站机务段指导司机等。日本投降后"残留"山西。1945年12月编入残留日侨武装铁路护路总队第四大队。1946年6月任残留日军主体部队保安总司令部四大队三中队中队长、中校。1947年6月任暂编独立第十总队四团二营营长、中校。1948年3月至1949年春任教导总队教导三团营长、司令部部附,中校升上校。太原解放后于1950年12月被捕。1956年8月,中华人民共和国最高人民检察院按照对日本战犯宽大政策,对其免予起诉,释放回国。

95.山冈道武(武道三) 1890年出生,籍贯日本三重,毕业于陆军大学。日本投降前任驻晋华北方面军第一军参谋长、少将。日本投降后"残留"山西,是日军"山西残留"主要策划、组织、实施者。1945年秋派代表与阎锡山方面秘密会谈,就日军"残留"达成协议。并在"合谋社"对组编残留日军武装部队及开展社会"残留"等进行研究谋划。9月被阎锡山聘为二战区司令长官部副总顾问。1946年春仍直接以"第一军参谋长"行文,向原日军第一军所隶属、指挥的部队分配残留日军名额。1946年5月第一军主体遣返日本后,以"太原日本联络班"班长身份,继续实施日军残留。1947年6月任残留日军高级将领军事顾问机构"武顾问室"中将顾问。残留期间,并任山西军亲训团、亲训师等总顾问。是日军日侨组织木曜会主要人员。1948年5月回日本招募义勇军。

96.杉野俊三郎 日本投降前任华北方面军第一军电信第九联队队长、大佐。日本投降后"残留"山西。1946年夏以战犯嫌疑人证人身份入"太原日本联络班"。约1947年5月任山西军通讯总顾问。残留期间,是日军日侨组织木曜会主要成员。1948年5月遣返日本。

97.上田秀正 1903年出生,籍贯日本鹿儿岛。日本侵华中于1933年到中国,日本投降前任日伪太原铁路局工务部长。日本投降后"残留"山西,任太原铁路局工务处副处长、工程师等职。残留期间,1947年12月任亚民会中日联合委员会委员。是日军日侨组织机构山西日侨俱乐部常委,亚文会执委,木曜会、命风塾主要成员,晋阳高等工学院教授,太原日侨自卫队区队长。太原解放后于1951年10月被捕。1956年7月,中华人民共和国最高人民检察院按照对日本战犯宽大政策,对其免予起诉,释放回国。

98.上野定(尚之道) 1896年出生,籍贯日本福冈。日本投降后"残留"山西。1946年6月后任残留日军主体部队保安总司令部部附、后勤处中校。1947年6月任暂编独立第十总队后勤处科员、二等军需正。1948年3月至1949年4月任教导总队司令部部附、军需处科长等职,中校。

99.神野久吉(李有明) 1908年出生,籍贯日本爱媛。日本投降前任伪大同省公署直属警察队首席指导官等职。日本投降后"残留"山西大同,任残留日军部队大同总队少校部附、情报主任等职。1949年5月大同解放被捕。1956年6月中华人民共和国最高人民法院特别军事法庭(太原)判处其有期徒刑8年,1957年4月刑满释放。

100.胜部初太郎(刘胜伍) 约1903年出生(另有记载为1893年),籍贯日本岛根。日本投降后"残留"山西。1947年6月后任残留日军主体部队暂编独立第十总队总队部部附、上校,在职参谋处等机构。1948年3月任教导总队司令部上校。同年11月2日太原战役中在东山高地被打死,升级少将。

101.石川太郎(石太材) 1900年出生,籍贯日本东京。日本投降前任日伪山西省急进建设团本部参事主计科长。日本投降后"残留"山西。1946年6月后任残留日军主体部队保安总司令部四大队队附、中校。1947年6月任暂编独立第十总队司令部部附、配给所中校等职。1948年3月至1949年春任教导

总队司令部部附、实行委员、监察委员等职,中校。太原解放后于1951年9月被捕。1956年6月,中华人民共和国最高人民检察院按照对日本战犯宽大政策,对其免予起诉,释放回国。

102.石原三郎　日本投降前任日军大尉。日本投降后"残留"山西。1946年2月任残留日军主体部队特务团副官处处长。1946年6月后为"太原日本联络班"成员。1947年1月任山西日侨俱乐部常委。

103.石冢鹤雄(石友仁)　1916年出生,籍贯日本新潟。日本投降前任华北方面军第一军独立步兵第十四旅团二四三大队三中队中队长、中尉。日本投降后"残留"山西。1946年春编入残留日军主体部队特务团。同年6月任保安总司令部六大队机炮中队中队长、中校。1947年3月任山西野战军独立步兵队中队长、中校。同年6月后任暂编独立第十总队直属特务营二连连长、中校。1948年夏晋中战役后至1949年4月任教导总队军二团团长、上校。(期间,1948年12月后教导总队作战部队于太原战役中改编为炮兵队,任直属步兵营营长、上校)残留期间,曾任山西军亲训团、青年军官教导团等教官。为日军日侨组织"迎晖学会"骨干成员。1949年4月20日被捕。1956年8月,中华人民共和国最高人民检察院按照对日本战犯宽大政策,对其免予起诉,释放回国。

104.矢岛哲夫(刘明)　日本投降前任华北方面军第四独立警备队司令部大尉。日本投降后"残留"山西大同。1946年春编入残留日军部队特务团大同总队。曾被定为战犯嫌疑人。同年6月后任职大同保安总队七大队。当年作战中于9月2日在大同车站被打死,军职少将。

105.矢田茂(郝茂山)　1913年出生,籍贯日本熊本。日本投降后"残留"山西。1946年春在职山西民众进步社。同年6月后任残留日军主体部队保安总司令部四大队上校,研究部总务室主任。1947年6月任暂编独立第十总队政治部(后改新闻处)上校。1948年3月任教导总队司令部部附、副官处上校。同年10月回日招募义勇军。残留期间,曾是日军日侨组织"水曜会"主要成员,

"亚文会"参议。

106.辻宗盛（大山博隆，石茂隆） 1912年出生，籍贯日本鹿儿岛。日本侵华时期，曾任日伪太原铁路局生计仓库长等职。日本投降后"残留"山西。1945年10月至1946年4月任山西省日侨管理处秘书。1946年6月至1948年2月任亚民会专以残留日人为对象的机构山西产业技术研究社研究员。1947年9月亚民会所属日本支会"亚文会"成立后任执委。1948年3月任残留日人为主要成员的特务情报机构"资源调查社"职员。同年10月至1949年4月任国民政府国防部保密局太原站潜伏组中校组长。1949年3月至4月并任残留日军主体部队"教导总队"军二团政工室中校。4月20日被捕。1956年8月，中华人民共和国最高人民检察院按照对日本战犯宽大政策，对其免予起诉，释放回国。

107.水岛真澄（高澄） 日本投降后"残留"山西。1947年3月任残留日军主体部队山西野战军司令部部附、中校。同年6月任残留日军高级将领军事顾问机构"元（元泉馨）副总司令办公室"参谋、上校。1948年5月元副总司令办公室改为山西省保安司令部前方指挥办公室后仍任参谋、上校。同年8月前方指挥办公室取消，任教导总队司令部部附、上校。9月遣返日本。

108.水谷忠志（李德明） 1919年出生，籍贯日本名古屋。日本投降后"残留"山西。1946年6月任残留日军主体部队保安总司令部四大队二中队副中队长、少校。1947年6月至1948年3月任暂编独立第十总队四团特务连连长等职，中校。1948年3月至1949年春任教导总队教导三团团附、副团长等职，中校。（期间，1948年12月后教导总队作战部队于太原战役中改编为炮兵队，任炮兵三营副营长、中校）太原解放后于1950年12月被捕。1956年8月，中华人民共和国最高人民检察院按照对日本战犯宽大政策，对其免予起诉，释放回国。

109.水野辰弥（赵庆云） 1815年出生，籍贯日本名古屋。日本投降前任华北方面军第一军独立步兵第十四旅团潞安陆军联络部大尉。日本投降后"残留"山西。1946年6月任残留日军主体部队保安总司令部六大队队附、中校。

1947年3月任山西野战军司令部副总司令(元泉馨)办公室中校等职。同年6月后任暂编独立第十总队参谋处参谋、上校,残留日军高级将领军事顾问机构"元(元泉馨)副总司令办公室"参谋、上校。1948年5月元副总司令办公室改为山西省保安司令部前方指挥办公室后仍任参谋、上校。同年晋中战役中,于7月16日在太谷县小常村被打死,升级少将。

110.糸长丰(田丰) 1912年出生,籍贯日本福冈。日本投降前任华北方面军第一军第一一四师团炮兵一中队小队长、中尉。日本投降后"残留"山西。约1945年底编入残留日侨武装铁路护路总队第四大队。1946年6月任残留日军主体部队保安总司令部四大队大队部指挥班长、中校。1947年6月至1948年3月任暂编独立第十总队副官处文书科长等职,中校。1948年3月任教导总队参谋处参谋、中校。同年12月后教导总队作战部队于太原战役中改编为炮兵队,任三营三连连长、糸长丰队队长、中校。残留期间,曾任日军日侨组织"亚文会"执委。1949年4月太原解放被捕。1956年6月中华人民共和国最高人民检察院按照对日本战犯宽大政策,对其免予起诉,释放回国。

111.松田贞见(田义龙) 1905年出生,籍贯日本青森。日本投降前任华北方面军第一军独立步兵第十四旅团司令部兽医部长、大尉。日本投降后"残留"山西。1946年6月任残留日军主体部队保安总司令部六大队副大队长、上校。1947年3月任山西野战军六大队副大队长、上校。1947年6月任暂编独立第十总队六团副团长、上校。曾任山西军亲训团教官。1948年3月至1949年4月任教导总队军二团上校,兽医处一等兽医正,卫生处上校军医主任。

112.松原太市 日本投降前任华北方面军第一军第一一四师团炮兵大队长、大尉。日本投降后"残留"山西。1946年6月后为"太原日本联络班"成员。后任太原绥靖公署炮训团处长、总教官、少将。1948年夏晋中战役中被打死。

113.薮田信雄(苏雄信) 日本投降前任日伪阳泉煤矿工警队长。日本投降后"残留"山西。1945年底任残留日侨武装铁路护路总队第五大队大队长。1946年6月任残留日军主体部队保安总司令部第五大队大队长。1947年3月任山西野战军第五大队大队长。同年5月正太战役中被打死。

114.汤浅谦(汤谦)　1915年出生,籍贯日本东京。日本投降前任华北方面军第一军潞安陆军病院军医、中尉,曾对中国人做活体解剖,制造细菌苗。日本投降后"残留"山西。1946年6月任残留日军主体部队保安总司令部直属工程队卫生班长、中校。1947年6月任暂编独立第十总队工兵营卫生科长、二等军医正。曾任山西军青年军官教导团军医教官。1948年3月至1949年4月任教导总队军医、一等军医正。1949年4月自愿离队。太原解放后于1951年1月在阳泉市被捕。1956年6月,中华人民共和国最高人民检察院按照对日本战犯宽大政策,对其免予起诉,释放回国。汤浅谦回日本后,曾任"中国归还者连络会"常委。致力于反对战争、维护和平的活动,以亲身经历揭露日军侵华期间对中国人进行活体解剖等罪恶事实。

115.藤本喜代美(赵宇喜)　1917年出生,籍贯日本福岛。日本投降前任华北方面军第一军独立混成第三旅团十大队情报系军曹。日本投降后"残留"山西。1947年3月在编残留日军主体部队山西野战军二大队。1947年6月任暂编独立第十总队二团一营一连连长、少校。曾任山西军亲训师教官。1948年3月至1949年春任教导总队军一团营长等职,似中校升上校。太原解放后于1950年12月被捕。1956年8月,中华人民共和国最高人民检察院按照对日本战犯宽大政策,对其免予起诉,释放回国。

116.藤本秀雄(董秀峰)　1887年出生,籍贯日本大分(另有记载为"岛根")。日本投降前任华北方面军第一军司令部绥靖军山西指导部部长、中佐。日本投降后"残留"山西。约1945年冬任残留日侨武装铁路护路总队参谋长。1946年6月后任残留日军主体部队保安总司令部部附、副总司令(元泉馨)办公室少将。1947年6月至1948年夏任残留日军高级将领军事顾问机构"元(元泉馨)副总司令办公室"顾问、少将。曾任山西军青年军官教导团教官。1948年8月任教导总队司令部部附、指导官、少将。似在1949年太原解放前后被捕。1956年8月,中华人民共和国最高人民检察院按照对日本战犯宽大政策,对其免予起诉,释放回国。

117.藤川二良（邓海良） 1910年出生。日本投降后"残留"山西。1948年3月任残留日军主体部队教导总队副官、中校。同年晋中战役中于7月11日在太谷县南庄村被打死，升级上校。

118.藤冈哲（赵思盟） 约1920年出生，籍贯日本福冈。日本投降前任华北方面军第一军第一一四师团三八三大队中尉。日本投降后"残留"山西，任残留日军"机甲队"副参谋长、上校。

119.藤河端（滕锡山） 1910年出生。日本投降后"残留"山西。1947年6月任残留日军主体部队暂编独立第十总队政治部（后改新闻处）资料室主任，上校。1948年3月十总队改编为教导总队后任同职。同年9月遣返日本。

120.藤井要三 1898年出生，籍贯日本岐阜。日本投降前曾任日本警视厅课长、东京目黑区警察署署长，日伪山西省警务厅顾问辅佐官等职。日本投降后"残留"山西，任省会警察局顾问、残留日军主体部队教导总队司令部部附。1949年4月24日太原解放后于25日被捕。1952年前病死于北京监狱。

121.藤井直一（傅纪义） 约1913年出生，籍贯日本大阪。日本投降后"残留"山西。曾任太原绥靖公署炮兵指挥处教官、上校。似在1948年9月遣返日本。

122.田中竹（武）夫（田中和） 1920年出生，籍贯日本神奈川。日本投降前任华北方面军第一军独立步兵第十四旅团二四六大队副官、中尉。日本投降后"残留"山西。1946年6月后任残留日军主体部队保安总司令部六大队、一大队中校。1947年3月任山西野战军一大队四中队中队长、中校。同年6月任暂编独立第十总队一团二营营长、中校。1948年夏晋中战役后任教导总队教导一团团长、上校。残留期间，曾任山西军青年军官教导团教官。1948年11月6日太原战役中在四亩圪洞被打死，升级少将。

123.尾崎修三 1914年出生，籍贯日本和歌山。日本投降前任华北方面军第四独立警备队二十二大队中队长、大尉。日本投降后"残留"山西。1946年春任残留日军主体部队铁路(公路)修复部队第八工程队(大同)上校。1947年3月任山西野战军大同总队第十大队大队长。同年6月后至1949年春任暂编独立第十总队大同总队、大同教导总队大队长、上校。1949年5月大同解放被捕。1956年7月,中华人民共和国最高人民检察院按照对日本战犯宽大政策,对其免予起诉,释放回国。

124.梶田充(田尚勇) 1900年出生,籍贯日本山梨。日本投降前任日伪太原铁路局防卫部科长。日本投降后"残留"山西。1945年12月任残留日侨武装铁路护路总队第一大队大队长。1946年6月任残留日军主体部队保安总司令部四大队副大队长、上校。1947年6月任暂编独立第十总队四团副团长、上校。1948年3月至1949年春任教导总队教导三团副团长、司令部部附等职,上校。1949年4月太原解放被捕。1956年7月,中华人民共和国最高人民检察院按照对日本战犯宽大政策,对其免予起诉,释放回国。

125.五味丑之助(武威) 日本投降前任华北方面军第四独立警备队独立步兵二十二大队大队长、少佐。日本投降后"残留"山西,是日军"山西残留"大同地区主要组织、实施者。1946年春任残留日军主体部队特务团大同总队副总队长,铁路(公路)修复部队第八工程队(大同)副大队长。曾被定为战犯嫌疑人。同年6月后任大同保安总队副司令、少将。似于1947年6月后任暂编独立第十总队大同总队副总队长,同年12月后称大同教导总队副总队长,1949年5月大同解放被捕。

126.西繁夫(党泽光) 1909年出生,籍贯日本北海道。日本投降后"残留"山西。1946年6月后任残留日军主体部队保安总司令部直属通讯队工务部长、技正。1947年6月至1948年3月任暂编独立第十总队第一通讯队作战主任、中校。似在1948年5月遣返日本。

127.相乐圭二(尚奎仁) 1915年出生,籍贯日本福岛。日本投降前任华北方面军第一军独立混成第三旅团独立步兵第九大队大队长、大尉。日本投降后

"残留"山西。1946年春编入残留日军主体部队特务团第七团。同年6月任保安总司令部二大队副大队长、上校。1947年春任山西野战军司令部参谋处长、上校。同年6月后任暂编独立第十总队二团团长、总队参谋长等职,少将。1948年3月至1949年4月任教导总队军一团团长、司令部指导官,少将。(期间,1948年10月教导总队作战部队编队调整,曾任步兵二团团长)残留期间,参加亚洲民族革命同志会。曾任残留日军日侨组织山西日侨俱乐部常委。1949年4月24日太原解放被捕。1956年6月中华人民共和国最高人民法院特别军事法庭(太原)判处其有期徒刑15年,1963年8月提前释放。回日本后曾任"全国(日本)山西省在留者团体协议会"会长。

128.相泽养三(张天民)　1899年出生,籍贯日本宫城。日本侵华时期曾任华北方面军第一军独立混成第三旅团八大队宪兵翻译。日本投降后"残留"山西,任日侨管理所上校管理员等职。是"亚民会"监察委员、"亚文会"执行委员。太原解放后于1951年9月被捕。1956年7月,中华人民共和国最高人民检察院按照对日本战犯宽大政策,对其免予起诉,释放回国。

129.小川光永(萧全光)　约1916年出生,籍贯日本栃木。日本投降后"残留"山西。1946年6月任残留日军主体部队保安总司令部部附、中校。1947年6月任暂编独立第十总队政治部(后改新闻处)庶务科长等职,中校。1947年11月为招募义勇军回日本。

130.小宫正香(赵正和)　约1916年出生,籍贯日本福冈。日本投降前任华北方面军第二九联队无线中队队长等职。日本投降后"残留"山西。1946年6月任残留日军主体部队保安总司令部二大队队附、上尉。1947年6月后任暂编独立第十总队二团二营副官,少校。1948年3月后任教导总队特务大队营长等职,少校升中校。同年冬教导总队于太原战役中进行编队调整,任司令部直属输送连连长。1949年4月太原解放被捕。1956年7月,中华人民共和国最高人民检察院按照对日本战犯宽大政策,对其免予起诉,释放回国。

131.小林藤平(林茂盛)　1914年出生,籍贯日本群马。日本投降前任华北方面军第一军独立步兵第十四旅团二四五大队中队长、大尉。日本投降后"残留"山西。1946年6月任残留日军主体部队保安总司令部六大队一中队中队长、中校。1947年3月任山西野战军六大队队附、上校。同年6月任暂编独立第十总队六团团附、一营营长,上校。1948年3月十总队六团改编为教导总队军二团后似任同职。残留期间,曾任山西军亲训团、亲训师教官。1948年晋中战役中于7月12日在徐沟县温李青村自决,升级少将。

132.小林正孝(林正孝、林岳) 约1918年出生,籍贯日本东京。日本投降后"残留"山西。1945年10月任"合谋社"军事组组员。1946年春任残留日军主体部队特务团经理处长。同年6月任保安总司令部一大队中队长、中校。1947年3月后任山西野战军一大队中校、司令部中校。同年6月后任暂编独立第十总队政治部(后改新闻处)副科长等职,中校。1948年3月至1949年春任教导总队军需处副处长、留守司令部军需处处长等职,升上校。1949年4月太原解放被俘,同年秋病死。

133.小田切正男(田小舟) 1912年出生,籍贯日本东京。日本投降前曾任山西产业株式会社职员、陆军联络部嘱托等职。日本投降后"残留"山西。1946年3月任残留日军主体部队铁路(公路)修复部队第一工程队大队长。同年6月任保安总司令部第一大队大队长。1947年3月任山西野战军第一大队大队长、上校。同年6月任暂编独立第十总队一团团长、上校。1948年3月任教导总队教导一团团长、上校。残留期间,曾任山西军青年军官教导团教官。1948年晋中战役中于7月中旬在太谷县小常村被打死,升级少将。

134.小羽根健治(小羽根健次,林国祥) 约1913年出生,籍贯日本长野。日本投降前任伪蒙古联合自治政府涞源县公署参事官、蔚县公署参事官等职。日本投降后"残留"山西。1946年春任以佛教为招牌的"残留"组织"宏光普济会"武装部长,并组织武装部队"五台工程队"。同年6月五台工程队编入残留日军主体部队保安总司令部二大队,任林队队长、中校。1947年3月任山西野战军二大队林队队长、中校。同年6月任暂编独立第十总队二团二营营长、中校。1948年3月至1949年4月任教导总队军一团二营营长、特务大队大

长、司令部部附等职,升任上校。1948年10月后曾任残留日军日侨组织"迎晖学会"常任理事。太原解放后于1949年5月被捕。1956年7月,中华人民共和国最高人民检察院按照对日本战犯宽大政策,对其免予起诉,释放回国。

135.新井亨(井子亨) 1910年出生,籍贯日本琦玉。日本投降前曾任华北方面军第一军第一一四师团师团长三浦三郎的翻译。日本投降后"残留"山西。1946年5月至1947年5月似为军技研究部(蒲研究部前身)人员。1947年6月至1948年5月任残留日军高级将领军事顾问机构"蒲(蒲晋业(三浦三郎))研究部"秘书、中校。1948年6月至1949年4月任残留日军主体部队教导总队司令部部附、中校。

136.星达二郎 1901年出生,籍贯日本新潟。日本侵华时期于1938年12月到中国,任日伪山西代县采金厂厂长、山西产业株式会社土法铁课长等职。日本投降后"残留"山西,任西北实业公司矿业处工程师等职。太原解放后于1950年12月在张家口宣化市被捕。1956年7月,中华人民共和国最高人民检察院按照对日本战犯宽大政策,对其免予起诉,释放回国。

137.熊耳义明(熊义明) 日本投降后"残留"山西。1946年6月后任残留日军主体部队保安总司令部部附、参谋处上校。

138.熊谷俊雄(熊常信) 1920年出生,籍贯日本福冈。日本投降前任华北方面军第一军第五独立警备队中队长、中尉。日本投降后"残留"山西,曾在阳泉组织数十人的残留武装"熊谷队",任队长。1947年3月在编残留日军主体部队山西野战军第一大队。同年6月任暂编独立第十总队特务营一连连长、中校。曾任山西军亲训师教官。1948年3月后任教导总队军二团三营营长、中校。同年晋中战役中于7月13日在太谷县南庄村自决,升级上校。

139.须藤直章(徐直章) 约1908年出生,籍贯日本山形(另有记载为"广岛")。日本投降后"残留"山西。1947年6月任残留日军主体部队暂编独立第十总队总队部部附、荐任十二级。1948年3月至1949年4月任教导总队军医处上校、野战医院医务科长。

140.岩田清一（于福国、于复国） 1915年出生，籍贯日本京都，毕业于日本陆军大学。日本投降前任华北方面军第一军司令部参谋、少佐。日本投降后"残留"山西，是日军"山西残留"主要策划、组织、实施者。1945年秋作为日方代表，与阎锡山方面秘密会谈，就日军"残留"达成协议。10月在"合谋社"对组编残留日军武装部队及开展社会"残留"等，进行研究谋划。残留初期，曾是残留日军军事学校太原"日本陆军士官学校"负责人。1946年春任残留日军主体部队特务团高级参谋、少将，掌握司令部实权。同年6月任保安总司令部部附、参谋处高级参谋，少将，掌握司令部实权。曾以"野战军第二纵队司令部"（仅设指挥机关，与保安总司令部参谋处为一套机构）司令名义，指挥保安总司令部下属部队和山西军暂编独立第八、九、十总队（原伪军改编）对解放军作战。1947年6月至1948年3月任暂编独立第十总队总队部部附、少将。1948年3月至1949年4月任教导总队司令部部附、少将。残留期间，并先后担任阎军炮兵教官，亲训团教官，青年军官教导团副总教官、总教官，炮训处主官。任残留日军培训机构新生塾顾问。太原战役中，1949年4月21日晚从双塔寺据点更换便衣出逃，被解放军抓捕。1950年病死于北京监狱。

141.岩屋勇（严克勇） 1916年出生，籍贯日本鹿儿岛。日本投降前任华北方面军第一军第一一四师团独立步兵三八一大队五中队准尉。日本投降后"残留"山西。1946年春任残留日军主体部队铁路（公路）修复部队第三工程队副连长、少校。同年6月任保安总司令部第三大队连长、少校。1947年6月至1948年3月任暂编独立第十总队三团输送连连长、一营副营长，中校。1948年3月至1949年春任教导总队教导二团一营营长等职，中校。曾任山西军青年军官教导团教官。太原解放后于1950年12月被捕。1956年7月，中华人民共和国最高人民检察院按照对日本战犯宽大政策，对其免予起诉，释放回国。

142.永富浩喜（永富博之，王永富、龙升云） 1916年出生，籍贯日本熊本，毕业于东京国士馆专门学校。日本投降前，曾任华北方面军第一军第五独立警备队二十七大队情报室军曹，山西省闻喜、安邑等县日伪保安队联队部指导官

等职。日本投降后"残留"山西。1945年10月任"合谋社"军事组组员、少校。1946年春任残留日军主体部队铁路(公路)修复部队第三工程队中校。约同年秋任保安总司令部三大队大队长、上校。1947年6月任暂编独立第十总队总队部部附、三团团长,上校。1948年5月曾到上海、北京等地活动,企图建立与日本国内军国主义分子的联络据点,开辟中、日间密航路线。同年11月至1949年春任教导总队教导二团团长、上校。(期间,1948年12月后教导总队作战部队于太原战役中改编为炮兵队,任炮兵二营营长、永富浩喜队队长,上校)1950年12月被捕。1956年6月中华人民共和国最高人民法院特别军事法庭(太原)判处其有期徒刑13年,于1963年8月提前释放。

143.永井宗男 1912年出生。日本投降后"残留"山西。约1945年秋至1948年4月任西北实业公司工程师,河本大作秘书。是残留日军日侨组织桐荫会本部干事,水曜会主要成员。似于1948年5月遣返日本。(永井宗男,河本大作的外甥。)

144.友永太郎(孟咏夫) 1919年出生,籍贯日本山口。日本投降后"残留"山西。1946年曾组织数十残留人员成立通讯教导队,任队长。1947年6月至1948年3月任残留日军主体部队暂编独立第十总队第二通讯队队长、中校。1948年3月十总队改编为教导总队后似任同职。残留期间曾任山西军亲训师教官。1948年秋遣返日本。

145.鱼住明春(鲁明春) 1918年出生。日本投降后"残留"山西。1947年6月任残留日军主体部队暂编独立第十总队六团一营二连一排排长、上尉。1948年3月后任教导总队部特务连连长、少校。曾任山西军青年军官教导团教官。同年12月后教导总队作战部队于太原战役中改编为炮兵队,任鱼住明春队队长。1949年4月升级中校。

146.宇野昭夫(俞德昭) 1920年出生,籍贯日本大分,毕业于陆军士官学校。日本投降前任华北方面军第一军第五独立警备队电讯第九联队大尉。日本投降后"残留"山西。约1945年10月任残留日军军事学校"日本青年士官学

392

校"教育队长。1946年秋任残留日军"机甲队"参谋长。1947年6月任残留日军主体部队暂编独立第十总队参谋处通讯科长、上校。1948年3月后任教导总队司令部部附,参谋处上校。同年秋遣返日本。

147.元泉馨(元全福) 1893年出生,籍贯日本爱媛,毕业于陆军大学。日本投降前任华北方面军第一军独立步兵第十四旅团旅团长、少将。日本投降后"残留"山西,是日军"山西残留"主要组织、实施者。1946年春为山西军赵承绶第七集团军顾问。1946年6月任残留日军主体部队保安总司令部副总司令、中将。1947年3月任山西野战军司令部副总司令、中将。1947年6月任残留日军高级将领军事顾问机构"元副总司令办公室"副总司令、中将。1948年晋中战役前,元副总司令办公室于5月30日改为山西省保安司令部前方指挥办公室。7月16日晋中战役中在太谷县小常村被炮弹击中后自决,升上将。残留期间,曾为亚民会中日联合委员会委员。是日军日侨组织木曜会主要成员。

148.远谷文雄(袁雄文) 1918年出生,籍贯日本宫城。日本投降前任华北方面军第一军参谋部宣传班曹长。日本投降后"残留"山西。1945年10月后曾参与"合谋社"活动。约1946年6月任残留日军主体部队保安总司令部部附、副官处涉外科科长,少校。1947年6月任暂编独立第十总队副官处(参谋处)涉外科科长、中校。1948年3月至1949年3月任教导总队参谋处中校。1949年4月5日升上校。残留期间曾参加日军日侨组织"迎晖学会",为骨干成员。1949年4月被捕。1956年7月,中华人民共和国最高人民检察院按照对日本战犯宽大政策,对其免予起诉,释放回国。

149.早坂襞藏(曹翻风) 1917年出生,籍贯日本宫城。日本投降前任华北方面军第一军独立混成第三旅团独立步兵第十大队中队长、大尉。日本投降后"残留"山西。1946年春编入残留日军主体部队铁路(公路)修复部队第七工程队。同年7月任保安总司令部第二大队教育主任兼步兵连连长,上校。1947年6月任暂编独立第十总队二团副团长、上校。曾任山西军亲训师教官。1948年3月至10月任教导总队军一团副团长、团长,上校。(期间,晋中战役中任教导总队司令部作战主任参谋。晋中战役后7月17日至9月末任教导总队司令部

代理参谋处长。1948年10月教导总队作战部队编队调整,曾任步兵一团团长)同年11月至1949年4月任教导总队代理参谋长、参谋长,兼军一团团长,少将。(期间,1948年12月后教导总队作战部队改编为炮兵队,曾任炮兵一营营长、少将)1949年4月24日太原解放被捕。1956年8月,中华人民共和国最高人民检察院按照对日本战犯宽大政策,对其免予起诉,释放回国。

150.泽田善一(田仁惠) 1920年出生。日本投降前任华北方面军第一军独立步兵第十四旅团二四四大队通讯队长、中尉。日本投降后"残留"山西。1946年6月任残留日军主体部队保安总司令部部附、参谋处中校。1947年3月任山西野战军六大队中校。同年6月任暂编独立第十总队六团副官、中校。1948年3月任教导总队军二团中校。同年7月16日晋中战役中在太谷县南庄村自决,升级上校。

151.泽田孝治(田孝椿) 1896年出生,籍贯日本秋田。日本投降后"残留"山西。1946年6月任残留日军主体部队保安总司令部部附、上校。1947年6月至1948年3月任暂编独立第十总队总队部部附、修建修缮对策指导委员等职,上校。1948年3月后至1949年4月任教导总队司令部部附、军需处营缮科长等职,上校。

152.增田重之(谷重之、田重之) 1918年出生,籍贯日本岐阜。日本投降后"残留"山西。1945年底参与组编残留日侨武装铁路护路总队第四大队。1946年6月任残留日军主体部队保安总司令部四大队机炮中队中队长、中校。1947年6月后任暂编独立第十总队四团团长、团附,上校。1948年3月任教导总队教导三团团长、上校。残留期间,曾任山西军青年军官教导团教官。1948年晋中战役中于7月16日在榆次县郭村被打死,升级少将。

153.指田国福(王秀文) 1916年出生,籍贯日本琦玉。日本投降前任华北方面军第一军司令部情报参谋。日本投降后"残留"山西。1945年12月至1948年春任残留日籍人员为主要成员的特务情报机构"资源调查社"上校委员,主持业务活动。是残留日军日侨组织"亚文会"执委。1948年遣返日本。

154.中村三郎(钟兆民) 1918年出生,籍贯日本秋田。日本投降后"残留"山西。1947年6月至1948年3月任残留日军主体部队暂编独立第十总队二团团附等职,一等军医正。1948年3月至1949年春任教导总队军一团团附、上校,司令部军医处一等军医正,野战医院上校军医。

155.中村文三(钟村文) 1905年出生,籍贯日本东京。日本投降后"残留"山西。1947年3月任残留日军主体部队山西野战军一大队军医处长、中校。同年6月任暂编独立第十总队一团卫生队队长、二等军医正。1948年3月后至1949年4月任教导总队军医处一等军医正,野战医院上校军医等职。

156.中井勋(云龙) 1913年出生,籍贯日本和歌山。日本投降前任华北方面军第一军第一一四师团八三旅团二〇一大队小队长、少尉。日本投降后"残留"山西。1946年6月任残留日军主体部队保安总司令部三大队步兵二中队中队长、少校。1947年3月任山西野战军三大队二营营长、中校。同年6月任暂编独立第十总队三团二营营长、中校。1948年3月至1949年春任教导总队教导二团营长等职,上校。残留期间曾任山西军青年军官教导团教官。1949年4月被捕。1956年6月,中华人民共和国最高人民检察院按照对日本战犯宽大政策,对其免予起诉,释放回国。

157.冢本恒雄(贾鸿雄) 1921年出生。日本投降前任华北方面军第一军第一一四师团三八一大队中尉。日本投降后"残留"山西。1946年6月任残留日军主体部队保安总司令部三大队参谋处处长、中校。1947年3月改编入山西野战军三大队。同年6月任暂编独立第十总队三团一营营长、中校。似于1948年夏任教导总队教导二团团长、上校。同年太原战役牛驼寨作战中于11月9日被打死,升级少将。

158.舟山孝吉(赵周山) 约1911年出生,籍贯日本山形。日本投降后"残留"山西。1945年10月任"合谋社"经济组组员。1946年6月后任残留日军主体部队保安总司令部部附、中校。1947年6月至1948年3月任暂编独立第十

总队总队部部附、政治部（后改新闻处）科长等职，中校。1948年3月后任教导总队司令部部附、生产部上校等职。同年9月遣返日本。

159.竹川德寿（晋寿德）　1906年出生，籍贯日本宫城。日本侵华时期，曾任华北方面军第一军独立混成第三旅团八大队三中队少尉分遣队长、日伪山西保安干部学校中尉指导官。日本投降后"残留"山西。1947年3月在编残留日军主体部队山西野战军三大队。同年6月任暂编独立第十总队三团副团长、中校。1948年3月任教导总队教导二团副团长、中校。后任太原绥靖公署炮兵训练处督导官、上校。太原解放后于1950年12月被捕。1956年8月，中华人民共和国最高人民检察院按照对日本战犯宽大政策，对其免予起诉，释放回国。

160.竹内丰（刘宝森）　1909年出生，籍贯日本东京。日本侵华时期，任山东济南日本陆军医院大尉军医等职，曾对中国人做活体解剖，制造伤寒菌。日本投降后"残留"山西，任残留日军主体部队暂编独立第十总队总队部部附、中校，山西军亲训师炮兵集训团军医教官等职，上校。太原解放后于1950年12月被捕。1956年7月，中华人民共和国最高人民检察院按照对日本战犯宽大政策，对其免予起诉，释放回国。

161.住冈义一（祝振邦、祝义）　1917年出生，籍贯日本大阪，毕业于关西学院宗教部。日本投降前任华北方面军第一军独立步兵第十四旅团二四四大队四中队中队长、大尉。日本投降后"残留"山西。1946年6月后任残留日军主体部队保安总司令部六大队队附、中校；司令部部附、中校，在职参谋处。1947年3月至6月在编山西野战军。同年6月至1948年3月任暂编独立第十总队参谋处科长，三团副团长、团长，上校。1948年3月任教导总队教导二团团长、上校。残留期间，曾任山西军亲训团、青年军官教导团等教官。1948年晋中战役中于7月10日被捕。1956年6月中华人民共和国最高人民法院特别军事法庭（太原）判处其有期徒刑11年，1959年7月刑满释放。

162.佐藤荣治（左德胜）　1918年出生，籍贯日本北海道。日本投降前任华北方面军第一军独立混成第三旅团独立步兵第十大队中队长、大尉。日本投降后"残留"山西。1947 年 6 月至 1948 年 3 月任残留日军主体部队暂编独立第十总队参谋处教育科长、二团团附,上校。1948 年 3 月后任教导总队军一团团附、参谋处处长,上校。同年太原战役牛驼寨作战中于 11 月 2 日负伤死亡,升级少将。

163.佐藤佐佑(董兴佑) 1909 年出生。日本投降后"残留"山西。1946 年 6 月任残留日军主体部队保安总司令部四大队中校。1947 年 3 月任山西野战军四大队上校。

164.佐佐木正麿(左中文) 1919 年出生。日本投降后"残留"山西。1946 年 6 月任残留日军主体部队保安总司令部六大队二中队副中队长、少校。1947 年 3 月任山西野战军六大队第二科长、少校。曾任山西军亲训团教官。同年 6 月任暂编独立第十总队六团团附、少校。1948 年 3 月后任教导总队军二团中校。同年晋中战役中于 7 月 18 日在太谷县北田镇自决,升级上校。

日籍华名检索

1.安东　见渡边楠之。

2.安秋君　见安井庆太郎。

3.安田佑　见安田勇造。

4.曹翻凤　见早坂襞藏。

5.常渊弘　见内川常藏。

6.陈丰山　见林丰。

7.陈晋魁　日本投降后"残留"山西。 1947 年 6 月至 1948 年 5 月任残留日军高级将领军事顾问机构"武(山冈道武)顾问室"顾问、上校。

8.陈齐晖　见大场彻严。

9.程筱川　日本投降后"残留"山西。1946 年 6 月在编残留日军主体部队保安总司令部三大队。同年 8 月 24 日寿阳县景尚村作战中被打死。军阶上校。

10.戴仁山　见大岛福松。

11.戴义山　见井上义雄。

12. 党泽光　见西繁夫。

13. 邓海良　见藤川二良。

14. 东纮司　见东登太郎。

15. 董兴佑　见佐藤佐佑。

16. 董秀峰　见藤本秀雄。

17. 董与裕　日本投降后"残留"山西。1947年3月在编残留日军主体部队山西野战军四大队,在太原死亡。军阶上校。

18. 范秀之　日本投降后"残留"山西。1947年6月至1948年5月任残留日军高级将领军事顾问机构"武(山冈道武)顾问室"秘书、中校。

19. 福进祥　日本投降后"残留"山西。1946年7月在编残留日军部队大同保安总队总队部,在大同二十里铺作战中被打死。军阶上校。

20. 富振邦　见富冈幸一。

21. 傅纪义　见藤井直一。

22. 傅进荣　见金子传。

23. 傅直平　见布川直平。

24. 高畅　见高桥畅(高桥长三)。

25. 高澄　见水岛真澄。

26. 高剑峰　见高屋三郎。

27. 高天伯(柏)　见高田博。

28. 高映月　见高木应悦。

29. 耿步九　见冈部久。

30. 古郁文　见古山邦藏。

31. 谷敦雄　见古谷敦雄。

32. 谷重之(田重之)　见增田重之。

33. 郝成福　见波野盛夫。

34. 郝茂山　见矢田茂。

35. 何士勋　日本投降后"残留"山西。曾任山西军亲训炮兵团日籍教官,上校。

36. 何霄　见和田武士。

37. 贺祥　见加藤幸次郎。

38.侯升　日本投降后"残留"山西。1947年6月至1948年5月任残留日军高级将领军事顾问机构"武(山冈道武)顾问室"顾问,少将。

39.胡继白　见平野岭夫(平野零儿)。

40.胡湘　见千叶善茂。

41.黄建新　见荒井新一。

42.黄兆丰　见河本大作(川端大二郎)。

43.吉正亲　见吉本正亲。

44.吉焕章　见吉居敏夫。

45.吉伟民　见吉泽行雄。

46.贾鸿雄　见冢本恒雄。

47.贾丕贵　日本投降后"残留"山西。1946年6月在编残留日军部队大同保安总队七大队。同年7、8月间大同二十里铺作战中被打死。军阶上校。

48.晋寿德　见竹川德寿。

49.晋树德　见今村方策。

50.靳焕然　见今村诚次。

51.井子亨　见新井亨。

52.景淳　见今野淳。

53.柯克己　见冈野克己。

54.李诚　见城野宏(山田岩)。

55.李春富　见富泽泰。

56.李德明　见水谷忠志。

57.李福春　见柴本与吉。

58.李实　见笠实。

59.李永章　见菊地修一。

60.李有明　见神野久吉。

61.林国祥　见小羽根健治(次)。

62.林茂盛　见小林藤平。

63.林友三　见三野友吉。

64.林岳(林正孝)　见小林正孝。

65.林正孝(林岳)　见小林正孝。

66. 刘宝森　见竹内丰。

67. 刘伯和　见百百和。

68. 刘明　见矢岛哲夫。

69. 刘泉源　见冈田源吾。

70. 刘胜伍　见胜部初太郎。

71. 刘太熙　日本投降后"残留"山西。1947年6月至1948年5月任残留日军高级将领军事顾问机构"武(山冈道武)顾问室"秘书,中校。

72. 刘文祥　见坂上来吉。

73. 柳士廉　见平部朝淳。

74. 龙升云(王永富)　见永富浩喜(永富博之)。

75. 卢振祥　见鹿又秀一。

76. 鲁明春　见鱼住明春。

77. 毛朗怡　见村井孝年。

78. 孟咏夫　见友永太郎。

79. 南泽民　日本投降后"残留"山西。1947年6月任残留日军高级将领军事顾问机构"蒲(蒲晋业(三浦三郎))研究部"秘书,中校。同年10月遣返日本。

80. 蒲晋业　见三浦三郎。

81. 乔增贵　日本投降后"残留"山西。1947年6月任残留日军高级将领军事顾问机构"元(元泉馨)副总司令办公室"副官,中校。

82. 邱茂森(邱建基)　见山本茂树。

83. 任理哲　见日里哲二郎。

84. 尚奎仁　见相乐圭二。

85. 尚士雄　见桑本二雄。

86. 尚之道　见上野定。

87. 沈松亭　日本投降后"残留"山西。1947年6月至1948年5月任残留日军高级将领军事顾问机构"武(山冈道武)顾问室"顾问,上校。

88. 石茂隆　见辻宗盛(大山博隆)。

89. 石太材　见石川太郎。

90. 石天三　日本投降后"残留"山西。1947年6月至1948年5月任残留日军高级将领军事顾问机构"武(山冈道武)顾问室"顾问,上校。

91.石友仁　见石冢鹤雄。

92.司兴宪　见川原宪政。

93.宋振冈　见殿冈通。

94.苏雄信　见薮田信雄。

95.孙亚业　见茅原和雄。

96.汤谦　见汤浅谦。

97.陶司渊　见大野拓司。

98.田恩三　日本投降后"残留"山西。1947年6月至1948年5月任残留日军高级将领军事顾问机构"武(山冈道武)顾问室"顾问,少将。("田恩三"与"恩田忠录"似为一人。参见相关条目。)

99.田丰　见糸长丰。

100.田俊义　见岛田进一郎。

101.田良成　见近田良造。

102.田仁惠　见泽田善一。

103.田荣昭　见福原荣。

104.田尚勇　见梶田充。

105.田文夫　日本投降后"残留"山西。1947年6月至1948年5月任残留日军高级将领军事顾问机构"武(山冈道武)顾问室"顾问,上校。

106.田小舟　见小田切正男。

107.田孝椿　见泽田孝治。

108.田义龙　见松田贞见。

109.田永福　见福田佐平。

110.田中和　见田中竹(武)夫。

111.田重之(谷重之)　见增田重之。

112.汪智勇　见桥本三郎。

113.王春山　见村山隼人。

114.王达三(王义进)　见恩田义久。

115.王谷龙　日本投降后"残留"山西。1946年6月在编残留日军主体部队保安总司令部二大队。同年11月9日忻县晏村作战中被打死。军阶上校。

116. 王麟　见吉田来。

117. 王龙辅　见三浦龙之助。

118. 王世海　见千叶哲夫。

119. 王泰山　见大野泰治。

120. 王天杰　见金森弥太郎。

121. 王秀文　见指田国福。

122. 王耀武　见根本一。

123. 王义进（王达三）　见恩田义久。

124. 王永富（龙升云）　见永富浩喜（永富博之）。

125. 威扬　见山本武雄。

126. 吴继达　见内田松次。

127. 吴启仁　见村濑仁一。

128. 武成乔　见成濑乔。

129. 武道三　见山冈道武。

130. 武威　见五味丑之助。

131. 武志诚　见安藤武信。

132. 萧全光　见小川光永。

133. 解卓轩　见海老冢卓。

134. 熊常信　见熊谷俊雄。

135. 熊义明　见熊耳义明。

136. 徐直章　见须藤直章。

137. 严克勇　见岩屋勇。

138. 杨常寿　日本投降后"残留"山西。1947年6月至1948年5月任残留日军高级将领军事顾问机构"蒲（蒲晋业（三浦三郎））研究部"部员，上校。

139. 杨友林　见铃木友枝。

140. 于福国（于复国）　见岩田清一。

141. 余国俊　日本投降后"残留"山西。1947年6月任残留日军高级将领军事顾问机构"蒲（蒲晋业（三浦三郎））研究部"秘书，中校。同年10月遣返日本。

142. 俞德昭　见宇野昭夫。

143.宇子杰　见铃木武夫。

144.元全福　见元泉馨。

145.袁雄文　见远谷文雄。

146.岳醒民　见堀内信一。

147.云龙　见中井勖。

148.臧富　见俵富臧。

149.张凤岐　见长谷川竹雄。

150.张谷鸣　见长谷效三。

151.张国贤(张金楷)　见长野贤。

152.张国柱　见长井觉。

153.张金楷(张国贤)　见长野贤。

154.张式华　见黑田市郎。

155.张天民　见相泽养三。

156.赵庆云　见水野辰弥。

157.赵思盟　见藤冈哲。

158.赵廷守　见皆川准一郎。

159.赵宇喜　见藤本喜代美。

160.赵正和　见小宫正香。

161.赵周山　见舟山孝吉。

162.郑成天(郑天来)　见澄田睐四郎。

163.钟村文　见中村文三。

164.钟兆民　见中村三郎。

165.周伯孝　见大庭孝一。

166.周晋元　日本投降后"残留"山西。1947年6月至1948年5月任残留日军高级将领军事顾问机构"武(山冈道武)顾问室"顾问,上校。

167.朱建业　见赤星久行。

168.朱善友　见广末治男。

169.祝振邦(祝义)　见住冈义一。

170.左德胜　见佐藤荣治。

171.左中文　见佐佐木正麿。

华籍人名检索

1. **梁化之** 1904年出生,籍贯山西省定襄县。抗日战争时期任第二战区司令长官部政治部主任、民族革命同志会总干事兼组织处处长等职。抗战结束后,1946年3月至1949年4月任第二战区司令长官部特种警宪指挥处(设有专事情报活动的太原特种警宪队)、太原绥靖公署特种警宪指挥处处长。1949年3月任山西省代主席。日军"残留"山西期间,1946年1月至1949年春任残留日籍人员为主要成员的特务情报机构资源调查社主任。1949年4月24日太原解放自杀。

2. **梁上椿** 字"西樵",籍贯山西省崞县(今原平),曾留学日本。抗日战争前任晋北矿务局局长。日军入侵山西后于1940年任日伪山西省公署参议。抗战时期阎锡山走向对日妥协与日本投降后日军"山西残留"中,曾在阎、日之间传递双方意向等。抗战结束后任晋北矿务局经理,参与实施日军日侨大同地区"残留"。(梁上椿,梁綖武的叔父)

3. **梁綖武** 1910年出生,籍贯山西省崞县(今原平),曾留学日本。抗日战争初期任第二战区文化抗敌协会主任。1941年9月阎锡山签订对日妥协的《日本军、山西军基本协定》及《停战协定》后,为驻太原办事处负责人。抗战结束后,任山西省政府社会处处长兼接收敌伪产业委员会委员等职。日军"山西残留"中,1945年10月任"合谋社"社长。与赵承绶、张文炤代表阎锡山方面,就日军"山西残留"、组编武装部队及开展社会残留等,与日方"合谋",并负责日军日侨残留事务。后任共济医院院长、日籍留用人员征用组编所所长。是残留日军日侨组织"命风塾"顾问。中华人民共和国成立后定居日本,曾任旅日华侨文化工作者联谊会会长。(梁綖武,阎锡山的堂妹夫)

4. **谢治民** 1906年出生,籍贯山西省五台县。抗日战争结束日军"山西残留"期间,1946年6月后任残留日军主体部队保安总司令部后勤处处长、少将。1947年6月任暂编独立第十总队总队部后勤处处长、少将。1948年3月至1949年春任教导总队司令部军需处处长、少将。

5.徐士珙 1912年出生,籍贯山西省五台县,曾留学日本。抗日战争结束后,1945年秋任山西省日侨管理处(所)处长等职,参与组编残留日侨武装"铁路护路总队"。是阎锡山亚洲民族革命同志会监察委员,1946年春任亚民会专以残留日人为对象的机构山西产业技术研究社社长,1947年12月任亚民会中日联合委员会委员。1948年对日索赔中,以西北实业公司襄理身份赴日认领机器,为中国政府驻日代表团第三组专门委员。1949年春驻上海办理山西从日本索还机器运往台湾等事务。2月原侵华日军第一军司令、日军"山西残留"主要策划组织者澄田睐四郎经上海潜返日本,阎锡山曾安排其"招待一切"。同年,徐士珙去台湾。(徐士珙,阎锡山夫人徐竹青的堂弟)

6.徐永昌 字次宸。1887年出生,籍贯山西省崞县(今原平)。1931年至1936年任山西省主席。抗日战争时期任国民政府军事委员会军令部部长等职。1945年9月2日于东京湾美"密苏里"号军舰上,代表中国在日本投降书上签字。嗣任陆军大学校长、国防部部长等职。1949年2月原日军第一军司令、日军"山西残留"主要策划组织者澄田睐四郎经上海潜返日本,阎锡山曾托其"尽力关照"。同年,徐永昌去台湾。

7.阎锡山 字"伯川"。1883年出生,籍贯山西省五台县,毕业于日本陆军士官学校。1911年参加辛亥革命太原起义,当选山西省都督,后任督军、省长、督办等职。1932年后任太原绥靖公署主任。抗日战争时期任第二战区司令长官。曾于1941年9月派赵承绶为代表签订对日妥协的《日本军、山西军基本协定》及《停战协定》。抗战结束后,从利用投降后的日军对抗人民军队的需要出发,与原驻晋日军第一军司令澄田睐四郎、参谋长山冈道武等,合谋实施日军"山西残留"。1949年3月太原解放前夕离并赴宁。6月在广州出任行政院长兼国防部长,12月去台湾。1950年1月不再兼任"国防部长"。3月辞任"行政院长",任"总统府"资政、国民党中央评议委员。1960年5月病逝。

8.张文昭 籍贯山西省崞县(今原平)。抗日战争结束后为第二战区司令长官部高级参谋。1947年4月任太原绥靖公署参议。1945年10月在"合谋

社",与赵承绶、梁綎武代表阎锡山方面,就日军残留、组编武装部队及开展社会残留等,与日方合谋。之后任"日管组"组长,负责残留日军日侨武装、机构等管理联络与日籍人员遣返。曾任残留日军日侨青年夜大太原政经学院名誉顾问。

9. 赵承绶 字印甫。1891年出生,籍贯山西省五台县。抗日战争时期任第二战区第七集团军总司令兼第二战区北路军总司令,山西省政府第二行署主任。1941年9月,代表"山西军"签订对日妥协的《日本军、山西军基本协定》及《停战协定》。抗战结束后,曾任第七集团军总司令,兼任三十三军军长。参与组织、实施日军"山西残留"。1945年10月在"合谋社",与张文炌、梁綎武代表阎锡山方面,就日军残留、组编武装部队及开展社会残留等,与日方"合谋"。约1946年初任残留日侨武装铁路护路总队司令。1946年6月任残留日军主体部队保安总司令部司令。1947年3月至6月保安总司令部改编为山西野战军司令部后任同职。1948年夏晋中战役中,任野战军总司令(此职非1947年3月至6月残留日军主体部队之"山西野战军司令部"司令)指挥作战,7月16日被解放军俘虏。

10. 赵瑞 1909年出生,籍贯山西省沁县。抗日战争时期任第二战区第七集团军骑一师师长等职。1941年9月,曾为赵承绶随员参加阎锡山对日妥协的《日本军、山西军基本协定》及《停战协定》签字仪式。1942年7月被日军俘虏,当月任日伪山西剿共军第一师师长。后被阎锡山密委以第二战区司令长官部参议,充当阎锡山在伪军中的内应。抗战结束时为日伪山西省保安司令部副司令;第二战区新编第一军军长。抗战结束后1945年8月底任山西省防军第二军军长。1945年秋作为阎锡山方面代表,与原日军第一军代表秘密会谈,就日军"山西残留"达成协议。1946年1月任陆军暂编独立第八总队总队长。1948年11月太原战役中率部起义。

(二)组织、机构、报刊等注释

1.大同总队　日军"残留"山西后在大同地区组建的武装部队。兵源主要为日本侵华期间隶属于华北方面军驻蒙军的第四独立警备队残留日军。1946年1、2月开始组编,名称为特务团大同总队、铁路(公路)修复部队第八工程队。原第四独立警备队司令部部附林丰任总队长,第四独立警备队独立步兵二十二大队大队长五味丑之助任副总队长。同年6月后改编为大同保安总队,下属第七、八、九大队。林丰任总队司令部司令,五味丑之助任副司令。1947年3月,大同保安总队改编为山西野战军大同总队,辖七、八、九、十大队。同年6月后编为暂编独立第十总队大同总队,辖七、八、九、十大队。林丰任总队长,五味丑之助任副总队长。同年12月改编为"大同教导总队",五味丑之助仍称副总队长。残留日军大同总队与司令部驻太原的残留日军主体部队既相配属,又相对独立。

2.第二战区司令长官司令部　抗日战争爆发后设立于1937年8月,阎锡山任司令长官。第二战区司令长官司令部成立后,太原绥靖公署职能实际被代行,只保留政治部机构。1947年3月第二战区司令长官司令部撤销,4月1日太原绥靖公署职能恢复。

3.第二战区司令长官部日本徒手官兵管理处　设立于1945年秋,负责人荆谊。主要任务是管理无条件投降解除武装后的日军,直至遣送回国。在山西由于日军"残留"活动的组织实施,残留日军并未解除武装,而是保留武装、继续战争。日本徒手官兵管理处实际参与了日军残留的实施。1946年5月原驻晋日军第一军主体遣返日本后,第二战区司令长官部日本徒手官兵管理处撤销。

4.《东风》　日军日侨"残留"山西期间出版的刊物。创刊于1947年2月,由"亚民会"山西产业技术研究社《东风》编辑部主办。读者对象主要为残留山西的日军日侨。约1948年11月,《东风》与残留日军主体部队综合文化杂志《晋风》合刊,以《读物》接续出版,平野岭夫担任主编。参见"山西产业技术研究

社"。

5.《读物》 日军日侨"残留"山西期间出版的综合文化刊物。约 1948 年 11 月,残留日军主体部队综合文化杂志《晋风》与"亚民会"山西产业技术研究社东风编辑部《东风》合刊,以《读物》接续出版,平野岭夫担任主编。

6.复兴楼 "残留"日军主体部队暂编独立第十总队、教导总队司令部办公楼名称。为原侵华日军第一军司令部处所,位于太原市新民北正街。

7.共济医院 日军"残留"山西期间,主要面向残留日本军人的医疗机构。设立于 1945 年 11 月,梁綖武、梁八元曾任院长,濑户山魁、近田良造任副院长。医务人员以原日军潞安医院及太原、大同、包头的日本军医、日侨医师为主。

8.合谋社 设立于 1945 年 10 月,地址在太原市海子边日军侵晋时期"新民公园"日华俱乐部。"合谋"取阎、日双方共谋其事之意。实质即日本军国主义势力图谋东山再起而"残留"山西,山西军阀阎锡山为对抗中国共产党领导的人民军队而利用投降后的日军。合谋社执行日军日侨残留事务。原日军第一军参谋长山冈道武、参谋岩田清一和日伪山西省政府顾问辅佐官城野宏,与阎锡山方面赵承绶、梁綖武、张文昭,代表双方在合谋社进行了日军残留、组编武装部队及开展社会"残留"等合谋。合谋社社长为梁綖武,军事组组长城野宏,经济组组长田中忠三郎,总务组组长加藤嘉之助,文化组组长长野贤。约 1946 年秋残留活动总体就绪后机构取消。

9.宏光普济会 日军日侨"残留"山西期间以佛教为招牌的组织,成立于 1946 年春。日本浪人后藤武任会长(1947 年 3 月后为小林高安),小羽根健治任武装部长。该组织谋划在五台山地区建立基地,并成立武装"五台工程队"。1946 年 6 月,五台工程队编入残留日军主体部队"保安总司令部"二大队。

10.机甲队 日军"残留"山西后,以残留日本军人为骨干组建的另一支作战部队,于1946年秋编成。原日军少佐赤星久行任司令、总教官,日军大尉宇野昭夫任参谋长,山西军少将韩文彬任副司令。1948年9月赤星久行遣返后,韩文彬任司令。按照1946年9月制定的《第二战区机甲队司令部服务规定》,机甲队"司令直属第二战区司令长官,统率机甲队。关于训练和指挥,按总顾问(疑指"山冈道武")之指示处理"。机甲队下属战车连、炮兵连、补充连、步兵连、通讯连、输送连,及工兵排、整备排、特务排、装甲车排。1947年3月后,第二战区司令长官司令部撤销、太原绥靖公署职能恢复,机甲队称"太原绥靖公署机甲队"。

11. 纪元节 "二战"结束前日本祝祭日中四大节(纪元节、四方节、天长节、明治节)之一。时间为2月11日。缘于明治政府确立神武天皇即位纪念日。1948年"纪元节"被废除,后改为日本建国纪念日。

12. 教导总队 即"太原绥靖公署教导总队",是日军"残留"山西期间主体武装部队。1948年3月,残留日军主体部队"暂编独立第十总队"改编为太原绥靖公署教导总队。十总队下属五个团中,二、六两团编为军士教育一、二团;一、三、四团编为教导一、二、三团。司令部直属特务营、工兵营、通讯营编为特务大队、工兵队、通讯队。改编后实质并无变化,向上报送材料或习惯上有时仍称十总队。太原绥靖公署向国防部上报统计等材料中还以"暂编独立第十总队"名称出现。教导总队司令仍由原日军第一军独立混成第三旅团高级参谋今村方策担任,参谋长由原独立混成第三旅团独立炮兵大队大队长菊地修一担任。1948年夏晋中战役后,原独立混成第三旅团通讯队队长今野淳任参谋长。同年11月今野淳在太原战役中被打死,原独立混成第三旅团独立步兵第十大队中队长早坂襄藏任参谋长。由于晋中战役后部队人员锐减,为适应太原战役形势,教导总队作战部队曾先后进行编队调整。1948年10月,军一团、军二团合编为步兵一团;教导一团、教导二团合编为步兵二团;教导三团、特务大队合编为炮兵团;司令部直属特务连、工兵连、通讯连、输送连、野战医院等。1948年12月,作战部队整体编为炮兵队,下属三个炮兵营、直属步兵营及特务连、工兵连、通讯连、输送连、野战医院等。1949年4月太原解放,教导总队残留日军覆亡。

13.《教育敕语》 日本明治天皇于1890年10月发布的教育法令。《敕语》诏示,"肇国宏远"之皇统和"亿兆一心"之忠孝为国体之精华,亦教育之渊源。它融合儒教思想和家族国家观,敕谕子孙臣民应俱遵守的精神道德,不仅是日本各级学生的必修课,而且力图把忠君报国思想灌输到每个国民头脑中,为天皇培养忠实臣民。其"一旦缓急,义勇奉公,以扶翼天壤无穷之皇运",被用为日本军队的精神道德规范。在1945年日本战败投降前,《教育敕语》与明治天皇1882年1月颁布的《军人敕谕》,成为军国主义日本天皇制国家观的核心内容。驻山西侵华日军"残留"后,残留部队"暂编独立第十总队"在其纲领性文件《总队部服务规定》中提出,"总队部人员要领会《军人敕谕》《教育敕语》《终战诏书》等宗旨,以之作为培养精神要素的根本。"

14. 金曜会 金曜日为星期五。金曜会是日军日侨"残留"山西期间成立的组织。由河本大作等发起并主持,在星期五以创作、吟诵"长歌"等活动抒发残留情怀,凝聚残留人员思想感情。

15.《晋风》 "残留"日军主体部队司令部机关刊物,创办于1946年12月。其创刊辞《百忍有大和》中直言:几千同志正挺身奋战于战火旋涡之中,以图填补历史所留空白,期他日问鼎天下……吾辈要继承先烈遗志,贯彻恢弘大业之宗旨,生所不能生,忍所不能忍,坚持到底,向必至必成之大业迈进。《晋风》初由保安总司令部副官处《晋风》编辑部主办。1947年3月后由野战军司令部接办。同年6月后由暂编独立第十总队副官处(后为文化部)《晋风》编辑部主办。刊物主要登载反映残留活动的论文、研究资料和小说、诗歌等,也转载日本国内文章。1948年3月后《晋风》由教导总队政工处文化部接办。约1948年11月,《晋风》与"亚民会"山西产业技术研究社东风编辑部《东风》合刊,以《读物》接续出版,平野岭夫任主编。

16. 晋风剧团 日军日侨"残留"山西期间所办文艺团体,约成立于1946年冬。同年12月在太原首次试演,1947年1月正式公演。其办团宗旨是,把剧团作为残留日侨的文化财富,团结全体留晋日人的力量。曾上演《草莽》《大杂院的武士道》《晚霞满天》等剧目。

17.晋阳高等工学院　日军日侨"残留"山西期间所办高等院校,学制设定二年。于1947年4月开学,招收正式学生和旁听生。学院受日侨俱乐部领导,河本大作任顾问,院长谷口三郎、副院长成濑乔,院务委员上田秀正、武安和成、和田武士。有专兼职教授谷口三郎、高桥畅等10余名。专业设置为土木建筑工程专业、机械电气工程专业等。课程有公共课和专业课,每月并安排特别讲座两次。学院设在晋阳学园,开学时学生约80人,最后只剩7人。似于1948年秋太原战役前停办。

18.晋阳学园　日军日侨"残留"山西期间,为残留军人、侨民子弟设立的学校。筹备于1946年夏,同年冬正式开学。河本大作任园长,和田武士、法井友弘先后任教务主任。残留日军主体部队改编为暂编独立第十总队(教导总队)后,学园隶属于十总队,教职员着军装、佩戴军衔,中等部毕业生全部编入部队。晋阳学园继续执行日本军国主义教育方针,对"第二代国民"进行法西斯教育,灌输复兴皇国日本的思想。学园附设青年夜大"太原政经学院"。

19.晋中战役　中国人民解放军解放晋中之役。于1948年6月中旬开始,7月下旬胜利结束。共歼灭敌军10万余人,解放县城14座。至此,除太原孤城外,晋中地区全境解放。晋中战役作战中,"残留"日军主体部队"教导总队"死亡日籍军人180余名。下属五个团中,教导一团团长小田切正男、教导三团团长增田重之、军士二团团长布川直平被打死,教导二团团长住冈义一被逮捕。原日军独立步兵第十四旅团旅团长、"山西保安司令部前方指挥办公室"指挥官元泉馨被炮弹击中后自决。

20.军技研究部　当为残留日军高级将领军事顾问机构"蒲(蒲晋业(三浦三郎))研究部"前身,约设立于1946年5月至1947年5月,地址在太原工程师街,后迁至榆次。该机构负责人为原日军第一军第一一四师团师团长三浦三郎。主要对山西宪兵进行训导培养和特务间谍活动等业务训练,并进行情报收集,指导驻地军队对解放军作战。1947年6月蒲研究部成立,军技研究部名称取消。

21.《军人敕谕》 日本明治天皇对军人的诏令,于1882年1月颁布。《敕谕》称,日本军队"世世代代由天皇统帅",朕"是汝等军人的大元帅",并提出忠节、礼仪、武勇、信义、素质五条德目。《军人敕谕》是日本天皇制军队的立军之本。它与明治天皇1890年10月发布的《教育敕语》,成为"二战"结束前军国主义日本天皇制国家观的核心内容。日军"残留"山西后,其主体部队"暂编独立第十总队"在纲领性文件《总队部服务规定》中提出:"总队部人员要领会《军人敕谕》《教育敕语》《终战诏书》等宗旨,以之作为培养精神要素的根本。"

22.军事编译社 日军日侨"残留"山西期间设立的机构。主要从事军事资料的编译,服务于太原绥靖公署日管组、残留日军部队、山西军亲训团、青军团等单位。1948年5月军事编译社有日籍编译人员150余名。

23.明治节 "二战"结束前日本祝祭日中四大节(纪元节、四方节、天长节、明治节)之一。为明治天皇出生日,时间是11月3日。

24.命风塾 日军日侨"残留"山西期间的组织,成立于1947年8月。河本大作、梁綖武任顾问,权田胜任塾长。主要人员先后还有塾监佐佐木章藏,参与赤星久行、山之内春伍、高木应悦、藤冈文六、上田秀正、高桥畅、皆川准一郎等。该组织声言是"随时随地念念不忘、视奉行恢弘天业为生命而日日实践者的集体"。其念诵辞为:"修理固成,光华明彩,天业恢弘,天下光泽。"命风塾开设道场,斋戒沐浴,宣扬"日本精神"和尊神敬祖的"天皇归一论"。在信奉神道的旗号下,举行集会,传阅文件,进行宣传蛊惑与特务情报等活动。

25.木曜会 木曜日为星期四。木曜会是日军日侨"残留"山西期间的组织,成立于1946年。主要成员有河本大作、澄田睞四郎、山冈道武、元泉馨、杉野俊三郎、恩田忠录、角川久吉、片桐仁礼、上田秀正等。该会逢星期四活动,研究政治形势,讨论"山西残留",组织报告会、研讨会、座谈会,交换情报资料等。

26.蒲研究室(部)　1947年6月设立于太原绥靖公署的残留日军高级将领军事顾问机构。原日军第一军第一一四师团师团长、日军"山西残留"主要组织实施者三浦三郎(蒲晋业)任中将主任。(1945年9月三浦三郎已被阎锡山聘为顾问。约1946年5月至1947年5月负责"军技研究部")1948年5月三浦三郎回日本招募义勇军,蒲研究室于5月16日撤销。参见"三浦三郎""军技研究部"。

27.日本青年士官学校　日军"残留"山西初期的军事学校,约设立于1945年10月,地址在太原市小北门。岩田清一为学校负责人,宇野昭夫任教育队长。士官学校办学目的是,以山西为日本战败复兴的海外基地,保存、传播日本陆军士官学校的传统,为重建日本军队培育人才,同时提高残留山西日军的战斗力。学生主要是残留日军中年轻士兵、太原原日本中学学生,及部分从石家庄招募的准备遣返回国的日本中学生。该校似在1946年4月残留日军第一次大遣返中解散。

28.日管组(日籍技术人员管理组)　成立于1946年,二战区司令长官部高级参谋张文炤任组长。日军"山西残留"中,为避违反《波茨坦公告》之嫌,残留军人及其他日本武装人员曾伪造技术人员身份。日管组名为管理留用于山西的日籍技术人员,实际参与日军残留的组织实施,负责残留日军日侨武装、机构等管理联络与日籍人员遣返。1947年3月二战区司令长官部撤销后,日管组名称改为"太原绥靖公署日管组"。绥署参议张文炤仍任组长。

29.山西保安总司令部　日军"残留"山西后统一整合组编的主体武装部队。1946年5、6月间,原残留日军主体部队"铁路(公路)修复部队",与残留日侨武装"铁路护路总队"、五台工程队、保安警察队等,合并整编为"一个司令部统一指挥下的部队"。6月4日设立"山西保安总司令部",下属六个保安大队(团)和大同总队,司令部直属工程队、通讯队。保安总司令部由山西军第二战区第七集团军司令赵承绶任总司令,原日军第一军独立步兵第十四旅团旅团长元泉馨任副总司令,第一军司令部参谋岩田清一以高级参谋名义掌握实权。1947年3月,"山西保安总司令部"改称"山西野战军司令部"。

30.山西产业技术研究社　亚洲民族革命同志会专门以"残留"日人为对象的工作机构,成立于1946年春。社长徐士珙,副社长王瑗。1947年2月,该社创办日文杂志《东风》。参见"亚民会"《东风》。

31.山西地区日本官兵善后联络部　按照中国陆军总司令部"军字第一号"命令,日本投降后,其中国派遣军总司令部及属下日本陆海空军,自1945年9月9日起完全受中国陆军总司令节制指挥,不受日本政府任何牵制。日本"支那派遣军总司令部"取消,自9月10日起改为"中国战区日本官兵善后总联络部"。其任务是传达及执行中国陆军总司令命令,办理日军投降后一切善后事项,而不得主动发布任何命令。同时,各地区日本代表投降部队长原有司令部均改为地区日本官兵善后联络部,其投降代表长官原有名义一律取消,改称地区联络部长。据此,原驻山西日军华北方面军第一军司令部改为"山西地区日本官兵善后联络部",投降代表长官澄田睐四郎之原第一军司令名义取消,改称"山西地区日本官兵善后联络部部长"。在日军投降后"山西残留"中,澄田睐四郎及山西地区日本官兵善后联络部,利用山西军阀、第二战区司令长官阎锡山借投降后的日军对抗人民军队的企图,直接进行了日军"残留"的组织实施。1946年5月,中国陆军总司令部命令各地日本官兵善后联络部于30日前撤销,同意在南京、北平、太原等八处留设"联络班"。参见"太原日本联络班"。

32.山西矿业公司　1949年2月筹建,顾问河本大作,经营者安田勇造(总工程师),技术人员光武利三郎、绪方八郎、向土顺三郎等,劳务负责桥诘铁雄。时太原解放已成定局,河本大作主持筹建该公司,企图由"残留"日本技术人员经营,武装团体人员和一般日侨充当矿工,在太原解放后继续"残留"下来,开采利用山西资源,等待日本侵华势力卷土重来。由于1949年4月太原解放,中国共产党掌握山西政权,这一图谋未得实施。

33.山西日侨俱乐部　日军日侨"残留"山西期间,组织、领导残留日侨,实施侨民与军队残留活动一体行动的重要团体。于1946年2月设筹备委员会,同年8月15日正式成立。河本大作任委员长,林龟喜、石原三郎、藤冈文六、上田秀正、高木应悦等人任常委。1947年6月残留日军主体部队改编为暂编独立第十总队后,补充十总队参谋长相乐圭二为常委。山西日侨俱乐部下设20个支部,按照1946年8月《山西日侨俱乐部章程》,"俱乐部由全体留晋日侨组成"。该组织向会员传达贯彻残留活动决定和事项,举办各种集会、展览,开展思想文化活动,并管理日侨社会生活,协调残留武装与残留侨民关系,参与日军日侨遣返等。

34.山西省日侨管理处(所) 成立于1945年秋,处长徐士珙。日侨管理处负责日本投降后山西地区日籍侨民的管理,实际进行了日侨"残留"的组织实施。约1946年夏该机构撤销。

35.山西武道会 日军"残留"山西期间的组织,于1947年10月成立。会长河本大作,副会长今村方策(一说"顾问"),顾问山冈道武、元泉馨。残留日军主体部队暂编独立第十总队各团团长和司令部处长以上干部均任"参与",为该会发展提供支援。武道会以培养会员的武士道精神为目的,并向会员灌输反共思想。设柔道、剑道、弓道三部,以日本军人中柔道、剑道有段者为骨干,吸收爱好者,在十总队司令部定时习武。1948年9月太原战役前,因形势变化武道会不再活动。

36.山西野战军 日军"残留"山西期间主体武装部队。1947年3月,原残留日军主体部队"山西保安总司令部"改称"山西野战军司令部"。司令部下属各大队及直属工程队、通讯队等,名称相应变化。总司令、副总司令仍由赵承绶、元泉馨担任。同年6月,"山西野战军"改编为"暂编独立第十总队"。

37.世话部(战犯世话部) 见太原日本联络班。

38.水曜会 水曜日为星期三。水曜会是日军日侨"残留"山西期间的组织,成立于1946年。河本大作任会长,城野宏任副会长。主要成员有角川久吉、小田切正男、矢田茂、永富浩喜、百百和、平部朝淳、和田武士、小林正孝、名和

贞弘（曾任山冈道武的副官）、冈野克己（曾任澄田睐四郎的副官）、永井宗男（曾任河本大作的秘书）等。该会以河本大作为核心，主要进行情报资料搜集研究，分析世界形势，及战后日本政治、经济、中国国情、中国内战等。活动形式为逢星期三在河本大作公馆聚会，集中搜集的情报资料，进行交换交流并研究对策。为了培养派往中国各地从事特务活动的人员，由水曜会策划，在晋阳学园附设夜大"太原政经学院"。

39.太原日本联络班（战犯世话部）设立于1946年5月前后。按照中国陆军总司令部命令，原侵华日军"支那派遣军总司令部"于1945年9月取消，改为"中国战区日本官兵善后总联络部"；原第一军司令部取消，改为"山西地区日本官兵善后联络部"。侵华日军总体遣返后，"中国战区日本官兵善后总联络部"、"山西地区日本官兵善后联络部"等各地区善后联络部，于1946年5月30日前撤销，在南京、北平、太原等八处留设"联络班"，人数限在10名以内。太原日本联络班（在此之前已设立"战犯世话部"）由山冈道武任班长，成员有后闲章次、加藤盛世、上村智次、市川敢一、高田博、松原太市及澄田睐四郎的副官冈野克己、山冈道武的副官名和贞弘等，人员增加到58名。岩田清一、今村方策、杉野俊三郎、藤本秀雄、赤星久行、布川直平、三浦龙之助等"残留"骨干也进入联络班。联络班名义上是在山西地区日本军民总体遣返后，对战犯嫌疑人进行联络、关照，收集整理辩护材料、联系辩护人与证人，帮助医疗救治、保管私人物品，对释放者和别的未遣返留征用人员收容、帮助归国，以及处理其他善后事务。实际更进行着日军"山西残留"组织实施活动。

40.太原日侨自卫队 日军日侨"残留"山西期间的组织，成立于1948年11月。河本大作任队长，角川久吉任副队长。下属区队长分别为：东北地区渡边吾三，东南地区近田良造，中央地区竹内武太郎，永定路地区上田秀正，城南地区土桥贞敏，城北地区高桥通三郎。1948年，中国人民解放战争迅猛发展。在6月至7月的晋中战役和10月初开始的太原战役中，阎锡山反动军队及附植于阎军的残留日军部队节节败退，太原城即将解放。为了便于残留日侨紧急状态下集中"自卫"，以河本大作为首，成立太原日侨自卫队。在自卫队组织下，日侨组成"邻组"。战事紧张时期，由日侨俱乐部向自卫队区队长公布残留日军提供的战斗情报,再由"邻组长"传达各户日侨。

41.太原日侨自治会　日军日侨"残留"山西期间的组织,于1945年9月成立。河本大作任会长,森山茂贵任副会长。委员有藤冈文六、高木应悦、松下直一。日本投降后为稳定太原日侨混乱局面,处理残留日侨和归国日侨有关事务等,以河本大作为首,成立太原日侨自治会。1945年秋至1946年夏,日侨自治会组织实施侨民残留,曾下文阻碍残留人员遣返归国。

42.太原绥靖公署　设立于1932年2月,阎锡山任主任。抗日战争爆发后第二战区司令长官司令部于1937年8月成立,太原绥靖公署职能被代行,只保留政治部机构。1947年3月,第二战区司令长官司令部撤销,太原绥靖公署于4月1日恢复职能,阎锡山仍任主任。

43.太原绥靖公署总顾问办公室　日军"残留"山西期间高级将领军事顾问机构,约设立于1948年8月前后。原日军第一军司令、日军"山西残留"主要策划组织实施者澄田睐四郎任总顾问。(1945年9月,澄田睐四郎即被阎锡山聘为第二战区司令长官部总顾问。曾被国民政府军令部定为战犯嫌疑人,由于阎锡山庇护,时太原审判战犯军事法庭未依法审理)总顾问办公室设立后,参与阎锡山高层军事决策,在太原战役中制定太原城周防御计划、中央军空运计划等。1949年2月太原解放前夕,澄田睐四郎由阎锡山安排潜归日本,总顾问办公室不复存在。

44. 太原战役　中国人民解放军解放太原之役。1948年10月5日开始,1949年4月24日胜利结束。战役于1948年10月5日至12月4日展开外围战斗与外围要点争夺战,1949年4月20日发起总攻,22日肃清周围据点,24日攻入城垣全歼守敌。太原战役共歼灭敌军13万8千余人,俘虏太原守备司令王靖国、太原绥靖公署副主任孙楚、太原绥靖公署参谋长赵世铃等军中要员,及师以上军官40余名。至此,阎锡山在山西38年的统治结束。"残留"日军教导总队在太原战役参战中,仅1948年10月至11月牛驼寨要塞争夺战,即死亡日籍军人70余名。1949年4月24日解放军攻入太原城,龟缩于司令部

"复兴楼"的日军全部被俘,各处散兵败将也在太原战役及太原解放后被俘被捕。包括日军残留主要策划组织实施者城野宏、岩田清一等。教导总队司令今村方策被俘后服毒自杀。

45.太原政经学院　日军日侨"残留"山西期间所办青年夜大。1946年由水曜会策划设立,附设于晋阳学园。顾问河本大作(一说"院长")、林龟喜,名誉顾问张文炤。讲师有城野宏、和田武士等。政经学院学制设定为三年,教学科目有政治、经济、时事、东洋史、西洋史等。并开设汉语课,为长期在中国进行特务活动培养人才。1948年9月太原战役前停办。

46.特务团　日军"残留"山西后组建的主体武装部队。于1946年1月组编,下属七个团(其中一个团未编成)及特务团大同总队。拟定由原日军第一军第一一四师团师团长三浦三郎任总指挥;第一军司令部中佐参谋西山、少佐参谋岩田清一,第一一四师团少佐参谋太田黑,负责编成、作战、训练等。三浦三郎、太田黑未到职,实际由岩田清一掌管司令部。特务团与1946年1、2月间组建的残留日军主体部队"铁路(公路)修复部队"在人员编成上存在交叉,二者实际合而为一。铁路(公路)修复部队编成后,名称有时仍混合使用。

47.天长节　"二战"结束前日本祝祭日中四大节(纪元节、四方节、天长节、明治节)之一。为天皇出生日,昭和天皇是4月29日。战后"天长节"被废止,改天皇诞生日。

48.铁路(公路)修复部队　日军"残留"山西后组建的主体武装部队。1946年1月至2月,以修复南同蒲线、北同蒲线、东潞线和正太线、太汾线名义,残留日军组建"铁路(公路)修复部队"。下属七个工程队和大同总队,司令部直属通讯队、土木抢修队。铁路(公路)修复部队的人员编成,与1946年1月组编的残留日军主体部队"特务团"存在交叉,二者实际合而为一,编成后名称有时仍混合使用。1946年6月,铁路(公路)修复部队,与残留日侨武装"铁路护路总队"、五台工程队、保安警察队等,合并整编为"山西保安总司令部"。

49.铁路护路总队 日军日侨"残留"山西后,由残留日侨组建的武装部队。组编时间在1945年冬到1946年初,共编成六个大队及通讯队、土木工程队。第二战区第七集团军司令赵承绶名义上为铁路护路总队司令。原日军第一军司令部中佐、绥靖军山西指导部部长藤本秀雄任参谋长,实际成为护路总队指挥。1946年6月,铁路护路总队武装人员除遣返者外,与残留日军主体部队"铁路(公路)修复部队"等武装团体合并整编为"山西保安总司令部"。

50.桐荫会 日军日侨"残留"山西期间的组织,成立于1945年。"桐荫",意为以山西军阀阎锡山为荫庇。河本大作任会长,永井宗男、大西健先后任本部干事,成员为残留于西北实业公司的日侨。该会设城南、城北两个支部,土桥贞敏、横田俊分别任支部长。桐荫会通过形势教育、思想宣传及生活关怀等,增强会员团结和"残留"山西之精神意念。各支部并开办子弟学校,使用战前日本教科书,对学生进行军国主义教育。

51.土曜会 土曜日为星期六。土曜会是日军日侨"残留"山西期间的组织。约成立于1948年,河本大作为核心人物。主要成员有角川久吉、高桥畅、高木应悦等。该会逢星期六晚上在河本公馆聚会,研究日本古曲,进行合唱。同时交流情报,讨论残留活动等。

52.五台工程队 日军日侨"残留"山西期间武装团体,约成立于1946年春,队长吉田禅道。五台工程队是以佛教为招牌的"宏观普济会"之武装部队。1946年6月,宏光普济会武装部长小羽根健治带五台工程队编入残留日军主体部队"保安总司令部"二大队。

53.武顾问室 1947年6月设立于太原绥靖公署的残留日军高级将领军事顾问机构。原日军第一军参谋长、日军"山西残留"主要策划组织实施者山冈道武(武道三)任中将顾问。(1945年9月山冈道武已被阎锡山聘为第二战区司令长官部副总顾问)1948年5月山冈道武回日本招募义勇军,武顾问室于5月16日撤销。

54.新生塾 日军"残留"山西期间所办军人培训中心,于1947年12月开学。今村方策任塾长,河本大作、元泉馨和曾任日伪山西省长的苏体仁等担任顾问。新生塾培训对象是残留山西的日本青年军人。该塾以"新生"命名,目的在培育"种子",教育、锻炼塾生坚持牢固的信念和意志,勿忘残留初衷,实现残留目标。

55.亚民会 即亚洲民族革命同志会。1945年5月成立于山西省孝义县,会长阎锡山,监察委员徐士珙,委员王瑗、郑玉麟、相泽养三(日本人)。日本投降后亚民会迁至太原,并强化组织与活动。设总务科、组织科、宣传科。基层组织有西北实业公司组、医药组、交通组、宗教组、教育组、社会组。亚民会宗旨中提出:为了复兴并建设真正的亚洲,亚洲民族必须奋起,团结一致,以复兴亚洲国家群。亚洲各民族应基于共存共荣之精神,在民族平等、经济互助、文化交流、外交一致和共同防卫的基础上实现亚洲大同。并以此宣传、联络日军日侨"残留"山西。1946年春亚民会成立专门以残留日人为对象的工作机构"山西产业技术研究社",1947年9月成立日本支会"亚文会",1947年12月成立中日联合委员会。

56.亚文会 即亚洲文化会。成立于1947年9月,会员千名以上。"亚文会"是亚洲民族革命同志会所属日本支会。设执委会和监委会,古谷敦雄任执委会主席,日里哲二郎任监委会(参议会)主席。亚文会常设机关称亚文会事务局,古谷敦雄兼任局长。内设总务部、组织部、宣传部、妇女部和资料室。该会以研究会、座谈会、讲座、展览等形式,开展宣传、文化等活动。曾发行会报《半月报》及《时事新闻》《通讯》等。基层组织有铁路局小组、西北实业公司小组、十总队司令部小组、机甲队小组等20多个支部。

57.阳泉战役 参见正太战役。

58.野战军第二纵队司令部 设立于1946年6月后,仅有指挥机关,与残留日军主体部队保安总司令部参谋处为一套机构。岩田清一任司令,曾指挥保安总司令部下属部队和山西军暂编独立第八总队、第九总队、第十总队(皆原伪军改编)对解放军作战。1947年6月后野战军第二纵队司令部撤销。

59.野战医院　残留日军主体部队教导总队所属医院,院长吉泽行雄。

60.《迎晖》　日军日侨"残留"山西期间迎晖学会所办刊物,负责人田边秀一。参见"迎晖学会"。

61.迎晖学会　日军日侨"残留"山西期间的组织。约成立于1947年春,冈部久任会长。1948年9月冈部久回日后由田边秀一负责,聘请河本大作任顾问。组织迅速扩大,建立支部10余个,武装团队多集体入会。骨干成员还有远谷文雄、小田半助、石冢鹤雄、小羽根健治、井上义雄、近田良造、皆川准一郎等。迎晖学会开展研究活动,宣扬军国主义思想和日本侵华历史。名为"迎晖",即迎接"日军"之意,幻想日本军国主义东山再起,日军卷土重来,重建"日本军时代"。迎晖学会办有机关刊物《迎晖》。

62.元副总司令办公室(元顾问室)　1947年6月设立于太原绥靖公署的残留日军高级将领军事顾问机构。原日军第一军独立步兵第十四旅团旅团长、日军"山西残留"主要组织实施者元泉馨任副总司令。(1946年6月元泉馨已任残留日军主体部队山西保安总司令部副总司令,1947年3月任山西野战军司令部副总司令)1948年晋中战役前,元副总司令办公室于5月30日改为山西省保安司令部(此处非1946年6月至1947年3月残留日军主体部队之"山西保安总司令部")前方指挥办公室,元泉馨7月16日阵前死亡。

63.暂编独立第十总队　日军"残留"山西期间主体武装部队。1947年4月上旬至5月上旬的正太战役中,山西军原"暂编独立第十总队"被解放军成建制消灭。1947年6月,残留日军主体部队"山西野战军"即用其正规军编制,改编为"暂编独立第十总队"。改编后的残留日军"十总队"制定了《总队部服务规定》《司令部业务规定》等纲领性文件和章则制度。明确提出"总队以复兴皇国、恢弘天业为宗旨"。司令部掌握作战指挥、人事任免、武器给养等权力。办公处所称"复兴楼"。下属一、二、三、四、六团(原第五大队在正太战役中被消灭)及

司令部直属特务营、通讯营(初为第一通讯队、第二通讯队)、工兵营,还有大同总队。原日军第一军独立混成第三旅团高级参谋今村方策任总队长,独立混成第三旅团独立步兵第九大队大队长相乐圭二任参谋长。1948年3月,"暂编独立第十总队"改编为"太原绥靖公署教导总队"。改编后实质并无变化,向上报送材料或习惯上有时仍称十总队。太原绥靖公署向国防部上报统计数字等材料中还以"暂编独立第十总队"名称出现。

64.正太战役 1947年4月上旬至5月上旬,中国人民解放军向正(定)太(原)铁路沿线国民党军队发动进攻。此役共歼敌3.5万余人,攻克平定、寿阳、盂县等七座县城和阳泉等矿区,控制正太铁路线150余公里,山西军"暂编独立第十总队"被成建制消灭。1947年6月残留日军主体部队"山西野战军"即用其名称和正规军编制,改编为"暂编独立第十总队"。正太战役中,驻阳泉残留日军山西野战军第五大队,在狮垴山投降解放军,大队长薮田信雄被打死。

65.终战诏书 1945年8月15日,日本天皇裕仁向全体国民宣读"终战诏书"。内称,"朕深鉴于世界之大势及帝国之现状,欲采取非常之措施,收拾时局。兹告尔等臣民,朕已饬令帝国政府通告美、英、中、苏四国,愿接受其联合公告……"而对发动战争的动机,仍诡称"帝国所以向美、英两国宣战,实亦为希求帝国之自存与东亚之安定而出此。至如排斥他国之主权,侵犯他国之领土,固非朕之本志"。诏书谕示臣民,"朕于兹得以维护国体(天皇制),信倚尔等忠良臣民之赤诚……宜举国一致,子孙相传,确信神州之不灭,念任重而道远"。日军"残留"山西后,所编主体部队"暂编独立第十总队",在其纲领性文件《总队部服务规定》中提出,"总队以复兴皇国、恢弘天业为宗旨","总队部人员要领会《军人敕谕》、《教育敕语》、'终战诏书'等的宗旨,以之作为培养精神要素的根本"。

66.资源调查社 日军日侨"残留"山西期间,以残留日人为主要成员的特务情报机构。于1945年冬筹备,1946年1月正式成立(太原)。第二战区司令长官部政治部主任、特种警宪指挥处处长梁化之任主任,原日军第一军司令部情报参谋指田国福任上校委员,主持业务活动。1946年3月后,增设第二资源调查社(太原)和雁北办事处(大同)。池田勇、中原钟颜分别任中校委员,主持业务活动。1948年5月雁北办事处日籍人员遣返,机构取消。同年9月第一、第二资源调查社日籍人员大部遣返,两机构合并。

67.总顾问室　1945年9月初,日军"山西残留"主要策划组织实施者原日军第一军司令澄田睐四郎、参谋长山冈道武,曾被阎锡山聘为二战区司令长官部总顾问、副总顾问。1947年6月,太原绥靖公署曾设"武顾问室",山冈道武任中将顾问。1948年8月前后太原绥靖公署设"郑总顾问室",澄田睐四郎(郑天来)任总顾问。1949年2月太原解放前夕澄田睐四郎回日本,总顾问室取消。

(原注由本书作者撰写。为山西人民出版社2007年11月档案版《二战后侵华日军"山西残留"》附录。收录本书略有删节、改动)

主要征引文档与参考书目

1. 侵华日军"残留"原始档案　山西省档案馆馆藏(1945—1949)
2. 《历史的回顾》徐向前著　解放军出版社1988年10月版
3. 《二战后侵华日军"山西残留"》(档案版1—3卷)山西省档案馆编　山西人民出版社2007年11月版
4. 《河本大作与日军山西"残留"》　中央档案馆、中国第二历史档案馆、吉林省社会科学院编　中华书局1995年7月版
5. 《侦讯日本战犯纪实(太原)》　山西省人民检察院编著　新华出版社1995年8月版
6. 《战后"残留"山西日本军人上诉材料及证词》(日文复印件)　(日)奥村和一整理(1956年—2004年)
7. "残留"日本军人回忆录、书信、谈话(日)奥村和一整理(1952年—2004年)
8. 《阎锡山日记》　山西文史月刊杂志社编印(2007年8月)
9. 《民国阎伯川先生锡山年谱长编初稿》台湾阎伯川先生纪念会编辑　商务印书馆1988年版
10. 《阎锡山统治山西史实》　山西省政协文史委编　山西人民出版1984年9月版
11. 《阎锡山传》　刘崇善著　山西省定襄县阎锡山故居文物管理所印行(2004年1月)
12. 《阎锡山与家乡》　《山西文史资料》编辑部编　山西省政协文史委印行(1990年2月)
13. 《山西辛亥革命史》　刘崇善编著　山西人民出版社1991年7月版
14. 《山西文史资料全编》(1—10卷)　《山西文史资料》编辑部编辑　山西省

政协文史委印行(1999年3月)

15. 《日本帝国的兴亡》 汤重南等主编 世界知识出版社1996年3月版
16. 《日本军国主义侵华人物》 天津编译中心编 中国文史出版社1994年11月版
17. 《山西独立战记》 (日)城野宏著 日本东京雪花社1967年1月版
18. 《河本大作在山西》 (日)平野零儿 《山西文史资料》56辑(1988年3月)
19. 《战后第一军山西残留——原第一军特务团实录》(日)相乐圭二等 1989年
20. 《夕阳在山西坠落——山西省残留记》(日)堤俊一 1990年8月
21. 《中日友好直言》(日)上田武夫 1990年
22. 《残留将士的悲剧》(日)染谷金一 1991年
23. 《白团——50年代日本将校在台湾》(日)中村佑 1995年
24. 《白狼的爪迹——山西残留秘史》(日)永富搏道 1995年8月
25. 《懊悔的青春——终战后日军山西残留事件》(日)山下正男 北京外文出版社1995年版
26. 《中归连》(日文季刊) "中国归还者连合会"主办(2001年—2005年)版
27. 《蚁的兵队》(日)奥村和一、酒井诚著 2006年5月
28. 《蚁的兵队》(纪实影片拷贝) (日)池谷熏制作 2006年

后　记

　　撰述《残留》是在退休后。比起坐班族,自己有了更为充足的自由支配时间。在原来编纂档案文献版《二战后侵华日军"山西残留"》的基础上,继续做着"残留"事件的史料发掘梳理、史实研究考证。着手将平铺的史料再现为流动可鉴的历史,还原为真实生动的场景,让这一内容的史书拥有更大的读者面,让日军"残留"事件进入到大众的视野中。数年来花费大量时间,阅读"第一历史"亲历者的文撰笔录,考察残留事件遗址遗迹,去找寻档案记录之外丰富的、原态的历史情境,发现潜藏于历史深处那些过往的、现实的偶然必然。

　　展读徐向前元帅《历史的回顾》和解放军指战员战场记述,我为中国人民打击、消灭残留日军,维护"二战"胜利成果的浩然正气激励感奋。细抠河本大作供述与城野宏《山西独立战记》,对日本军国主义势力图谋东山再起、策划实施日军"残留"的阴谋与罪恶,有了更为深刻的认识。打开阎锡山《年谱》、《日记》,山西省政协文史委《山西文史资料全编》,进一步踏入了事件关联的历史纵深、台前幕后。搜检今村方策给夫人的信件、百余战犯的回忆图文,又看到了"皇国观念"统摄下日本官兵的内心世界,接受中国人民教育改造后的悔悟反省。而之前与残留老兵座谈,协助日本纪实影片《蚁的兵队》拍摄,耳闻目见普通日本军人,在军国主义势力驱策的战车下,遭受碾压、践踏的"蝼蚁命运"。特别是反复默读河本大作秘书儿玉华子的《日记》,"中国归还者连合会"成员出版的《三光》跋语,更听到了他们所代表的日本人民,"希望今后日本要真正地放弃侵略主义","我们不允许把祖国和青年们再次驱入这种可恨的战争"的强烈心声。

一次次往返考察"残留"事件遗址遗迹,则不仅获得大量第一手材料,还找到身临其境的现场感。太原东山残留日军与解放军恶战、施放毒气弹的牛驼寨,骑着电动车上了三次。曾经的二战区长官司令部、日伪山西省政府及东花园,数次进入于前院后庭,寻觅历史踪迹、触摸钟楼与碑刻。当年残留日军司令部"复兴楼"周围,阎、日"合谋社"万字楼走廊,设在双塔寺文峰塔的岩田炮兵观察所,都走出了串串脚印。残留活动主要策划组织者澄田睐四郎、今村方策官邸坐落的工程师街,山冈道武、元泉馨、城野宏居住的南华门和东华门,河本大作公馆的院里院外,也留下圈圈车辙。如此,历史的场景便出现眼前、可触可摸,人物的形貌与活动也栩栩如生、跃上键盘。数度寒暑易节,潜心研撰不辍,在中国人民全面抗战爆发80周年之际完成本书。期望它承载的战后记忆与提起的历史警示,在促进人类和平事业发展中产生作用。

《残留》的出版,得到山西省档案局(馆)领导的积极支持。局(馆)长阎默彧、副局(馆)长孔凡春,担任本书的特约审稿。阎默彧局长并欣然命笔撰写序言。为本书著述付出辛劳的还有王振国和王春生。我的爱人王振国与我一起寻访历史、实地考察。我们爬上牛驼寨,观察战时要塞之方位地形,测量残留日军指挥碉长宽与厚度。拨开蜘蛛网,钻入正在维修的双塔寺"文峰塔",登上"观察所"瞭望当年战情。拂去岁月尘封,在二战区长官部"进山"钟楼下,一字一字辨认阎锡山所撰碑文。写稿过程中,背景史事之发生时间、地理位置等,也由他查找参考书目、下载相关资料。每写好一个章节,都经他阅文通稿,提出修改意见。同事王春生,在档案馆负责阅览室工作多年,以其对馆藏的熟悉,默默无闻为人数众多的阅档者提供服务。更为本书的撰定投入时间和精力,不厌其烦地提供档案资料,核对校订相关内容,选择与拍摄、扫描图片等。是他们的支持、协力与付出,共推《残留》面世。

《文心雕龙》有句:"文果载心,余心有寄"。这些年的写作状态,被人称以"露钞雪纂""宵衣旰食",我报以报然。不过坚持做应该做的事,执着以求,乐此不疲,撰著出版本书,以细流滴水汇入维护世界和平发展的汪洋洪波,确是我重要的精神寄托。然自己虽从事档案编研三十年,毕竟不是专门的史学工作者。尽管倾心力以奉献,缺憾、舛错之处仍在所难免。且采用亦史亦文体裁记述历史,虽说师承有来,也只是学习尝试。读者反映如何,尚待评点指正。

作　者

2017 年 10 月